办文办会办事能力指导与训练

（第二版）

王德 李林 李征 ◎ 编著

中国人事出版社

图书在版编目(CIP)数据

办文办会办事能力指导与训练/王德，李林，李征编著. -- 2版. -- 北京：中国人事出版社，2019
ISBN 978-7-5129-1364-6

Ⅰ.①办… Ⅱ.①王…②李…③李… Ⅲ.①公文-写作②会议-组织管理学③工作方法 Ⅳ.①H152.3②C931.47③B026

中国版本图书馆 CIP 数据核字(2019)第 047239 号

中国人事出版社出版发行

(北京市惠新东街1号　邮政编码：100029)

*

三河市潮河印业有限公司印刷装订　　新华书店经销
787毫米×1092毫米　16开本　22.75印张　391千字
2019年4月第2版　2024年5月第5次印刷
定价：58.00元

营销中心电话：400-606-6496
出版社网址：http://www.class.com.cn

版权专有　　侵权必究

如有印装差错，请与本社联系调换：(010) 81211666
我社将与版权执法机关配合，大力打击盗印、销售和使用盗版图书活动，敬请广大读者协助举报，经查实将给予举报者奖励。
举报电话：(010) 64954652

序 言

完善和发展中国特色社会主义制度，推进国家治理体系和治理能力现代化，是全面深化改革的总目标。在推进治理体系和治理能力现代化的过程中，我们必然面临来自各方面的风险、困难和挑战，关键看我们有没有克服、战胜和驾驭它们的本领。

习近平总书记指出，中国共产党人依靠学习走到今天，也必然要依靠学习走向未来。他指出，善于学习，就是善于进步。党的历史经验和现实发展都告诉我们，没有全党大学习，没有干部大培训，就没有事业大发展。面对当今世界百年未有之大变局，面对进行伟大斗争、伟大工程、伟大事业、伟大梦想的波澜壮阔实践，我们党要团结带领全国各族人民抓住和用好我国发展重要战略机遇期，坚持和发展中国特色社会主义，统筹推进"五位一体"总体布局、协调推进"四个全面"战略布局，推进国家治理体系和治理能力现代化，促进人的全面发展和社会全面进步，防范和应对各种风险挑战，要实现"两个一百年"奋斗目标、实现中华民族伟大复兴的中国梦，就必须更加崇尚学习、积极改造学习、持续深化学习，不断增强党的政治领导力、思想引领力、群众组织力、社会号召力，不断增强干部队伍适应新时代党和国家事业发展要求的能力。习近平总书记还指出，全党同志特别是各级领导干部要有本领不够的危机感，以时不我待的精神，一刻不停增强本领。

各级领导干部要深入学习贯彻习近平总书记重要指示精神，努力学习各方面知识，努力在实践中增长才干，加快知识更新，优化知识结构，拓宽眼界视野，以学益智，以学修身，以学增才，着力克服本领不足、本领恐慌、本领落后的问题，着力避免陷入少知而迷、不知而盲、无知而乱的困境，不断提高知识化、专业化水平，不断提高履职尽责的素质和能力。

为了提高机关企事业单位广大干部职工、特别是综合部门工作人员的能力，我们组织编写了《办文办会办事——能力指导与训练（第二版）》一书。该书从三个方面，系统阐述了机关单位综合部门工作人员必须掌握的基础知识、基本技能和基本技巧。在办文方面，详细讲解了机关常用公文处理方法和技巧，并附有大量的案例分析。在办会方面，从组织准备会议、参加和管理会议、会议服务工作以及总结评估会议等不同环节，系统地讲解了有关知识和方法，并附有大量的图文说明。在办事方面，从办事的过程、方法、禁忌等方面，阐述了办事的技巧和注意事项，并通过对日常事项的介绍，讲解了常规事项的办理方法。

不同于一般理论化概述，该书从工作实践出发，抽象和归纳了日常办文办会办事的基本知识、主要规律和工作规则。全书结构完整，逻辑严谨，表述规范，文字简约，图文并茂，具有很强的系统性、阅读性和可操作性，是机关企事业单位工作人员很有价值的学习工作参考用书。

希望广大机关企事业单位工作人员能从本书中获得知识，汲取营养，掌握技巧，增强履职尽责本领，努力为我国经济发展、社会事业进步和人民生活改善做出积极贡献。

作　者

2019 年 2 月

内容旨要

不同性质、不同级别的办公室工作内容有所差异，但长期以来，人们习惯用"办文、办会、办事"（即通常讲的"三办"）来概括办公室工作，把"三办"能力看作是办公室文秘人员应该具备的三大基本技能。

"办文工作"就是围绕机关单位文书撰拟与文书处理而展开的一系列文字性工作。"办会工作"就是对机关单位的各类会议从会前筹备、会间组织管理到会议结束善后处理等一系列工作的办理行为和过程。"办事工作"就是对机关单位各类行政性事务的办理。从现代秘书学的发展角度看，"三办"的说法尽管不能完全准确地概括出办公室工作的全部，但从广义和思维习惯出发，仍然可以用"三办"来称谓和理解办公室工作。

目 录

第一章 公文要求与办理流程

第一节 公文的种类与特点 ……………………………………………（ 2 ）
第二节 公文的作用与要求 ……………………………………………（ 9 ）
第三节 公文的语言与风格 ……………………………………………（ 11 ）
第四节 公文拟制的基本前提 …………………………………………（ 22 ）
第五节 公文写作的基本流程 …………………………………………（ 23 ）
第六节 提高公文写作能力 ……………………………………………（ 29 ）

第二章 公文的一般格式

第一节 版头部分 ………………………………………………………（ 35 ）
第二节 主体部分 ………………………………………………………（ 41 ）
第三节 版记部分 ………………………………………………………（ 50 ）
第四节 其他部分 ………………………………………………………（ 54 ）

第三章 常用公文的拟制方法

第一节 请示 ……………………………………………………………（ 58 ）
第二节 报告 ……………………………………………………………（ 62 ）
第三节 通知 ……………………………………………………………（ 66 ）

第四节　通报 ··（72）

第五节　函 ··（76）

第六节　纪要 ··（80）

第七节　意见 ··（84）

第八节　决议 ··（88）

第九节　决定 ··（92）

第十节　命令（令）···（95）

第十一节　公报 ··（100）

第十二节　公告 ··（103）

第十三节　通告 ··（106）

第十四节　批复 ··（109）

第十五节　议案 ··（111）

第四章　法规性公文的拟制方法

第一节　条例 ··（116）

第二节　办法 ··（119）

第三节　制度 ··（121）

第四节　细则 ··（123）

第五节　章程 ··（125）

第六节　守则 ··（129）

第七节　规程 ··（130）

第五章　事务性公文的拟制方法

第一节　计划 ··（134）

第二节　规划 ··（137）

第三节　总结 ··（139）

第四节　调查报告 ··（142）

第五节　主持词 ··（145）

第六节　开幕词 ··（148）

第七节　大会工作报告 ···（150）

第八节　闭幕词 ··（153）

第九节　简报 ··（156）

第十节　讲话稿 ………………………………………………（159）
第十一节　述职报告 …………………………………………（163）
第十二节　典型材料 …………………………………………（167）

第六章　公文审核的技巧

第一节　严格法律尺度 …………………………………………（172）
第二节　把握三个环节 …………………………………………（172）
第三节　注重多角度审查 ………………………………………（174）
第四节　把握修改火候 …………………………………………（176）
第五节　常见错情及处理 ………………………………………（177）

第七章　会议管理的基础

第一节　会议的要素与类型 ……………………………………（188）
第二节　会议的角色与任务 ……………………………………（192）
第三节　会议的前提与条件 ……………………………………（195）
第四节　会议人员及其管理 ……………………………………（199）

第八章　组织准备会议

第一节　会议计划管理 …………………………………………（204）
第二节　办会机构与人员 ………………………………………（206）
第三节　会议的经费和预算 ……………………………………（208）
第四节　会议文件准备 …………………………………………（211）
第五节　会场的选择、布局与座次 ……………………………（213）
第六节　会前检查准备情况 ……………………………………（223）

第九章　参加和管理会议

第一节　组织报到签到 …………………………………………（226）
第二节　发放会议文件 …………………………………………（227）
第三节　引导人员入场 …………………………………………（228）
第四节　安排会议开幕 …………………………………………（229）

第五节　主持会议 …………………………………………… (231)
第六节　安排会议讨论 ……………………………………… (232)
第七节　处理突发事件 ……………………………………… (235)
第八节　做好会场服务 ……………………………………… (237)
第九节　注重会议礼仪 ……………………………………… (239)

第十章　会议服务工作

第一节　会议住宿服务 ……………………………………… (242)
第二节　会议餐饮服务 ……………………………………… (245)
第三节　会议交通服务 ……………………………………… (249)
第四节　会议其他服务 ……………………………………… (253)

第十一章　会议善后事项

第一节　清理撤离会场 ……………………………………… (256)
第二节　汇编会议文件 ……………………………………… (258)
第三节　报销会议费用 ……………………………………… (260)
第四节　评估总结会议 ……………………………………… (263)
第五节　传达会议精神 ……………………………………… (265)
第六节　会后跟进工作 ……………………………………… (266)

第十二章　常规会议的管理

第一节　办公会 ……………………………………………… (270)
第二节　现场会 ……………………………………………… (272)
第三节　座谈会 ……………………………………………… (275)
第四节　新闻发布会 ………………………………………… (277)
第五节　动员会 ……………………………………………… (282)
第六节　董事会 ……………………………………………… (283)
第七节　网络视频会 ………………………………………… (285)

第十三章　办事的类型程序与方法

第一节　办事的概念及要素 ………………………………… (290)

第二节　办事的类型和程序 …………………………………………（292）
第三节　办事的原则和禁忌 …………………………………………（293）

第十四章　机关运行事务管理

第一节　电话事务管理 ………………………………………………（296）
第二节　印信事务管理 ………………………………………………（300）
第三节　值班事务管理 ………………………………………………（305）
第四节　接待事务管理 ………………………………………………（308）
第五节　差旅事务管理 ………………………………………………（317）

第十五章　公共关系事务管理

第一节　媒体公关管理 ………………………………………………（326）
第二节　应急管理 ……………………………………………………（331）
第三节　调研工作管理 ………………………………………………（335）
第四节　协调工作 ……………………………………………………（340）
第五节　处理关系 ……………………………………………………（343）

后记 ……………………………………………………………………（352）

第一章

公文要求与办理流程

"办文"是文秘人员的常规性工作。在办公室,没有一定的文字能力就不可能正常地工作。古人讲"文以载道"。办公室文秘工作,无论是调查研究、信息服务、公文处理、督查落实,还是资产管理、公务接待、信访处理等,最终都要体现在文字上。从一定意义上讲,文字水平的高低决定着办公室水平的高低,也决定着本单位、本部门工作水平的高低。因此,"办文"能力即公文处理能力,是办公室文秘人员的基础能力,也是最重要的能力之一。

第一节 公文的种类与特点

公文是处理各种事务的书面文字工具。在我国，公文是党和国家机关在领导党的事业和治理国家方面，表达意志、传达政令的文字工具和手段。根据《党政机关公文处理工作条例》，党政机关公文是党政机关实施领导、履行职能、处理公务的具有特定效力和规范体式的文书，是传达贯彻党和国家方针政策，公布法规和规章，指导、布置和商洽工作，请示和答复问题，报告、通报和交流情况等的重要工具。

一、公文的种类

公文的种类很多，不同的标准有不同的分类。

（一）按公文制发机关的性质分类。 公文有：（1）党内公文，即由党的机关和组织制发的文件，反映党的领导活动和党的组织建设、思想建设等，如章程、准则、细则等。（2）行政公文，即国家行政机关处理日常工作使用的文件，如命令、通知、通报等。（3）社会团体公文，即社会团体因处理各类事务发出的章程、公约、守则等。（4）企事业单位公文，即企事业单位联系工作，开展业务，组织会议等制发的函、计划、总结、报告等。

（二）按适用范围分类。 按照《党政机关公文处理工作条例》的规定，公文种类有 15 种：（1）决议。适用于会议讨论通过的重大决策事项。（2）决定。适用于对重要事项作出决策和部署、奖惩有关单位和人员、变更或者撤销下级机关不适当的决定事项。（3）命令（令）。适用于公布行政法规和规章、宣布施行重大强制性措施、批准授予和晋升衔级、嘉奖有关单位和人员。（4）公报。适用于公布重要决定或者重大事项。（5）公告。适用于向国内外宣布重要事项或者法定事项。（6）通告。适用于在一定范围内公布应当遵守或者周知的事项。（7）意见。适用于对重要问题提出见解和处理办法。（8）通知。适用于发布、传达要求下级机关执行和有关单位周知或者执行的事项，批转、转发公文。（9）通报。适用于表彰先进、批评错误、传达重要精神和告知重要情况。（10）报告。适用于向上级机关汇报工作、反映情况，回复上级机关的询问。（11）请示。适用于向上级机关请求指示、批准。（12）批复。适用于答复下级机关请示事项。（13）议案。适用于各级人民政府按照法律程序向同级人民代表大会或者常务委员会提请审议事项。（14）函。适用于不相隶属机关之间商洽工作、询问和答复问题、请求批准和答复审批事项。（15）纪要。适用于记载会议主要情况和议定事项。

（三）按公文所发挥的作用分类。公文可分为法规性公文，如章程、规定、条例等。指导性公文，如命令、决定、决议、通知、纪要等。陈述性公文，如工作总结、情况报告、典型材料等。沟通情况性公文，如通报、简报、信息快报等。宣传教育性公文，如开幕词、闭幕词、讲话稿、大会工作报告等。商洽性公文，如函等。

（四）按行文关系和方向分类。可分为：（1）上行公文，指下级机关对上级主管机关的行文，如请示、报告、意见等。（2）下行公文，指对下属单位的行文，如意见、决定、决议、通知、通报、纪要、批复等。（3）平行公文，即平行机关或不相隶属机关（即没有领导或业务指导关系的机关）之间的行文，如函等。

（五）按公文发送与处理的时间要求分类。公文有特急件、急件、平件三类。特急件，指内容特别紧急，必须随时、优先、快速传递和处理的公文。急件，指内容紧急，必须打破常规，优先迅速传递和处理的公文。平件，指无特殊时间要求，可以按工作常规传递和处理的公文。

（六）按公文的机密程度分类。公文有绝密公文、机密公文、秘密公文和公开公文。绝密公文，指涉及国家核心机密内容的文件，一旦泄密会使国家安全和利益遭受特别严重的损失。机密公文，指涉及国家重要机密内容的文件，一旦泄密会使国家安全和利益遭受较大损失。秘密公文，指涉及一般秘密内容的文件，一旦泄密会使国家安全和利益遭受一定的损失。公开公文，指可以向公众公开发布的公文。

本书所涉及的公文，分三类介绍。一是党政机关常用公文，也就是《党政机关公文处理条例》规定的公文，主要有请示、报告、通知、通报、函、纪要、意见、决议、决定、命令（令）、公报、公告、通告、批复、议案等15类。二是法规性公文，主要有条例、办法、制度、细则、章程、守则、规程等7类。三是事务性公文，主要有计划、规划、总结、调查报告、主持词、开幕词、大会工作报告、闭幕词、简报、讲话稿、述职报告、典型材料等12类。

二、公文的特点

机关公文具有法定形式和一定的行政效力，为机关立言，以机关名义发布。由于这些特点，决定了公文的写作不能像文学创作那样，无拘无束，随意发挥，而必须遵循一定的写作规范和要求。

第一，高度权威。公文是法定作者在法定范围内行使职权制定和发布的，代表着制发机关的法定权威。公文的这一特点，是任何其他文字材料都不具备的。尊重公文的权威性，承认它的行政拘束力，是保证各级组织和单位的方针政策、规章制度、规划计划等得以顺利贯彻执行的重要前提。

第二，目的明确。公文写作不像文艺创作，必须解决现实生活中的具体问题，需要现实的效用和显而易见的社会效果。公文写作，都是为了解决某一具体问题而展开，目的明确，主题突出，不东拉西扯，不云山雾罩。

第三，对象特定。公文写作一般都有明确的阅读范围和受众，行文对象只能是公文主送范围的具体单位和个人，大多数需要明确"主送机关"和"抄送机关"，有具体的收文机关和阅读对象，不是泛泛而论，无的放矢。

第四，内容法定。公文因事成文。不同的文种有不同的主题，主题主要来自机关的授意，通过明确的观点和明确的写作意图来表达。公文写作是典型的"奉命写作"或者称为"命题作文"，一旦发布，不能任意更改，相关组织和个人必须严格遵照和执行。

第五，结构严谨。公文结构固定划一、约定成俗、鲜明醒目。一般结构的形式有篇段合一式（适用于内容集中、篇幅较短的应用文）；段落式（一段一层意思）；章断条连式（主要在条例、规定、办法等片断性公文中使用）；小标题式（适用于篇幅较长，内容较多的公文）等。

第六，格式固定。公文在用纸尺寸、书写格式、行文结构、生效标志等方面，具有固定的格式和处理要求。例如，关于版头、份号、密级、紧急程度、发文字号、签发人、标题、主送机关、正文、附件、版记等，《党政机关公文处理条例》都有严格的规定和要求。

第七，语言规范。公文使用书面语和约定俗成的文书专用语，不用方言俗语、生僻晦涩或浪漫华丽的辞藻。在修辞方面，采取消极修辞法，排斥积极修辞法，追求明确、通顺、庄重。在词语的运用上，追求准确、简练、平实。关注词语的选择和句式的调整，多用单句、少用复句；多用短句、少用长句；多用常式句、少用变式句，即主前谓后，动前宾后，定状前补语后，从句前主句后；不造半白半文语句。不同的文种使用不同的语言，例如，命令使用严肃庄重语言；请示、报告使用陈述性语言；通知、规章使用说明性语言等。

【小链接】

公文常用术语汇总[①]

案。记录、存查的意思，也指专门办理的案子。

---

① 国务院办公厅秘书一局编：《易混易错常用公文字词辨析》，2005年9月。

在案。已列入公务处理记录。

备案。向上级做出报告，以备查考。

议案。提供审议、讨论的专门问题。例如，此次常委会的议案共有三项。

案牍、文案。公务文书的别称。汉朝时称公文为"文案"，明朝时称公文为"案牍"。

按。"依照"的意思，如"按章纳税""按政策办事""按制度去做"。

按期。依照规定的日期。

布。宣告、公布或布置的意思。

此布。在这里宣布。多用于布告的结尾用语，按照习惯，另起一行，空两格，使用与发布机关名称字号相同的大号字，以示醒目。

颁。"下发"的意思。

颁发。发布、授予。如"颁发文件""颁发奖品""颁发证书""颁发勋章""颁发奖状"等。

必。必须、必要的意思。

必须。表示事实上、道理上的必要。带有指令性口气，一般用于下行文所讲主张、提要求部分。

必需。一定要有的，不可少的。在使用指令性口气时，应用"必须"而不要用"必需"。

必要。不可缺少，非这样不行。

报。陈述、告诉的意思。

报请。向上级行文请求解决、答复、批准某一问题。

报经。"向上级的报告已经"的意思。

报送。向上级呈报。

报批。呈报上级机关批准。

不必。表示事理或情理上的不需要。

不法。违反法律。例如，对走私贩私、投机诈骗等不法行为，应予坚决打击。

不妨。表示可以这样做。

不苟。不马虎。

不讳。不隐瞒、不避讳。如"供认不讳""无所避讳"等。

不日。不久。

不宜。不适宜。

部门。组成一个独立的机关、团体、企事业单位整体的分属部位。

部署。安排、布置。多用于对比较重要的工作及全局性工作的安排与布置。

本。"自己""现今""按照"等意思。

此。"就这……"的意思。如"就这些内容""就在这里""就在这个时刻"等。

此复。就这样的内容向你做出答复。一般用于"复函""批复"的末尾。

专此。"专门在这里"的意思。多用于报告的末尾，如"专此报告"。

参阅。参考阅看。

参考。参照思考。

查询。查问、了解。"查问"多用于下行文。"了解"多用于上行文，向上级打听有关政策、规定内容等。

呈。恭敬地送上。

呈报。向上级呈送请示、报告。

裁定。司法部门就某一问题的处理做出决定。

裁断。考虑决断。

承蒙。得到的意思。多用于便函的结尾用语。

承办。承受办理。承办是公文处理中的一个重要环节，既含办文，又含办事。

承转。将上级或下级发来的公文转发给下级或上级。

定案。在公文中多指对案件、方案的最后所做的决定。

定夺。在公文中多用于对决策事项是否可行的决定。

定局。对事情已做出最后决定，还表示事态已确定不移。

定期。有一定的时限。

动议。会议中临时提出的想法。

妥否。是否妥当，正确与否。多与"请批示"连接在一起，组成"妥否，请批示"，作为请示的惯用结尾用语。

可否。是否可以，与"妥否"用法相同。

能否。是否可能。

奉。"接受"等意思，多用于下级对上级。

奉命。按照上级的命令。

奉告。敬辞、告知的意思。如"无可奉告"。多用于外交辞令。

贵。敬辞，在公文中称呼对方，如"贵公司""贵局"，以示尊敬。

函。"信件"的意思。

函电。信件和电文的总称。

函告。回信告知。

函复。回信答复。多用于信函的结尾处。

会同。同有关方面一起。

会商。相聚商议。

会晤。会面。

就此。就在此地或此时。

就绪。事情安排妥当。

据此。按照这个、这些。多用于从叙述到议论或从分析问题到解决问题时的连接语。

简称。简化的名称。

决策。对问题的解决做出决定。

决断。拿主意、出办法、决定事情。

例行。按照惯例办理。如"例行公事""例行报告"等。

例外。在一般规定之外。

莅临。来临。

光临。尊敬的宾客来到。

明文。明确的文字。例如,严禁公款旅游,这在中央的文件中已有明文规定。

明令取缔。公开发布了取缔的命令或要求。

拟。打算、草拟、起草。

拟于。"打算在"的意思。

拟定。草拟、制定。

拟议。草拟、事先的考虑。

批语。批示文件的话。

批阅。对下级报送的文件进行阅看、审批。

鉴于。"考虑到"的意思。主要用于表明事情的原因,类似"出于"。

请予。请给予的意思。属于请求性用语。

请求。请准所求的意思。

日程。按日排定的办事程序。

日内。近几天内。

日前。前几天。

日志。多指非个人的日记,如"工作日志"。

时效。法律性文件的生效时间及公文起现行效用的时间,例如:本条例自公布之日起生效。

届时。到时候。常用于会议性通知及礼仪性文书,特别是请柬。

审订。审阅订正。

审核。审阅核定。

审批。审查批示。

审议。审阅讨论。

审查。检查是否正确、有无问题。

是否。公文请示的结尾用语。

事宜。关于事务的办理。

特。"特地"的意思。常用于公文开头与主体之间的过渡。如"特通知如下""特决定如下""特作如下决议"等。

特此。"特地在这里"的意思。一是多用于公文由开头到主体的过渡。如"特此通知如下"。二是经常用于"报告""决定""通知""指示"的结尾用语。如"特此报告""特此决定"。

条款。分条列款。法规性文件分条列款的项目，如第一条第二款。

条文。法规性文件分条所做的说明文字。

条目。法规性文件的项目，一般划分为章、条、款、项。

为此。"为了这个"的意思。多用于承接上文。例如，为此，提出以下六点要求……

务虚。在公务活动中，主要是指进行某项工作之前，为保证工作的顺利完成，从思想、政策上进行研究讨论。它与"务实"相对称。

务实。在公务活动中，主要是指按照领导的决策要求，实实在在地去完成。有时也含有对这一项工作在技术、设备、人力、物力、办法、措施上如何具体组织进行所做的讨论研究，所以，在这一点上，它与"务虚"是相对称的。

常务。主持日常工作。

望。多含有"盼望""期望"的意思，多用于公文的结尾。

收悉。收到、知道。

已悉。已经知道。

阅悉。看过并知道了。

电悉。从电报、电话中知道了。

详悉。详细知道。

施行。付诸实施，执行。多用于法规性文件"附则"的末尾，与时间结合用以表明文件的时效。

暂行。暂时实行。如"《临时身份证管理暂行规定》"。

试行。试验推行。

关于。在公文标题中，常与"事由"组成一个介词结构。该介词结构的前面加制文机关名称，后面加文种名称，即构成一个完整的公文标题。

定于。决定在。

以致。用于下半句话的开头，表示下面的结果是由上述的原因所带来的。

冗笔。公文中多余的笔墨。

冗长。公文写的废话多，拉得很长。

冗员。机关中超出实际需要的多余的人员。

冗杂。繁杂的事物。

拨冗。客套语，推开繁忙的事务，抽出时间。例如，务请您拨冗出席本届会议为盼。

议程。会议进行的程序。

议题。会议研究的主要题目。写作"会议纪要"，应在开头处写明议题。

原则同意。对所提事项、建议、办法的基本观点与主要方面表示同意。但对具体做法尚需补充、修正。

原则。处理事情的标准和依据。

遵照。遵命办理。

按照。按此办理。

比照。参照。

参照。参考、仿照。

兹。现在。

兹有。现在有。多用于介绍信的起笔处。例如，兹有我局××同志前赴贵省调查了解××文件落实情况，请予接洽。

兹因。现在因。多用于事务性通知、信函的起笔处。

兹派。现在派。多用于介绍信函的起笔处。

兹将。现在将。

酌情。考虑情况。如"酌情做出处理"。

酌量。考虑实际数量。

第二节　公文的作用与要求

公文作用广泛，要求明确，把握公文的作用与要求，是做好办文工作的前提。

一、公文的作用

公文的作用表现在方方面面，归纳起来，主要有以下几个方面。

第一，领导指导作用。公文在传达贯彻党和国家方针政策、发布行政法规和规章、统一思想及行动等方面，具有重要作用。公文的内容反映机关单位工作的意图，具有领导和指导工作的作用。公文中，命令、决定、决议等文种都是指导下级工作的手段，是下级工作的重要依据。而报告、请示等文种是向上级机关汇报工作、反映问题的载体，是上级机关制定法规政策的重要参考和依据。

第二，规范制约作用。 公文中的法规、命令、条例、告示、公告等不仅规范制约着机关单位工作人员的行为，甚至直接规范和制约人们的日常生活。公文作为管理国家事务的重要工具，具有规范和制约社会行为和公民活动的作用。例如，北京等特大城市政府公布的关于家用小轿车限行的规定，就具有强制力，任何人都不得违反。

第三，教育宣传作用。 公文具有一定的宣传教育作用，特别是一些纲领性文件、重大政策性文件和领导同志的批示，其宣传教育作用十分明显。例如，针对谣言、虚假信息，通过公报、公告、通知等文体，启发诱导，讲道理、摆事实，使大家端正立场、观点和方法。

第四，知照联系作用。 保证各系统之间的互相配合、有效衔接和正常运转，公文是重要的联系纽带。例如，在上下级、平级和不相隶属的机关和企事业单位之间，通过公文来往，可以相互联系工作，交流信息，知照情况，商洽事情，公文的桥梁纽带作用是显而易见的。

第五，依据凭证作用。 公文反映了制发机关的意志，收文机关必须以公文为依据，根据公文的要求开展工作。一方面，上级机关所制发的公文，构成了下级机关的工作依据。另一方面，下级机关所制发的公文，如请示、报告等，对上级机关来说，同样也有依据作用。上级机关就是根据这些公文来了解下情，作为做出决策的参考依据，或指导工作的具体凭证。

二、公文的要求

古人说，公文是"经国之大业，不朽之盛事"。公文写作是人类社会发展的现实需要，是科学思想传播的必备媒介，也是治国兴邦的重要工具。

（一）从基本规则来讲。 公文写作要遵循以下基本规则。一是符合党和国家方针政策。以党和国家的路线、方针、政策为出发点和归宿点，理论联系实际，善于将公文的制发意图同政策法规要求统一起来，使带有普遍指导意义的政策法规原则深化在具体的文书写作内容之中。二是忠于组织和领导的意图。公文写作是为组织和领导集体立言，要忠于组织和领导集体的意图，把握好领导的基本观点、基本思路，并努力将领导的思想观点转化为制文意图，使领导意图公文化。三是实事求是反映情况。公文是指导现实工作的工具，以社会实践为基础，又反作用于社会实践。公文反映情况、说明问题，必须事实可靠，数据确凿，分寸恰当，布置工作、处理问题要具体明确，具有针对性和操作性，切忌主观臆断和想当然。

（二）从具体要求来看。 第一，必须据实而写。以准确、真实为本。公文是日常工作情况的集中写照，不能胡编乱造。只有文如其事，恰如其分，公文才具有说服力，才能更好地得到贯彻和落实。例如，对于表示程度的提法，如基本上、普遍、大概、个别、有所等，必须根据实际数量来使用，不能夸大其词。如一项活动大部分人都没有参加，就不能说是普遍参加；一项工作只完成了一半，就不能说是基本完成。第二，必须简洁严谨。公文写作要思虑周全，分清主次，详略得当，用最精简、最准确的文字表达最全面、最具体的内容。第三，必须朴实无华。公文写作不同于文学创作，不要用华丽的辞藻和过多的修辞方法，也不要过多地引用名言典故。机关公文的语言、词汇具有严肃性，使用大众语言，简明扼要，条理清楚，便于阅读。

（三）从谋篇布局来说。 一篇好的公文，必须有好的谋篇布局。即遵循一定的逻辑，有规则、有次序地依据文章主题，把材料加工成为一个有机的整体。具体来讲，一是要严谨，即公文结构要使材料之间缜密、周延、纲目清楚、逻辑性强，使人感到材料的组合天衣无缝。二是要完整，即构成文章的各个局部要结合得完美统一，成分齐备，没有残缺。文章有头、有尾、有起、有承、有转、有合，开头有交代，结尾有照应和说明。三是要匀称，即文章疏密相间，详略得当。应将主体文字置于中间，多层多段展开，详细论述，谓之密笔；而将目的、意义、希望、要求等放在开头或结尾，作为单段、概要简述，谓之疏笔。切忌将中心内容压在一头、一团乱麻。四是要连贯，即文章的各部分在内容脉络上要相互贯通，协调一致。语言上要注意过渡，衔接自然，文中不能出现互不相干或者自相矛盾的提法和内容①。

第三节　公文的语言与风格

公文的语言运用是否得体，风格是否得当，关系到公文质量和办事效果。掌握语言的特点、风格和规律，是高质量公文必不可少的前提。

一、语言特征

机关公文讲究实用，语言的运用必须考虑保证执行和办理的效力，因此，

---

① 张浩. 行政公文写作技巧、格式、模板与实用范例全书［M］. 北京：海潮出版社，2014.

要特别注重语词的使用、修辞和语法等问题。

【小链接】

公文语言使用的要求

一般使用书面语，非口头语。例如，抬头—昂首、卖出—售出、天边—天际、胳膊—臂膀、背着—背负、在这里—在此等。

一般使用约定俗成的文书专用语。例如，此复、专此、为盼、此布、办法、报请等。

避免使用方言俗语。例如，强盗点天灯、婊子念佛经；阴私狗最会咬人；田螺壳里做道场。

避免使用生僻晦涩的词语。例如，窅冥：幽暗不明。毵毵：纷扬飞舞。濩落：沦落失意之境。霅霅：光耀闪烁之貌。便嬛：轻盈美好之貌。岩峣：山高峻貌。潋灂：石在水中出没之貌。㛒嫿：娴静美好貌。愃嬟：和善贤淑貌。飒纚：长袖飘舞貌。棽俪：繁盛披覆貌。

避免使用浪漫华丽的辞藻。例如，哀感顽艳、宝马香车、凤采鸾章、烂若披锦等。

（一）**词语**。公文用语必须规范、凝练、概括、简洁、周延。以规范的书面白话为基础，一般不用口语、方言、俚俗语。词语应当概念清楚，有严格的限定；含义准确，已约定俗成。对于多义词，则少用喻义、引申义，尽量采用其直接词义，不使人曲解、误会。公文中多用概括词语，使既定范围内的人、事、物全部纳入表达范围，节约文字和篇幅。公文也大量运用联合短语作主语或谓语、宾语。大量使用介宾短语为定语、状语，从目的、范围、条件、依据、方式等方面加以修饰，限定被表述的对象和动作。常以名词作宾语，前缀动词作谓语以构成短句，成动宾结构，如"严禁走私"等。

【小链接】

公文词语使用的要求

公文词语使用追求准确、简练、平实、得体。重点关注词语的选择和句式的调整，不使用冷僻不符合多数人阅读习惯的表达方式。

1. 不用方言和时髦用语。壮族方言：叩（狗），虾（杀）等。时髦用语：犯扯（二百五搞怪），拍砖（提意见），东东（东西），顶（支持），钻石王老五（单身男人），小强（蟑螂），恐龙（网上丑女），青蛙（网上丑男），大虾

(网上高手)、菜鸟(网上新手)、小鲜肉(年轻人)、老腊肉(上年纪的人)等。

2. 多用单句、少用复句。区别在于,一套句子成分还是多套句子成分。如,"我们祖先的许多有骨气的动人事迹,还有它积极的教育意义"。这句话的主语是"事迹",谓语是"有",宾语是"意义"。句子虽长,只有一套句子成分,因此,它是单句。如,"剧是必须从序幕开始的,但序幕还不是高潮。"这句话,前一分句的主语是"剧",谓语是"开始",后一分句的主语是"序幕",谓语是"是",宾语是"高潮"。这句话有两套句子成分,是复句。

3. 多短句、少长句。长句是指结构复杂、词语较多的句子,短句是指结构简单、词语较少的句子。长句改为短句主要有两种办法:一是将长句中能抽出来的较庞大的修饰限制成分抽出来,改成分句或单独成句,不能抽出来的修饰限制成分与句子主干另成一句。二是把联合成分拆开,重复跟联合成分直接相配的成分,形成排比句式。长句改短句要注意所改短句之间的逻辑顺序。

例如,"鲁迅是在文化战线上,代表全民族的大多数,向着敌人冲锋陷阵的最正确、最勇敢、最坚决、最忠实、最热忱的空前的民族英雄"——毛泽东《新民主主义论》。句子主干是"鲁迅是民族英雄"。

4. 多用常式句、少用变式句。即主前谓后、动前宾后、定状前补语后、从句前主句后。从一般汉语的句式看,通常的语序是主—谓,动—宾,装饰语—中心语,偏句—正句,这些统称为常式句。常式句是指句子成分按一般次序排成的句子,以及句子成分打破一般次序,排列次序较特殊的句子。

常见的变式句有两类:一类是单句成分次序排列特殊的句子,如主谓倒装句、定语后置句、状语后置句、宾语前置句等;另一类是复句中分句次序排列特殊的句子,如因果倒置句、转折倒置句、条件倒置句、假设倒置句等。常式句与变式句转换的要点是找准需要强调的内容并将其推前或置后。

①你怎么了?(常式句)——怎么了?你?(主谓倒装变式句)。②学生家长明天下午在会议室开会。(常式句)——学生家长明天下午开会,在会议室。(状语后置变式句)——明天下午,学生家长在会议室开会(状语前置变式句)。③他吃了一个苹果,红的(定语后置变式句)。

①因为虫害严重,所以今年棉花减产了。(常式句)——今年棉花减产了,是因为虫害严重。(因果倒置变式句)。②他虽然有病,但还是坚持学习。(常式句)——他还是坚持学习,虽然有病。(转折倒置变式句)。③无论天气多么恶劣,他总能按时到达岗位。(常式句)——他总能按时到达岗位,无论天气多么恶劣。(条件倒置变式句)。

5. 不造半白半文语句。公文写作中切记不能使用这样的句子。

【小链接】

易错词解析[①]

标记	标明某种东西的记号	标志	（1）表明某种特征；（2）表明特征的记号
标识	同"标志"	标明	用文字或符号标出来，使大家明白
表明	清楚地表示出来	表现	显示出来
哺育	喂养	抚育	照料，养育
不屑	轻视；认为不值得	不惜	舍得，不顾惜
沉重	（1）分量重；（2）情况严重时的心理状态	郑重	严肃慎重的态度
吃紧	紧张	吃劲	费劲，吃力
遏止	阻止	遏制	控制
繁复	多而复杂	反复	（1）多次重复；（2）变动，改变
妨碍	阻碍	妨害	有害
仿造	照样子制造	仿照	模仿，参照
飞腾	向上飞奔	沸腾	（1）液体受热达到沸点；（2）形容情绪极高
扶养	扶助，供养	抚养	养育
割断	用刀切断	隔断	阻隔断绝
公正	公平正直	公证	代表特定的权力机关，作证明
固然	本来（如此）	果然	事情同预料的相符合，含有"果真这样"的意思
顾问	特别约请的对专门知识技术提供意见的人	过问	理睬，管，关心的意思
贯串	从头到尾连接串通，多用于抽象事物	贯穿	穿过，通过。既可用于具体事物又用于抽象事物
灌输	注入（用于思想或知识）	灌注	浇进
核计	（1）核对计算；（2）自己盘算或跟人商量	合计	合在一起计算
后辈	晚辈、年轻的人	后备	作为补充的准备
棘手	形容事情难办	辣手	手段厉害
简洁	简明扼要	简捷	直截了当

[①] 国务院办公厅秘书一局编：《易混易错常用公文字词辨析》，2005年9月。

续表

间隙	空隙（用于时间或空间）	间歇	动作、变化等每隔一段时间停止一会儿
娇气	意志脆弱，不能吃苦	骄气	自高自大，目中无人
界限	事物性质的区别	界线	分界的边线
经心	在意，留心	精心	用全部精力
精致	精巧细致	精制	精工制造
聚积	一点一滴地累积	聚集	集合在一起
开展	推行，发展	展开	(1) 张开，伸展；(2) 大规模地进行
克服	制伏，战胜	克复	经过战斗而夺回被敌人占领的地方
苦楚	痛苦	苦处	苦恼的事情
宽待	宽大对待	款待	亲切地招待
名声	对名誉的评价	名胜	著名的有古迹或优美风景的地方
难堪	难以忍受，受窘	难看	丑陋，不好看
破例	打破常规	破裂	分裂开来
溶化	物质在水里化开	熔化	用火融化
闪耀	闪烁照射	闪烁	光亮忽明忽暗，动摇不定
实足	确实足够	十足	达到顶点
实用	实际使用	试用	试验用一用
熟悉	很了解	熟习	对某种技术和学问很熟练或了解
树立	建立	竖立	直立
条理	层次，次序	调理	(1) 调养，护理；(2) 安排管理
停止	停住不动	停滞	不前进，或前进极慢
通宵	整夜	通晓	透彻了解
推脱	推卸	推托	借故拒绝
违反	不遵照，向着反方向做	违犯	违背，触犯
鲜明	(1) 鲜艳明亮；(2) 明朗，不含糊	显明	明白清楚
相通	事物之间连贯沟通	相同	两种以上的事物，内容或形式一致
相应	相适应，相符合	响应	赞同、支持某种号召或倡议
效力	(1) 功用；(2) 出力，效劳	效率	功效的比率
压制	用威力使人屈服	抑制	按住，控制
以至	到，直到。用于时间、数量、范围的延伸或扩大	以致	弄得，由此而造成。用于下半句的开头，表示结果
用度	费用，开支	用途	用处

续表

珍重	爱惜，珍爱	尊重	尊敬，重视
正确	对	准确	丝毫不差
志愿	志向，意愿	自愿	自己愿意
主意	主张，办法	注意	留心

（二）修辞。公文以实用为目的，主要表达方式是叙述、议论、说明，不要求抒情、描写，不追求语言的艺术化，不用或少用夸张、婉约、比拟、含蓄等积极修辞手段，主要采用消极修辞法。消极修辞并不意味着不讲究辞章，不追求语言美，而是不凭借华丽辞藻，以质朴流畅的语言、明确的叙事表意，于平淡中见神采。为增强文势，显示事理程度上的差异，也适当地运用排比、对偶、反复等手法。

【小链接】

公文修辞的特点与要求

公文采取消极修辞法，排斥积极修辞法，追求明确、通顺、简洁、朴实、庄重，反对形象、生动、新鲜、活泼。一般不用以下修辞方法：

1. 借代。这指的是不直说某人或某事物的名称，而是借和它密切相关的名称去代替，这种辞格也叫做"换名"。例如，你们杀死一个李公朴，会有千百万个李公朴站起来。——闻一多《最后一次讲演》。模范不模范，从西往东看，西头吃烙饼，东头喝稀饭。——赵树理《老杨同志》。

2. 比拟。这是把一个事物当作另外一个事物来描述、说明。比拟的辞格是将人比作物、将物比做人，或将甲物化为乙物，运用这种辞格能收到特有的修辞效果。拟人：一只探险的蜜蜂正绕着布满柳树枝头的金色花朵嗡嗡……真正的春天已经到来了。——托尔斯泰《安娜·卡列尼娜》。拟物：维吾尔族姑娘插上金色的翅膀，在广阔的天地里飞翔。——阿不都热西提《女拖拉机手》。以事拟人：这里叫教条主义休息，有些同志却叫它起床。——毛泽东《反对党八股》。拟无生物为动物：予观夫巴陵胜状，在洞庭一湖。衔远山，吞长江，浩浩汤汤，横无际涯；朝晖夕阳，气象万千。此则岳阳楼之大观也。——范仲淹《岳阳楼记》。

3. 夸张。这是为了达到某种表达效果的需要，对事物的形象、特征、作用、程度等方面着意夸大或缩小的修辞方式。扩大夸张，例如，蜀道之难，难于上青天。缩小夸张，例如，一个浑身黑色的人，站在老栓面前，眼光正像两把刀，刺得老栓缩小了一半。——鲁迅《药》。超前夸张，例如，"愁肠已断无由醉，酒未到，先成泪。"——范仲淹《御街行》。"十年生死两茫茫，不思量，自难忘。千里孤坟，无处话凄凉。纵使相逢应不识，尘满面，鬓如霜。夜来幽梦忽还乡，小轩窗，正梳妆。相顾无言，惟有泪千行。料得年年肠断处，明月夜，短松冈。"——苏轼《江城子·夜记梦》。

4. 反语。运用跟本意相反的词语来表达此意，却含有否定、讽刺，以及嘲弄的意思。例如，"至于男盗和女娼，那是非但无害，而且有益：男盗——可以多刮几层地皮，女娼——可以多弄几个裙带官儿的位置。"——鲁迅《伪自由书·赌咒》。

5. 双关。在一定的语言环境中，利用词的多义或同音的条件，有意使语句具有双重意义，言在此而意在彼。"夜正长，路也正长，我不如忘却，不说的好吧。"——鲁迅《为了忘却的记念》。"杨柳青青江水平，闻郎岸上踏歌声。东边日出西边雨，道是无晴却有晴。"——刘禹锡《竹枝词》。

（一）消极修辞法的具体要求是：

1. 思想明确。作者必须经过观察、研究，对事物的性质、特征、内部联系与其他事物的关系，以及发展变化等，有明确、全面的认识。写作前理清思路，成竹在胸。明确写作的目的、重点及阅读的对象。

2. 词义明确。选择意义十分明确的词。力避模棱两可的词（借条与欠条、借款人签名等），对有歧义的词，应加以解释。在同一语境中，概念的内涵应保持一致。可用对概念加限制语的方式，缩小外延，明确词义。

3. 语句通顺。句子要合乎语法的要求。精心选用虚词（汉语虚词包括副词、介词、连词、助词、叹词、象声词），词与词、短语与短语的关系要明确。句与句之间要连贯。

4. 语言平稳。语言平实，力避怪词僻句。语言匀称，力避疏缺或驳杂。尤其要与内容、语境相贴切。

5. 布局严谨。根据事物本身所具有的规律性，合理安排写作顺序，从句群到段到篇，注意前后照应，过渡自然，文势贯通。

（二）积极修辞法的具体要求是：

积极修辞不仅要使人理会，还要使人感动。要求语言不仅意思准确、明白，而且还要形象、生动、活泼。根据表达的需要，可以运用各种材料，各种表现手法来加强表达效果。积极修辞的内容是极其丰富的，包括选词、炼句、各种辞格以及谋篇布局等。

积极修辞的适用范围非常广泛。主要适用于文艺语体、政论语体和一般的交谈中。无论写人、记事、议论、抒情，都能运用。例如，杜甫《兵车行》：

"车辚辚，马萧萧，行人弓箭各在腰。"不说车行、马嘶，而说"车辚辚，马萧萧"，就是运用了积极修辞的手法。修辞学上各种辞格，都是积极修辞的方法（例如，风萧萧兮易水寒、壮士一去兮不复还）。

（三）**语法**。公文写作必须遵守语法规则，格式结构完整，必要的主、谓、宾语和附加成分完备，单、复句应分清，如果违背语法规则，就会出现文理不通的现象，影响对思想、内容的表达。公文讲究简练，在句式、结构完整的前提下，应该注意成分的搭配，特别是运用联合短语作句子成分时，并列谓语动词与同一宾语是否对应；在运用句群时，多组定语与同一名词是否一致，等等。公文句式多使用陈述句和祈使句，明确地表示是什么，不是什么；做什么，不做什么。句型则多用主谓句，为避免歧义，多用完全句，少用省略句。

（四）**节奏**。好的公文一定有行文节奏。一般为了增强公文的感染力，往往通过句式的长短、语言的运用来显示行文的节奏，以蓄文势。一般来讲，命令（令）措辞庄重、强硬，语气明确、肯定，斩钉截铁，不可更改。指示、计划一般不用绝对肯定的语气，为下级灵活执行留有余地。决定、决议语气鲜明犀利。批示、通知要求明确、稳健。报告、总结可适当增饰词采，以求生动活泼。布告、通告要求明白晓畅、通俗易懂。章法、条规则要求语意精密、无懈可击[①]。

二、表达方式

公文的表达方式是以叙述为基础，议论为手段，说明为目的，三者综合运用。由于公文的内容制约了表达方式的采用，因此当公文的主要内容不一样时，其表达方式就各有侧重。具体地讲，以反映情况为主要内容的公文，表达方式侧重于叙述；以阐明道理为主要内容的公文，表达方式侧重于议论；以提出要求为主要内容的公文，表达方式侧重于说明。

（一）**叙述**。与记叙文的表达方式比较，公文中的叙述带有显著的概括性特征。公文中叙述事物，不像记叙文的断面特写、细节刻画、气氛渲染，而是直述本质、明确无误。公文中叙述事件，不像记叙文那样详写事情发展变化的具体过程，描绘复杂、曲折的生动情节，而是概括反映全貌，明白叙说梗概。公文中表述情感，不如记叙文奔放或细腻，而是庄重、鲜明。

（二）**议论**。与议论文的表达方式比较，公文中的议论是为了得出相应的结论，证实某一问题，带有直接的目的性。但议论文（如社论、评论、学术论

---

① 张浩. 行政公文写作技巧、格式、模板与实用范例全书［M］. 北京：海潮出版社，2014：9-11.

文）旨在影响读者，并非针对某一具体事项提出要求，所以带有泛论的属性。而公文中的论述是为解决实际工作中某一问题、围绕既定要求而发，不允许偏离目的，旁及与要求无关的内容，更不得放言空论。

（三）说明。说明是公文的主要表达形式，每篇公文中都有完整的说明文字。但总体而论，公文综合运用了这三种表达方式，所以不同于一般的说明文。

【小链接】

公文常用语[①]

（一）按语。以发文单位的名义对所发文件、材料加以指导的一种公文形式。按语对下级工作具有指导作用。按内容可分为四类：①说明性按语，说明材料来源和编发原因，或特别说明何人要发和发至什么范围。②提示性按语，指出材料的中心、要点或提纲挈领地介绍其内容。③批示性按语，对下发单位作出指示，提出具体要求。④评论性按语，对编发的材料进行评论，表明意见和态度。针对全篇材料的按语，一般置于正文之前，注明"编者按"或"按"。针对材料的某一部分的按语，一般夹在文中，加括号注明。

（二）批语。上级机关对下级来文或有关资料的指示性语句。按用途可分为：批复下级请示的批语，批转下级报告的批语，批示有关资料的批语。

（三）敬语。对行文对象表示敬重的公文语言。敬语多用于公文的开头或结尾处。按使用范围可分为各种行文通用的敬语，如"请"；上行文常用的敬语，如"呈送""呈上""报请"；平行文使用的敬语，如"拟"。

（四）雅语。典雅庄重的公文语言。适当地运用雅语，可使公文内容的表达简明、平实、庄重。适用雅语的一般要求：使用规范化的书面语言，不用口头语言；使用朴实无华的语言；适当使用少量的文言词语。

（五）简称用语。公文中经过简化的词语。其作用是可使行文简洁，内容概括鲜明，便于掌握和记忆。地名、机关名称使用简称必须是规范化的简称，如"中共中央"是"中国共产党中央委员会"的规范化简称。事物名称使用简称用语有三种方式：①节缩式。把较多的词语用较少词语表示出来。②统括式。把若干词语中的共同成分抽取或概括出来，冠以数词，概括表述。如"不抓辫子，不扣帽子、不打棍子"简称为"三不主义"。③选点式。用词语中有特点的部分代替整个词语。如用时间代替整个词语的简称"九·一八事变"，用地点代替整个词语的简称"南昌起义""遵义会议"等。

（六）开端用语。公文中用在正文的全篇或段落开头，表示行文目的、依

[①] 国务院办公厅秘书一局编：《易混易错常用公文字词辨析》，2005年9月。

据、原因、背景等的词语。例如据、根据、依据、查、据查、近查、奉、兹、兹介绍、兹有、兹定于、按照、遵照、依照、为了、关于、由于、对于、鉴于、随、随着、本着等。

（七）期请用语。公文中表示作者某种期望和请求的词语。多用于上行文，有时也用于平行文和下行文。常用的期请用语有：请、敬请、恳请、提请、报请、拟请、特请、务请、希、望、希即、务希、希予、希望、切望、热望、尚祈、盼、务盼、是盼、渴盼、以……为盼等。

（八）综合用语。公文中用以连接具体情况叙述和总概性叙述的词语。综合用语具有承上启下的作用。例如为此、据此、故此、对此、值此、至此、有鉴于此、综上所述、总之、总而言之、由此可见等。

（九）称谓用语。公文中表示对机关、单位、集体、个人不同人称称呼的词语。一般性称谓用语用于上对下、下对上、平行机关或不相隶属的机关、单位之间，例如本（厅）、我（厅）、该（厅）、你（厅）等。表示尊重的称谓用语多用于下对上、不相隶属的机关及单位之间，例如贵（厅）等。党内一般称"××同志"。

（十）经办用语。常用于说明工作处理过程的时态。例如经、已经、业经、前经、现将。

（十一）承启用语。公文中用来承接上文并引起下文的词语。常用于通知、决定、报告等文种。一般结构特点：前面以一介词结构承接上文，后面用一个基本固定的结构形式引起下文，例如，根据……特作如下决定、为了……提出如下意见等。承启用语的上文一般较为简短，下文是文中内容的主体部分，多用条款形式表达。

（十二）批转用语。公文中表明对下级来文批示意见或向下批转、转发公文的词语。例如，批示、审批、阅批、核阅、阅示、批转、转发、印发、发布、公布、下达等。

（十三）表态用语。公文中表示作者意见、态度的词语。按表态用语的轻重程度可分为明确表态用语、模糊表态用语。明确表态用语有：应、应该、同意、不同意、批准、照此办理、遵照执行、组织实施、贯彻落实等。模糊表态用语有：原则同意、原则批准、似应、拟同意、参照执行、供参考、可借鉴、酌情处理等。

（十四）征询用语。公文中表示征请、询问对有关问题意见的词语。主要用于上行文的结尾和平行文的结尾。例如当否、可否、妥否、是否可行、是否妥当、是否同意、如有不当、如无不当、如有不妥、如无不妥、如果不行、如果可行、意见如何等。

（十五）引叙用语。公文中表示引述来文的词语。主要用于批复、复函、决定等。例如收、接、悉、前收、前接、现收、现接、近收、近接、惊悉、欣悉、收悉、闻、近闻、惊闻、欣闻、喜闻等。

（十六）结尾用语。公文中表示全文结束的词语。不同的文种对结尾用语有不同的要求。例如，请示的结尾用语可用"以上请示当否，请批复""妥否，请批示""上述意见如果可行，请批准"等；报告的结尾用语可用"以上报告如有不当，请指示""以上报告如无不当，请批转各地执行"等；其他可用"为盼、为感、为谢、为荷、特此（通知、通告、批复、报告、函告等）、此复、此令、特予公布、自……起施行"等。

（十七）模糊语言运用。运用模糊语言的条件是，表述的内容比较模糊，暂时无法实施但又必须说明；表述需要留有余地等。一般有四类：①表示时间的模糊语词，如现在、最近、近日、近几天、前几天、今年、正在、一度、上午、早晨、中午、下午、晚上、适当时候等。②表示范围的模糊语词，如每、各、有的、部分、少数、一些、个体、某种、某些、有关、以上、以下、大多数、主要、绝大多数等。③表示程度的模糊语词，如一般、比较、适当、很、极、显著、逐步、有所、进一步、基本上、大体上、普遍、几乎、原则上等。④表示频率的模糊语词，如经常、多次、不断、反复、接连、再次、往往、三令五申、连续等。

三、公文稿本

公文稿本是指同一公文在撰写、审核、印制过程中形成的在形式、内容、作用上有所不同的文稿和文本。一般公文从草拟到印发直至归档，分别有不同的形式。一是草稿，亦称过程稿，这是办公室文秘草拟的公文原始稿件，供修改、讨论、审批使用，按成熟过程可以分为一稿、二稿、三稿……修改稿、讨论稿、征求意见稿等。二是定稿，即最后完成稿，这是文件的标准稿本，是印制正本的依据。三是正本，具有标准格式并签署或盖章的公文稿本。四是副本，亦称抄本，是正本的副本或复制本，主要供参阅、备查用。五是存本，指留存的正本，备工作查考用。六是试行本（暂用本），一些法规性文件，在内容尚不成熟时，先以试行本（暂行本）的方式发布并试用。七是各种文字本，包括国内各少数民族文字文本和各种外文文本，必要时必须规定标准的文字文体[①]。

[①] 张保忠. 公文写作技巧与范例全书［M］. 北京：中国时代经济出版社，2011：24.

第四节 公文拟制的基本前提

机关公文因命而发,拟制需要一定的前提与基础,大体说来,重点要考虑依据问题、角度问题和逻辑问题。

一、依据问题

所谓依据问题,即拟制公文的根据与来源,也就是为什么拟制公文、根据什么拟制公文。一般而言,拟制公文主要依据有:

第一,任务依据。这是指要根据任务拟制公文。这些任务,有的是根据本部门、本单位的法定职责确定的工作任务,或者工作规划、发展计划;有的是根据上级机关、单位或者领导的指示和授意;有的是根据会议的安排与部署;也有的是根据其他部门的要求和授意。

第二,职能依据。这是指要根据本部门、本单位的工作职能拟制公文。任何一个部门和单位,都有别于其他部门和单位的职能。根据职能拟制,就是比较本部门和其他部门的职能,确定拟制公文的必要性和处理公文的主从关系。

第三,法律依据。这是指要根据法律法规拟制公文,拟制的公文要与已有的法律法规相协调。也就是说,凡公文都要符合法律法规和党的方针政策,凡改变现行政策规定或提出新的政策规定,都要切实可行,并与原有规定相衔接。切不可另搞一套,与上级政策相违背。

第四,引证依据。这是指公文内容来源准确、正确、与引证意图相符。公文的观点要与材料一致,谈观点没有材料和谈材料没有观点是撰写公文的大忌。

第五,效用依据。这是指拟制的公文确实有内容和必要,可发可不发的文件不发。要按照中央八项规定的要求,对可发可不发的公文坚决不发,能采取打电话等方式解决问题的坚决不行文,切实减少文山会海。

二、角度问题

所谓角度问题,就是站在什么角度拟制公文。角度对路,是公文成功的先决条件;角度不对路,是公文失败的最大缘由。拟制公文重点要把握以下四个角度。

第一,我是谁。这是指要明确自己的角色定位和工作职责。要把握受谁之命、受什么命这两个基本问题。受谁之命,就是要站在授命者的立场想问题、办事情,不局限自身所处的形势和地位;受什么命,就是要把握拟制公文的目的和方向。例如,拟制"通知",一定要站在主办机关、行业管理的角度来拟制，代表整体部门说话，不能局限在本人工作的具体小部门。

第二，我和谁说话。 这是指要明确公文的主送机关、抄送机关，明确公文效力范围所涉及的部门、单位和具体工作对象。公文的目的是解决问题，所以，拟制之前必须明确对象，做到有的放矢，不盲目随从，更不能"顾左右而言他"。

第三，我要说什么。 这是指要明白公文表达的主要内容、意图、目标和效果。不同文种有不同的要求。例如"请示"，就要明确行文的背景、缘由，行文的理由和原因，行文的主要内容以及行文要解决的主要问题，只有这样，才能达到行文的目标和效果。

第四，我要怎么说。 这是指怎么使公文有说服力、执行力和工作效果。总体要求是简而不缺、备而不繁、突出重点、力求简短。结构上做到层次清晰、段意分明、意思清楚、泾渭分明。语言上做到简洁明快、干脆利落、通俗易懂、准确无误。

三、逻辑问题

所谓逻辑问题，就是行文的层次结构、相互关系以及前后衔接问题。拟制公文首先要解决逻辑问题，重点要解决"是什么""为什么"以及"怎么办"的问题。"是什么"，解决的是拟制公文的事由、文种以及确切内容等问题。"为什么"，解决的是拟制公文的目的、根据、背景、缘由等问题。"怎么办"，解决的是公文所提问题的解决办法、措施或者工作建议等。

第五节　公文写作的基本流程

一、明确工作关系

明确工作关系是拟制公文的前提。从本质上看，机关之间的关系实际上涉及的是权力在不同机关之间的分配和划分，主要应由机关组织予以调整和规范，包括以下三类。

（一）**领导关系**。这是指上下级机关之间的命令与服从关系，如图1—1所示。在领导关系中，上级机关享有命令、指挥和监督等权力，有权对下级机关违法或不当的决定等行为予以改变或撤销。下级机关负有服从、执行上级机关决定、命令的义务，不得违背或拒绝。

领导关系又有垂直领导关系和双重领导关系两种类型。垂直领导关系中的机关，一般只直接接受某个上级机关的领导，如地方海关只接受海关总署领导。

双重领导关系中的机关则要同时接受两个上级机关的直接领导，如地方各级公安机关既要接受上级公安机关的领导，又要接受本级人民政府的领导。

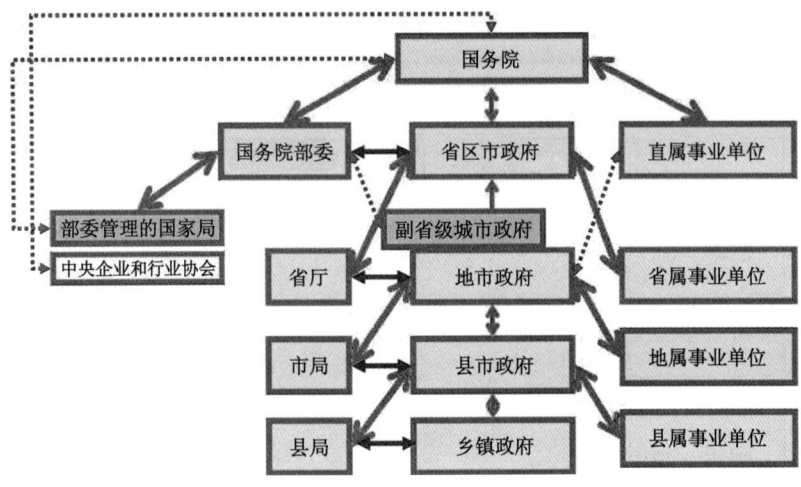

图 1—1　领导关系示意图

（二）**指导关系**。这是指上下级机关之间的一种行业或业务上的指导与监督关系，如图 1—2 所示。在指导关系中，上级主管部门享有业务上的指导权和监督权，但没有对下级机关的直接命令、指挥权。上下级机关之间究竟应实行垂直领导关系、双重领导关系或指导关系，应该根据其性质及职权要求来确定，并由机关组织法加以规定。

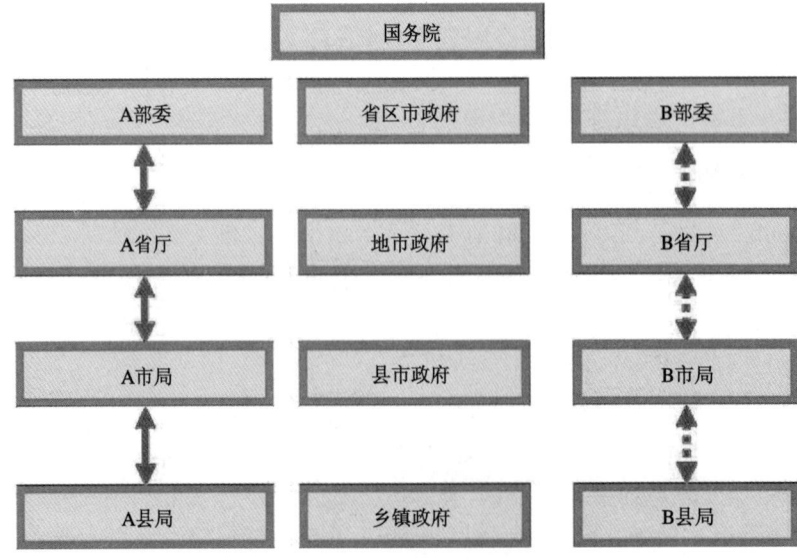

图 1—2　指导关系示意图

（三）**公务协助关系**。公务协助关系又称职务上的协助，是指对于某一事务无管辖权的机关，基于有管辖权机关的请求，依法运用职权予以协助，如图1—3所示。这种公务协助关系在我国组织法中并不少见。例如，《海关法》第十二条规定，海关执行职务受到暴力抗拒时，执行有关任务的公安机关和人民武装警察部队应当予以协助。

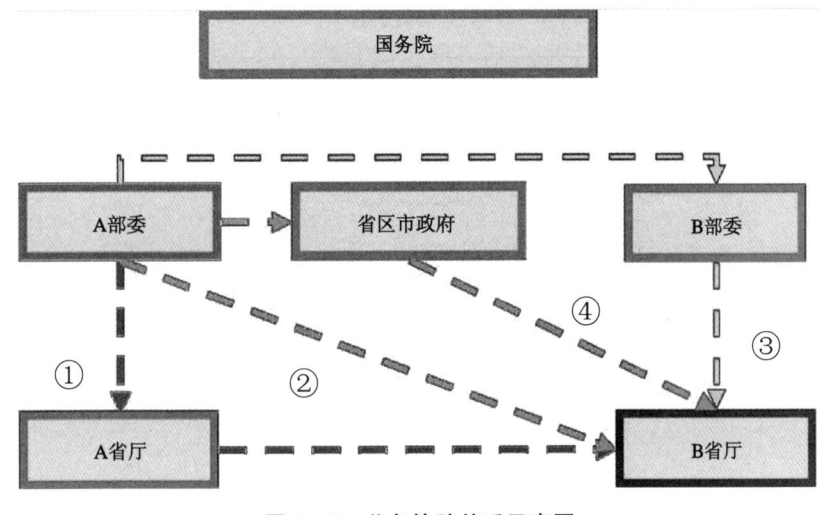

图1—3　公务协助关系示意图

二、确定行文规则

行文是指一个机关给内部机构或另一个机关发文的具体行为。行文是公文制发的重要环节。机关行文必须遵循一定的规则，不同的行文方向，有着不同的行文规则。

（一）**上行文的行文规则**。上行文是下级机关向上级机关拟定的带有汇报、请示性质的公文，如报告、请示、意见等。上行文的行文规则要领：一是选准文种，在向上行文的过程中一定要选择正确的文种，把握适当的语气。二是一文一事，在向上级机关请示问题时，一定要一个问题对应一篇公文，不能在其他文件中夹带请示。三是机关对机关、单位对单位报送。除上级机关负责人授意外，不得以本机关名义向上级机关负责人直接报送公文，也不能以本机关负责人的名义向上级机关报送公文，报送公文必须公对公。四是主送一个机关。一般情况下，上行文只写一个主送机关，如果涉及向双重上级机关行文，要明确主送机关和抄送机关，不能抄送给下级机关。五是不能越级行文。如遇特殊情况需要越级行文，要有上级机关的授意，并抄送上级机关。或者遇到重大突发事件，才能越级行文。六是不交叉行文。党的机关与国家行政机关之间一般不能直接交叉行文，如报送请示、报告等。

（二）下行文的行文规则。下行文是上级机关向下级机关发出的带有告知、命令性质的公文，如通知、通告、通报、决议、决定、命令（令）、批复、纪要等。下行文的行文规则要领：一是选好文种。在向下级机关行文的过程中，要选择正确的文种，把握适当的语气。二是根据需要选择抄送机关。在向下级机关行文时，应根据需要抄送相关机关，根据行文的重要程度选择是否抄送发文机关的直接上级机关。若上级机关向受双重领导的下级机关行文时，必须抄送该下级机关的另外一个上级机关。三是意见一致方可行文。同级机关之间如果有业务需要，可以联合向下级机关行文，但如果同级机关的意见和看法不一致，且未达成共识，不得向下级机关擅自行文。

（三）平行文的行文规则。平行文是平级机关或没有隶属关系的机关之间的公文往来，带有商议、知照性质的公文，如公报、商洽函等。平行文的行为规则要领：一是选准文种。在向平级机关行文的过程中，也要选择正确的文种，把握适当的语气，体现出商议、洽谈的态度，不能用指示、命令式口吻。二是在职权范围内联合行文。同级机关在必要时可以联合向同级机关行文，但必须限定在本机关职权范围之内。

三、掌握基本流程

机关公文的办理程序包括两个方面的内容，一方面是发文办理，另一方面是收文办理。

（一）发文办理程序。发文办理程序是指机关内部为制发公文所进行的创制、处置与管理活动应遵循的基本程式和工作顺序。发文办理程序是一个不断形成和积累有效公文生成条件的过程，是发文机关履行法定职责，表达自身意志和愿望，创造加工和记录、传递有用信息的过程。发文办理的一般程序为：拟稿、会商、核稿、签发、注发、缮印、用印或签署、分装、发出、处置办毕。这一程序具有很强的确定性和不可逆性。

1. 文稿的形成，具体包括：拟稿、会商、核稿、签发。①拟稿，即撰拟公文文稿。拟稿是机关工作人员的职责，既要求机关各类工作人员积极参与，也要求各级领导亲自动手草拟各类重要公文。②会商，指当公文的内容涉及其他同级或不相隶属机关以及相关部门的职权范围，需要征得其同意或配合时，所进行的协商协调活动。③核稿，指拟就的文稿在送交有关领导签发或会议讨论通过之前，由部门负责人或经验丰富、水平较高的文秘人员对文稿所做的全面核查。④签发，指由机关领导或被授以专门权限的部门负责人对文稿终审核准之后，批注正式定稿和发出意见并签注姓名、日期的活动。除一些规范性公文、重要领导或指导性公文须经有关正式会议讨论通过，再由负责人签署生效外，其他文稿一经履行签发手续即为定稿，即有正式效用的公文。因此，签发是绝大多数公文生效的必备条件。

2. 公文的制作，具体包括注发、缮印、用印或签署。①注发，指在定稿形成后批注、缮写、印发要求的活动，其作用是使签发意见进一步具体化、技术化。②缮印，即誊录抄写、印刷等方式制作完成后形成的公文。③用印或签署，即在正式印刷完毕的公文上加盖发文机关的印章，或请有关领导在公文正本上签注姓名，表明公文的正式性质和法定效力。

3. 公文的传递，包括分装、发出等环节。①分装，指按照具体规定和发送对象拣配和封装公文。②发出，是将已封装完毕的公文以适当的方式发送给主送或者抄送对象。

4. 公文后续工作，主要是处理办完的公文。工作内容有立卷、归档、暂存销毁等。

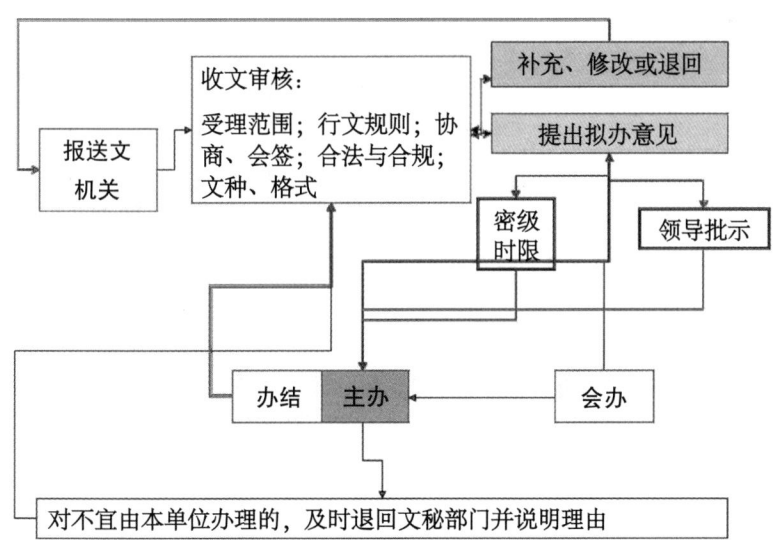

图 1—4　下级机关报送公文处理

（二）收文办理程序。 即对来自本机关外部的公文所实施的处置与管理活动所遵循的基本程式和工作顺序。

第一，接收公文。 ①签收。这是指确认、清点、核对、检查、签注手续之后收取公文。签收工作由专职或兼职的收发人员或通信人员完成。②启封。公文统一或分别由办文人员签收后，统一启封或径送有关领导启封。③登记。为掌握公文运转办理情况和查阅线索，收发人员在完成签收工作后，对收发情况做简要记载。

第二，办理收文。 办理收文是指对收文进行阅读、分析研究，从中获取信息，了解或解决所针对的事务或问题的过程。

1. 拟办，是由有关人员对文件进行阅读分析，提出处理意见和建议，提供可供选择的方案，供领导审核定夺。做好拟办工作，一是要弄清文件的意图、问题的性质与实际状况；二是拟办意见要简明、具体、得体；三是如果所提方案有两个或两个以上，应将倾向性意见排在前；四是要在"公文处理单"上工整、清晰地填写好意见，签注姓名日期。

2. 请办也叫注办，指根据授权或有关规定，将需要办理的公文注请主管领导指示或主管部门研办。对需要两个以上部门办理的，应当指明主办部门。

3. 批办，是由有关负责人认真阅读分析文件后，提出处理意见。这是一项履行法定事务处置权的决策活动，规定了对具体文件的处置方法、程序、具体承办责任、承办原则与要求等，对公文效用的实现具有决定性影响。

机关负责人批办公文时要注意：一是不能越权批办；二是严格控制批办范围；三是批办的意见要明确、具体、切实可行；四是采取措施保证批办意见执行；五是如果待办的问题自己无权或无法处置，可将批办改为拟办。

4. 分发，指经过收文筛选分类后，依一定标准和要求分送有关部门和人员阅知办理的活动。其主要依据是：文件的性质、重要程度、涉密程度、紧急程度、内容所涉及的职责范围等。

5. 承办，即具体承接处置文件内容所针对的事务与问题的活动，是公文处理的中心环节。为使文件所涉及的问题得到解决，承办可采取召集会议、面谈讨论、电话沟通、实地调查指导、现场协调布置等方式。承办是各级文秘人员的重要职责，其依据是有关法规、指令、决定等。更具体的依据往往是上级领导依照法规、决议等做出的批示、口头指令或以其他形式传授的意图。

第三，组织传阅与催办查办。①组织传阅。这是指独份或份数很少的公文需经多部门或多位工作人员阅知处理时，公文在办理部门和人员之间得到有效传递和阅读。②催办。由公文处理机构根据承办时限和有关要求，对公文承办过程实施的催促检查活动。③查办。由公文处理机构或其他专门组织（如督查室、绩效办等），对重要公文实际执行情况所进行的核查协办活动。

第四，办毕公文的处置。①立卷归档。将办理完毕的具有查考价值的文件材料，按其一定的联系、性质和保存价值分类整理，编立成案卷，并移交档案部门保管。立卷归档的程序是：编制立卷类目（分类归卷方案）、平时归卷、年终调整、排列卷内文件与编导、填写卷内文件目录与备考表、拟写案卷标题（题名）、填写封皮与装订、案卷排列与编目、归档。②清退。向原发文机关或指定的其他机关退还属于清退范围的公文。③销毁。对已不具备留存价值的公文，在履行审批手续之后予以销毁。④暂存。对不属于上述范围的公文暂时予以妥善保存。

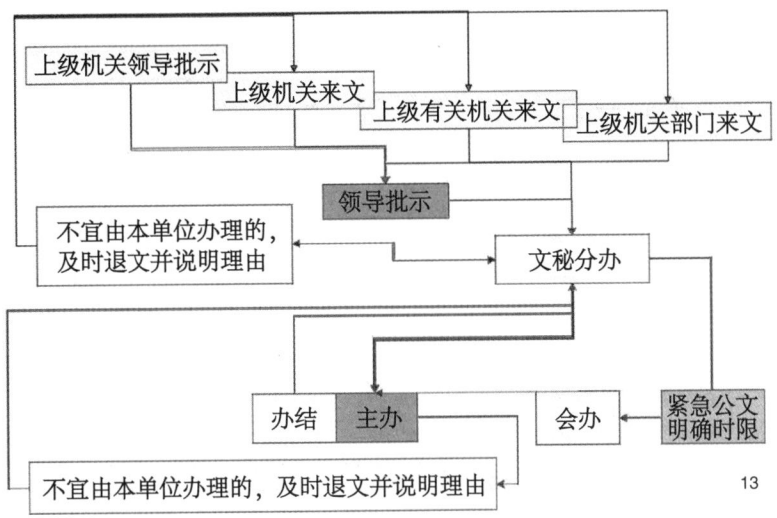

图 1—5　上级机关交办公文处理

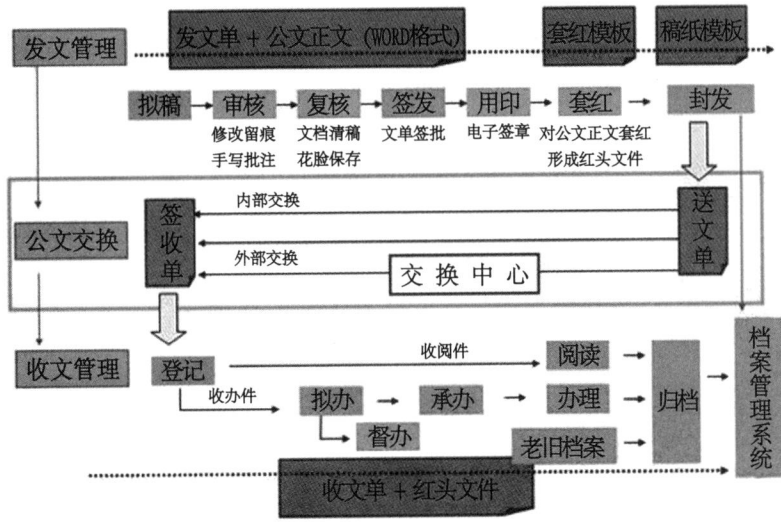

图 1—6　机关公文处理流程示意图

第六节　提高公文写作能力

办公室文秘人员要提高公文写作的能力和技巧，具备较好的文字水平和文字功底，必须在以下几个方面下功夫。

一、博学强记，扩大知识面

写作源于生活，生活之水积蓄到什么程度，就有什么样的写作水准。要善于从生活中学习，从领导和身边同事学习，增加生活阅历，扩大知识面。提高公文写作能力和水平。一方面，要不断扩大自己的视野，积累生活经验，更好地透过事物表象，洞察内在规律，提高笔头能力。古往今来的写作大家，无不具有丰富的人生阅历。司马迁年轻时足迹就踏遍半个中国，考察故地，搜集历史资料、故事传说，亲身感受山川人物、风土民俗，正是由于这种人生阅历和生活积累，所以才能写出"史家之绝唱，无韵之离骚"的《史记》。徐霞客从22岁起开始漫游，跋山涉水，走遍16个省，终于写成了不朽的地理学名著《徐霞客游记》。另一方面，要从书本中学，扩大知识层面。古人所谓"读书破万卷，下笔如有神""腹有诗书气自华"，充分说明了读书与写好文章的关系。目前有些办公室文秘人员忙于应酬，书读得太少，文化底蕴不足，补救的办法只有一个，就是读书、读书、再读书。

二、深思熟虑，成为行家里手

要善于在学习中思考。思是学习写作的关键，是获得真知灼见、写好机关公文的关键。孔子曰："学而不思则罔，思而不学则殆。"只有经过仔细思考，反复琢磨，才能领悟书中的思想内容和精神实质。学是思的基础，思是学的深化。"思"重点有三个方面。一是思古典。古人是在什么情况下写出的文章，为什么这样写，文章揭示出了一个什么道理，在当时产生了什么影响，由近到远，由今到古地深入思索。二是思当代。结合现实生活和写作中存在的问题进行思考，展开多向思维，深入思考，释疑解惑，从中发现规律性和规则性东西。三是思自身。"人品"即"文品"，静坐常思己过。以书为鉴，揽镜自照，看看自身的缺点和不足在什么地方，不断修正自己的认识、观念和为人处世的方式，然后行之于文字①。要善于在行动中思考。办公室文秘要深入体验生活，决不能只坐在办公室里纸上谈兵、坐而论道，要挤时间深入到社会生活的各个领域，深入到机关和企事业单位，认真思索，细心体验。要根据公文写作的内容，深入到工作一线和业务前沿，开展调研研究，为领导决策提供原始资料，决不能脱离实际去胡思乱想。

三、天道酬勤，敢于坐冷板凳

办公室文秘工作与其他业务部门的工作不同，需要有敢于和甘于坐冷板凳

---

① 徐振宗，等. 汉语写作学 [M]. 北京：北京师范大学出版社，1995.

的精神，如果整天忙忙叨叨，吃喝应酬，想做好文字工作是不可能的。提高文字水平和能力，首先，要勤写。成功没有捷径。办公室文秘一定要在写作上下功夫，多写多磨、多看多改。俗话说"熟能生巧"，勤写才能出成果，多做贡献。古今中外有很多关于勤写出成果的例子。唐代诗人孟郊说，"不有百炼火，孰知寸金精"，这个"炼"字充分说明了在写作上只有勤学苦练，才能增进笔力，写出好文章。其次，要勤改。文章不要怕改，确切地讲，好文章都是改出来的。有些人写文章，孤芳自赏，刚愎自用，怕别人提意见，更害怕别人提出颠覆性的意见。其实，凡是好文章，过手的人越多越全面，修改的次数越多越精到。勤改，一方面是要自己动手，反复证实自己的谋篇布局、遣词造句等写作技巧；另一个方面就是要请别人指点，反复证伪文章中的内容、逻辑和修辞，这样才能打造出高质量的文章。

　　一般来讲，撰写完的公文，不能随意出手，公文什么时候出手，什么时候呈送上级领导，要把握好三条标准。一是自己不满意不出手。实践证明，自己不满意的，领导往往也不满意。任何一件公文，只要时间允许，要反复修改，只有自己满意了才出手。要挖空心思、殚精竭虑；不能囫囵吞枣、浅尝辄止。二是出手的公文问不倒。对报出的公文，自己应当没有疑惑，疑难问题上报前一定要事先解决，做到情况清、政策清、法规清，使领导问不倒，签发不犹豫。三是出手的公文无硬伤。该走的程序一定要走到，该把的关口一定要把住，确保每件公文不犯逻辑不清晰、论证不充分、格式不恰当，以及字词、标点、错字别字等低级错误。

第二章

公文的一般格式

公文格式，即公文规格样式，是指公文中各个组成部分的构成方式，关系到公文效用和权威，如图 2—1 所示。根据《党政机关公文处理工作条例》，公文一般由份号、密级和保密期限、紧急程度、发文机关标志、发文字号、签发人、标题、主送机关、正文、附件说明、发文机关署名、成文日期、印章、附注、附件、抄送机关、印发机关和印发日期、印制份数等组成，如图 2—6 所示。

一份完整的公文分为版头、主体、版记三个部分，如图 2—2 所示。公文首页红色分隔线以上的部分称为版头；公文首页红色分隔线（不含）以下、公文末页首条分隔线（不含）以上的部分称为主体；公文末页首条分隔线以下、末条分隔线以上的部分称为版记。

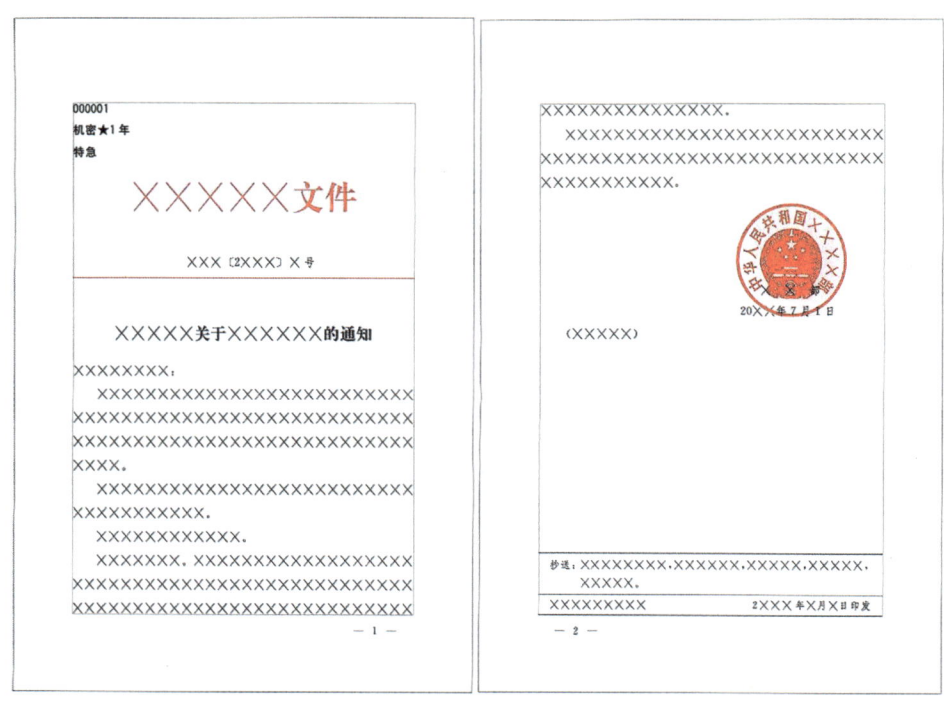

图 2—1　公文样式

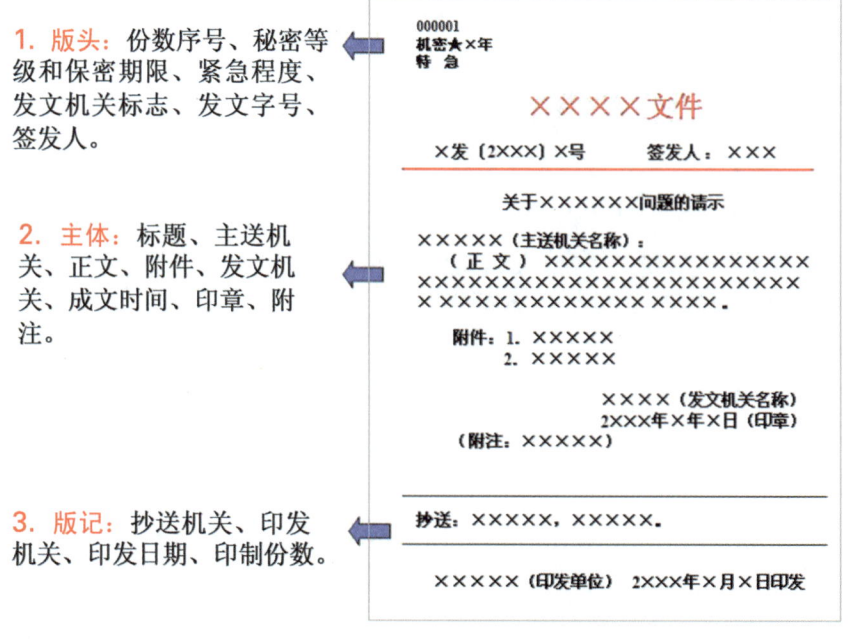

图 2—2　公文三个组成部分示意图

第一节　版头部分

版头部分又称文头和眉首，包括份数序号、秘密等级和保密期限、紧急程度、发文机关标识、发文字号等要素。

一、份数序号

即该份文件印制份数的顺序编号，一般用6位3号阿拉伯数字，顶格编排在版心左上角第一行。份数序号总位数根据公文印数确定。如公文总印数100件，其第1份文件份数序号即为000001，最后一份为000100。"绝密""机密"或"秘密"公文分发给收件人时，均要按份数序号登记；非密级公文一般不编份数序号，必要时可在版记最后的印发日期前标明印发份数。

二、秘密等级和保密期限

秘密等级是指公文内容涉及秘密程度的等级。按照保密法的规定，秘密等级分为"秘密""机密""绝密"三级。保密期限即对公文保密期的规定，至保密期限之后公文自行解密。保密期限标识一般以日、月、半年、年为时间段。秘密等级和保密期限，一般用3号黑体，顶格编排在版心左上角第二行，保密期限的数字用阿拉伯数字。秘密等级和保密期之间加★。如秘密等级为机密、保密期限1年，则标识为"机密★1年"。如为"秘密"等级无保密期限，则只标"秘密"2字，两字之间空1字。

三、紧急程度

紧急程度是指送达和办理公文的时限要求。紧急文件应根据紧急程度分别标明"特急""急件"，一般用3号黑体，标注在版心左上角，两字之间空1字。公文如需同时标注份号、密级和保密期限、紧急程度，按照份号、密级和保密期限、紧急程度的顺序自上而下分行排列。

四、发文机关标识

发文机关标识，俗称文件红头，由发文机关全称或者规范化简称后加"文件"2字组成，一般采用红色小标宋体，居中均匀排列。发文机关标识上边缘距版心上边缘 35 mm。联合行文时，主办机关名称在前，其他机关名称并列下方，如果有"文件"2 字，应当置于发文机关名称右侧，居中排布；不管联合行文机关多少，都必须保证公文首页显示正文。发文机关标识推荐使用小标宋体字，颜色为红色，以醒目、美观、庄重为原则。

五、发文字号

发文字号又称文号，由发文机关代字、年份和序号组成。在发文机关标识下空 2 行居中标识。发文字号的书写顺序是：机关代字、年份、序号，如"国统〔2005〕1 号"表示国家统计局在 2005 年度制发的第 1 号文。发文字号由本机关公文管理部门统一编写。年份、序号用阿拉伯数字标识；年份应标全称，用六角括号"〔2005〕"括入；序号不编虚位（即 1 不应编为 001），不加"第"字。联合行文时，只标明主办机关发文字号。上行文的发文字号居左空 1 字编排，与最后一个签发人姓名处在同一行。

六、签发人

该项由"签发人"三字加全角冒号和签发人姓名组成，居右空 1 字，编排在发文机关标识下空 2 行位置。"签发人"三字用 3 号仿宋体字，签发人姓名用 3 号楷体字。如有多个签发人，签发人姓名按照发文机关的排列顺序从左到右、自上而下依次均匀编排，一般每行排两个姓名，回行时与上一行第一个签发人姓名对齐。

七、版头中的分隔线

发文字号之下 4 mm 处居中印一条与版心等宽的红色分隔线。如图 2—3 所示。

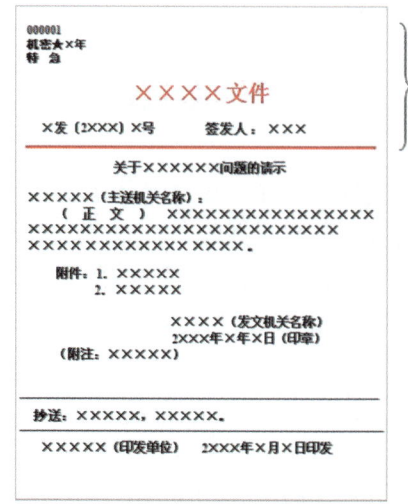

公文份数序号

是将同一文稿印制若干份时每份公文的顺序编号。如需标识公文份数序号，用阿拉伯数字顶格标识在版心左上角第1行。公文的份数序号一般是6位数。用阿拉伯数字表示，份数不足规定位数时，前面用"0"补齐。

秘密等级与保密期限

如需标识公文份数、秘密等级，秘密等级顶格标识在版心左上角第2行，两字之间空1字；如需同时标识秘密等级和保密期限，顶格标识在版心左上角第2行，秘密等级和保密期限用"★"隔开。表明"绝密""机密"和"秘密"。绝密级保密时间不超过30年；机密级20年；秘密级10年。

紧急程度

如需标识公文份数、秘密等级和紧急程度，紧急程度顶格标识在版心左上角第3行，两字之间空1字。标明"特急""加急"。电报分别标明"特提""特急""加急""平急"。

发文机关标志

由发文机关全称或规范化简称后加"文件"组成。

第二章 公文的一般格式

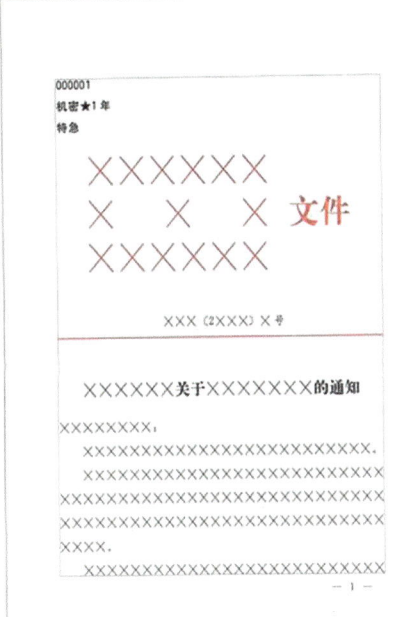

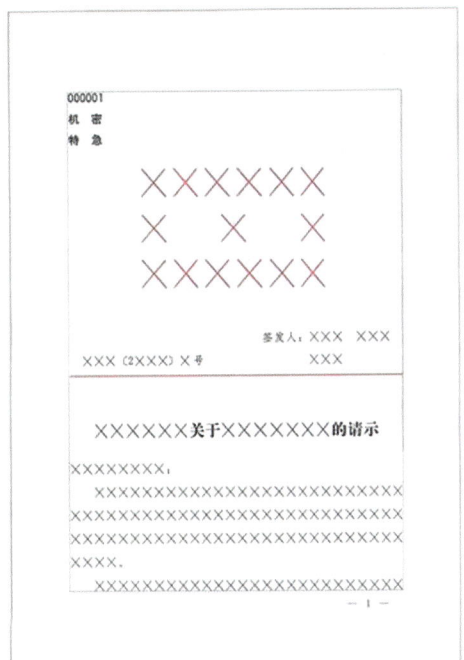

发文字号

发文字号是指发文机关对其所制发的公文以年度为单位，依次编排的顺序代码。由发文机关代字、年份和序号组成。发文机关标下空2行，居中排列；年份、序号用阿拉伯数字；年份用全称，六角〔〕括入；序号不编虚位（即1不编为001），不加"第"字

签发人

上行的公文需标识签发人姓名，平列排列于发文字号右侧。发文字号居左空1字，签发人姓名居右空1字；如有多个签发人，每行排两个，下移红色反线，使发文字号与最后一个签发人的姓名处在同一行。

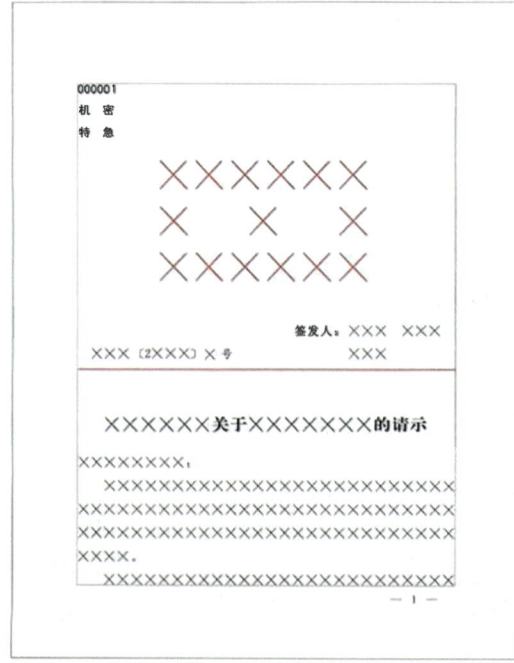

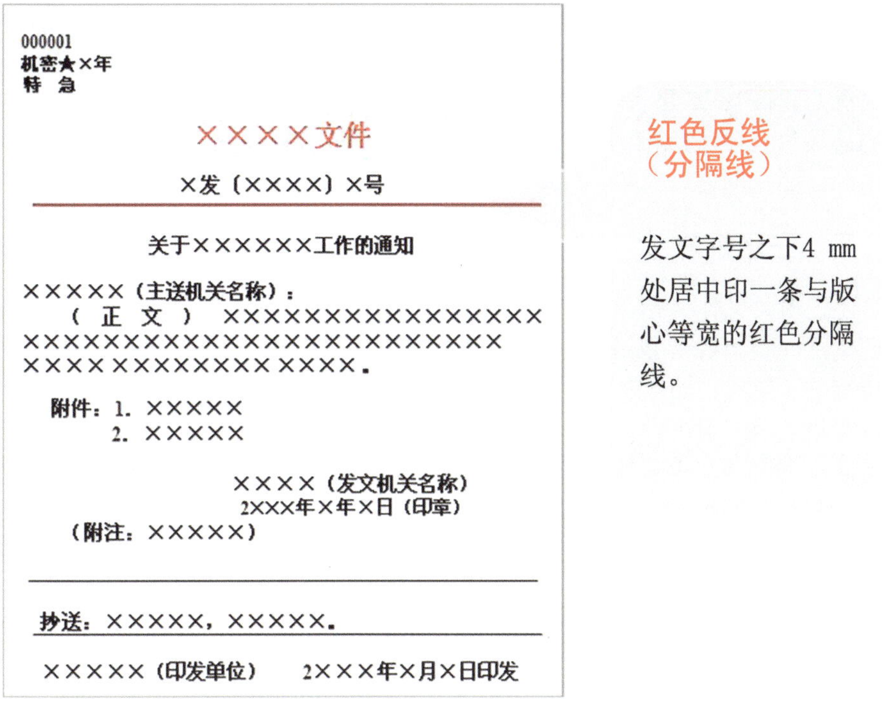

图 2—3　公文样式——版头部分的规定

第二节　主体部分

　　这是公文最主要的部分，包括公文标题、主送机关、正文、附件说明、成文日期、发文机关印章、附注、附件等要素。公文样式主体部分的规定如图 2—4 所示。

一、公文标题

　　完整的公文标题包括发文机关名称、事由、文种三要素。其中，发文机关名称应当与发文机关标识中的发文机关一致，使用发文机关全称或规范化简称；事由应该准确、简要地概括公文的主要内容，文种要符合法定文种。公文标题中除法规、规章名称加书名号外，一般不加标点符号。标题一般用 2 号小标宋体，位于红色反线下方（空 2 行），用 1 行或分行居中、对称排列；移行排列时要注意保持标题词意完整，引用的书名、人名、数字等不拆开跨行。

　　公文标题标注在红色反线下空 2 行的位置，可分一行或多行居中排布；回行时，要做到词意完整，排列对称，间距恰当。公文标题常见的四种方法：一是完整式，发文机关、事由和文种都出现，如"国务院办公厅关于办公用房清理情况的通报"；二是省略发文机关的，如"关于表彰×××县计划生育先进工作者的通报"；三是省略事由的，如"中国人民银行公告"；四是省略发文机关和事由的，如"通告""通知"等。

二、主送机关

主送机关又称"抬头"，指公文的主要受理机关。主送机关写在正文之前、标题之下（空1行），左侧顶格，后加全角冒号。主送机关应当使用全称或者规范化简称、统称。如主送机关较多时，应按其性质、级别或惯例依次排列，同类并列机关中间用顿号、类与类之间用逗号隔开。其排列顺序通常为：先地方机关后中央机关，按照党政军群（有关团体）顺序和发文内容需要确定。若主送机关太多，则要注意必须保证首页显示正文。如主送机关名称过多而使公文首页不能显示正文时，可将主送机关名称移至版记内抄送栏，标识方法同抄送机关。

三、正文

正文是公文的核心部分。用来表述公文的具体内容。正文紧接主送机关下1行，每自然段开头左侧空2个字，回行顶格。数字、年份不能回行。为了公文防伪，新条例取消了"（此页无正文）"版式说明，并明确规定盖章的公文页必须有正文内容。如公文排版后所剩空白处不能容下印章位置时，应采取调整行、字距的方法加以解决，确保印章与正文同处一页面。正文文中结构层次序数依次可以用"一、""（一）""1.""（1）"标注；一般第一层用黑体字、第二层用楷体字、第三层和第四层用仿宋体字。

四、附件说明

公文如有附件，在正文下一行标识附件说明。附件说明包括"附件"2字和附件名称，"附件"前空2字，后标全角冒号。如有2个以上附件，要以阿拉伯数字标识附件序号（如"附件：1.×××× 2.××××"）；每个附件名称分行并列排列，附件名称后不加标点符号。如附件名称较长需回行时，下一行的左边第一个字应与上一行附件名称第一字对齐。附件序号和名称应当分别与正文后面所附的附件排列顺序和标题相一致。被批转、转发或以命令发布的公文，不应作附件处理，即不加附件说明。附件是公文的附属公文，是文件的组成部分。附件应与公文正文一起装订，并在附件左上角第一行顶格标识"附件"，有序号的应标阿拉伯数字序号；如附件与正文不能一起装订，应在附件左上角第一行顶格标识该公文的发文序号并在其后标识"附件"或"附件"加序号。附件中若还有附件，一般附在其主附件后面，子附件说明只注明"附"字和附件名称。

五、印章

（一）**加盖印章的公文**。单一机关行文时，一般在成文日期之上、以成文日期为准居中编排发文机关署名，印章端正、居中下压发文机关署名和成文日期，使发文机关署名和成文日期居印章中心偏下位置，印章顶端应当上距正文（或附件说明）一行之内。联合行文时，一般将各发文机关署名按照发文机关顺序整齐排列在相应位置，并将印章一一对应、端正、居中下压发文机关署名，最后一个印章端正、居中下压发文机关署名和成文日期，印章之间排列整齐、互不相交或相切，每排印章两端不得超出版心，首排印章顶端应当上距正文（或附件说明）一行之内。

（二）**不加盖印章的公文**。单一机关行文时，在正文（或附件说明）下空一行右空两字编排发文机关署名，在发文机关署名下一行编排成文日期，首字比发文机关署名首字右移两字；如成文日期长于发文机关署名，应当使成文日期右空两字编排，并相应增加发文机关署名右空字数。联合行文时，应当先编排主办机关署名，其余发文机关署名依次向下编排。

（三）**加盖签发人签名章的公文**。单一机关制发的公文加盖签发人签名章时，在正文（或附件说明）下空两行右空四字加盖签发人签名章，签名章左空两字标注签发人职务，以签名章为准上下居中排布。在签发人签名章下空一行右空四字编排成文日期。联合行文时，应当先编排主办机关签发人职务、签名章；其余机关签发人职务、签名章依次向下编排，与主办机关签发人职务、签名章上下对齐；每行只编排一个机关的签发人职务、签名章；签发人职务标注全称。签名章一般用红色。

六、成文日期

成文日期一般右空四字编排，印章用红色，不得出现空白印章。用阿拉伯数字将年、月、日标全，年份应标全称，月、日不编虚位（即1不编为01）。成文时间一般以领导人签发的日期为准，联合行文以最后签发机关领导人签发日期为准；会议通过的公文以通过日期为准。单一机关发文的成文日期一般右侧空四个字。联合发文的成文日期标识方法参考以上内容。

七、附注

附注指正文内无法表述，但又需说明的事项。公文如有附注，标识在成文日期下一行，加括号，左空两字。如"（此件传达到县、团级）""（联系人：×××，联系电话：×××）"等。

```
000001
机密★×年
特  急

        ××××文件
       ─────────
        ×发〔××××〕×号
       ─────────
    关于××××××工作的通知

×××××（主送机关名称）：
  （ 正 文 ）××××××××××
××××××××××××××××××
××××××××××××××。
  附件：1.×××××
        2.×××××

              ××××（发文机关名称）
              2×××年×年×日（印章）
  （附注：×××××）

─────────────────
抄送：×××××，×××××。
─────────────────
×××××（印发单位）  2×××年×月×日印发
```

主体的规定

- 标题
- 主送机关
- 正文
- 附件
- 印章
- 成文日期
- 附注

```
000001
机密★×年
特  急

        ××××文件
       ─────────
        ×发〔××××〕×号
       ─────────
    ×××关于××××××工作的通知

×××××（主送机关名称）：
  （ 正 文 ）××××××××××
××××××××××××××××××
××××××××××××××。
  附件：1.×××××
        2.×××××

              ××××（发文机关名称）
              2×××年×年×日（印章）
  （附注：×××××）

─────────────────
抄送：×××××，×××××。
─────────────────
×××××（印发单位）  2×××年×月×日印发
```

标题

所有公文都必须有标题。公文标题应当准确简要地概括公文的主要内容并标明公文种类。公文标题中除法规、规章名称加书名号外，一般不用标点符号。可分一行或多行居中排列；回行时，要做到词意完整，排列对称，间距恰当。

主送机关

主送机关是公文的行文对象。除直接面向社会发布的普发性公文外，一般都有主送机关。

正文

正文是公文的主体部分，用来表达公文的思想内容，公文格式各要素都是为正文服务的。

附件

附件是指随公文转发、报送的文件或资料。如有2个以上附件，要用阿拉伯数字标识附件序号；每个附件名称分行并列排列，附件名称后不加标点符号。

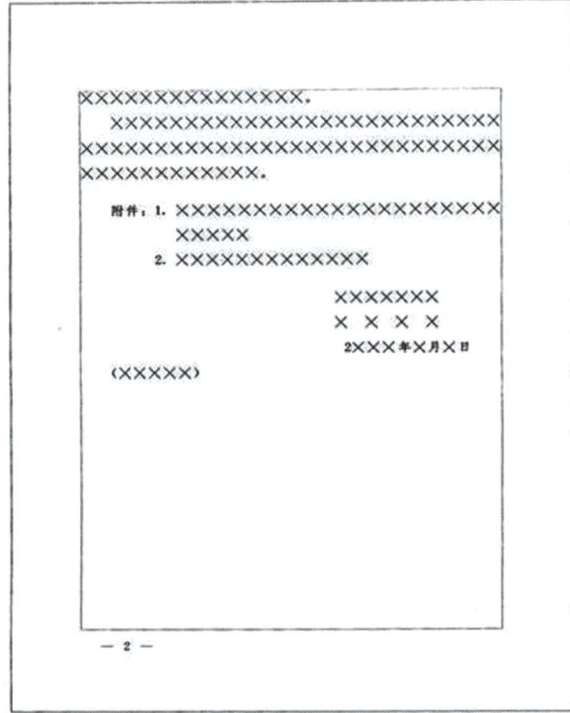

条例规定，此处的发文机关不能省略。

成文日期

规则一：领导签发的，以签发日期为准；
规则二：联合行文的，以最后签发机关领导的签发日期为准。

印章

证明公文效力的表现形式。

当印章下弧无文字时，采用下套方式，即用印章下弧压在成文日期上（骑年盖月）

附注

附注是对公文的发文范围、联系方式、使用时需要注意的事项等加以说明。如上行文的"联系人""联系电话";下行文的"此件发至县团级"等。

图 2—4　公文样式——主体部分的规定

第三节　版记部分

版记部分包括抄送机关、印发机关、印发日期、份数等。版记部分位于公文最后一页的底部。版记部分的相关规定如图2—5所示。

一、版记中的分隔线

版记中的分隔线与版心等宽，首条分隔线和末条分隔线用粗线（推荐高度为0.35 mm），中间的分隔线用细线（推荐高度为0.25 mm）。首条分隔线位于版记中第一个要素之上，末条分隔线与公文最后一面的版心下边缘重合。

二、抄送机关

抄送机关是指除公文主送机关外需执行或知晓的其他机关。如有抄送机关，一般用四号仿宋体字，在印发机关和印发日期的下一行、左右各空一字编排。"抄送"两字后加全角冒号和抄送机关名称，回行时与冒号后的首字对齐，最后一个抄送机关名称后标句号。如需把主送机关移至版记，除将"抄送"改为"主送"外，编排方法同抄送机关。既有主送机关又有抄送机关时，应当将主送机关置于抄送机关的上一行，之间不加分隔线。

三、印发机关和印发日期

印发机关和印发日期一般用四号仿宋体字，编排在末条分隔线之上，印发机关左空一字，印发日期右空一字，两者在同一行。用阿拉伯数字将年、月、日标全，年份应标全称，月、日不编虚位（即1不编为01），后加"印发"两字。版记如有其他要素，应将其与印发机关和印发日期用一条细分隔线隔开。

四、份数、审核人、校对人

份数即该文件的实际印发份数，一般标识在版记最后一行的右下方。需要标识审核人、校对人时，则可在印发机关和印发日期下一行标识，但要求标识均匀，对称美观。

版记的规定

抄送机关
印发机关
印发日期
版记中的反线
印发份数

抄送机关

抄送机关是除主送机关以外需要执行或者知晓公文内容的其他机关。

办文办会办事——能力指导与训练

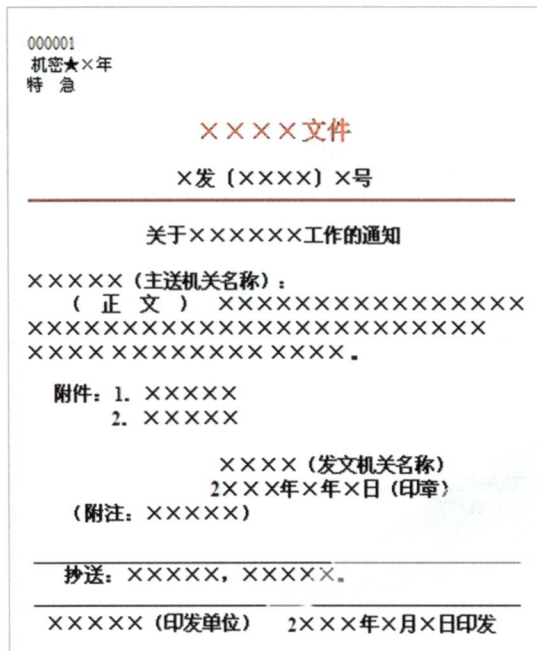

印发机关和
印发日期

印发机关是指公文的印制主管部门；印发日期以公文打印的时间为准。

图2—5　公文样式——版记部分的规定

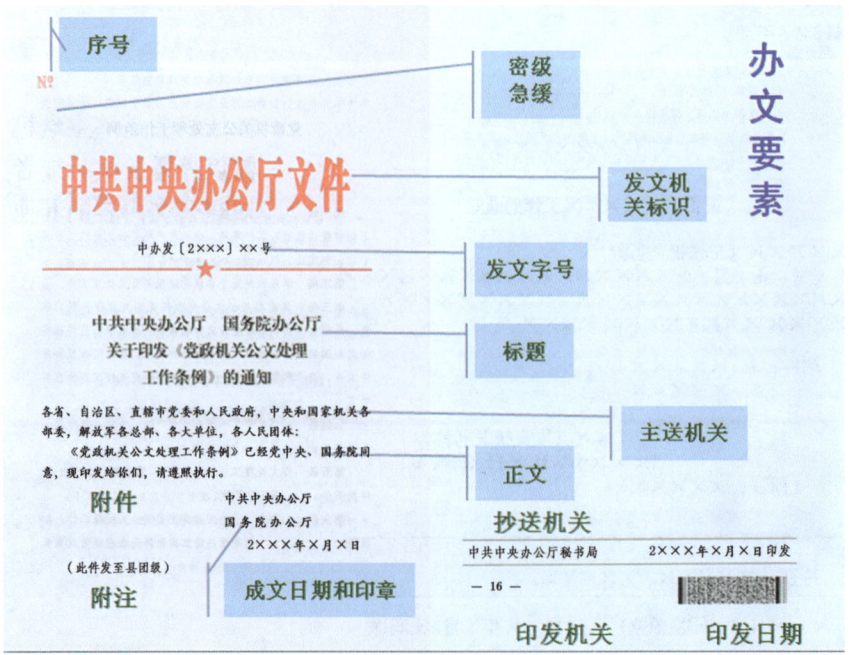

52

第二章 公文的一般格式

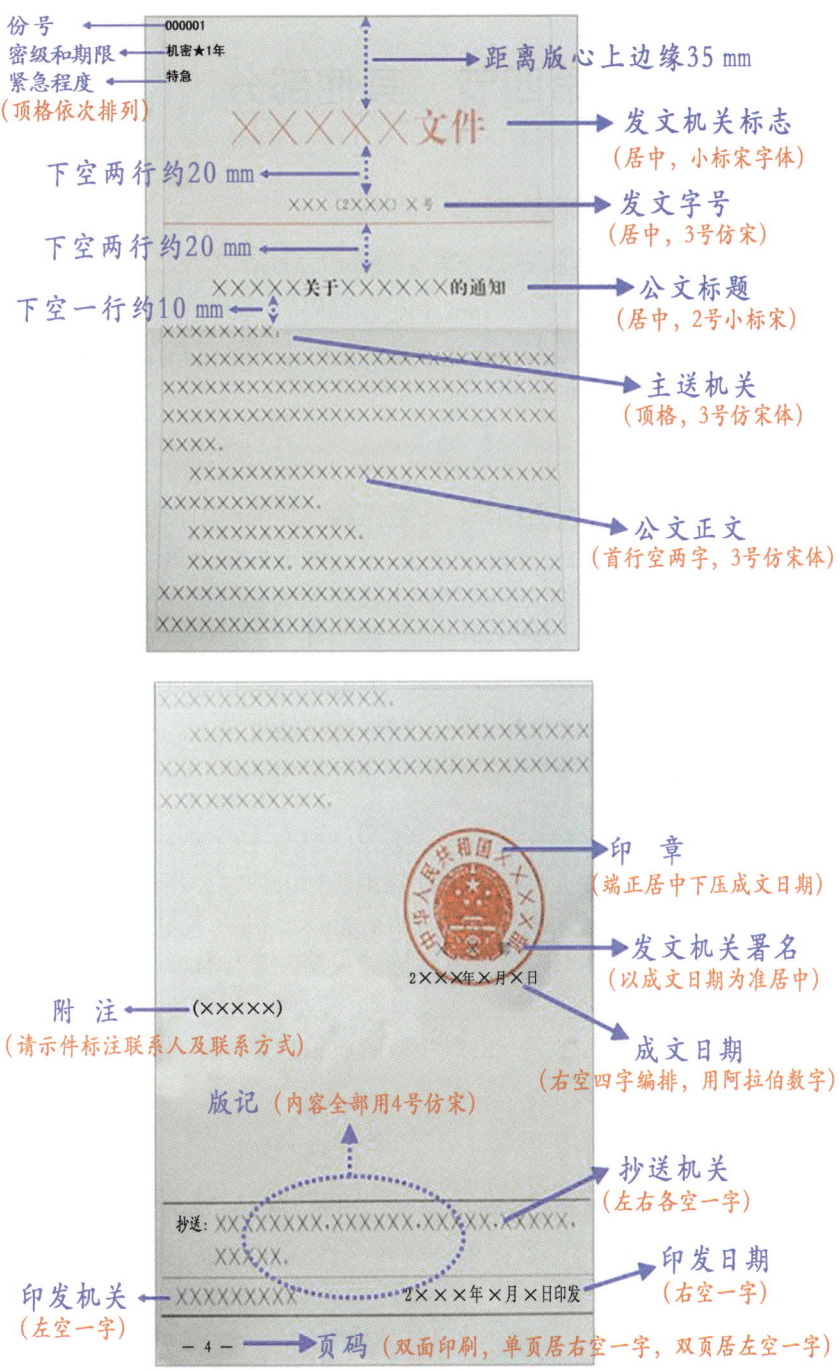

图 2—6 公文各要素格式指引

第四节 其他部分

一、公文用纸和版心规格

公文用纸采用 GB/T 148 中规定的 A4 型纸，幅面尺寸为：210 mm×297 mm。公文版心规格为：156 mm×225 mm（不含页码）。公文页边为：上白边（天头）37 mm±1 mm，下白边 35 mm±1 mm；左白边（订口）：28 mm±1 mm，右白边（切口）：26 mm±1 mm。

二、排版规格

公文排印，汉字从左而右横排，少数民族按其书写习惯排印。正文用三号仿宋字，一般每页排 22 行，每行排 28 个字。行距一般为 10 mm。一般公文格式（平行文或下行文）的发文机关标识上边缘至版心为 25 mm，上行文的发文机关标识上边缘至版心上边缘为 80 mm。版头部分下方的红色"反线"（即间隔线）为红色实线，位于发文字号下方 4 mm，红线粗 1 mm，与版心同宽，一般长 156 mm。版记部分的横线为黑色实线，与版心同宽，一般长 156 mm。

三、公文字号

公文的印刷字体，一般按发文机关标识、大标题、小标题、正文等顺序，依次从大到小选用。发文机关标识推荐使用小标宋体字，用红色标识，一般应小于"国务院文件"标识字号，应小于 15 mm×22 mm。公文标题用二号小标宋体字。秘密等级、保密期限、紧急程度标识用三号黑体字。发文字号、签发人、主送机关、正文、附件说明、成文日期、附注、附件等，均为三号仿宋体字；签发人姓名用三号楷体字。份数序号阿拉伯数字用三号半角黑体。抄送机关、印发机关、印发日期用四号仿宋体。

四、公文中表格

公文如需附表，竖表和横表都应在版心之间。A4 纸型的表格横排时，页码位置与公文其他页码保持一致，单页码表头在订口一边，双页码表头在切口一边。

五、页码

一般用四号半角宋体阿拉伯数字，编排在公文版心下边缘之下，数字左右各放一条一字线；一字线上距版心下边缘 7 mm。单页码居右空一字，双页码居左空一字。公文的版记页前有空白页的，空白页和版记页均不编排页码。公文的附件与正文一起装订时，页码应当连续编排。

六、装订要求

公文应当左侧装订，不掉页，两页页码之间误差不超过 4 mm，裁切后的成品尺寸允许误差±2 mm，四角成 90°，无毛茬或缺损。骑马订或平订的要求，一是订位为两钉外订眼距版面上下边缘各 70 mm 处，允许误差±4 mm；二是无坏钉、漏钉、重钉，钉脚平伏牢固；三是骑马订钉锯均订在折缝线上，平订钉锯与书脊间的距离为 3~5 mm。包本装订公文的封皮（封面、书脊、封底）与书芯应吻合、包紧、包平、不脱落。

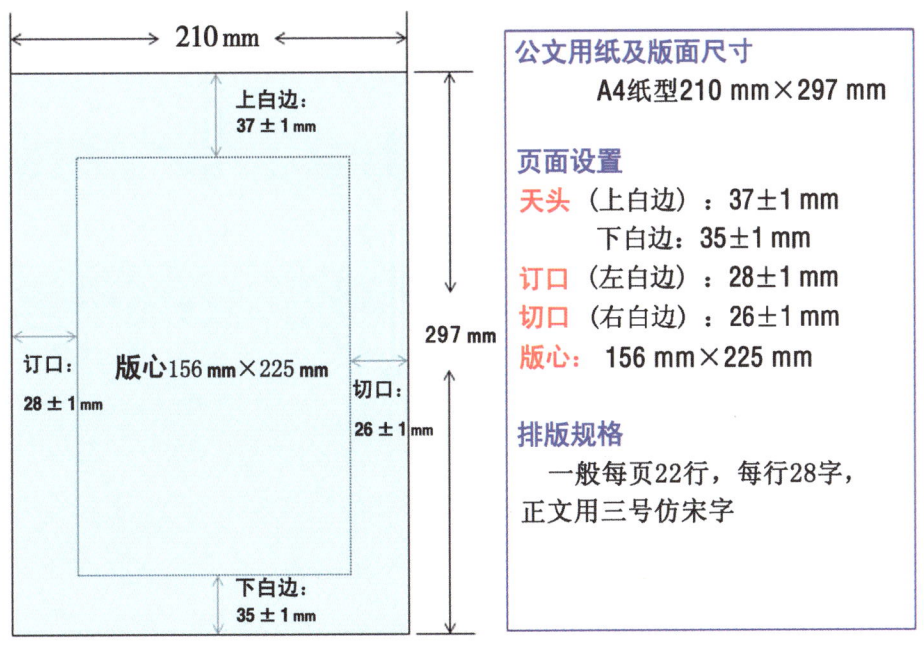

图 2—7　公文用纸及版面尺寸

Chapter 3

第三章

常用公文的拟制方法

> 按照《党政机关公文处理条例》规定的文种，机关常用的公文主要有15类，即请示、报告、通知、通报、函、纪要、意见、决议、决定、命令(令)、公报、公告、通告、批复、议案，下面我们分别进行介绍。

第一节　请示

一、概述

（一）**概念**。请示是下级机关向上级机关或业务主管机关请求指示、批准的上行公文。

（二）**特点**。（1）时间性强。请示事项一般是急需明确和解决的，否则会影响正常工作。（2）方向特定。请示必须是下级机关向上级机关行文，该上级机关必须是请示机关的直接上级机关或者业务关联机关。（3）目的明确。请示机关要求上级机关对所请示的内容做出明确表态。（4）范围特定。请示所涉及的事项是请示机关在自己的职权范围内无法解决或处理的事情。

（三）**适用范围**。凡是本级机关无权决定或无力决定的工作或事项，需要上级机关批准或提出意见方能办理的，都要通过"请示"的方式行文办理。主要有：（1）上级机关明确规定，必须经过请示批准才能办理的事项。（2）对现行方针、政策、法规、规章等不清楚，有待上级机关明确答复才能办理的事项。（3）工作中遇到了新情况、新问题，需要上级机关做出明确指示才能办理的事项。（4）某项工作虽然有章可循、有法可依，但因事情重大，为防止失误而需要请示上级机关批准。（5）按上级机关有关规定，完成一项任务之后需要报上级审核的事项，等等。

（四）**类型**。按行文目的、作用不同，请示基本分成五类。（1）求准性请示。即下级机关工作中，请求上级机关批准事项使用的公文。（2）请求指示的请示。即对机构设置、人员编制、人事安排、资产购置等事项，向上级机关请示办理的公文。（3）请求解决问题的请示。即呈报因工作中遇到无力解决的问题和困难，请求上级提供具体帮助的公文。（4）解答性请示。即工作中遇到不好解决的问题，或对上级机关的政策理解存在疑点，或对某一问题本机关意见分歧、无法统一执行，请求上级回答使用的公文。（5）批转性请示。即请求上级对拟发送下属机关或其他不相隶属的同级机关的指示、文件予以批准并转发的文种。

二、写作格式

标　题	由发文机关、事由和文种构成，如《××市人民政府关于清理烟花爆竹的请示》。也可以直接由事由和文种构成，如《关于设立市人防办的请示》。请示本身含有请求、申请的意思，所以，请示的标题尽量不要出现"申请""请求""要求"等词语。
主送机关	主送机关是负责受理和答复该文件的机关。每件请示只能写一个主送机关，不能多头请示。
正　文	1. 开头。交代请示的缘由，即"为什么请示"，包括依据、背景和缘由。要求是，原因客观、具体，理由合理、充分，有利于上级机关及时决断和批复。 2. 主体。说明请求事项，即"请示什么问题"，是陈述缘由的目的所在。要求是，事项单一、一事一请；内容具体、明确；条项、逻辑清楚。 3. 结语。习惯性结语有"妥否，请批示""当否，请批示""以上请示，请予审批"或"以上请示如无不妥，请批转各地执行"等。
落　款	一般包括署名和成文时间两个内容。

三、写作技巧

写请示要把握的问题很多，关键要通过恰当的表述，巧妙地解决"为什么请示"和"请示什么"的问题。也就是说，要特别关注陈述的技巧问题。同样一个请示，用这种方式讲未能得到预期的回复，换另外一种方式就得到了批准，这就说明陈述技巧的重要性。陈述技巧中，最重要的是对请示原因的表达。要诀是，拟写请示原因，不能只从本单位、本部门的立场出发，要换位思考。从上级的立场出发，争取用上级的道理说服上级，以求得帮助和支持。所谓上级的立场，就是全局的立场。无论本单位、本部门系统规模如何，上级主管部门在处理问题时，都会胸怀全局，通盘考虑。所以，陈述原因，要在这方面多下功夫，尽可能联系全局来说明请示事项的重要性、必要性和紧迫性。所以，怎么选择请示理由，怎么行文陈述，陈述怎么做到一目了然、达到预期的目的，是请示成功的关键所在。

四、关键提示

（一）**请示的条件**。写请示要具备三个条件：（1）必须是下级机关向上级机关的行文；（2）请示的问题必须是自己无权做出决定和处理的；（3）必须为了求得上级的批准。

（二）**请示的注意点**。（1）公文标题不要写成"请示报告"。（2）不要在"报告"等非请示公文中夹带请示事项（报告中写"以上报告当否，请指示"

不在此列)。(3) 必须事先请示,不能"先斩后奏",事情办完再请示。(4) 必须一事一请,不能许多事项放在一个请示中。(5) 必须向主管部门请示,不能越级请示。有特殊情况必须越级请示时,应同时抄送被越过的上级机关;也不要多方请示,如受双重领导的单位,要写明主送机关和抄送机关,由主送机关负责解决或答复,抄送有关机关。(6) 除领导直接交办的事项外,请示不要直接送领导个人,或既写主送机关,又同时主送、抄送给领导。(7) 不要在上报请示的同时抄送平级和下级机关。请示在未获批准之前,不得对下属单位发送。(8) 请示事项涉及其他部门业务时,必须协商意见,意见不一致时,要在请示中注明。(9) 请示语言要简明扼要,语气平和,语句谦敬,分寸有度。(10) 为便于联系工作,请示要注明联系部门、联系人姓名和电话,该联系人一般为公文起草部门的负责人。

(三) 请示和报告的区别。 从时间上看,请示写的情况是未解决的,属于将来时,报告写的情况是已做过的,属于过去时;在内容侧重点上,请示着重于请示批准,报告着重于汇报工作;在回复要求上,请示要求上级必须回复处理意见,报告则不必,上级可回也可不回。

五、写作范例

(一) 求准性请示【范文 3—1】。

××省人民政府关于开通×海—×山
海上货运航线的请示[①]

国务院:

我省×海市自开通至××海上客货运输航线以来,客货运输量日益增加。1991 年,通过合资经营的"金桥"轮运输进出口货物总量达 2 500 多个标准集装箱。去年我省对××出口已达 3.13 亿美元,跃居我省出口国别和地区的第 3 位。从发展趋势看,今后对××出口仍将有大幅度增长。但因为"金桥"轮是客货两用船,且以客运为主,吨位小,远远不能满足双方进出口货物运输的需要。我省许多出口货物到达××港后,需转运×山,既延误了时间,又增加了费用,急需开通×海至×山航线。×海港为国家一类开放港口,拥有万吨级泊位 1 个,5 000 吨级泊位 2 个,千吨级泊位 3 个,其他设施也日趋完善,已具备了开通×山航线的条件。为此,特申请批准开通×海—×山海上货运航线。该航线由我省所属的海运公司负责经营。

[①] 张保忠. 最新公文写作技巧与范例全书 [M]. 北京:中国时代经济出版社,2011.

当否，请批复。

××省人民政府（印章）
××××年××月××日

【讲析】 该请示的特点是：文字精练，理由充分，请求审批事项明确，结尾用语规范。先用4句话讲明开通"×海—×山"海上货运航线的必要性与急迫性，2 000多字的内容，充分阐明了请示的缘由和背景，解决了"为什么要请示"的问题。"×海港为国家一类开放港口"是该请示的第二层次，即"请示什么问题"，也就是请示上级为我们"做什么"。写请示，目的句与其他文种明显不同，不是在文件的开头，而是在第二层次，相当于得出的结论。最后的结语，用习惯性说法，既简洁又明白。

（二）解答性请示【范文3—2】。

关于《会计人员职权条例》中"总会计师"
是行政职务或是技术职称的请示

财政部：

国务院颁发的《会计人员职权条例》（以下简称《条例》）规定，会计人员技术职称分为总会计师、会计师、助理会计师、会计员四种；其中"总会计师"既是行政职务，又作为技术职称。在执行中，工厂总会计师按《条例》规定，负责全工厂的财务会计事宜；可是每个工厂，尤其是大工厂，授予总会计师职称的人员有四五人，究竟由哪一位负责全厂的财务会计事宜，执行总会计师的职责与权限呢？我们认为应将行政职务与技术职称分开。总会计师为行政职务，不再作为技术职称。比照最近国务院颁发的《工程技术干部技术职称暂行规定》，应将《条例》第五章规定的会计人员职称中的"总会计师"改为"高级会计师"。

以上认识是否妥当，请指示。

××省财政厅
××××年××月××日

【讲析】 该请示是解答性请示，是下级机关在工作中遇到不好解决的问题，对上级机关的某个文件的理解存在疑点，或对某一问题因本机关意见分歧、无法统一执行时单独使用的一种公文。该请示第一、第二句话作为第一层次，表达了请示的缘由和背景。第三、第四句话，是请示的第二层次，表达了要请示的问题和依据，即行政职务与技术职称分开，具体操作办法是将"总会计师"改为"高级会计师"。该请示层次清晰，逻辑缜密，文字不多，但直陈事理，抓住了要害。

第二节　报告

一、概述

（一）**概念**。报告是向上级机关汇报工作、反映情况、提出建议、回复上级机关的询问或要求时使用的一类文种。

（二）**特点**。一是叙述性。报告是用叙述的方式将有关情况和问题上报上级机关，报告中必须写清楚具体情况，这样便于上级机关掌握真实准确的信息，做出正确决策。二是总结性和已然性。报告是对已经发生过的事情的总结，是对有关工作情况进行分析、归纳、总结，而不是简单地罗列事实。

（三）**适用范围**。报告是下级机关呈送给上级机关的上行文种，中下级机关特别是基层单位和部门常用这一文种。

（四）**类型**。按照行文的原因、目的与作用不同，报告可分为情况报告、工作报告、建议报告、回复报告、检讨报告、述职报告等。工作报告又可分为例行工作报告、专题工作报告和综合工作报告。例行工作报告主要用于定期向上级机关汇报本机关、本部门职权范围内的工作情况，最常见的是年度工作报告和工作总结报告等。专题报告则是在重要临时性工作完成之后或正在进行之中，专门就这一工作完成之后或正在进行的情况进行汇报。凡是汇报一个单位、一个地区、一个系统全部工作情况的，属于综合工作报告。综合报告不等于工作总结。综合报告是多方面工作的情况综合，主要表述工作的进展情况，不搞经验上的提炼，不作理论上的论述。工作总结只是概略地表述工作情况，侧重于在事实的基础上拿出经验，提炼体会，升华认识。

二、写作格式

标　　题	标题有两种写法：一是事由+文种的形式；二是发文机关+事由+文种。如"××分行关于××的报告"。有的报告内容紧急，则在标题"报告"前加"紧急"字样。
主送机关	主送机关要尽量少，一般只送一个上级机关。受双重领导的机关，则主送一个，抄送一个。
正　　文	正文分引据、主体、结语三部分。（1）引据。概括说明全文主旨，简明扼要地将一定时间内工作的有关情况，如依据、目的、总体行动及对工作评价等作概述，以标明行文主旨。通常用"现将有关情况报告如下"承上启下，起转下文。（2）主体。这是正文的核心，要叙述报告的具体内容。如果内容多、篇幅长，可采用分题式、分条式或两者结合的方法进行表述。反映情况型报告要以情况、原因、结论

正　文	等为主；答复型报告要针对上级领导部门或业务部门所提出的问题、要求进行撰写，问什么答什么；总结型报告要以叙述成绩、做法、经验、体会、打算、安排为主，有所分析和归纳；呈报型报告主要用于下级向上级报送文件和材料，一般是一两句话说明报送文件或材料的根据或目的，以及与此有关的事项。(3) 结尾。报告的结尾比较简单，可以总结全文、展望未来，也可以采用模式化的套语收结全文，如"以上报告，请审阅""特此报告，请审阅""特此报告"，等等。
落　款	一般包括署名和成文时间两个内容。

三、写作技巧

（一）把握规则。一般的报告常采用三段式表述。常见的结构有：情况—做法—问题（意见）；情况（做法）—问题—今后意见；情况—原因（责任）—下一步做法；情况—原因—责任及处理意见；情况—问题—建议；等等。三段式是一种基本写法，并非所有报告都必须用三段式，有的也可以用问题—建议两段式。

（二）突出重点。报告的内容要根据主题的要求来安排，分清主次轻重，重点的、主要方面的内容，安排在前面详细写；非重点的、次要方面的内容简略写；可写可不写的内容，就不写。既要有典型的事例，也要有面上的综合性情况，做到点面结合、说服力强。

（三）总结规律。写报告要用正确的立场、观点、方法对事实进行分析，从中总结出一些带有规律性的东西。这些规律性的东西，无论是成功的经验，还是失败的教训，对今后的工作都具有重要的指导意义，这也是报告的宗旨之一。

（四）提炼材料。报告的主题靠材料的提炼。提炼主题必须占有大量材料，在此基础上进行分析研究，归纳出新颖的观点，形成主题。在此过程中，要有敏锐的眼光，发现新的有价值的材料，从新的角度去分析取舍材料，做到立意新、概括准、材料实、论述好。

（五）反映事实。报告的目的是帮助上级机关了解下情，做出正确的判断和决策。这就要求起草报告的人要深入调查研究，掌握第一手材料，去伪存真，去粗存精，分析归纳，得出科学具体的结论。

（六）压缩篇幅。报告一定要短小精悍。毛泽东同志提出，报告文字每次一千字左右为限，除特殊情况外，至多不要超过两千字。一次不能写完问题时，分两次写。或一次着重写几个问题，对其余问题则不着重写，只略带几笔；另一次，则着重写其余问题，而对上次着重写过的只略带几笔。综合报告内容要扼要，文字要简练，要指出问题或争议之所在。[①]

[①] 中共中央文献编辑委员会. 毛泽东选集（第四卷）[M]. 北京：人民出版社，1991.

四、关键提示

（一）**报告与请示的区别**。报告与请示都是上行文，但两者有严格的区别。(1) 对上级要求不同。报告不要求上级批复，请示则要求批复。所以，写报告一定不要出现"以上报告当否，请批示"之类的话。(2) 行文时间不同。报告是事中或事后行文，请示是事前行文。(3) 文种性质不同。报告属陈述性的上行文，而请示则是请求性的上行文。报告在内容上也不像请示那样有一文一事的要求，可以在一件公文中综合报告几件事情。(4) 结尾用语不同。报告的结尾一般用"专此报告""特此报告""以上报告如有不妥，请批示"等词语，有的干脆不用，也就是说对上级并无明确肯定的回复性要求。请示则一般用"可否（或妥否，或能否），请批示"，对上级的要求十分肯定。(5) 法定效力不同。报告一般不提出建议或意见。如果确实需要提出建议或意见，可建议上级机关批转到有关部门贯彻执行。报告一经批准，便作为批转文件的附件下发，其权威性取决于批转机关。

（二）**报告与通报的区别**。报告与通报虽然都是以陈述客观事实为主要内容的文种，但报告是向上级陈述情况，很少直接论理，但可以用自我认识或在叙事的过程中陈述依据，以讲清道理。通报是向下级进行典型教育的文种，需要直接论理，结合典型事实，以叙事为主，适当引申道理来教育和引导读者。

五、写作范例

（一）**工作报告【范文3—3】**。

××局关于政府信息公开情况自查报告

××××年，县××局坚持以科学发展观为指导，结合工作职能特点，深入贯彻落实《中华人民共和国政务信息公开条例》（以下简称《条例》），积极推进政府信息公开工作。近日，我局严格按照临政办字〔××××〕××号文件要求，认真开展了自查工作，现将情况汇报如下：

一、政府信息公开条例的落实情况

（一）加强组织领导，建立政府信息公开机制。为了加强对信息公开工作的组织领导，专门出台了《××县××局关于加强政务公开工作实施意见》，成立了由局主要负责人任组长、机关各科室（中心）负责人担任成员的政务信息公开工作领导小组，并确定由局办公室负责信息公开的具体事宜，领导小组定期召开信息公开工作的专题会议，严格按照《条例》和《国务院办公厅关于施行政府信息公开条例若干问题的意见》相关要求，推进、指导和监督全局政府信息公开工作，为深化政府信息公开工作提供保障。

（二）加强制度建设，积极推进政府信息公开工作。一是建立预先审查制度……二是建立健全政府信息发布的保密审查机制……三是建立主动公开制度……四是建立依申请公开制度。严格按照县政府有关规定和相关法律法规……

（三）畅通公开渠道，规范政府信息公开的形式……

（四）加强监督考核，为推进政府信息公开提供保障……

二、主动公开政府信息情况

（一）主动公开涉及的内容。及时发布和更新信息公开目录和指南……

（二）政府信息公开方式。坚持局政务公开栏、××县政府网并重，主动公开政府信息。同时……

三、依申请公开政府信息情况

我局依申请公开信息的方式大部分是面向服务对象提供相关咨询，内容主要涉及……

四、收费情况

目前我局依申请提供信息咨询等完全是无偿提供，不涉及收费事项。

五、工作存在的主要问题

一是现场咨询服务人员业务知识方面缺乏定期培训，对相关法律法规把握有时不够准确；二是公开的形式还有待拓宽和创新，主动公开手段方式不够丰富；三是信息发布和更新效率有待进一步提高。以上存在问题，我们将在今后的工作中加以解决。

【讲析】本文开头第一段导语部分，用简短的语言说明了行文的依据和背景，接着用5个大标题，分别从5个方面阐述了落实《条例》情况、主动公开情况、依申请公开情况、收费情况及存在的问题，全文采用分条列项式写法，有现状，有分析，有措施，是一篇质量较高的报告。

（二）调研报告【范文3—4】。

地铁站公共艺术调研报告

地铁站的公共艺术，是在保持地铁站原有功能的基础上，进行外观造型上的改变，使它符合城市的文化气息，反映城市风貌，具有时代和城市的独特性。上海市地铁，具有这个城市的感觉——上海抑郁感，那是城市环境带给地铁的感觉，地铁站设计简洁、现代，还是会有很多的广告融入其中，偶尔也会有一些公共艺术的渗透，也还有一些站点保持原来的面貌（如3号线、4号线）。

（一）地铁站简洁、明亮、冷调，以功能实用为主，反映了这个城市快速的生活方式，以求达到实用便捷的目的。

（二）地铁站有多个中心，与这个城市的发展结构相一致，黄浦区、虹口区、徐汇区、卢湾区、静安区、浦东新区……每个中心区的地铁站内部设计会有略微变化，因为每一个区域的人流量、经济发展程度、重心，以及受艺术影响等各方面因素有些区别，如世博专线的地铁站，靠近世博的地区，融入世博元素更多；靠近五角场、田子坊、城市雕塑艺术中心、上海美术馆、博物馆等艺术区的地铁站，艺术氛围会浓些。

（三）上海市是一个经济金融快速发展的城市，商业气息胜于艺术气息。因此，几乎所有的地铁站都贴满了广告，而这些广告信息依然是四四方方的霓虹灯箱。这些都是城市极度现代化、商业化的表现。公共艺术没有广泛发展运用其中。

调研人：××
××××年××月××日

【讲析】该调研报告是一份个性化的调研报告，作者有自己独特的视野和观察力。第一段总述，概括出上海地铁站公共艺术的基本特点，以下三点是分述，分别概括出地铁站公共艺术的特征和表现形式。报告文字精练，可读性强。

第三节　通知

一、概述

（一）**概念**。通知是对下级机关发布、传达或转发其他机关公文，并要求下级机关周知和贯彻落实的公文文种。

（二）**适用范围**。通知适用于转发上级机关和不相隶属机关的公文、批转下级机关公文、发布规章、传达要求下级机关办理和需要有关单位知晓或执行的事项。也就是说，下达指示、布置工作、传达有关事项、传达领导意见、任免干部、决定具体问题等，都可以使用通知。上级机关对下级机关可以用通知；平行机关之间有时也可以用通知。

（三）**特点**。通知的适用范围最广、使用频率最高、时效性和指示性较强。特点有：（1）应用广泛。通知的适用范围最广、使用频率最高，不受内容制约。通知的作者不受机关性质、级别的限制即可用于布置工作、传达重要指示，也可以用于知照一般事项，如人事任免等。（2）时效较强。通知要求办理的事项，都有比较明确的时限要求，受文机关要在规定的时间内办理完毕，否则，可能影响工作的进度。（3）有拘束力。通知是用来发布要求下级机关办理或者需要有关单位知晓的事项，指示性强，具有一定的拘束力。

（四）**类型**。根据适用范围的不同，通知可以分为六大类：一是发布性通知，用于发布行政规章制度及党内规章制度。二是批转性通知，用于上级机关批转下级机关的公文，给所属人员周知或执行。三是转发性通知，用于转发上级机关和不相隶属机关的公文。四是指示性通知，用于上级机关指示下级机关如何开展工作。五是任免性通知，用于任免和聘用干部。六是事务性通知，用于处理日常工作中带事务性的事情。

事务性通知中最为常用的是会议性通知和事项性通知。会议性通知是上级机关召开会议、通知有关单位和人员参加时采用的一类文种。会议通知要求写得明确、具体。会议时间、地点、材料以及其他有关事宜，如果这些事项交代不清，混淆错乱，就可能影响会议的正常进行。事项性通知是上级机关的有关事宜需要使下级机关知道或办理时采用的一类文种，例如，庆祝节日，假期安排，裁撤合并机构，启用印章，报送有关材料等，这类通知要交代清楚通知事项，做到具体而明确。

二、写作格式

标　　题	（1）一般由发文机关+事由+文种组成。如《中共中央办公厅　国务院办公厅关于厉行节约反对浪费的通知》。（2）也可由事由+文种组成，如《关于2013年专业技术人员计算机应用能力考试有关问题的通知》。（3）还有直接用文种"通知"或"紧急通知"作为标题。（4）发布规章的通知，所发布的规章名称要出现在标题中，并使用书名号。（5）批转和转发文件的通知，所转发的文件内容要出现在标题中，但不使用书名号。如《国务院办公厅转发教育部等部门关于进一步加快高等学校后勤服务社会化改革意见的通知》。
主送机关	通知的发文对象比较广泛，主送机关较多时，要注意机关排列的前后顺序。如：各省、自治区、直辖市人民政府，国务院各部委、各直属机构等。由于级别、名称不同，主送机关的称谓和排列要特别注意。
正　　文	1. 通知缘由。主要用来表述有关背景、根据、目的、意义等。批转、转发文件的通知，根据情况可以在开头表述通知缘由，但多数以直接表达转发对象和转发决定开头，无须说明缘由。 2. 具体事项。是通知的主体部分，所发布的指示、安排的工作、提出的方法、措施和步骤等，都在这一部分中有条理地表达。内容复杂的需要分条列款。 3. 执行要求。发布指示、安排工作的通知，可以在结尾处提出贯彻执行的要求。
落　　款	一般包括署名和成文时间两个内容。

三、写作技巧

（一）**明确为什么写**。制发通知的目的是为了解决实际问题，首先要明确为什么写通知，通知的主要内容是什么。有的通知，不仅要提出问题，而且要分析问题，拿出解决问题的办法，如指示性通知；有的通知，内容比较简单，只提出问题和解决问题，如规定性、事务性通知；更有简单的，如批转、转发、发布性通知（不包括附件）及任免性、会议性通知等，基本只有解决问题的内容，而没有提出问题，更少分析问题的内容[①]。

（二）**确定怎么写**。明确为什么写以后，要确定写作的范围和对象，针对什么问题，解决什么问题。拟写通知必须做到主题明确，结构严谨，既要讲任务、要求，又要讲方法、步骤。语言不能空泛，提出的措施切实可行，内容要与党和国家的大政方针保持一致，避免下级机关难以理解执行。

（三）**选准结尾用语**。通知的结尾往往要写上"请认真贯彻执行""请遵照执行""请参照执行"等习惯用语。一般情况下，如果通知的内容涉及全局性重大方针政策，必须照章办事的，结尾要用"请认真贯彻执行""请依照执行""请遵照办理""请立即贯彻执行"等。如果通知的要求只是根据某些或者绝大多数地区的特点，或者批转下级机关的报告，具有参考价值的，结尾可写"请参照执行"。

四、关键提示

（一）**要防止滥用**。通知具有多种功能和作用，要严格认真对待，不可滥用。例如，下行文不可千篇一律使用通知，电视台、电台、报纸的广告宣传本应用"启事""声明"的事项不可用"通知"。滥用通知文种，有损于通知的严肃性。

（二）**要讲究实效**。通知是要求下级机关周知和贯彻落实的公文，具有规范性和严肃性。因此，通知的发布必须讲求实效。根据事务的内容判断是否用通知的形式可以解决问题，是否解决了问题。如果发布的通知达不到解决实际问题的效果，则需要用其他的文种。

（三）**要一目了然**。制发通知是为了解决实际问题，这就要求通知的主题明显、文字简明扼要、结构清晰，使人一目了然。主题明显，一般要开门见山，先用寥寥数语讲明制发通知的原因、依据和目的。结构清晰明了，要在结构层次的安排上有总有分，有辑有要，辑要清楚，内容独立。

---

① 张保忠. 最新公文写作技巧与范例全书 [M]. 北京：中国时代经济出版社，2011.

五、写作范例

(一) 发布性通知【范文3—5】。

中共中央印发《中国共产党巡视工作条例 (试行)》①

《巡视工作条例 (试行)》是贯彻落实党章关于党的中央和省、自治区、直辖市委员会实行巡视制度的规定,完善党内监督制度的一部重要党内法规。它的颁布实施,对于完善巡视制度,规范巡视工作,坚持党要管党、从严治党的方针,保证党的路线方针政策和中央重大决策部署的贯彻落实,促进党风廉政建设和反腐败斗争的深入开展,加强领导班子和干部队伍建设,具有十分重要的意义。

各级党组织要从推进党的建设新的伟大工程的高度出发,采取多种形式,深入学习宣传《巡视工作条例 (试行)》,切实增强党员领导干部接受监督的意识。各级党组织以及巡视工作机构要严格执行《巡视工作条例 (试行)》,认真履职尽责,充分发挥职能作用。被巡视党组织领导班子及其成员要自觉接受巡视监督,积极配合巡视工作,坚决纠正不符合中央要求的各种行为。

【讲析】该通知简明扼要,文字不多,但十分精练。第一段说明发布条例的重要性,"它的颁布实施"后面,用6句话概括了6个方面的重大意义。第二段提出贯彻落实的要求,从"各级党组织""各级党组织以及巡视工作机构"以及"被巡视党组织领导班子及其成员"三个层面,提出工作目标和要求。文字虽短,但管用实用。

(二) 指示性通知【范文3—6】。

关于统筹规范督查检查考核工作的通知②

为了更好地推动党的十九大精神和党中央决策部署的贯彻落实,深入推进全面从严治党,进一步改进工作作风,坚决克服形式主义、官僚主义,经中央领导同志同意,现就统筹规范督查检查考核工作通知如下。

一、提高思想认识,明确总体要求

督查检查考核工作是推动党的理论和路线方针政策、党中央决策部署贯彻落实的重要手段,是改进党的作风、激励广大干部担当作为的重要举措。近年来,督查检查考核工作不断加强,激励鞭策的指挥棒作用有力发挥,必须坚持不懈抓下去。但也存在名目繁多、频率过高、多头重复、重留痕轻实绩等问题,

---

① http://politics.people.com.cn/GB/101380/9638897.html.
② http://www.xinhuanet.com//2018-10/09/c_129968084.htm.

地方和基层应接不暇、不堪重负，干部群众反映强烈，既不利于集中精力抓落实，也助长了形式主义、官僚主义，损害党群干群关系，必须下决心加以解决，把督查检查考核工作做得更好更有成效。

做好督查检查考核工作的总体要求是：以习近平新时代中国特色社会主义思想为指导，全面贯彻党的十九大和十九届二中、三中全会精神，牢固树立"四个意识"、坚决做到"两个维护"，着力加强党中央集中统一领导，强化各级党委统筹协调，严格控制总量，坚持以上率下，不断增强督查检查考核工作的科学性、针对性、实效性，切实减轻基层负担，进一步激发干部崇尚实干、攻坚克难的责任担当，凝聚起决胜全面建成小康社会、夺取新时代中国特色社会主义伟大胜利、实现中华民族伟大复兴中国梦的强大力量。

二、严格控制总量，实行计划管理

规范督查检查考核工作，必须从源头抓起，从上级机关做起。除党中央、国务院统一部署和依法依规开展的督查检查考核外，中央和国家机关各部门不得自行设置以地方党委和政府为对象的督查检查考核项目，不得在部门文件中自行规定全国性督查检查考核事项，确需开展的要一事一报。要严格控制总量和频次，中央和国家机关各部门原则上每年搞一次综合性督查检查考核，同类事项可合并进行，涉及多部门的联合组团下去，防止重复扎堆、层层加码，不能兴师动众，动辄对着县乡村和厂矿企业学校，影响地方和基层的正常工作。部门督查检查考核不能打着中央的旗号，日常调研指导工作不能随意冠以检查、巡查、督察、督导等名义。

实行年度计划和审批报备制度。中央和国家机关各部门拟开展的涉及地方党委和政府以及本系统全国性的业务督查检查考核事项，要按照归口管理原则，年初分别报中央办公厅、国务院办公厅研究审核，由中央办公厅统一报党中央审批，以年度计划的形式印发执行。对紧急突发事项的督查检查，可以按程序报批后实施。省区市开展的全省性督查检查考核也要制定年度计划，报中央办公厅备案。

三、注重工作实绩，改进方式方法

要完善考核评价体系，突出党中央决策部署的贯彻执行情况，科学合理设置指标，视内容区分发达与欠发达地区、城市与乡村、地方与部门、机关与企事业单位等，体现差异化要求，避免"一刀切""一锅煮"。改进督查检查考核办法，必要的记录、台账要看，但主要看工作实绩，不能一味要求基层填表格报材料，不能简单以留痕多少评判工作好坏，不能工作刚安排就督查检查、刚部署就进行考核，不搞花拳绣腿，不要繁文缛节，不做表面文章。坚持走群众路线，加强常态化了解，多到现场看，多见具体事，多听群众说，更多关注改革发展、政策落地情况和群众获得感满意度。督查检查要突出问题导向,既着重发现落实中存在的问题,又及时了解有关政策需要完善的地方。对督查检查考核中发现的问题,要以适当方式进行反馈,加强督促整改,不能简单以问责代替整改,也不能简单搞终身问责。创新督查检查考核方式,充分运用信息化手段,实现信息资源共享,优化第三方评估,提高督查检查考核的质量和效率。

四、加强组织领导,激励担当作为

各地区各部门党委(党组)要强化主体责任,加强组织领导。中央层面建立由中央办公厅牵头,中央和国家机关有关部门参加的统筹协调机制,加强对督查检查考核工作的计划管理和监督实施。开展专项清理,从中央和国家机关做起,各级党委和政府要坚决撤销形式主义、劳民伤财、虚头巴脑的督查检查考核事项,大幅度压缩数量,对县乡村和厂矿企业学校的督查检查考核事项要减少50%以上。清理后保留的事项实行清单管理,可以公开的公开,接受社会监督,确保执行到位,严防反弹回潮。各地区各部门清理情况报中央办公厅。

要强化督查检查考核结果的分析运用,鲜明树立重实干重实绩的导向,对政治坚定、奋发有为的干部要褒奖和鼓励,对慢作为、不作为、乱作为的干部要警醒和惩戒。对各种告状信、检举信,经核实有问题的要依纪依法处理,没问题的要及时澄清、公开正名,对诬告陷害的要严肃追究责任,推动形成勇于担当作为、敢于抵制歪风邪气的良好政治生态。

各地区各部门要结合实际,制定贯彻落实通知的具体措施。

【讲析】这是一份专题工作通知,就统筹规范督查检查考核工作提出具体要求。从提高思想认识、严格控制总量、改进方式方法、加强组织领导四个方面,提出具体要求。各部分都安排有若干具体管用实用的措施,清晰明了,泾渭分明,通知文字不多,但要求具体,操作性很强。

(三)会议性通知【范文3—7】。

关于召开全省高等教育工作会议的通知

各市人民政府、行署,省直有关部门,各普通高校、省属成人高校及高级技工学校:

经省委、省政府同意,定于12月20日至21日在××召开全省高等教育工作会议,贯彻全国普通高等教育工作会议精神,研究部署今后一个时期的高教工作。现将有关事项通知如下:

一、参加会议人员:各市地分管教育工作的副市长,教育局长(教委主任），省直有关部门负责人，各普通高校党委书记、校长，省属成人高校、高级技工学校主要负责人。邀请省委办公厅、宣传部、研究室、高校工委、省人大教科文卫委、省政协文教卫生委及驻济新闻单位的负责同志出席会议。

二、请与会人员于12月19日到××饭店报到。需接站者，请提前告知省教育委员会办公室，联系电话：×××××××。

三、请各市地通知驻地高校。

附：与会单位名单。

××省人民政府办公厅
××年××月××日

【讲析】通知正文第一段阐述了会议的主旨和目的。三点要求分别讲明了与会的人员、时间、地点、联系方式和通知方式，概括性高，操作性强。

第四节　通报

一、概述

（一）**概念**。通报是机关单位把工作情况、经验教训、典型事例以及具有典范、指导、教育、警戒意义的事件通知所属单位的公文文种。

（二）**适用范围**。通报一般是用来表彰先进、批评错误、传达重要情况的下行公文。通报可将先进集体的先进事迹进行通报，号召大家进行学习，也可以对单位或个人的错误行为、违规事故进行通报，通报的发布范围一般都是在机关或系统内部使用。

（三）**特点**。一是告知性。通报通常是把现实生活中的一些正反面的典型，或某些带有倾向性的重要问题告诉大家，让人们知晓、了解。二是典型性。无论是表扬好人好事，还是批评错误和歪风邪气，通报所针对的对象都是典型人物、典型事件和典型情况。三是教育性。无论是表扬还是批评，通报都有对下级机关或单位进行指导的作用。四是时效性。通报一般对人物、事件的情况做出及时、迅速的报道，这样情况能及时、迅速地传达，发挥其应有的效用，时间久了，效果就不明显。五是政策性。与其他文种略有不同，特别是表彰性通报和批评性通报来说，实效性强，政策要求高，影响大。

（四）**类型**。通报的主要类型有表彰性通报，用于表扬好人好事；批评性通报，用于批评错误言行；情况性通报，用于传达情况，周知问题；指导性通报，用于传达上级指示精神，等等。

二、写作格式

标　　题	（1）一般由发文机关名称、被表彰或被批评的对象和文种构成，如《国务院关于表扬全国"两基"工作先进地区的通报》；（2）也可以采取被表彰或被批评的对象和文种构成，如《关于给不顾个人安危勇于救人的×××同志记功表彰的通报》；（3）有少数通报的标题是在文种前冠以机关单位名称，如《中共××市纪律检查委员会通报》；（4）有的通报标题只有文种名称。
主送机关	通报一般都有主送单位，少数普发性通报可以没有主送单位。
正　　文	正文由发布通报的原因、通报的事项、原因分析、处理结果和希望要求组成，一般由四部分组成。（1）引言部分。主要概括通报的内容、性质、作用和要求。（2）事实部分。表扬性通报写先进事迹；批评性通报写错误事实。做到事实清楚，概括精练。（3）分析及处理部分。对先进事迹的先进性或错误事实的本质，进行恰如其分的分析。表扬性通报写出给予精神或物质奖励的决定，批评性通报写出处分决定。（4）号召或要求部分。说明如何去做，或者发出号召。
落　　款	通报的落款要用发文机关的全称，如果标题中含有发文机关全称，落款可以不写。下发或者张贴的公报要加盖单位公章。

三、写作技巧

（一）**情况通报**。情况通报是一种常用的通报形式。一般由三部分构成。一是标题，包括三个组成部分，即发文机关、事由和文种类别，但有时仅写事由、文种类别或直接写"情况通报"。二是正文。一般分三步来写，首先介绍情况，其次分析原因，指出意义或者危害，最后提出要求。三是签署发文机关和日期。

（1）开头比较简短，主要是概述通报的内容，或叙述总体情况。叙述要注意三点，一是要概括，不能太具体；二是要简明，语言简洁明了；三是评价要中肯，不能夸大其词，要为下文写"存在的问题"打下伏笔。（2）主要做法和成绩是情况通报的核心部分。通常是摆事实，采用叙述写法，围绕"是什么"这一基本内容来叙述，"怎么做"的具体方法措施写清楚，再把效果怎么样写出来就行了，不必议论，避免讲道理和说教。叙述技法是先总叙后分叙，总叙主要把面上的情况说清楚，分叙要选择比较典型的有代表性的事例加以印证。（3）存在的问题。问题即工作中由于主观或客观因素造成的失误，或者需要解决的矛盾。写作时注意，一是问题要点透，不模棱两可。二是措辞要恰当，不夸大或者缩小。（4）今后的打算或要求。"今后的打算"是机关单位对今后工作的安排。"今后的要求"则是对主送单位的要求。写作时要结合实际，具体明确。

（二）**表彰或者批评性通报**。正文结构有三部分：第一部分，说明表彰或批评的原因，即写清先进事迹或错误事实的经过情况，要求用叙述的手法真实客观地反映事实。第二部分，对所叙述的事实进行准确分析，中肯评价，做到不夸大、不缩小，使人们能从好的人和事物中得到鼓舞，从错误中吸取教训。第三部分，对表彰的先进或批评的错误做出嘉奖或最后惩处。最后还要根据通报的情况，针对现实需要，发出号召或提出要求。

1. 表彰性通报。对被表扬的单位来讲，主要是理解上级的精神，更上一层楼；对后进单位来讲，主要是学先进、找差距、定措施。表彰性通报重在教育比照，或先进示范，其标题格式通常为"关于授予×××称号的决定"或"关于给予×××表彰的决定"。标题中常常含有动词，如授予、给予等。正文部分一般包括以下几项内容：（1）概述先进事迹，表明通报发出单位对通报事项的态度。（2）指出先进单位或个人的主要做法经验，或叙述事情发生的经过并分析事件的意义。（3）提出要求和希望，号召大家学习。

2. 批评性通报。对一般单位主要是对照自己，防患于未然；对有类似问题或尚有隐患存在的单位主要是以儆效尤。批评性通报重在处置，奖功罚过，其标题格式通常为"关于对×××的处理决定"。正文部分一般包括以下几项内容：（1）叙述错误事实经过。（2）表明通报发出单位对事件的态度及处理意见。（3）分析错误或事故产生的原因与危害性。（4）提出要求，警示其他单位或个人。

四、关键提示

（一）**要区分直述与转述**。通报的写作与行文要区分直述与转述两种不同的表达方式。所谓直述，即由发文机关直接予以表达的通报，是单体行文；所谓转述，即由发文机关将下级的来文（如报告、简报、通报等）作为附件，加写批语后以通报形式转发，是复体行文。直述式通报，以叙事为主，兼以说明；转述式通报，为了避免重复，主要是议说，很少叙事。

（二）**要让典型事实说话**。通报用典型事实教育干部群众，不是正面的典型，就是反面的典型。因此，通报的事情不可以一般化，应该具有明显的代表性，给人以启迪或警醒。通报必须以事实说话，不能弄虚作假，否则难以让人信服。且应用典型事实来指导工作或者以典型为告诫，更容易提高认识，明确方向，推动事业进步。

（三）**要强调表达的分寸**。通报中的议说，必须是通报中典型事实的引申，褒贬的尺度、结论的分寸、今后的工作意见都是典型事实的引发，不能牵强附会。这种引申出来的议论与说明，或者说延伸出来的观点、意见、主张、结论，既不能过泛，也不能过狭。引发过泛，大而无当，缺乏针对性，失去通报的本意；引发过狭，削弱了以此类推的目的，也会失去通报的本意。

五、写作范例

(一) 表彰性通报【范文 3—8】。

关于表彰××年度依法纳税大户的通报

××政发〔××〕41 号

各县（市、区）人民政府，市政府直属各单位：

××××年，全市广大企业面对国际金融危机的严重冲击，面对国内宏观环境变化带来的种种压力，坚定信心，积极应对，锐意进取，取得了显著成绩，并涌现出一大批守法经营、主动纳税、对社会做出积极贡献的纳税大户和先进典型。为表彰纳税大户的突出贡献，鼓励诚信纳税，激发创业热情，市人民政府决定，授予××电器股份有限公司等 100 家企业"××年度××市纳税百强"称号，授予××电器股份有限公司等 50 家企业"××年度××市制造业纳税 50 强"称号，授予××集团股份有限公司等 10 家企业"××年度××市企业集团纳税十强"称号（名单附后），并予以通报表彰。希望受表彰的纳税大户珍惜荣誉，再接再厉，积极应对危机，奋力克难攻坚，努力创造更好的效益，为我市经济社会又好又快发展做出更大的贡献。

××××年××月××日

【讲析】本通报简洁明了，共三句话构成，第一句话交代背景和缘由，第二句话分别列出不同的三类表彰典型，第三句话提出要求。结构简单，文字精练，是一篇佳作。

(二) 批评性通报【范文 3—9】。

国务院办公厅关于
××省××县××特大爆炸事故情况的通报①

各省、自治区、直辖市人民政府，国务院各部委、各直属机构：

××××年×月×日，××省××市××县××乡××花炮厂发生特大爆竹爆炸事故（以下简称××事故），死亡 33 人，其中在校中小学生 13 人，未在校的未成年人 2 人；受伤 12 人。这是一起重大责任事故。为认真吸取事故教训，进一步加强安全生产工作，防止同类事故的发生，现将××事故情况通报如下：

一、事故的直接起因和深层次原因。××省××市××县××乡××花炮厂是不具

---

① http://china.findlaw.cn/fagui/p_1/353216.html.

备安全生产条件的企业。……违章指挥，以及工作违章操作是造成这起重大事故的直接原因。

二、对有关责任人员的处理情况。对事故直接责任人、××花炮厂法定代表人沈××等4人移交司法机关，依法追究刑事责任……

三、认真吸取教训，进一步加强安全生产工作……

（一）充分认识安全生产工作的重要性……

（二）完善和落实各项安全生产责任制……

（三）加大事故隐患整改工作力度，防止重大事故的发生……

（四）大力开展安全生产宣传教育工作……

（五）依法行政，严肃事故处理工作……

国务院办公厅
××××年××月××日

【讲析】通报开头概述了问题的产生及其后果，第三句话承启下文。正文从三个方面表述，分析了事故原因，介绍了对有关人员的处理情况，从五个方面提出了下一步工作的要求，抓住要害，画龙点睛，起到了通报情况、警示教育、惩前毖后的作用。

第五节　函

一、概述

（一）**概念**。函是不相隶属机关之间商洽工作、询问和答复问题、请求批准和答复审批事项时使用的公文文种。函是法定公文中唯一一个平行文种，是应用写作实践中一种常用的文体。

（二）**适用范围**。函在公务活动中的作用越来越大。在行文方向上，不仅可以在平行机关之间行文，而且可以在不相隶属的机关之间行文，其中包括上级机关或者下级机关行文。在内容方面，除了不相隶属机关之间商洽工作、询问和答复问题外，也可以向有关主管部门请求批准事项，向上级机关询问具体事项，还可以用于上级机关答复下级机关的询问或请求批准事项，以及上级机关催办下级机关有关事宜，如要求下级机关函报报表、材料、统计数字等。

（三）**特点**。（1）沟通性。函用于不相隶属机关之间商洽工作、询问和答复问题，发挥沟通协调的作用，充分显示平行文种的功能，这是其他公文所不具备的特点。（2）灵活性。函的行文关系灵活。函是平行公文，除了平行行文外，还可以向上行文或向下行文，没有其他文种那样严格特殊行文关系的限制。在行文格式上，除了国家高级机关的函必须按照公文的格式、行文要求行文外，其他的函灵活自便，如果不是存档需要，版头部分可以灵活处理。（3）单一性。函的主体内容具备单一性特点，一份函只宜写一件事情，一般不能一函多事。无论是来函还是复函，都要遵循一事一函的原则。不能将想干的几件事放在一份函中叙述，这样会造成陈述的问题很难得到及时准确的答复。（4）时效性。函有很强的时效性。特别是复函，更应该迅速、及时处理，以保证公务活动的正常进行。

（四）**类型**。从行文方向上看，函有来函、复函。函在实际行文中形成了多种类型。从内容作用上看，主要有：（1）申请函是向有关主管部门请求批准事项的函。（2）商洽函是请求协助、商洽解决办理某一问题。（3）询问函，如上级向下级询问工作情况或某一具体事情，下级向上级机关及主管部门询问有关方针、政策和工作中遇到界限不明确的问题等。（4）答复函是上级答复下级询问或主管部门批复申请事宜。（5）告知函是平级或不相隶属单位之间相互通知事情。

二、写作格式

标　　题	一般有两种形式。一种是由发文机关名称、事由和文种组成，如《国家能源局综合司关于分布式发电管理办法征求意见的函》；另一种是由事由和文种构成，如《关于社会主义新农村建设征集意见的函》。
主送机关	即受文并办理来函事项的机关单位。
正　　文	正文一般由开头、主体、结尾三部分组成。（1）开头。主要说明发函的缘由、目的、根据、原因等内容，然后用"现将有关问题说明如下:"或"现将有关事项函复如下:"等过渡语转入下文。复函的缘由部分一般首先引叙来文的标题、发文字号，然后再交代根据，说明发文的缘由。（2）主体。是函的核心部分，主要说明致函事项。内容单一，一函一事，行文要直陈其事。无论是商洽工作，询问和答复问题，还是向主管部门请求批准事项等，都要用简洁得体的语言把需要告诉对方的问题、意见写清楚。如果属于复函，还要注意答复事项的针对性和明确性。（3）结尾。一般用礼貌性语言向对方提出希望。或请对方协助解决某一问题，或请对方及时复函，或请对方提出意见或请主管部门批准等。结语通常应根据函询、函告、函或函复的事项，选择运用不同的结束语。如"特此函询""请即复函""特此函告""特此函复"等。如属便函，可以像普通信件一样，使用"此致敬礼"结语。
落　　款	一般包括发文机关名称和成文时间两项内容，要写明发文机关名称以及成文年、月、日，并加盖公章。

三、写作技巧

一是要用简要的文字，将需要商洽、询问、答复、申请、知照的事项和问题交代清楚。二是用语讲究分寸。函主要用来协商、配合与互通信息，用语要讲究礼节，委婉得体，不使用告诫、命令性的词语。涉外公函或不相隶属机关之间的公函，还要使用尊称或者致意性词语。但不可过分，用语应当适度，掌握分寸。三是函主要用于说明有关事项和提出要求，必须行文郑重。四是要使用规范化格式，使用印有发文机关标识的文头纸，拟定标题，编制发文字号，适时立卷存档。

四、关键提示

（一）**表述清楚**。函是代表机关向外联系工作、商洽事情、请求帮助的公文，要想得到对方的理解、接受和支持，叙事首先必须清楚明白，行文表达有理有节，令人信服。能够引起对方感情上的共鸣，使对方千方百计地帮助解决问题。

（二）**篇幅短小**。函不必详细叙述过程，更不必大发议论，要求字约意丰。在写作过程中，要注意推断对方见函后的心理特征，采用不同的写法。例如，答复函的写法，假若属于肯定性的，开头可以将答复的内容提出，再叙述其他有关事宜。如果属于否定性的，开头不宜将否定内容提出，而是先简明、恳切地说明理由，最后表明否定态度，使对方理解和谅解，不至于产生误解和反感。

（三）**语言得体**。函的写作，首先要注意行文简洁明确，用语把握分寸。无论是平行机关或者是不相隶属机关的行文，语气都要平和有礼，不要倚势压人或强人所难，也不必逢迎恭维、曲意客套。至于复函，则要注意行文的针对性、答复的明确性。

此外，平级或不相隶属单位之间行文可以用"函"，向有关主管部门请求批准事项可以用"函"。但在实际工作中，很多单位习惯使用通知、请示与批复等文种，代替函的使用。从行文便捷性来看，为解决上述问题，可以更多地使用"函"这一文种。

五、写作范例

（一）答复函【范文3—10】。

**中共中央办公厅　国务院办公厅关于离休、退休人员
不宜再派遣出国执行公务问题的复函**[①]

（×× 〔××××〕 ××号）

财政部：

　　财外局〔××××〕××号文悉。中共中央办公厅、国务院办公厅转发的《关于因公出国人员审查的规定》（×××〔××××〕×号）中提到的"已经离休、退

[①] http://www.shangxueba.com/ask/3125803.html.

休的人员",是指按照党和国家有关离休、退休规定和干部管理权限,经过组织批准或决定的离休、退休人员。来函中所述的已经办了离休、退休手续,又由组织任命为经理、顾问等职务的人员,应视为已经离休、退休的人员,不宜再派遣出国执行公务。因年龄到限已经免了行政职务,又在公司、学会、协会担任职务,尚未办理离休、退休手续的人员,一般也不再安排出国执行公务,个别人确因工作特殊需要,经报请上级组织批准,可以派遣出国执行公务。

此复。

中共中央办公厅
国务院办公厅
××年××月××日

【讲析】这是中办和国办答复财政部询问事宜的函。开头先交代复函的依据,即来函时间、文号,如例文中的"财外局〔××××〕××号文悉"。然后再针对来函所询问的事项进行回答。最后以"此复"结束全文。

(二)告知函【范文3—11】

关于报送中国气象局××××年基础研究重大战略需求方向的函

科技部:

根据贵部《关于征集××××年基础研究重大战略需求方向的函(国科基函〔××××〕××号)》要求,围绕落实《国家中长期科学和技术发展规划纲要(××××—××××年)》任务部署,针对气象事业发展重点领域和关键环节的重大基础研究问题,我局组织开展了××××年基础研究重大战略需求方向的征集工作,经研究,遴选了5项资源环境科学领域基础研究和1项全球变化研究重大战略需求方向建议:

一、我国大气云水资源分布及降水效率研究。
二、城市(群)致灾天气监测与预测的理论和方法研究。
三、南海季风暴发期间对华南流云与强降水研究。
四、我国西北干旱、半干旱地区气候变化规律及其影响机理。
五、秦岭大巴山地形对强降水和旱涝影响的野外试验及机理研究。
六、气候突变的机制及其可预测性研究。

中国气象局
××××年××月××日

【讲析】告知函主要用于把具体事项告知有关单位,让对方知道立场或者协助办理某一事项而无须回复的主动函。该函开门见山,直奔主题,不转弯抹角,没有空话和套话。态度明朗,语言准确,表达有力。

（三）请求函【范文 3—12】。

甘肃省机关事务管理局关于申请拨款维修省府大院的函

省财政厅：

省府机关大院是五六十年代修建的，不少门窗破烂，漏水严重，急需维修。为保证省府机关正常办公，请拨给房屋修缮费 50 万元。

甘肃省机关事务管理局
××年××月××日

【讲析】这是请求批准的函，主要用于向平行或者不相隶属的主管机关请求批准有关经费、物资、编制等事项。本函简洁明了，第一句话说明原因，第二句话讲明目的和请求事项，具体而不含糊。

第六节　纪要

一、概述

（一）**概念**。纪要是用于记载、传达会议情况和议定事项的公文文种，是各级党政机关和企事业单位常用的公文之一。

（二）**适用范围**。纪要可以适用于上级机关、下级机关以及平级机关。就基本特征而言，纪要是一种实录性公文，是在对会议讨论的事项加以归纳、整理的基础上，将会议内容反映出来的公文文种。纪要除了能够起到通报会议精神的作用外，上报上级机关的纪要往往还能起到反映情况、汇报工作的作用；下发下级机关的纪要，往往具有统一认识、指导工作的作用；抄送平行机关或不相隶属机关的纪要，则能起到交流信息、沟通情况、知照事项的作用。

（三）**特点**。（1）纪实性。纪要必须是会议宗旨、基本精神和所议定事项的真实概要纪实，不能随意增减更改内容，任何不真实的材料都不得写进会议纪要。（2）内部性。纪要是记载会议情况和议定事项的内部文件，可以印发参会单位和其他单位，但不向社会公开。（3）指导性。纪要要求与会单位和相关部门依据其内容开展工作，落实会议精神，具有指导作用。（4）概括性。纪要必须条理化，眉目清晰，精其髓，概其要，以精练的文字高度概括会议的内容和结论。既要反映与会者的一致意见，也可兼顾其他有价值的看法。分类别、分层次地归纳概括。

（四）**类型**。（1）工作会议纪要，侧重于记录贯彻有关工作方针、政策，及其相应要解决的问题，如《全国机关事务工作会议纪要》。（2）代表会议纪要，侧重于记录会议议程和通过的决议，以及今后工作的建议，如《江西省第一次盲人聋哑人代表会议纪要》。(3) 座谈会议纪要，其内容比较单一、集中，例如，侧重于工作的、思想的、理论的、学习的，如《京津冀一体化座谈会纪要》。(4) 联席会议纪要，是指不同单位、团体，为了解决彼此有关的问题而联合举行会议，在此基础上形成的纪要。这种纪要侧重于记录两边达成的共同协议。(5) 办公会议纪要，是对本单位或本系统有关工作问题的讨论、商定、研究、决议的文字记录。(6) 技术鉴定会议纪要，是为鉴定某一物体或者某一技术给出的结论性材料。(7) 科研学术会议纪要。

二、写作格式

标　　题	有两种格式：一是，会议名称+纪要，即在"纪要"两个字前写上会议名称，如"山东省政府法制工作会议纪要"。会议名称可以写简称，如"郑州会议纪要"。二是，把会议的主要内容在标题中表述，如"关于落实习近平同志批示开展厉行节约反对浪费的会议纪要"。
发文编号	文号写在标题的正下方，由年份、序号组成，用全角标出，如：〔2004〕67号。正规严肃的办公会议纪要对文号一般有要求，或者标注期次，如"第××期""第××次"，写在标题的正下方。会议纪要的时间可以写在标题的下方，也可以写在落款处。
正　　文	正文开头要对会议做出概述，介绍会议的背景、时间、地点、原因、目的、参加会议的人数和议题。主体部分着重记录会议的主要内容即讨论情况、会议决定的主要事项、会议取得的成果、今后工作的要求以及贯彻落实会议的措施。具体写法如下：(1) 发言记录式，就是按照会议的发言顺序，将每个发言人的主要意见归纳整理出来。(2) 分类式，就是按照内容加以归纳分类。每一类要有一个中心，用小标题或数字标明。(3) 综合式，就是将前两种形式综合在一起使用。这种形式既可以反映出会议的重点，又能如实反映在具体问题上个人看法的不同。
落　　款	纪要的结尾要提出希望和号召，有的是以会议名义向本地区或本系统发出号召，要求贯彻执行会议精神；有的是突出强调贯彻落实会议精神的关键举措，指出核心问题；有的是对会议做出简要评价，结合提出希望、要求。

三、写作技巧

（一）**讲究结构**。综合性会议纪要可以采用"横式"结构方法，归纳成几个问题并列说明；也可以采用"纵式"布局，一环套一环递进表述。专题性或专业性会议纪要，多采用"分条列项"结构，即在开头介绍总体情况后，用一段文字交代会议的中心议题、主要活动情况及总的评价。然后在内容上并列写几个段落，每个段落之前标序号、提旨要，一目了然。不能写成"流水账"或者"会议日志"。

（二）**突出中心**。这是指会议集中解决的几个主要问题，形成纪要的中心，切不可面面俱到。会议讨论中产生的不同意见，一般不纳入纪要，而应根据会议宗旨，集中反映符合会议中心要求的多数人的一致意见，可采用"会议听取了""会议讨论了""会议研究了""会议认为""会议决定"等提法，加以集中概括；对有分歧的意见，除学术性的研究会议纪要外，一般不写入"纪要"。

（三）关注用语。上报的会议纪要，使用对上的语气，如"会议讨论了以下几个问题""会议考虑"等；下发的会议纪要，则可用"会议决定""会议要求""会议强调""会议号召"等。写作过程中，要注意条理化和理论化。所谓条理化，就是对会议讨论的意见，分类归纳，层次清晰；所谓理论化，就是对会议讨论的意见，尽力给予理论上的概括，提纲挈领，画龙点睛。

（四）客观实在。会议纪要来源于会议记录，会议记录必须依据会议的实际内容，不能随心所欲地增减或者更改，更不能添枝加叶。在写作过程中，如果感到有的地方必须有所增减时，要经机关主要领导同意，必要时还应该在一定范围内征求意见。

四、关键提示

（一）文种要清晰。会议纪要与会议决议、会议记录、会议简报、会议公报等，同属会议文件，都是会议的直接产品，但有一定的区别。大会决议是按照法定多数表决通过的，而会议纪要是由会议主持机关审定制发的。决议的内容比较原则，而纪要要求详尽具体。会议记录是完成纪要写作的客观原始材料之一，经过筛选、整理的会议记录才能写入纪要。会议简报主要用于反映会议动态、沟通情况，所载内容只具有参考性，不像会议纪要还具有指挥执行的作用。会议公报是报道会议的核心内容，是纪要的要点，仅用于党和国家高层次会议。

（二）材料要真实。会议纪要必须对材料进行整理、归纳、提炼、分析，围绕会议主旨精心安排相关内容。因此，纪要必须反映会议的真实情况，不能掺杂非与会者的意见和看法，不能超出会议谈及的内容，记录者不能将自己的个人观点写进去。

（三）条理要清晰。会议讨论过程中，与会者的发言一般都是根据会议的情况即兴而发的，逻辑性和条理性不是特别清晰，重复的语句也时有发生，因此，记录人一定要对与会者讲话进行概括，准确地反映和领悟其中的含义。在拟定纪要的过程中，要反复对照会议记录，确保与会议精神保持一致。

（四）主题要突出。纪要是与会者共同意志的体现，落款应是全体与会单位，故不写落款，不加盖公章。因此，会议纪要不可能把会议的所有意见、特别是不同意见全部纳入纪要，必须根据会议的中心，分析各种意见，找到能够集中反映符合会议中心的多数人的意见，突出主题，抓住中心。

五、写作范例

(一) 办公会议纪要【范文 3—13】。

××县人民政府工作会议纪要
××县人民政府办公室××年××月××日

××月××日下午，××市公路局××局长、××县政府××副县长及市公路局、县政府办、县公路局等部门领导在××宾馆召开会议，听取了县政府和县公路局对安保工程和配套两个景观建设情况的汇报，并就××县安保工程和两个景观建设的有关问题进行了讨论研究。现将会议有关精神纪要如下：

一、安保工程原则上一次性建设，不分期进行。

二、两个学校和附近民房拆迁、路面拓宽暂缓进行，在不影响学校和民房拆迁的情况下，路面可以改造的要尽量改造，在民房前加隔离栏。

三、关于安保工程12.68亩土地的征地和地面构筑物补偿款问题。市公路局同意补偿30万元，其余不足部分由××县政府负责，项目由市公路局统一实施。

四、关于两个景观建设问题……

参加会议人员：（略）

【讲析】 例文是常见的办公会议纪要。第一段讲的是会议基本情况，下面四个自然段是会议决定事项。分别列条标出，逻辑清晰，便于掌握和落实。这种会议纪要使用的是特定的纪要格式，单体行文，不加盖印章。

(二) 专题会议纪要【范文 3—14】。

食品药品安全工作会议纪要

××××年×月××日上午9点，市政府在行政办大楼会议室召开全市食品药品安全工作会议，会议由市委书记、人大常委会主任××主持，市人民政府市长××出席会议并做重要讲话，市政府领导均出席了会议。会上，市人民政府副市长×××传达了市、县会议精神。市长××做了重要讲话，××市长充分肯定了近期全市食品药品安全工作所取得的成绩。他强调指出，食品药品安全是政府关心、百姓关注、社会关切的热点问题，是老百姓最直接、最现实、最根本的利益所在。各级各有关部门一定要牢记使命，居安思危，站在政治和全局的高度，深刻认识新形势下做好食品药品安全工作的重要政治意义和经济意义，深刻认识当前食品药品安全监管工作的新任务、新要求，增强忧患意识，居安思危，加大措施，确保我市食品药品安全工作再上新台阶。

关于今年后期全市食品药品安全工作，××市长指出，各级各有关部门要紧紧围绕确保食品药品安全这一根本目标，全面提高食品安全监管水平，深入推进药品安全科学监管，突出抓好农村食品药品安全监管，进一步提高食品药品监管保障水平，全力做好创建"县级食品安全示范乡"工作，构建食品药品监管长效机制，坚决防止重大食品药品安全事件发生。他要求，各县区食品药品安全委员会要在市委、市政府的正确领导下，严格落实责任，强化措施，加强配合，形成合力，确保食品药品安全工作的各项目标任务落到实处，为保障全市人民群众食品用药安全有效，促进全市社会经济又好又快发展做出新的更大贡献。

××市人民政府
××××年××月××日

【讲析】专题会议纪要是专门记述座谈会讨论、研究的情况与成果的一种会议纪要。其主要特点是，主题的集中性与观点意见的分呈性相结合，既要归纳比较集中、统一的认识，又要将各种不同观点和倾向性意见都归纳表达出来。本纪要集中记录了市长的讲话要求和工作部署，行文简练，观点鲜明，要求具体明确。

第七节　意见

一、概述

（一）**概念**。意见是上级机关针对当前主要工作和亟待解决的重大问题，向下级机关提出见解和处理办法时使用的公文文种。一般情况下，"意见"只有建议性质，是指来自于下级的、一经上级机关批转或批准，即从建议性转化为指导性和约束性，如《国务院办公厅转发财政部关于加强政府债务管理的意见》。还有一种出自上级机关的"意见"，其本质含义已不再是参谋建议的性质，而具有指示要求性，是指导工作的硬性要求。

（二）**适用范围**。意见一般在以下情况使用：一是对重要事项提出指导性见解；二是对一个阶段的工作提出原则性要求；三是对带有全局性的问题提出处理办法和政策性措施。意见既可以用于向上行文，又可以用于向下行文，既有报告请示的作用，又有指导指挥的作用。意见作为上行文，类似于请示，可向上级机关汇报提出对某个重要问题的见解和处理意见，如上级机关认可，可批转贯彻执行，但适用范围没有请示广泛，只限于对重要问题提出见解和处理办法。意见作为下行公文，类似于指示，可对下级机关布置工作，明确处理问题的办法。但指示只提出原则和要求，具有方向性，而意见提出具体的处理办法，具有可操作性。

(三) 特点。(1) 指导性。意见作为正式公文，要求下级结合实际，遵照贯彻执行，其最大特点是政策指导性较强，既要符合党的路线、方针、政策，又要结合具体实际情况，理论和实际相结合。(2) 针对性。意见的制发往往针对工作中亟须解决的问题或者必须克服的倾向，提出的问题必须急需、及时，提出的见解、办法必须对症下药，不能放空炮。(3) 操作性。意见是上级机关对重大问题所持的观点、见解、看法、态度，意见中提出的办法，应有法可依、有据可查、界限清楚，并且具有较强的可操作性，管用实用。

二、写作格式

标　　题	可以由发文机关名称、事由和文种组成，如《国务院关于加快振兴东北老工业基地工作的意见》；也可以由事由和文种组成，如《关于进一步加强党管人才工作的意见》。
主送机关	直接下发的意见，要标注主送机关；批转性意见，主送机关已标注在批转通知中，不再标注。
正　　文	由开头、主体和结尾三部分组成。(1) 开头部分。通常写明提出意见的依据、背景、目的，即因为何种情况而提出意见，不面面俱到。文字根据具体情况可长可短，最后以"现提出以下意见""特制定本实施意见"等过渡性语句转入下文。(2) 主体部分。要写明解决问题、处理工作的办法和措施。把对重要问题的见解或处理办法一一写明。如果内容繁多，可列出小标题作为各大层次的标志，小标题下再分条表述；如果是内容较为单纯集中的工作意见，主体部分直接列条即可，不必再设小标题。(3) 结尾部分。通常以提出号召、希望、督查要求为结尾。局部性意见大多没有专设的结尾，而是自然结束正文。
落　　款	注明发文机构的全称和发文日期。直发性意见，一般都在文后署名和标注成文日期；转发性意见，通常不在文后落款，而将发文机关名置于标题之下。

三、写作技巧

(一) 选题要合适。写意见前要深入调查研究，掌握第一手资料，针对实际情况，提出具有时代特点和本行业、本部门特征的问题，同时也要符合党和国家的方针政策。

(二) 见解要明确。意见要能反映有关机关或部门对问题的看法和认识，主张做什么，不主张做什么，要清清楚楚，一目了然。

(三) 办法要具体。意见一般要写明解决问题、处理工作的要求和措施，各项要求和措施都应写得实实在在，并且切实可行。

(四) 语气要缓和。意见是就贯彻执行上级精神提出带有宣传、引导、说明、阐释意义的指导性文件，不应使用命令性的强制口气。

（五）表达要恰当。意见中较多地使用说理的写法，但说理要求简明，不能写成论文或宣传材料。

四、关键提示

（一）注意区别其他文种。一是与请示的区别。向上行文，凡要钱、要物、要机构、要编制等，要用请示而不能使用意见。意见与请示的本质区别在于它向上级要的不是人、财、物等"硬件"，而是政策、办法等"软件"。二是与指示的区别。向下行文，凡属阐明工作指导原则，不过多地讲道理、教办法时，应用指示而不用意见。三是与通知的区别。虽然也是工作中的重要问题，但不需做较多理论分析，且对下级规定性较强、要求很具体的，应用指示性通知而不用意见。四是与函的区别。不相隶属机关之间相互行文，对涉及某一重要问题所提的见解和处理办法，如属供对方参考而不需要回复时，应用意见，反之，用函。

（二）注意把握内在结构。意见的内在结构必须是"提出问题—分析问题—解决问题"，三个"问题"相互衔接，缺少其中任何一个"问题"，都不符合意见写作的内在结构。同时，意见所给出的解决问题、处理工作的办法和措施要观点鲜明，符合党和国家有关方针政策，又切合实际，不超出受文机关的能力范围。

（三）注意把握行文语气。由于意见的行文方向不同，用语也截然不同。上行的意见，要使用下级对上级汇报见解、陈述办法的语气，用语婉转，注意对上级机关的尊重。如"我们考虑""我们认为""我们建议""我们意见"及"请""敬""望"等。下行的意见，则更多使用一些带有祈使语气表示肯定或带有禁止语气以示否定的指令性语气。平行的意见，要使用平等协商的语气，多用商量、谦恭的语句，争得对方的理解和支持。

五、写作范例

（一）直发性意见【范文 3—15】。

关于××××年全县干部教育培训工作的安排意见

根据市委文件精神，现就进一步落实大规模培训干部、提高干部素质的任务，对我县干部培训工作作出如下安排意见。

一、指导思想。××××年全县干部培训工作的指导思想为：深入学习贯彻党的十八大精神，以科学发展观为统领，以制度建设为保证，以改革创新为动力，围绕干部素质和能力建设……

二、加强领导，强化管理

（一）大力提升对培训工作的重视程度。各乡镇党委、县属各单位要把干部的教育培训作为一项重要工作来抓，积极配合……

（二）切实加强对培训工作的管理力度。严格培训制度，切实做到年初有申报、培训有安排、办班有总结，加强教学、参训、考核等方面的管理……

三、创新方式，丰富内容

（一）要不断创新培训的方式方法，切实提高教育培训的实效性。继续探索和完善课堂集中培训、专题辅导讲座、基地现场教学、组织专题研讨、赴外考察学习"五位一体"的干部教育培训模式……

（二）要不断丰富培训内容，充分调动起干部学习的兴趣和积极性。转变以往干部在学习培训当中的被动消极心态……

（三）要在培训中突出能力培训。对党政领导干部培训要重点突出……对各站所的技术人员要重点突出……对村组干部、包村干部要注重……

中共××县委员会
××××年××月××日

【讲析】直发性意见，是用于上级机关或有关主管部门阐述和说明开展某项工作的基本思想、原则、要求，并对工作进行原则性指导的意见。本意见是××县委××××年关于干部培训教育的指导性文件，从指导思想和具体工作措施方面，提出了有针对性的意见，内容集中，表述清晰，条理清楚，可操作性也强。

（二）转发性意见【范文3—16】。

××市人民政府批转市公安局关于检查整改火险隐患的几点意见

各区、县人民政府，各委、局，各直属单位：

市人民政府领导同志同意市公安局《关于检查整改火险隐患的几点意见》，现转发给你们，望遵照执行。

××市人民政府
××××年×月××日

××市公安局关于检查整改火险隐患的几点意见

市政府：

为了及时发现和整改火险隐患，有效地防止火灾事故的发生，根据《中华人民共和国消防法》的规定，现就各机关、团体、学校、企业、事业单位认真做好火险隐患的检查整改工作提出以下意见：

一、火险隐患的检查整改工作，要按照"谁主管，谁负责"的原则进行。

二、实行火险隐患登记报告制度……

三、各单位对自查发现和上级主管部门与公安消防监督机关检查发现火险隐患的，采取定项、定人、定时间的方法，逐项明确整改责任和措施，认真进行整改。

四、各主管部门应积极指导和监督所属单位自查登记上报制度和整改措施的落实。

五、各级公安消防监督机关对各单位的自查自改工作情况，要加强监督检查和指导。其责任是……

××市公安局
××××年×月××日

【讲析】转发性意见，是上级机关转发下级机关提出的有关工作的指导性文件，具有直发性意见的同等效力。对本意见市政府制发了转发性通知，正文采用了公安局拟制的文件，结构合理、逻辑层次清晰，具有很强的操作性。

第八节　决议

一、概述

（一）**概念**。决议是《党政机关公文处理工作条例》中新增的正式公文文种，是党政机关将重大的决定、决策提交会议讨论，表决通过并正式发布，要求相关组织和个人严格遵照和贯彻落实的具有号召性、指导性和法规性的公文。

（二）**适用范围**。决议和决定同属决策性文件，就其反映的内容来说基本是相同的。区别在于，决议必须产生于法定的会议，它所要贯彻的决策事项，是某个特定会议集体讨论并通过的。决定则不然，有的产生于法定的会议，有的是由领导机关直接做出。其界限主要在：机关主要领导或领导班子几个人研究决定的重要事项，以使用决定为宜；集体会议研究决定下来的重要事项，使用决议为宜。一般来讲，凡属号召性、指导性的重大事项，用决议为妥；凡属具体规定性事项，用决定更好。

（三）**特点**。（1）权威性。决议是经过会议讨论通过才能生效并由领导机关发布的公文，是领导机关意志的反映。决议的内容事关重要决策事项，一经公布，必须坚决执行，任何组织和个人都不能违抗。（2）规范性。决议需要经过某一级机关或组织机构的法定会议对某一议题进行集体讨论，由多数表决通过，然后形成正式文件，并以会议的名义公布。（3）针对性。决议的内容主要针对某一重大事项，具有极强的针对性。决议表述的观点和对事项的评价都具有指导意义。(4) 长期性。决议用于经会议讨论通过的重大决策事项,决议的内容往往都具有一定的战略意义,在时效上具有长期性①。

(四) 类型。决议一般划分为四类:(1) 审议批准性决议,包括审议批准文件、组织、财务预决算、法律、法规等。(2) 方针政策性决议,着眼于从宏观,特别是路线、方针、政策上统一人们的思想认识,以确定大政方针。(3) 专门问题性决议,是会议就有关专门问题所做决定后发布的,如《中共中央关于增强党的团结的决议》。(4) 公布号召性决议,主要用来宣布某一法规,或者从宏观上提出号召,要求人们贯彻执行。主要是一些群众性大型会议,以发表决议的形式,号召认真贯彻,如1947年10月10日《中国共产党中央委员会关于公布中国土地法大纲的决议》②。

二、写作格式

标　　题	多数采取完全式标题,由发文机关、事由和文种组成,如《中国共产党第十八次全国代表大会关于〈中国共产党章程(修正案)〉的决议》。
题　　注	题注要居中并加括号,放在标题的下一行。内容包含通过日期和通过会议的名称,如××年××月××日××大会通过。
正　　文	开头部分通常由决议的生效时间、决议的写作依据、会议召开所取得的成果组成。主体部分可将大会所作出的决议分条分段阐述。结尾部分通常采用前后呼应,同时运用号召性的语言加深读者的印象,鼓舞士气,有利于决议的贯彻和落实。
落　　款	由于日期一般都在题注中列出,所以落款不需要再写日期,只需加盖发文单位的公章,该决议即可生效。

三、写作技巧

(一) 要把握会议主旨。决议产生于会议,是会议成果之一,体现会议的中心思想及结论性意见,表达了会议参加者的肯定与否定态度。写好决议,必须吃准会议主旨,了解会议背景、形势及目的,理解会议所要解决的基本问题,掌握会议的肯定性意见及其他看法、意见与要求。决议必须明确表达会议群体的肯定与否定态度。其肯定与否定,是由法定生效人数来决定的,不能因为对某一问题有少数人持不同意见就出现"多数人认为""少数人认为"这种写法。

(二) 要掌握表达分寸。一般文件不要求都有号召性的结尾,但决议不同。一些重要问题的决议,结尾都有号召性文字。这段文字写好了可以起到两点作

---

① 本书编写组. 党政公文写作规范方法范文 [M]. 北京:红旗出版社,2013.
② 张保忠. 最新公文写作技巧与范例全书 [M]. 北京:中国时代经济出版社,2011.

用：一是头尾照应，加深认识，给读者完整的印象；二是鼓舞群众士气，循此前进，有利于决议内容的宣传贯彻与执行，必须字斟句酌，慎思明辨。

（三）要提高写作效率。 决议时限性很强，即使是一些大型工作会议，事先可拟出提交会议讨论的决议稿，但也要受会议实际情况的制约，会期内可能有不断的修改、补充与调整，所以，要求写作人要敏捷、及时掌握会议情况，把握大多数人的意见。

四、关键提示

（一）要把握中心。 决议是大会讨论、表决通过的，是与会代表集体意志的体现。好的决议必须把握会议中心思想，从了解会议的背景、目的和形势出发，全面掌握会议中各种意见和看法，不以偏概全。

（二）要表述严谨。 决议使用夹叙夹议的办法。在每段开头，通常用"大会（会议）认为""大会（会议）通过""大会（会议）强调""大会（会议）号召"等，使层次鲜明、条理清晰、结构严谨、逻辑性强。

（三）要叙述清楚。 决议以第三人称进行表述。会议召开的时间、名称，对议题的认识、看法和立场要叙述清楚，明确的观点更有利于决议的贯彻和落实。

（四）要讲究时效。 有些决议时限性很强，有的大型会议的决议可以事前拟写，提交会议进行讨论，最后的定稿，也需要在会议期间进行不断修改、调整和完善。

五、写作范例

（一）方针政策性决议【范文3—17】

全国政协十三届一次会议关于政协章程修正案的决议①

（2018年3月15日政协第十三届全国委员会第一次会议通过）

中国人民政治协商会议第十三届全国委员会第一次会议审议并通过政协第十二届全国委员会常务委员会提出的《中国人民政治协商会议章程（修正案）》，决定这一修正案自公布之日起生效。

会议认为，中共中央决定对政协章程进行适当修改，是从新时代坚持和发展中国特色社会主义、加强社会主义民主政治建设的战略高度作出的重要部署。政协章程的修改，坚持以习近平新时代中国特色社会主义思想为指导，充分体

---

① http://www.xinhuanet.com/mrdx/2018-03/16/c_137042749.htm.

现中共十九大提出的重要思想、重要观点、重大判断、重大举措，集中反映自2004年修改政协章程特别是中共十八大以来人民政协事业创新发展的理论成果、实践成果、制度成果，对于坚持中国共产党的全面领导，坚持和完善中国共产党领导的多党合作和政治协商制度，推动新时代人民政协事业蓬勃发展，具有重要意义。

会议认为，人民政协是政治组织，必须旗帜鲜明讲政治，首要的是坚持中国共产党领导，坚决维护以习近平同志为核心的中共中央权威和集中统一领导，牢牢把握正确的政治方向。会议同意，将科学发展观、习近平新时代中国特色社会主义思想同马克思列宁主义、毛泽东思想、邓小平理论、"三个代表"重要思想一道确立为人民政协的指导思想……

会议认为，中共十九大作出中国特色社会主义进入了新时代的重大政治论断，提出我国社会主要矛盾已经转化为人民日益增长的美好生活需要和不平衡不充分的发展之间的矛盾，确定了把我国建设成为富强民主文明和谐美丽的社会主义现代化强国的宏伟目标。会议同意，政协章程据此作出相应修改……

会议认为，做好人民政协工作，必须坚持人民政协性质定位。中共十八大以来，习近平总书记就人民政协的性质、地位、职能、作用等提出一系列新理念新思想新论断，中共中央对人民政协工作作出一系列重大决策部署，为新时代人民政协事业发展提供了根本遵循。会议同意，在政协章程中增写人民政协是国家治理体系的重要组成部分，是具有中国特色的制度安排……

会议认为，社会主义协商民主是我国人民民主的重要形式，是我国社会主义民主政治的特有形式和独特优势，是实现党的领导的重要方式……

会议认为，统一战线是中国共产党夺取革命、建设、改革事业胜利的重要法宝，是实现中华民族伟大复兴的重要法宝。会议同意，在政协章程中增写致力于中华民族伟大复兴的爱国者，各民主党派是中国特色社会主义参政党，非公有制经济人士、新的社会阶层人士等是中国特色社会主义事业的建设者……

会议认为，政协委员是人民政协工作的主体，要按照中共十九大部署加强委员队伍建设。会议同意，在政协章程中增加委员一章，把已有相关内容和新的工作实践成果汇集起来，对委员的条件、职责、权利、义务、产生、管理、退出等作出明确规范。作出这样的修改完善，有利于建设一支懂政协、会协商、善议政和守纪律、讲规矩、重品行的政协委员队伍。

会议同意，在政协章程中增加会徽一章。这有利于维护会徽尊严，增强会徽使用的规范性和严肃性。

会议要求，人民政协各参加单位、各级组织和广大政协委员，要更加紧密地团结在以习近平同志为核心的中共中央周围，在习近平新时代中国特色社会主义思想指引下，高举爱国主义、社会主义旗帜，自觉在宪法和法律的范围内活动，自觉以政协章程作为共同的行为准则和开展工作的基本依据，学习章程、遵守章程、贯彻章程、维护章程，认真行使权利，积极履行职责，为推进新时代人民政协事业发展努力奋斗！

【讲析】这篇决议，由10个段落组成，使用"会议认为""会议指出""会议同意""会议要求"作提领语，段落清楚，逻辑清晰，结尾号召语部分，落地有声，提振士气。

（二）审议批准性决议【范文3—18】。

关于2008年中央和地方预算执行情况
与2009年中央和地方预算的决议①

（2009年3月13日第十一届全国人民代表大会第二次会议通过）

第十一届全国人民代表大会第二次会议审查了国务院提出的《关于2008年中央和地方预算执行情况与2009年中央和地方预算草案的报告》及2009年中央和地方预算草案，同意全国人民代表大会财政经济委员会的审查结果报告。会议决定，批准《关于2008年中央和地方预算执行情况与2009年中央和地方预算草案的报告》，批准2009年中央预算。

【讲析】这篇例文属审议批准性决议，由于内容单一，既不是"分条列段式"，也不是"两段式"，而是"篇段合一"的写法，全文只有一段文字，用"会议审查了""同意""会议决定"三个关键词表达全文内容，清晰明白。

第九节　决定

一、概述

（一）**概念**。决定是各级机关对重要事项做出决策和部署使用的带有指挥性和约束性的公文。

（二）**适用范围**。对重要问题及重要事项、重大行动做出安排及决策时才使用"决定"这一文种。一般性问题，或一般性事项与活动不宜采用"决定"这一文种。决定也适用于表彰先进和批评不正之风、变更和撤销下级机关不适

---

① http://www.mof.gov.cn/zhuantihuigu/zhongguocaizhengjibenqingkuang/zgczjbqkfl/201001/t20100119_261876.html

当的决定事项。

（三）**特点**。决定与其他公文相比，是一种使用相对比较少的文种。因为一般决定涉及的事项或者工作必须是重大或者重要的。如果不是重大或者重要的内容，就使用别的文种。决定与通报都适用于表彰、表扬、批评、传达重要情况和对重大问题做出安排，但决定与通报相比，层次更高。通报主要起到告知作用，而决定既有告知作用，也可以作为存档文件来管理。

（四）**类型**。（1）方针政策性决定，是用来统一对某一方面或某类带有普遍性重大问题的认识，确定大政方针，如《中共中央关于加强党同人民群众联系的决定》。（2）部署指挥性决定，是用来部署某一重要工作或安排某一重要活动，如《中共中央 国务院关于打击经济领域中严重犯罪活动的决定》。（3）决策知照性决定，是用来解决具有特殊意义的重要事项，如《中共中央关于接收宋庆龄同志为中国共产党正式党员的决定》。（4）表彰处分性决定，是按照有关政策、章程、规定给予有功人员或有过人员的表彰或处分的正式书面决定[1]。

决定还可以细分为以下几种：（1）公布性决定，是一种在会议上直接公布某个议案的具体内容时使用的公文。（2）部署性决定，是机关为部署全局工作，或采取某种重大举措而使用的一种公文。（3）任免性决定，是对机构设置和人事任免作出安排的决定。（4）指导性决定，是对重要事项或重大行动作出决策或安排，并要求机关各部门和下级机关或有关单位贯彻执行的指令性公文。（5）处置性决定，是处理、布置并告知具体内容的决定。（6）决策性决定，是机关为部署全局工作，或采取某种重大举措而使用的文种。

二、写作格式

标　　题	多数采取全标题方式，由发文机关、事由和文种组成，如《中共中央关于深化文化体制改革推动社会主义文化大发展大繁荣若干重大问题的决定》。也可以直接由事由和文种组成，如《关于加快西部地区工业发展的决定》。有的标题下面会标明文号或"××年××月××日××会议通过"的字样，并用括号括住。
主送机关	根据受文单位的具体情况而定。
正　　文	正文一般由开头、主体、结尾三个部分组成。开头部分阐述做出此项决定的依据、能达到什么目的、意义和影响。主体部分写决定的事项，是决定的核心部分，要求条理清晰、层次分明。结尾部分单起一个自然段，对相关组织和个人提出希望和要求。
落　　款	要写明做出此项决定的机关全称，如果标题中已有发文机关的名称，落款就不需要再写。

---

[1] 张保忠. 最新公文写作技巧与范例全书［M］. 北京：中国时代经济出版社，2011：65.

三、写作技巧

（一）**做好调查研究**。在起草决定之前，要就决定所涉及的问题，认真查找有关法律条款和政策规定，并广泛听取意见。在此基础上深思熟虑，考虑做出的决定是否切合实际情况，能否解决实际问题。

（二）**做到观点鲜明**。决定做出之后，要求下级机关正确执行，不得有误，因此，在决定中所提出的看法必须十分明确，这样才便于理解和执行。

（三）**语言运用恰当**。鲜明语言的运用要注意不能含糊，更不能使用有歧义和有可能引起别人误解的语句。

四、关键提示

（一）**内容要正确**。决定所包含的内容，必须以党和国家的方针政策、相关的法律法规作为依据。决定的起草者必须实事求是，一切从实际出发，抓住问题的主要矛盾，做出合理准确的判断和决策。

（二）**详略要得当**。决定的内容要根据不同类型来处理，总体要求是安排合理、详略得当。例如，政策知照性决定应该用较多的篇幅交代决定的依据和原因，部署指挥性决定则只需要部分文字说明原因，而把大篇幅放到决定的具体内容中去。

（三）**语言要决断**。决定的语言表达具有决断性，不能使用带有商议性的语言或者模棱两可的语言，以免因此产生歧义和误读，不利于相关组织和单位贯彻执行。

五、写作范例

（一）**任免性决定**【范文3—19】。

关于王××等同志职务任免的决定

县人民政府：

依照《中华人民共和国地方各级人民代表大会和地方各级人民政府组织法》第四十四条第十款的规定，根据××县人民政府县长×××的提请，××县第十六届人民代表大会常务委员会第15次会议审议决定：王××同志任××县人民政府办公室主任；免去刘××同志××县人民政府办公室主任职务。

××县人大常委会
××××年××月××日

【讲析】任免性决定是对机构设置和人事任免做出安排的决定。本决定由县人大常委会做出，事由、背景及过程交代清楚，简洁明了。

(二) 知照性决定【范文 3—20】。

第十三届全国人民代表大会第一次会议关于国务院机构改革方案的决定①

（2018年3月17日第十三届全国人民代表大会第一次会议通过）

第十三届全国人民代表大会第一次会议听取了……所作的关于国务院机构改革方案的说明，审议了国务院机构改革方案，决定批准这个方案。

会议要求，国务院要坚持党中央集中统一领导，精心组织，周密部署，确保完成国务院机构改革任务。实施机构改革方案需要制定或修改法律的，要及时启动相关程序，依法提请全国人民代表大会常务委员会审议。

【讲析】例文属于知照性决定，针对国务院机构改革这一具体事宜，采用"篇段合一"结构形式表达，文字简短，用"听取了……审议了……决定批准……会议要求"衔接，一气呵成，明白畅快。

(三) 处分性决定【范文 3—21】。

某省广播电视厅关于对李某
私自购买淫秽录像带错误的处分决定

李某，男，某省电视台文艺部副主任。2008年7月李某担任某电视剧剧组制片主任。在离省拍摄外景期间，在外景地从一外商手中购买淫秽录像带20盘，花费公款1 500元。当日被当地海关查获，并被罚款3 000元。李某身为国家新闻干部，无视中共中央、国务院关于严禁淫秽物品的规定，擅自动用公款，私自购买淫秽录像带，问题性质严重，影响很坏。鉴于本人能够认识所犯错误，表示悔改，经省广播电视厅决定，给予李某撤销行政职务的处分。

【讲析】处分决定要把握它的独特写法。首先用一段非常简明的文字指明李某犯错误的性质，然后写处分的决定事项，即经广播电视厅决定与批准，给予李某撤销行政职务的处分。内容复杂的，在讲明所犯错误性质之后，还要概括其所犯错误的具体事实。

第十节　命令（令）

一、概述

（一）**概念**。命令与令，是一类当中的两个文种，基本特点是一样的，但

---

① http://www.xinhuanet.com/politics/2018lh/2018-03/17/c_1122551771.

又有细微差别。公布令、任免令、嘉奖令、通缉令等较多用"令",发布重大军事活动与行政措施等又较多使用"命令"。

(二)适用范围。一般来说,除根据国家法律规定有权使用命令(令)的机关及首长外,其他机关及其负责人不能用命令(令);除某些实行准军事化管理的特殊行业如铁路、民用航空等企事业单位外,其他单位和人员不能滥用。地方各级政府除处理特别重大的紧急事务如抢险救灾,可以破例使用命令(令)来实施指挥外,一般日常性工作中不得随意使用。

(三)特点。(1)高度的强制性。命令(令)一旦发布,不管下级机关是否同意,都必须遵照执行。命令(令)的强制性大大高于其他下行公文,表现为执行上的不可动摇,受令者不准在行动上有任何变通。(2)高度的权威性。发布的机关级别高,权力大。根据法律规定,国家主席、全国人大常委会委员长、国务院总理及各部部长、各委员会主任及县级以上地方各级人民政府可以使用命令(令)。各种法律、法令和行政法规,一般都通过命令的形式加以颁发、公布,即法随令出。(3)高度的严肃性。命令(令)必须要求明确,态度鲜明,主张什么、反对什么,要求做什么、不允许做什么,等等,都必须做出不容置疑的表述,不能有丝毫的含糊,以便受令者迅速理解并执行。

命令(令)体现了至高无上的权威性,所以对命令(令)的使用一般很审慎,发布和执行命令(令)都是极其严肃的事情,不可轻发,否则失去"令行禁止"的威力。

(四)类型。命令(令)一般有以下几种类型:(1)动员令,凡国家最高机关和领导者,用于发布全民、全军总动员,应对紧急事态或完成某一特大使命。(2)任免令,用于任免国家工作人员职务的命令(令),以国家主席令任免的工作人员是经过全国人大常委会决定的部长级以上干部。地方人事任免一般不用命令(令)的形式,而由任免通知、任免决定代之。(3)公布令,用于公布法律、法令和行政法规(如条例、规定、制度、守则、办法等)。(4)嘉奖令,用于表彰、嘉奖做出突出贡献的有功单位和个人,其中通令嘉奖是对国家行政机关工作人员奖励的六种方式的最高奖赏,由国务院部门,省、自治区、直辖市人民政府授予。(5)宣布令,用于宣布规定某一特定范围人员具体行为的命令(令)。(6)通令,大都用于表彰立功受奖人员和英雄战斗集体。通令是军事公文的一个正式文种。(7)赦免令,用于特赦在押罪犯的命令(令),根据宪法规定,全国人大常委会决定特赦,国家主席发布特赦令。(8)撤销令,用来撤销本级机关或下级机关不适当决定时用的文种。

二、写作格式

标 题	可以由发文机关或人员职务、事由和文种组成，如《云南省人民政府2012年森林防火命令》；也可以由发文机关或人员职务和文种组成，如《中华人民共和国主席令》；还可以由命令（令）的性质和文种组成标题，如《任免令》。
发文编号	命令（令）的编号不按照年份编排，而是从领导人上任开始到任满离任止，采取从1号开始的流水编号。国家机关的命令（令）编号也是如此。
正 文	正文由开头、主体和结尾三部分组成。开头部分要交代发令的缘由、背景和目的。主体部分则根据命令（令）的性质写出不同的内容。结尾部分通常用号召性的语言加深读者的印象，使命令（令）得到更好的执行。
落 款	落款写明发令机关的全称或发令人的职务和姓名，标明发令日期。

三、写作技巧

（一）**语言简洁**。命令（令）的发布者都是级别较高的党政机关或职位较高的个人，内容多与重大事项的执行和法律法规的实施相关，因此，必须用精练的语言拟写命令（令），不能拖泥带水。

（二）**要求具体**。命令（令）必须要求明确，态度鲜明，主张什么、反对什么，要求做什么、不允许做什么，等等，都必须作不容置疑的表述，不能有丝毫的含糊，以便受令者迅速理解并执行。

（三）**结构严谨**。在拟制命令（令）从开头、过渡、转折到结尾，要层次清晰，结构合理，逻辑严谨，表达时要抓住重点，直奔主题。

四、关键提示

（一）**讲究文字**。命令（令）体公文担负着统一行动的使命，以其指挥千军万马，篇幅一般都非常短小，语言要特别精确。一是精练，言简意赅、文约事丰，使用一些意义凝练的"浓缩"式语言。二是明确，所言之事环环相扣，规定具体，例如，投入的力量、组织手段、协同关系等。

（二）**讲究结构**。令与禁、行与止是辩证的统一。在命令（令）的内容与结构处理上，要明确可以做什么，不应做什么，马上做什么，采取什么措施。申明不能做什么，是为了把应该做什么廓清和突出起来；申明应该做什么，又要以不能做什么作为保证和铺垫。

（三）**讲究文势**。命令（令）是负载时代重大历史使命内容的文种，本身所蕴含的气势显得非常强烈。语言的情调、声调、句子的长短以及句式、成语、警句以及辞格的运用等，都体现着命令体公文的气势。因此，在行文过程中，必须以开头、过渡、转折、收合、结尾以及文字的详略安排等,造成一种排山倒海的气势,不作阐发说明。

五、写作范例

(一) 动员令【范文 3—22】。

向全国进军的命令①

(一九四九年四月二十一日)

各野战军全体指挥员战斗员同志们,南方各游击区人民解放军同志们:

由中国共产党的代表团和南京国民党政府的代表团经过长时间的谈判所拟定的国内和平协定,已被南京国民党政府所拒绝。南京国民党政府的负责人员之所以拒绝这个国内和平协定,是因为他们仍然服从美国帝国主义和国民党匪首蒋介石的命令,企图阻止中国人民解放事业的推进,阻止用和平方法解决国内问题。……在此种情况下,我们命令你们:

(一) 奋勇前进,坚决、彻底、干净、全部地歼灭中国境内一切敢于抵抗的国民党反动派,解放全国人民,保卫中国领土主权的独立和完整。

(二) 奋勇前进,逮捕一切怙恶不悛的战争罪犯。不管他们逃至何处,均须缉拿归案,依法惩办。特别注意缉拿匪首蒋介石。

(三) 向任何国民党地方政府和地方军事集团宣布国内和平协定的最后修正案。对于凡愿停止战争、用和平方法解决问题者,你们即可照此最后修正案的大意和他们签订地方性的协定。

(四) 在人民解放军包围南京之后,如果南京李宗仁政府尚未逃散,并愿意于国内和平协定上签字,我们愿意再一次给该政府以签字的机会。

中国人民革命军事委员会主席　毛泽东
中国人民解放军总司令　朱　德

【讲析】该命令是毛泽东同志起草的一篇具有重大历史意义的军事动员令。文势排山倒海,逻辑十分严密,语言庄重有力,堪称中国现代公文史上命令体公文的巨篇。全文由两大层次组成:一是"令"的缘由;二是"令"的要求。缘由部分,开门见山,把发布命令的根本原因一语道出:"……拒绝这个国内和平协定",原因是"企图阻止……"用排比句,以强化语势。要求部分共四条。分别针对不同的对象,给出了出路和办法,这四条体现了严密的逻辑顺序,用语坚定、庄重,体现了排山倒海的文势。

---

① 张保忠. 最新公文写作技巧与范例全书 [M]. 北京:中国时代经济出版社,2011.

(二) 宣布令【范文 3—23】。

朱总司令命令冈村宁次投降①

(一九四五年八月十五日十五时)

中国解放区抗日军总司令朱德将军，致南京日军最高指挥官冈村宁次急令如下：
南京冈村宁次将军：

(一) 日本政府已正式接受波茨坦宣言条款宣布投降。

(二) 你应下令你所指挥下的一切部队，停止一切军事行动，听候中国解放区八路军、新四军及华南抗日纵队的命令，向我方投降。除被国民党政府的军队所包围的部分外。

(三) 关于投降事宜，在华北的日军，应由你命令下村定将军派出代表至八路军阜平地区，接受聂荣臻将军的命令；在华东的日军，应由你直接派出代表至新四军军部所在地天长地区，接受陈毅将军的命令；在鄂、豫两省的日军，应由你命令在武汉的代表，至新四军第五师大悟山地区，接受李先念将军的命令；在广东的日军，应由你指定在广州的代表，至华南抗日纵队东莞地区，接受曾生将军的命令。

(四) 所有在华北、华东、华中及华南之日军（被国民党军队包围的日军在外），应暂时保存一切武器、资材，静候我军受降，不得接受八路军、新四军及华南抗日纵队以外之命令。

(五) 所有华北、华东之飞机、舰船，应即停留原地；但沿黄海、渤海之中国海岸的舰船，应分别集中于连云港、青岛、威海卫、天津。

(六) 一切物资设备，不得破坏。

(七) 你及你所指挥的在华北、华东、华中及华南的日军指挥官，对执行上述命令应负绝对的责任。

中国解放区抗日军总司令　朱　德

【讲析】 这份"宣布令"的写法是无开头、无结尾，把发令的缘由、总的要求及具体事项等，平等分列成七条，直接予以申明，指定冈村宁次遵照执行。这七条是按照先总括后具体的逻辑顺序依次排列的，条目清晰、明确，斩钉截铁，不容置疑。

---

① 张保忠. 最新公文写作技巧与范例全书 [M]. 北京：中国时代经济出版社，2011.

第十一节 公报

一、概述

（一）**概念**。公报是公开发布重大事件或重要决定事项时使用的文种。

（二）**适用范围**。公报适用于向国内外宣布重要事项或者法定事项。

（三）**特点**。(1) 级别高。公报的发布机关级别很高，或者是以中央的名义，或者是以国家的名义，或者是以中央政府的名义。(2) 权威大。公报所涉及的内容，不是重要决定、重大决策就是重大事件，具有很强的权威性和庄严性。(3) 时效性强。公报的内容都是新近发生的事件或新近做出的决定，是人民群众关心、应知而未知的事项，要求制发迅速、及时公布。(4) 公开性。公报是公之于众的文件，无须保密，一般也没有主送机关、抄送机关，而是普告天下、一体周知的文种。

（四）**类型**。公报分为会议公报、事项公报、联合公报三类①。会议公报是用以报道重要会议或会谈的决定和情报的公报，一般用于党中央召开的会议。事项公报是党政机关的高级领导机关用以发布重大情况、重要事件的文件。联合公报是一种有特殊用途的公报，用以发布国家之间、政党之间、团体之间经过会议达成的某种协议。公报以新闻形式发表，称作"新闻公报"；以党和国家机关名义直接发布重要事项和重要会议的，称作"发布公报""会议公报"；两个或两个以上的国家、政府、政党将会谈中达成的协议以正式文件共同发表出来，称作"联合公报"。此外，还有一种公报是专门用来刊登党和国家以及政府重要文件的，如《国务院公报》《江西省政府公报》等。

二、写作格式

标　　题	有三种形式。一是由召开会议的名称和文种组成，如《中国共产党第十八届中央委员会第二次全体会议公报》；二是以文种直接构成标题，如《新闻公报》；三是联合公报，由发表公报的双方或多方国家和地区的简称、事由和文种构成，如《中美联合公报》。会议性公报多在标题的下方居中加括号加标题注，包含召开会议的时间和会议的名称。
正　　文	正文开头要对公报的核心内容进行概括性陈述，交代重大事件发生的时间、地点。会议性公报要介绍会议的名称、时间、地点和参加人数等，联合公报要说明公报形成的原因，何时、何地、何人举行了什么会议。写法有三种形式：一是分段式，每段说明一层意思或一项决定；二是序号式，多用于内容复杂、问题头绪较多的公报；三是条款式，多用于联合公报。

---

① 本书编写组. 党务公文写作规范方法范文 [M]. 北京：红旗出版社，2013.

落　款	会议性公报在标题和题注中表明了会议的全称和公报生效的时间，一般没有落款。联合性公报则要在正文之后写明双方签署机构的全称或签署人的职位，标明签署的时间和地点。

三、写作技巧

（一）**主旨突出**。很多公报特别是会议性公报，内容繁多，所以，拟订公报必须抓住公报的主体思想，突出主旨，把写作重点和篇幅放在观点阐述上。

（二）**真实有效**。公报所涉及的内容都是重大事件、重要会议和重要决定，要充分保证公报的真实性和有效性。

（三）**语言得体**。公报的语言要经得起推敲和检验，语气要严肃庄重。

四、关键提示

（一）**文种使用有特殊要求**。公报是党和国家高级机关用来公布重大事件、重要会议、重要消息及重要决策的，有时国家统计部门用来公布社会发展及国民经济的重要情况。地方一般机关不宜使用公报来公布地区性会议及事项。

（二）**把握与公告的区别**。公布重要会议，多用公报；公布国家领导人员的变动等情况，多用公告；公布重大事件，多用公报；公布重要消息，多用公告；公布社会及经济方面的重要情况，多用公报。公告文字一般都很短，而公报则不然，如人口普查情况的公报、国民经济发展和国家计划执行结果的公报等，不但文字较长且内容非常具体。

（三）**紧扣会议中心议题**。有些会议公报、统计情况公报的内容比较多，必须注意重点明确，主旨突出。事关重大的核心内容写到醒目之处，即首要的段落上，给读者以深刻印象。发布重大事件的公报，应当采用篇前择要的写法，给读者以开门见山的感觉。发布社会发展及国民经济情况的公报，也不能是情况和数字的罗列，而要通过多层次、多角度的对比分析，得出鲜明的结论。

五、写作范例

（一）联合公报【范文 3—24】。

中华人民共和国和美利坚合众国关于建立外交关系的联合公报[①]

中华人民共和国和美利坚合众国商定自 1979 年 1 月 1 日起互相承认并建立

---

① 张保忠. 最新公文写作技巧与范例全书 [M]. 北京：中国时代经济出版社，2011.

外交关系。

美利坚合众国承认中华人民共和国政府是中国的唯一合法政府。在此范围内，美国人民将同台湾人民保持文化、商务和其他非官方关系。

中华人民共和国和美利坚合众国重申上海公报中双方一致同意的各项原则，并再次强调：

——双方都希望减少国际军事冲突的危险。

——任何一方都不应该在亚洲—太平洋地区以及世界上任何地区谋求霸权，每一方都反对任何其他国家或国家集团建立这种霸权的努力。

——任何一方都不准备代表任何第三方进行谈判，也不准备同对方达成针对其他国家的协议或谅解。

——美利坚合众国政府承认中国的立场，即只有一个中国，台湾是中国的一部分。

——双方认为，中美关系正常化不仅符合中国人民和美国人民的利益，而且有助于亚洲和世界的和平事业。

中华人民共和国和美利坚合众国将于1979年3月1日互派大使并建立大使馆。

一九七九年一月一日

【讲析】这是一份外交联合公报。此类公报大体有两种写法，一是摘要报道双方或多方会谈的情况和结果，表明彼此的立场和观点。二是除报道会谈一般情况外，重在写明双方共同关心的国际问题或双边问题的原则立场和所取得的一致性意见，以及达成的协议。联合公报一经签署发表，双方必须严格遵守。

（二）新闻公报【范文3—25】。

新闻公报[①]

1980年5月18日至5月21日，我国向太平洋海域发射运载火箭获得圆满成功。这是我国社会主义现代化建设取得的一个重大成就，是参加研制、生产和试验的全体科学工作者、工程技术人员、工人、解放军指战员和一切有关人员，发扬自力更生、艰苦奋斗的革命精神，解放思想、刻苦钻研、辛勤劳动、大力协同的结果。

中共中央、国务院、中央军委向他们致以热烈的祝贺。

【讲析】这是一份报道我国发生重大事件的新闻公报，此类公报具有新闻的报道性，必须遵循新闻的原则要求，时间新，即最近发生的事情；内容新，即发

---

① http://www.360doc.com/content/09/0517/18/62878_3540817.shtml.

生了富有新意的事实。本公报用最准确、简练的文字，把事实表述得清楚明白。结构简约、文字精练，达到了传递消息、鼓舞士气、表彰人员、凝聚力量的目的。

第十二节　公告

一、概述

（一）**概念**。公告是行政公文的主要文种之一，是党和国家机关向国内外宣布重要事项或者法定事项使用的文种。

（二）**适用范围**。公告适用于向国内外宣布重要事项或者法定事项，公布依据政策、法令采取的重大行动等。公告宣布的是重大事项和法定事项，发文权限在高层行政机关及其职能部门。具体来说有国家最高权力机关（全国人大及其常委会），国家最高行政机关（国务院）及其所属部门，各省、自治区、直辖市行政领导机关，某些法定机关，如海关、税务、铁路、人民银行、检察院、法院等。其他地方行政机关一般不能发布公告，党团组织、社会团体和企事业单位不能发布公告。国家领导人的选举结果、人造卫星的发射、军事演习的活动范围等均以公告的形式对外宣布。地方党政机关也可以使用公告，但基层党政机关一般不能使用。

（三）**特点**。公告有广泛性、重大性、新闻性、庄重性等特点。具体来讲，一是公开。公告采用公开张贴或报纸刊登、电台广播及电视传播的形式发布，这与其他文种显然不同。二是广泛。公告内容受众越多越好。其他公文多数是在特定的范围内运行，有的甚至划定一个限制阅读的界限。三是庄重。公告是党和国家机关使用的，其内容一部分是为了告知用的，较多是用以规范人们的行为，要求人们不但要知晓，而且要严格遵守与服从①。

（四）**类型**。公告一般有发布性公告、知照性公告、提示性公告、事项性公告、强制性公告等类别。

二、写作格式

标　　题	一般由发文机关、事由和文种组成，如《中共中央办公厅关于海外联谊工作的公告》；也可以由事由和文种构成，如《破产公告》；还可以直接以文种构成标题。
发文编号	公告在标题下往往要单独编号，如"第一号""第二号"等。

---

① 张保忠. 最新公文写作技巧与范例全书［M］. 北京：中国时代经济出版社，2011.

续表

正　文	一般由开头、主体和结尾构成。开头部分写明公告形成的原因、依据、背景情况。主体部分要交代时间、地点，直陈重大事项、宣布人事任免、公布法律法规等。结尾部分通常以"特此公告"等习惯用语结束。	
落　款	用发文机关的全称，以个人名义发布的要在姓名前加职位名称。如果标题中含有发文机关全称，落款处可以不写。发布日期要写在发文机关全称的下一行，如果题注中含有发布日期，落款处可以不写。一些重要的公告在日期后可以加标发布地点。	

三、写作技巧

（一）**文字要严谨**。公告宣布的是重大事件，是代表国家立法、行政机关和有关部门行使职权，对象是国内外人士和有关机构，所以行文必须缜密严谨，无懈可击；简明扼要，言简意赅。

（二）**修辞要简单**。公告一般是客观叙述，少加议论。不必过多地陈述意义和细节，不说俏皮话，更忌讳夸张、比喻等修辞手法。直截了当地陈述重大事项、宣布人事任免、公布法律法规，用概括性的语言将事项的中心阐述清楚即可。

（三）**语言要庄重**。公告通常是以国家机关的名义发布，代表党和国家的立场和态度，因此，拟定公告语言一定要庄重严肃，用词准确，毫无差错。

四、关键提示

（一）**篇幅短**。公告是短小公文，要短之又短，不能写长，否则，长篇大论不仅违背"告"的本意，而且难以把握，当然也就难以执行。篇幅短，就必须文字简要，直陈其事，不绕弯、不兜圈。

（二）**层次清**。公告尽量采用分条列项的写法，一条是一个独立的含义与要求，内容多时可以在条下以自然段的形式列项。同时，还要注意用语明确，做到过目即明，不含糊其词，防止出现歧义。

（三）**不滥用**。公告原则上只能是党和国家的高级机关才能使用，基层机关和行政主管部门应尽量使用通告，企事业单位内部也可以使用通告。目前有些事项，如公共汽车改变行驶路线、单位迁新址、商场开业、幼儿园扩招等，都使用公告，这是泛用的表现。

（四）**明界限**。公告与通告虽然都是公开发表的广泛告知性公文，但有区别。一是从所宣布告知的事项看，公告重于通告。二是从告知事项的范围看，公告大于通告。公告面向国内外，通告面向国内或局部范围。三是从发布机关看，公告多是党和国家的高级机关，通告上至中央下至基层机关以及企事业单位均可使用。四是从所发布方式看，公告多采用新闻手段，通过电台、电视台与报纸、网站发布；通告既可以采用上述形式，也可以在内部范围。

五、写作范例

（一）知照性公告【范文 3—26】。

中华人民共和国中央人民政府公告①

（一九四九年十月一日）

　　自蒋介石国民党反动政府背叛祖国，勾结帝国主义，发动反革命战争以来，全国人民处于水深火热的情况之中。幸赖我人民解放军在全国人民援助之下，为保卫祖国的领土主权，为保卫人民的生命财产，为解除人民的痛苦和争取人民的权利，奋不顾身，英勇作战，得以消灭反动军队，推翻国民政府的反动统治。现在人民解放战争业已取得了基本的胜利，全国大多数人民业已获得解放。在此基础上，由全国各民主党派、各人民团体、人民解放军、各地区、各民族、国外华侨及其他爱国民主分子的代表们所组成的中国人民政治协商会议第一届全体会议业已集会，代表全国人民的意志，制定了中华人民共和国中央人民政府组织法，选举了毛泽东为中央人民政府主席，朱德、刘少奇、宋庆龄、李济深、张澜、高岗为副主席，陈毅、贺龙……为委员，组成中央人民政府委员会，宣告中华人民共和国的成立，并决定北京为中华人民共和国的首都。中华人民共和国中央人民政府委员会于本日在首都就职，一致决议：宣告中华人民共和国中央人民政府的成立，接受中国人民政治协商会议共同纲领为本政府的施政方针，互选林伯渠为中央人民政府委员会秘书长，任命周恩来为中央人民政府政务院总理兼外交部部长，毛泽东为中央人民政府人民革命军事委员会主席，朱德为人民解放军总司令，沈钧儒为中央人民政府最高人民法院院长，罗荣桓为中央人民政府最高人民检察署检察长，并责成他们从速组成各项政府机关，推行各项政府工作。同时决议：向各国政府宣布，本政府为代表中华人民共和国全国人民的唯一合法政府。凡愿遵守平等、互利及互相尊重领土主权等项原则的任何外国政府，本政府均愿与之建立外交关系。特此公告。

中华人民共和国中央人民政府主席　毛泽东

　　【讲析】这是向全世界宣告中华人民共和国诞生和中央人民政府成立的庄严公告。全文划分为两个部分：一是交代缘由和背景，即国民党反动政府已被推翻；二是公告事项内容，即政协第一届全体会议召开，制定了组织法，选举了委员会，宣告共和国诞生；确定了重要人事任命事项，确定了内政、外交重大方针等。篇幅短小，但结构严谨，层次清晰，全世界受众容易把握。

---

① http：//news.xinhuanet.com/ziliao/2004-12/15/content_2336968.htm。

(二) 事项性公告【范文 3—27】。

中共中央办公厅 中共中央对外联络部公告[①]

在中国共产党召开第十八次全国代表大会期间和习近平同志当选为中共中央总书记后，许多国家政党、政府、民间团体及其领导人，驻华使节、友好人士以及旅居国外的华侨华人，香港特别行政区同胞、澳门特别行政区同胞和台湾同胞等，向大会、向中共中央、向新当选领导人发来贺电函，表示热烈祝贺和良好祝愿。中共中央办公厅、中共中央对外联络部受中共中央和习近平总书记的委托，谨表示衷心的感谢。

2012 年 11 月 26 日

【讲析】事项性公告是专门针对某一事项发布的广而告之的告示。本公告实际上是礼节性感谢公告。第一句话交代事由背景，即诸多国家和部门及个人发来贺电函；第二句话讲了两个部门受委托，表示感谢。文章短小精练，干脆利落，没有多余的话。

第十三节 通告

一、概述

(一) **概念**。通告是用来公布应当遵守或周知的事项时使用的一种公文。这种公文，除了在公共场所张贴之外，还经常利用报纸、广播、电视等作公开宣传。

(二) **特点**。(1) 规范性。通告所告知的事项常作为有关方面的行为准则或对某些具体活动的约束限制，具有行政约束力甚至法律效力，要求被告知者遵守执行。(2) 事务性。通告常用于水电、交通、金融、公安、税务、海关等主管业务部门办理工作，内容具有专业性、事务性特点。(3) 广泛性。通告告知和适用范围广泛。不仅在机关单位内部公布，而且向社会公布。内容涉及社会生活的各个方面，各级机关、企事业单位、社会团体都可以使用。

(三) **类型**。(1) 事项性通告，即行政机关或专业部门在一定范围内向单位和群众通知具体事项，也称周知性通告。(2) 法规性通告，即在一定范围内公布政策法规或带有政策法规性质的事项。

---

① http://www.gov.cn/jrzg/2012-11/26/content_2275769.htm.

二、写作格式

标　　题	有以下四种形式：（1）发文机关、事由、文种组成，如"……关于……的通告"；（2）事由、文种组成，如"关于……的通告"；（3）发文机关、文种组成，如"……的通告"；（4）直接用文种，如"通告"，情况紧急的用"紧急通告"。
事　　由	主要阐述发布通告的背景、根据、目的、意义等。通告常用的特定承启句式"为……，特通告如下"或者"根据……，决定……，特此通告"。
正　　文	通告事项是通告全文的核心部分，包括周知事项和执行要求。首先要做到条理分明，层次清晰。如果内容较多，可采用分条列项的方法；如果单一，可采用贯通式方法。其次要做到明确具体，需清楚说明受文对象应执行的事项，以便于理解和执行。
落　　款	结语用"特此通告"或"本通告自发布之日起实施"表达。

三、写作技巧

（一）**标题**。通告标题样式较多，国家行政机关以及大单位一般都冠以发布单位名称和内容，使人一目了然，便于执行。有的标题只有发布单位，不体现内容；还有的则只写通告两字。

（二）**正文**。一般包括通告的缘由、通告事项、执行通告事项的要求等内容。缘由要有理有据，事项能阐明中心，执行要明确具体。

（三）**落款**。标题有发布单位的，后面则无落款；标题没有发布单位的，落款则注明发布单位。发布通告时间，写在标题之后、内容之前，也可写在落款的后面①。

四、关键提示

（一）**熟悉政策**。拟写通告，要有政策观念，以政策衡量通告事项，确保不与现行政策抵触，更不能搞土政策和土办法。

（二）**通晓业务**。通告经常用来处理一些专业性公务，要经常使用专业词汇与术语。写作时，要注意尽量选择大多数人熟悉的行业用语。

（三）**突出内容**。通告的要求一定要具体，给人以深刻的印象。关键之处务必准确无疑，这样才能使受文者明白要领。

（四）**结构科学**。通告一般可以张贴、见报，也可以用文件形式下达。全文结构要严密，层次要清楚，有逻辑性。文字要明白确切，语气要肯定庄重，以便理解和遵守。

---

① 张浩. 行政公文写作技巧、格式、模板与实用范例全书［M］. 北京：海潮出版社，2014.

五、写作范例

（一）法规性通告【范文 3—28】。

关于加强奥运会期间受理公民和组织
举报危害国家安全可疑情况的通告

《中华人民共和国国家安全法》及其实施细则明确规定：中华人民共和国公民有维护国家安全、荣誉和利益的义务。公民发现危害国家安全的行为，应当直接或者通过所在组织及时向国家安全机关或者公安机关报告。为了确保北京奥运会安全成功举办，公民和组织如发现干扰破坏北京奥运会、危害国家安全和社会政治稳定等可疑情况，请及时拨打举报电话：×××。国家安全机关对做出重大贡献的将给予奖励。

××市国家安全局
××××年××月××日

【讲析】本通告由三部分组成，第一句话，阐明了缘由和根据；第二句话，说明了目的和作用；第三句话，提出了具体措施。简洁明白，落地有声。

（二）事项性通告【范文 3—29】。

关于禁止在海河干流水域从事捕捞生产和违规放流的通告①

为保证海河增殖放流效果，保护水生生物资源，改善海河水域生态环境，依据《中华人民共和国渔业法》《中华人民共和国水法》等法律、法规、规章的规定，特通告如下：

××××年×月×日至××××年×月×日期间，禁止在海河、北运河、子牙河外环线以内河道，从事养殖、捕捞生产活动。自通告之日起，凡从事养殖捕捞生产活动的人员，自行清理养殖设施、船舶、捕捞网具，不得拒绝或阻碍执法人员依法执行公务。其他水域按规定捕捞。

禁止向海河投放有害的水生生物品种，任何单位和个人批量向海河干流水域增殖放流水生生物苗种前，应经市渔业主管部门同意。

保护良好生态环境及海河的水生生物多样性是每个公民的义务，请广大公民自觉遵守法律规定。

××市水产局　××市水务局
××××年×月××日

---

① http://www.022net.com/2009/8-31/522519412926587.html.

【讲析】通告第一段，阐明了事由、目的和依据。第二、第三段，提出了通告的主体内容，即禁止两类行为，一是限定区域的养殖、捕捞活动，二是投放有害生物品种。第四段，是义务性的规定，发出号召和倡议。行文自然、流畅、严谨。

第十四节 批复

一、概述

（一）**概念**。批复是答复下级请示事项时使用的文种。

（二）**适用范围**。批复与通知不同，通知是上级机关主动下发的，批复是根据下级机关的请示而发的。批复与请示是对立统一的一对文种。一上一下，一来一往，缺一不可。

（三）**特点**。（1）指示性。批复是上级机关答复下级机关请示事项的文种，上级机关要对下级机关请示的事项作具体的分析、回答，作为下级机关办事的依据，对下级机关具有明显的指示作用。（2）被动性。只有下级机关有请示，上级机关才有批复。也就是说，批复是针对请示而作出答复的文种，被动性很明显。先有请示后有批复，批复属于被动行文。（3）及时性。批复既是上级机关指示性、政策性较强的公文，又是对下级单位请求指示、批准的答复性公文，不管同意与否，必须及时给予答复，以免下级无所适从。

（四）**类型**。按内容不同，批复分核准性、指示性和答复性三种。

二、写作格式

标　　题	多采用批复机关、表态词、请示内容和文种的完全式标题，如《国务院关于同意将山西省太原市列为国家历史文化名城的批复》；也有的采取批复机关、请示内容和文种组成的标题，如《国务院关于全国抗旱规划的批复》。批复的编号通常在标题下一行居中标识。
主送机关	一般只有一个报送请示的下级机关，顶格写在标题的下行，并加冒号。
正　　文	一般由开头、主体和结尾构成。开头部分通常是引语，写清楚下级机关所请示的问题，引述来文所请示的事项，并点出批复对象。主体部分根据政策、相关法律法规和实际情况，对下级机关的请示做出明确的答复。结尾通常以"特此批复""特此函复"。
落　　款	落款写在正文的右下方，写清批复机关的全称和批复日期。

三、写作技巧

（一）**态度明确**。批复要对下级机关的请示表明态度，无论是同意还是不同意，必须态度明确，不能模棱两可，含糊其辞。

（二）**理由充分**。无论是否同意请示的内容，做出怎样的批复，都要有充分的理由。批复前要对下级机关请示的问题进行全面的了解，掌握情况，必要时还要进行调查研究，以政策、法律法规为依据。

（三）**用词准确**。批复是指令性公文，用词庄严准确，不能使用协商性的语言，以免产生歧义。批复请示时，要从实际情况出发，认真思考，周密决定。

（四）**针对性强**。批复是针对下级的请示而制发的文种，内容必须与请示的内容相对应，不能答非所问。

四、关键提示

（一）**严格掌握行文对象**。批复的行文对象是来文请示的单位，中间转报的请示，批复时应行文给转报的机关，不可越过转报机关将批复主送给被转报的单位。当批复的内容具有普遍指导意义拟抄送给其他下属单位时，也只能抄送直属下一级机关，不宜扩大。

（二）**灵活运用结构形式**。核准性和答复性的批复，多采用"篇段合一"的形式，即通常只有一段文字，一段就是一篇。指示性的批复，多采用"撮要分条"的形式，先写一个独立的开头，用非常简明的文字说明批复的缘由和依据，表明态度，然后再分条列项地进一步提出要求。

（三）**坚持一文一事一批**。这是指一份批复针对一份请示。如果一个单位的数份请示或数个单位同一内容的请示是在同一次会议上审批的，也应坚持一文一事的原则，分别批复，分别行文。也就是说，有一份请示就应该有一份批复。

五、写作范例

（一）**核准性批复**【范文3—30】。

国务院关于同意建立全国社会救助部际联席会议制度的批复[①]

国函〔××××〕××号

民政部：

你部《关于报送〈全国社会救助部际联席会议制度（代拟稿）〉的请示》

[①] http://www.90v.cn/zwgk/2013-09/10/content_2485151.htm.

（民发〔××××〕×××号）收悉。现批复如下：

同意建立由民政部牵头的全国社会救助部际联席会议制度。联席会议不刻制印章，不正式行文，请按照国务院有关会议和文件精神认真组织开展工作。

附件：全国社会救助部际联席会议制度

国务院
××××年××月××日

（此件公开发布）

【讲析】 这是一份核准性批复，即对专门事项表明态度的公文。采取"篇段合一"的结构方式，简单明了，字数不多，但管用实用。

（二）否定性批复【范文3—31】。

××县人民政府关于××乡兴建砖瓦厂的批复

××乡人民政府：

你乡××年××月××日《关于兴建砖瓦厂的请示》（×乡发〔××××〕××号）收悉。经研究，现答复如下：

进入21世纪以来，农村盖房使用砖瓦量确实明显增加，各乡纷纷兴建了砖瓦厂。据调查，我县已经有60%的农户盖了新房；约20 010的农户近年内不拟盖新房，砖瓦需求量相对趋于缓和。其余拟盖房户所需砖瓦的数量，我县现有砖瓦厂完全可以满足。因此，凡申报新建砖瓦厂的请示一律不予同意，以免供过于求，出现新的问题。

××县人民政府（印）
××年××月××日

【讲析】 这是一份否定性批复，第一段援引来文依据。第二段先说理由，再下结论，理由充分，结论让人折服。

第十五节　议案

一、概述

（一）**概念**。议案是由具有法定提案权的国家机关、会议常设或临时设立的机构和组织以及一定数量的个人，向权力机构提出进行审议并做出决定的议事原案。

（二）适用范围。议案适用于各级人民政府按照法律程序向同级人民代表大会或者人民代表大会常务委员会提请审议事项。

（三）特点。（1）议案的内容、行文和制发机关具有固定性。人民政府所提议案的内容，必须属于该人民代表大会或常务委员会职权范围内的有关事项。只能由各级人民政府向同级人民代表大会或其常务委员会行文，不能向其他部门单位行文；议案的制发机关只能是各级人民政府，政府的职能部门无权制发。（2）议案的事项必须具有必要性和可行性。提交人大审议的事项，必须是重要事项且符合人民群众的意愿和要求，议案中提出的方案办法措施也必须是切实可行的。（3）议案的提出有时间期限限制。各级人民政府的议案，应当而且必须在同级人民代表大会或其常务委员会举行会议规定的限期前提出，否则不能列为议案。超过期限提交的议案作"建议"处理，或移交下次人大会议处理。提交大会审议的议案，必须限期审议表决或提出处理意见①。

（四）类型。（1）按提出议案的职权范围和主体来划分，有全国人民代表大会议案，全国人民代表大会常务委员会议案，县级以上地方各级人民代表大会议案，县级以上地方各级人民代表大会常务委员会议案，乡镇人民代表大会议案。（2）按议案的处理方式来划分，有列入大会议程的议案和未列入大会议程的议案。（3）按议案的内容和作用来划分，可以分为法律案、地方性法规案、罢免案、质询案、计划预算案以及其他重大事项案②。

二、写作格式

标　题	有两种写法，一是由发文机关、事由（提请审议事项）、文种三部分构成，如《国务院关于提请审议〈中华人民共和国劳动法（草案）〉的议案》；二是由事由和文种两部分构成，如《关于提请审议修改后的国务院机构改革方案的议案》。议案标题一般不能采用发文机关、文种或者只有文种的写法。
主送机关	议案的主送机关，只能是同级人民代表大会及其常务委员会，不能有其他并列机关。要采用全称或规范化简称，不得随意简化。
正　文	由提请审议内容、说明（缘由、目的、意义、形成过程等）和要求组成。可以在开头说明议案的缘起、目的、意义或形成过程，再提出审议事项，然后结尾。一般都采用模式化写法，言简意赅。如"该草案业经市政府同意，现提请审议"。
落　款	落款由政府首长签署。国务院提交给全国人大的议案，要由总理签署；各省、市、县提交给同级人民代表大会的议案，要由省长、市长或县长签署。日期格式与一般行政公文相同。

---

① 本书编写组. 最新党务公文写作规范方法范文［M］. 北京：红旗出版社，2013.
② 张浩. 行政公文写作技巧、格式、模板与实用范例全书［M］. 北京：海潮出版社，2014.

三、写作技巧

一是切合实际。全面掌握党和国家的路线、方针、政策,在广泛调研的基础上形成符合实际需要的规范化议案。二是简洁明快。一般只交代所提事宜,不发表议论,其余的则由附加材料详细说明。恳切妥帖,庄严凝练。

四、关键提示

(一)**主体资格合法**。议案主体要具备法定资格或符合法定的代表联名人数。例如,在全国人民代表大会上,议案资格机关或部门是:全国人民代表大会主席团,全国人民代表大会常务委员会,全国人民代表大会各专门委员会,国务院、中央军事委员会、最高人民法院、最高人民检察院。此外,一个代表团或者30名以上的代表联名也可以向全国人民代表大会提出议案。

(二)**内容属职权范围**。议案内容必须属于本级人民代表大会职权范围内。如果属于政府方面的事情,则不以议案形式提出,要用建议、批评和意见形式提出。实践上,很多议案都要转作建议、批评和意见去处理。

(三)**符合法定时间**。议案必须符合法定时间要求。因为人民代表大会会期比较短,一般每年只召开一次。各级人大提出的议案多,这么多的议案都要在大会期间处理完毕,时间非常紧张,必须有一个议案的截止时间,以便在大会期间把议案处理完毕,分交各专门委员会审议。

五、写作范例

(一)**提案性议案**【范文3—32】。

国务院关于提请审议国务院机构改革方案的议案[1]

全国人民代表大会:

中国共产党第十七次全国代表大会明确提出,要加快行政管理体制改革,抓紧制定行政管理体制改革总体方案。根据党中央的部署,经过认真调研,广泛听取意见,反复研究论证,形成了《关于深化行政管理体制改革的意见》和《国务院机构改革方案(草案)》,并先后经国务院常务会议、中央政治局常务委员会会议、中央政治局会议讨论和修改。党的十七届二中全会审议通过了这两个文件。现将《国务院机构改革方案》提请第十一届全国人民代表大会第一

---

[1] http://www.cctv.com/news/china/20060305/100260.shtml.

次会议审议。

国务院总理　温家宝
××年××月××日

【讲析】这是一份提案性议案，第一句话，交代了背景和缘由，第二、第三句话，阐述了方案形成的经过和过程，第三句话，提出希望和要求。落款由总理签署。行文简洁，一目了然。

（二）任免议案【范文3—33】。

××县人民政府关于提请王×等四位同志职务任免的议案
北政文〔2014〕1号

人大常委会：

根据《中华人民共和国地方各级人民代表大会和地方各级人民政府组织法》之规定和中共北河县县委文〔2014〕4号、5号、6号文件，现提请：王×同志任县民族宗教局局长；李×同志任县司法局局长；张×同志任县教育体育局局长；免去刘×同志县教育体育局局长职务。

以上事宜，请审议。

附件：1. 王×同志工作简历及主要表现
　　　2. 李×同志工作简历及主要表现
　　　3. 张×同志工作简历及主要表现
　　　4. 刘×同志工作简历

县长　王××
××年××月××日

【讲析】本议案由两句话组成，一是说明了缘由和根据，二是提出审议的事项，附件详细说明了每位同志的简历和表现，有利于议案的审议和通过。

第四章

法规性公文的拟制方法

　　法规性公文，又称规章性公文或者约束性公文，是行政机关、企事业单位公文的重要组成部分，也是党政机关和企事业单位维持正常运行、开展业务工作、实施监督检查、提高工作绩效经常使用的公文文种。这类公文包括制度、规定、细则、办法、条例、章程、公约、规则、守则、规程等，是日常工作十分管用和实用的文种。办公室文秘必须熟练掌握，灵活运用。由于本书篇幅所限，本章只介绍使用频率较高的几个文种。

第一节　条例

一、概念

条例是党的机关、国家权力机关或行政机关依照法律法规而制定颁布，针对政治、文化、经济等各领域具体事项作出的比较系统全面，且具有长期执行效力的法规性公文，是由国家制定或批准的，规定某些事项或某一机关组织职责权力的规范性法律文件。

二、结构

条例一般由标题、签署、正文三部分组成。

（一）标题。 标题一般由制发单位名称、事由和文种构成，有的由事由、文种组成，如《机关事务管理条例》。

（二）签署。 在条例的标题下用括号括注条例审议通过的时间、会议、公布的日期和施行的日期。三个日期可不同时兼具。

（三）正文。 正文由总则、主体和附则三部分组成。一是总则部分，一般应写明制定和发布条例的依据，交代制定条例的原因、目的以及基本原则、适用范围等，以承启用语过渡到下文，如"特制定本条例"。二是主体，即条例要规定的主要内容，用章、节、条、款、项的结构，分别对要规范的内容进行阐述，一般包括实体性规定和法律责任规定部分，篇幅视条例的具体内容而定。三是附则部分，一般应包括条例适用的其他范围、生效的起止时间、修改与废止的权限，与其他文件的相关关系等。

三、范例【4—1】

中国共产党巡视工作条例（2017年7月1日修改）[1]

第一章　总　则

第一条　为落实全面从严治党要求，严肃党内政治生活，净化党内政治生

---

[1] http://news.gmw.cn/2017-07/15/content_25086157.htm.

态,加强党内监督,规范巡视工作,根据《中国共产党章程》,制定本条例。

以下第二条至第四条略

第二章 机构和人员

第五条 党的中央和省、自治区、直辖市委员会成立巡视工作领导小组,分别向党中央和省、自治区、直辖市党委负责并报告工作。

巡视工作领导小组组长由同级党的纪律检查委员会书记担任,副组长一般由同级党委组织部部长担任。巡视工作领导小组组长为组织实施巡视工作的主要责任人。

中央巡视工作领导小组应当加强对省、自治区、直辖市党委,中央有关部委,中央国家机关部门党组(党委)巡视工作的领导。

以下第六条至第十二条略

第三章 巡视范围和内容

第十三条 中央巡视组的巡视对象和范围是:

(一)省、自治区、直辖市党委和人大常委会、政府、政协党组领导班子及其成员,省、自治区、直辖市高级人民法院、人民检察院党组主要负责人,副省级城市党委和人大常委会、政府、政协党组主要负责人;

(二)中央部委领导班子及其成员,中央国家机关部委、人民团体党组(党委)领导班子及其成员;

(三)中央管理的国有重要骨干企业、金融企业、事业单位党委(党组)领导班子及其成员;

(四)中央要求巡视的其他单位的党组织领导班子及其成员。

以下第十四条至第十六条略

第四章 工作方式和权限

第十七条 巡视组可以采取以下方式开展工作:

(一)听取被巡视党组织的工作汇报和有关部门的专题汇报;

(二)与被巡视党组织领导班子成员和其他干部群众进行个别谈话;

(三)受理反映被巡视党组织领导班子及其成员和下一级党组织领导班子主要负责人问题的来信、来电、来访等;

(四)抽查核实领导干部报告个人有关事项的情况;

(五)向有关知情人询问情况;

(六)调阅、复制有关文件、档案、会议记录等资料;

(七)召开座谈会;

(八)列席被巡视地区(单位)的有关会议;

(九)进行民主测评、问卷调查;

（十）以适当方式到被巡视地区（单位）的下属地方、单位或者部门了解情况；

（十一）开展专项检查；

（十二）提请有关单位予以协助；

（十三）派出巡视组的党组织批准的其他方式。

以下第十八条至第二十条略

第五章　工作程序

第二十一条　巡视组开展巡视前，应当向同级纪检监察机关、政法机关和组织、审计、信访等部门和单位了解被巡视党组织领导班子及其成员的有关情况。

以下第二十二条至第三十二条略

第六章　纪律与责任

第三十三条　派出巡视组的党组织和巡视工作领导小组应当加强对巡视工作的领导。对领导巡视工作不力，发生严重问题的，依据有关规定追究相关责任人员的责任。

以下第三十四条至第三十八条略

第七章　附　则

第三十九条　各省、自治区、直辖市党委可以根据本条例，结合各自实际，制定实施办法。

以下第四十条至第四十二条略

四、写作技巧

（一）于法有据。条例的写作必须符合国家法规，符合党的方针政策，即与"上位法"不矛盾和冲突。制定条例，要避免部门和局部利益，以维护国家、集体利益为前提，充分调查研究，紧密结合本地区、本单位的实际情况。

（二）职权法定。条例的种类很多，要规范的事项更多，必须按照职权法定的原则，在自己明确的职权范围内制定，不能越权制定；同时，要注意条例的适用范围，不可超越边界。

（三）章断条连。条例的最大特点是分条列项，节的条目要从头贯到底，章的条目断开。要注意结构严谨、条目清晰。凡经有关部门或会议肯定的，首先要把内容和事项搞清楚，抓住主要问题和基本精神，采取分章、分条、分款、分项的办法，用简洁、准确、具体的文字，把内容表达清楚明白，切不可模棱两可。

五、注意事项

（一）**制发权限**。条例作为党内和国家行政法规，具有制定权的机关，在中央层面是党中央、国务院。在地方层面是省、自治区、直辖市的人民代表大会及其常务委员会，或省会城市、较大城市、计划单列市的人民代表大会及其常务委员会（发布前，须经省、自治区人民代表大会及其常务委员会批准方可发布施行）。《中国共产党党内法规制定条例》规定，中央纪律检查委员会、中央各部门和省、自治区、直辖市党委制定的党内法规，称为规则、规定、办法、细则。《行政法规制定程序条例》中明确规定，国务院各部门和地方人民政府制定的规章不得称条例。

（二）**公布形式**。条例的公布施行，要用法定文种中的"通知"作"文头"来颁布，遵循"法随令出"的原则。有的使用"公布令"发布，如中央政府条例，一般用国务院令的方式公布；省、自治区、直辖市人民政府等制定的，用政府令的方式公布。

第二节　办法

一、概念

办法是机关单位为贯彻某一法令或者做好某一方面工作而制定的法规性文书。办法的应用范围广泛，使用频率很高。可以用于指导实施党内或者国家的某一法律、法规，也可以用来对某一项工作作出具体的规定。

二、结构

办法一般由标题和正文两部分组成。

（一）**标题**。标题一般由发文机关名称、事由和文种组成，也可以省略发文机关名称，由事由、文种组成。办法如果属于"试行""暂行"的，要在公文标题中注明。如果需要标注会议通过日期或者发布日期的，可在标题下加括号注明。

（二）**正文**。正文一般由三部分组成：制发缘由、具体内容、结语或附则。（1）制发缘由，指制定办法的依据、目的、原则等。（2）具体内容为办法正文的主体，根据情况决定篇幅的长短。（3）结束语常用来说明办法的适用范围、实施日期、工作要求以及解释权限等。

三、范例【4—2】

关于高温津贴发放的管理办法①

×人社发〔××××〕×××号

第一条 为了规范高温津贴发放工作,保障劳动者身体健康和生命安全,根据《中华人民共和国劳动法》《中华人民共和国职业病防治法》《广东省高温天气劳动保护办法》等法律、法规、规章,结合本省实际,制定本办法。

第二条 本省行政区域内的企业、个体经济组织以及民办非企业单位等组织(以下称用人单位)在每年6月至10月期间安排劳动者工作有关高温津贴的发放,适用本办法。

国家机关、事业单位、社会团体在每年6月至10月期间安排与之建立劳动关系的劳动者工作高温津贴的发放,参照本办法执行。

第三条 劳动者从事露天岗位工作以及用人单位不能采取有效措施将作业场所温度降低到33℃以下(不含33℃)的(以下统称高温作业),用人单位应当按月向劳动者发放高温津贴,并在工资清单中列明具体项目及数额。

第四条 从事高温作业的劳动者因下列情形之一未能正常出勤的,用人单位可按劳动者当月实际出勤且从事高温作业的天数折算高温津贴:

(一)因事假、旷工未提供劳动的;

(二)在医疗期、因工伤需要暂停工作接受工伤医疗期间、年休假、探亲假、婚假、丧假、产假、看护假、计划生育假等未提供劳动的;

(三)劳动者其他个人原因未出勤从事高温作业的情形。

第五条 用人单位当月临时安排劳动者在33℃以上的作业场所或者露天工作的,应当按其当月从事高温作业的天数以及政府有关部门规定的标准折算发放高温津贴。

用人单位安排非全日制劳动者从事高温作业的,按从事高温作业的天数折算高温津贴。

第六条 用人单位按照本办法第四、第五条的规定折算高温津贴,如当月折算后的高温津贴高于政府有关部门规定的月高温津贴标准的,可按政府有关部门规定的标准发放当月的高温津贴。

第七条 用人单位应当按月向实行不定时工作制或者综合计算工时工作制的高温作业人员发放全额高温津贴。

---

① http://law.51labour.com/lawshow-94313.html.

第八条　高温津贴的标准根据经济发展水平、职工平均工资、消费物价指数等因素确定并可年度调整。

第九条　正常工作时间工资及最低工资标准不包含高温津贴。用人单位不得因发放高温津贴而降低劳动者工资。

第十条　发放高温津贴所需费用在企业成本费用中列支，税前扣除按现行企业所得税法有关规定执行。

第十一条　用人单位应当如实记录劳动者从事高温作业情况及高温津贴发放情况，并至少保存两年。

劳动者从事高温作业情况以及高温津贴发放情况，由用人单位承担举证责任。

第十二条　本办法自××××年×月×日起施行。

四、写作技巧

办法的制定依据是上级机关的法令、条例等，写作时应保证内容的具体、明确，实践性鲜明，确保切实可行。条款要详细、具体，用语要恰当、严密。办法的法规性与约束力较之于条例、规定相对弱些，内容庞杂的办法可分章叙写，采取章断条连的结构方式。一般的办法如果篇幅短小，分条叙写即可。语言使用上，要做到使用法言法语，不使用方言和俗语。

五、注意事项

内容复杂的办法，可分为总则、分则、附则来组织其结构；内容简单的办法，通常采用分条列述的写法。办法的制定依据往往是上级机关的法令、决议、条例等。具体明确、切实可行是办法写作的基本要求。

第三节　制度

一、概念

制度是党政机关、企事业单位为加强对某项工作的规范和管理制定的、要求其成员必须遵守的办事规程、行为准则的一种公文文种。制度是工作措施中的重要环节，是完成任务的重要手段；也是鞭策激励人们遵守纪律，努力学习和工作的行为准则。

二、结构

制度一般由标题和正文两部分组成。

（一）**标题**。标题一般由党政机关、企事业单位的名称、事由、文种组成，或由事由、文种组成。

（二）**正文**。正文有两种形式。一是条款式。适用于内容比较简单的制度。一般开头说明缘由、目的、要求等，主体部分分条列出制度的具体内容。二是章条式。内容比较复杂时，将制度分成若干章，每章又分若干条。第一章是总则，中间各章叫分则，最后一章叫附则。总则一般写原则性、普遍性内容，主要有：宗旨、制定依据和任务、基本原则、适用范围等。分则是在总则之后阐述具体内容的部分。通常按事物的前后逻辑顺序，或各部分内容之间的内在联系，或工作活动程序以及惯例的方式，分条列项逐一编排。罚则部分（即法律责任部分）的条文单独列出，放在分则的最后。附则的主要内容有：施行程序与方式，相关解释说明，施行起始日期等。

三、范例【4—3】

××市信访工作制度范例

一、交办、转办制度。上级机关或领导同志批示查处的信访问题，信访人员应按归口办理的原则，将材料交送有关单位查处，并要求按期报告处理结果，此类工作属于交办范围。本单位接到的信访材料，如与其他单位有关，除本单位直接查处外，还应将有关材料转递有关单位查处。属于揭发、控告性质的材料，只能转送给被揭发、被控告单位或个人的上一级组织查处，并注明密级，加盖戳记，决不能转送给被揭发、被控告的单位和个人。不论是交办或转办的材料，均须办理收发登记手续，明确责任，杜绝丢失。

二、催办制度。处理信访材料在交办或转办有关部门之后，中转单位要经常催促承办单位或部门，了解该问题的查处进度、新发现的情况和问题等。每次催办的时间、次数、被催办单位、承办人姓名、案情的处理情况和进度等，均须具体写入催办单。催办形式，可视具体情况确定。一般多采用电话或函件催办。对于久拖不办的重要信访问题和欠报积案较多的部门或单位，可派专人催办，了解问题的症结，帮助排除困难，尽快结案。对于已经采用多种形式催办而仍无效果者，中转信访部门报经领导同意后，可采取"会议催办"的形式，或称"欠账汇报会"，会前要正式通知欠账单位，让其携带有关的信访材料到会。会议由领导同志亲自主持，认真听取该案查处中的困难和问题，研究解决的办法，提出明确、具体的要求。

三、回告制度。对上级机关或领导同志交办的信访问题，承办单位一般要在三个月以内处理结案，并上报结果。承办单位若到期难以结案，需延长时间，应提前向上级说明原因。

四、结案制度。承办单位应将信访问题的结案材料写成报告，上报交办单位。结案报告必须做到事实清楚，证据确凿，定性准确，处理意见符合政策，手续完备。原交办单位收到结案报告后，要逐项认真审查，并正式行文批复能否结案。对不能结案的问题，批复时要提出进一步查处的意见。

五、复信制度。信访问题处理后，处理单位应给信访者复函，将处理结果告诉对方。对于建议性信访材料，应说明情况，并表示感谢。

四、写作技巧

（一）**注重形式**。制度在格式上，不论是章条式，还是条款式，均采用逐章逐条的写法，条款层次由大到小依次可分为编、章、节、条、款、目、项七级，但篇幅不长的一般性制度采取章、条、款三层结构方式。

（二）**注重语言**。制度用语简洁、平易、严密，在一定范围具有法定效力，因此在语言使用上，与其他法规性文书相比，更加具有规范性、约束性和权威性的特点。

（三）**注重逻辑**。制度是严密的办法，也是人们必须遵守的特定行为规范，其内容有预见性、科学性。所以，就其整体而言，要特别注重内在逻辑的一致和科学，确保严密性、系统性和操作性。

五、注意事项

（一）**形式规范**。制度在其适用范围内，具有很强的法定效力，因此，在体式上比其他法规性文书更具有规范性。以有关法律、法规、政策为依据，用语简洁、严密。在格式上，不论是章条式，还是条款式，都采用逐章逐条的写法，条款层次由大到小进行编排。

（二）**内容严密**。制度具有指导性、约束性，内容要求严密规范，要以有关法律、法规和政策为依据，使大家便于遵守。

第四节　细则

一、概念

细则是有关机关为使下级机关更好地贯彻执行某一法律、行政法规，如条例、规定等，对已颁布的法律法规、法令、规定作出具体说明和解释的文种。

二、结构

细则一般由标题、正文和落款三部分组成。

（一）**标题**。一般情况下，细则的标题由发文机关、事由和文种构成；或者事由和文种组成，如《办公用房管理实施细则》。

（二）**正文**。正文有条款式和章条式两种写法。（1）条款式。写法是不分章，直接列条。这种写法适用于内容比较简单、篇幅比较短小的细则。前几条写目的、依据、基本原则等内容，中间几条写对法律法规的解释、补充和规定，最后几条写执行要求。（2）章条式。适用于内容较多的细则，分为总则、分则和附则三个部分。总则说明制定的目的、依据、指导思想、适用范围等；分则是主体部分，对原法律法规进行解释和补充，制定出具体的执行标准、实施方式和奖惩措施；附则是结尾部分，主要说明执行要求。

（三）**落款**。在正文末尾的右下方署上发文机关名称和发文日期，如果标题下已经标明发文机关名称和发文日期，落款处就不再写。

三、范例【4—4】

对外汇、贵金属和外汇票证等进出国境的管理施行细则[①]

一、为贯彻执行《中华人民共和国外汇管理暂行条例》第二十七条、第二十八条、第二十九条和第三十条的规定，特制定本细则。

二、入境人员携带外汇、人民币外汇票证，携带黄金、白银、白金等贵金属及其制品，进入中国国境，数量不受限制，但是，必须向入境地海关申报。

三、入境人员将携带的外汇、人民币外汇票证，携入的黄金、白银、白金等贵金属及其制品，复带出境，海关凭原入境申报单查验放行。

四、入境人员将携入的外汇、人民币外汇票证，或者将汇入的外汇，兑成人民币，在离境前可以按规定将未用完的人民币兑回外汇；出境时，海关凭中国银行发给的兑出外汇的证明查验放行。

五、入境人员携带在中国境内购买的黄金、白银、白金等贵金属制品出境，海关在国家规定的限额内凭出售单位的证明查验放行。

六、出境人员携带外汇、人民币外汇票证出境，海关凭中国银行发给的证明查验放行。

……

[①] http：//www.110.com/fagui/law_75515.html.

十二、香港、澳门同胞携带外汇、人民币外汇票证，携带黄金、白银、白金等贵金属及其制品，出境、入境，都按照本细则规定办理。

十三、本细则由国家外汇管理局公布施行。

四、写作技巧

（一）**要体现规范性**。细则是对法律法规或者法令、规定的补充说明或辅助性规定，细则和这些法律法规或者法令、规定一样，具有规范工作和行为的特点。

（二）**要体现操作性**。细则是对已颁布的法律法规或者法令、规定作出具体说明和解释的文种，细则更细，讲得更清楚，比法律法规或者法令、规定更具有操作性。

（三）**要体现补充性和辅助性**。制定细则的目的是为了补充法律法规或者法令、规定条文原则性强而操作性弱的不足。细则是主体法律法规或者法令、规定的从属性文件，对法律法规或者法令、规定或其部分条文进行解释和说明，有利于贯彻执行，所以细则宜细不宜粗。

五、注意事项

（一）**紧扣原文条款**。细则是为了能更好地贯彻落实重要法规条文的某些条款而制定的，是把有关条规具体化、细密化的文种，不是另写条款。所以，主体内容不能离开原条款主旨随意发挥、解释，这样会使执行者无所适从，影响贯彻施行。

（二）**结合工作实际**。细则不能仅就原条款的字面或演绎推理进行解释，必须深入实际、调查研究，与本系统、本地区、本部门的实际情况相结合。这样制定出的细则才能有的放矢、切实可行。

（三）**遵照原文逻辑**。所有细则都是为贯彻执行某一条规而制发的。所以，首先必须说明制定细则的条文根据和逻辑顺序，按照法律法规或者法令、规定原来的逻辑关系和条文顺序，逐条说明和解释，一项一事，不能跳跃和无故省略。

（四）**体现精准细致**。"精准"是指抓住那些容易出现问题的关键环节进行解释说明；"细致"则是指制定的措施要详细具体，界限分明，使人便于理解。

第五节　章程

一、概念

章程是政党或社会团体用以说明该组织的性质、宗旨、组织原则、机构设置、职责范围等而形成的文件。章程在组织内部具有规范与约束作用。组织的事项包括行动方向、机构建设、会务活动、经费来源等，都必须以章程规范为准。

二、结构

章程一般由标题、正文和附则三部分组成。

（一）**标题**。标题一般由机关名称和文种组成。标题下面，括号内写明审议通过的时间和会议名称。未经代表大会通过的，在标题末尾加上"草案"字样。

（二）**正文**。正文一般由总则和分则两部分构成。总则又称总纲，总体上阐述组织的性质、宗旨、任务和作风等。分则要讲清楚各项规定。例如，组成人员，要说明成员的基本要求、权利、义务和纪律等；相关组织，要讲全国组织、地方组织、基层组织，代表大会、理事会、常务理事会；工作经费，要讲明经费来源，管理和使用等。

（三）**附则**。附则是对章程的制定权、修改权和解释权的说明。

三、范例【4—5】

中国科学技术协会章程[①]

（2016年6月1日中国科学技术协会第九次全国代表大会通过）

第一章　总　则

第一条　中国科学技术协会是中国科学技术工作者的群众组织，是中国共产党领导下的人民团体，是党和政府联系科学技术工作者的桥梁和纽带，是国家推动科学技术事业发展的重要力量。

第二条至第五条（略）

第二章　任　务

第六条　密切联系科学技术工作者，宣传党的路线方针政策，反映科学技术工作者的建议、意见和诉求，维护科学技术工作者的合法权益，建设科技工作者之家。

第七条　开展学术交流，活跃学术思想，倡导学术民主，优化学术环境，促进学科发展，推进国家创新体系建设。

第八条至第十五条（略）

第三章　会　员

第十六条　中国科学技术协会实行团体会员制。

---

① http：//www.cast.org.cn/art/2018/9/8/art_13_196.html.

学会和高等学校科协、大型企业科协等基层组织，符合条件的，经批准可成为同级科学技术协会的团体会员。

学会和基层组织发展个人会员。

第十七条　会员的权利和义务……

第四章　全国领导机构

第十八条　全国代表大会和它选举产生的全国委员会是中国科学技术协会全国领导机构。全国代表大会常务委员会是全国代表大会的常设机构。

第十九条至第二十八条（略）

第五章　全国学会

第二十九条　本章程所称全国学会是按自然科学、技术科学、工程技术及相关科学的学科组建或以促进科学技术发展和普及为宗旨的社会团体。

第三十条至第三十五条（略）

第六章　地方科学技术协会

第三十六条　本章程所称地方科学技术协会指省（自治区、直辖市）科学技术协会，市（地、州、盟）科学技术协会和县（市、区、旗）科学技术协会。地方科学技术协会是中国科学技术协会的地方组织，是地方同级党委领导下的人民团体。

第三十七条至第三十九条（略）

第七章　基层组织

第四十条　科学技术工作者集中的企业事业单位和有条件的乡镇、街道社区等建立的科学技术协会（科学技术普及协会）是中国科学技术协会的基层组织，依照本章程开展活动。

地方科学技术协会联系指导农村专业技术协会等基层组织。

第四十一条至第四十三条（略）

第八章　工作人员

第四十四条　各级科学技术协会机关对其工作人员按照国家有关规定进行管理。

第四十五条至第四十九条（略）

第九章　经费及资产管理

第五十条　经费来源：

一、财政拨款；

二、资助；

三、捐赠；

四、会费；

五、企事业收入；

六、其他收入。

第五十一条至第五十三条（略）

第十章　会　徽

第五十四条　中国科学技术协会会徽由古天象仪、航天器、齿轮、麦穗、蛇杖以及中文和英文标出的中国科学技术协会名称组成。

第五十五条　中国科学技术协会会徽可在办公地点、活动场所、会议会场悬挂，在出版物上印制，也可制作成徽章佩戴。

第十一章　附　则

第五十六条

中国科学技术协会简称中国科协。

中国科学技术协会会址设在北京。

中国科学技术协会的英文全称是 CHINA ASSOCIATION FOR SCIENCE AND TECHNOLOGY，缩写为 CAST。

第五十七条　全国委员会依照本章程制定《全国学会组织通则》。

第五十八条　全国学会依据有关社会团体登记管理规定、本章程制定学会章程。

地方科学技术协会可根据本章程制定实施细则。

第五十九条　本章程解释权属中国科学技术协会。

第六十条　本章程经中国科学技术协会全国代表大会通过实施。

四、写作技巧

章程的拟制一般是先以"草案"形式发到有关部门和人员中进行讨论，经过反复修订，最后提交有关组织的最高会议审议通过、发布实施。章程公布时，要注明批准的依据和时间。

从写作要求上看，章程的写作必须做到逻辑严密，文字表述准确，通俗易懂。内容规定简练扼要，切实可行。所涉及的内容，要根据现有条件，尽量做到周密细致，完备无缺。同时又要考虑在一定时间内的稳定性。条文要明确、具体、通俗易懂，措辞规范，不使用抽象笼统的字句，条文要前后贯通，不能前后矛盾或解释不一。章程的审议通过要广泛征求专家的意见，多次讨论，逐步完善定稿。为了确定章程的效力，同时要注意其严肃性，每章每条都要规范、合理和完备。

五、注意事项

（一）**内容必须完整**。章程的主要内容包括组织名称、宗旨、机构、会员要求、入会方式、会员权利义务、领导者的产生和任期、会费的缴纳以及经费的管理和使用等。必要的项目要内容完备，既照顾全面又突出特点。

（二）结构务必严谨。 章程的条款和全文要有合理严谨的逻辑顺序，一般由总则到分则。总则讲目的、依据等。分则一般先讲对内，后讲对外；先讲成员，后讲组织；先讲全国组织，后讲地方组织，再讲基层组织。环环相扣，使全文成为一个有机的统一体。

（三）表达明确简洁。 章程一般用条文方式表述，句与句、段与段之间一般很少使用关联词语，如"因为……所以……""不但……而且……"等，要有一定的跳跃性。章程的语言多采用词语直接的意义，不用比喻、夸张等修辞手法。语义明确，没有歧义，简洁明白。

第六节　守则

一、概念

守则是指国家机关、企事业单位和社会团体为维护公共利益和公共秩序，向所属成员发布的行为准则和道德规范。

二、结构

守则一般由标题、正文和落款三部分组成。

（一）标题。 由发文机关、事由和文种组成，如《河北省乡村干部施政守则》；还可以省去发文机关，直接由事由和文种组成，如《公安干警守则》；也可以直接用文种作为标题，如《守则》。

（二）正文。 守则篇幅较小，通常采用通篇分条的写法。如果内容复杂，也可采用章条式写法，由总则、分则和附则构成，下面再分章和条。

（三）落款。 一般情况下，落款处需写上发文机关名称和日期，如果发文机关名称和日期已在标题下面标出，可以省略不写。

三、范例【4—6】

全国职工守则[①]

（一）热爱祖国，热爱共产党，热爱社会主义。

---

① http://www.360doc.com/content/12/0802/16/6926875_227860781.shtml

（二）热爱集体，勤俭节约，爱护公物，积极参加管理。

（三）热爱本职，学赶先进，提高质量，讲究效率。

（四）努力学习，提高政治、文化、科技、业务水平。

（五）遵纪守法，廉洁奉公，严格执行规章制度。

（六）关心同志，尊师爱徒，和睦家庭，团结邻里。

（七）文明礼貌，整洁卫生，讲究社会公德。

（八）扶植正气，抵制歪风，拒腐蚀，永不沾。

四、写作技巧

（一）**突出职业特点**。每种职业都有其特殊要求，守则是进行职业道德教育的良好形式。写守则必须根据行业和职业特点，符合社会主义精神文明与物质文明建设的要求。

（二）**把握使用范围**。守则是某一社会组织或行业的所有成员、在自觉自愿的基础上，经过充分讨论，达成一致意见而制定的行为准则，所以，守则有特定的使用范围。

（三）**具体实在可行**。制定守则不能不切实际地提出过高要求，也不能墨守成规地提过低要求，而应根据我国精神文明与物质文明建设的实际情况，做到既具体可行、实实在在，又便于自我对照，起到规范举止、约束言行的作用。

五、注意事项

（一）**要把握依据**。守则的依据包括，党和国家的方针政策；相关的法律法规；社会公共道德规范。

（二）**要条理清晰，符合逻辑**。守则需要人员遵守，因涉及人员较多，所以必须做到条与条之间的划分要符合逻辑。

（三）**要强化约束性和针对性**。守则是机关单位根据本单位的具体情况而制定的，目的是为了维护公共利益，向所属成员发布的一种要求自觉遵守的具体操作规范，具有明显的约束性和针对性。

第七节　规程

一、概念

规程是对某一事项或行为在一定范围内要求人们遵守的统一的要求和程序。

目的是为了维护正常的生产和工作秩序，以统一和规范人们的行动。多用于具体、事务性问题的处理。

二、结构

规程一般由标题、正文、署名和日期三部分组成。

（一）标题。 标题一般由适用范围、事项和文种构成。经常采用"××操作规程""××活动规程"的形式。

（二）正文。 正文一般采用分章列款式，按总则、分则、附则行文。内容简单的可直接分述。

（三）署名和日期。 署名和日期一般写在正文结束后的右下方，有的也可不写署名及日期，还有的将公布单位、颁布时间或批准单位、批准时间放在标题之下，用括号括起来，至于采用何种形式，视具体情况而定。

三、范例【4—7】

××市人力资源社会保障局会议工作规程
××××年×月××日

（一）会议准备

1. 会议组织者要做好调查研究，与分管领导商定会议议题，准备必要的会议材料，并提供决策方案。

2. 确定会议的议题和会议召开的时间、地点、参加人数、组织者、主持人，每周四报局办公室统一安排。若临时召集会议，可另行印制会议通知或电话通知。

3. 局属各单位接到会议安排表或会议通知后，要落实与会人员，经组织单位同意方可请假或调换与会人员。

4. 会议组织者要根据需要，与有关部门联系安排车辆接送与会人员。

5. 会议组织者根据会议要求做好会场布置工作。包括：会场环境卫生；桌椅摆放，领导来宾座次安排；音响、摄影、摄像、录音、灯光、冷暖设备（空调、风扇）等器材的准备；茶水、茶具；会议所需材料准备；其他会议准备工作。会场布置完毕，单位领导要检查布置情况，查漏补缺。

（二）会务服务

1. 会议组织者要在会议开始之前派人到会议现场，对会场准备进行最后检查。会场如有空调设备，冷、热天要提前5分钟开好空调。

2. 会议组织者派人分发材料，供应茶水。

3. 会议组织者要派人做好会议记录，记录内容包括：会议名称、时间、地点、主持人、参加人员、会议内容等。记录要做到真实、准确、完整，重要内容要记清原话，用速记号记录的，要及时整理，防止遗忘；记录笔用碳素墨水或蓝黑墨水；记录纸两边、上下要适当留空，便于装订存档。

4. 根据需要适当安排摄影、摄像。

（三）会后工作

1. 安排车辆送与会人员。

2. 将会议记录交党办统一存查，待年度归总、存档。

3. 会议若需形成纪要印发的，组织单位要拟好文稿，送局办公室按公文处理办法印发。

4. 会议形成的决议，由组织单位协调落实。

5. 会议结束后，组织单位要派人清理会场，关好电源、窗门，搞好卫生工作。

6. 为严肃会纪会风，对会议迟到、无故不参加会议的单位与会人员进行通报。会议的会务工作涉及的部门，要积极配合组织单位把会务工作做好。

四、写作技巧

规程的各项要求和程序要有科学依据，不能脱离实际。内容要具体、准确，按照逻辑顺序，分清条理，逐步展开。语言要通俗，文字要简洁，并且要易懂易记，便于操作。

五、注意事项

（一）**体现事务性**。章程大部分用来处理行政事务或者专业事务，例如，体育比赛、考试录用、体格检查等，是处理日常事务的常见公文。

（二）**体现实操性**。用于处理事务的章程，是参与活动的团体或者组织必须共同遵守的行为规则，操作性强是其重要特征。

（三）**体现通俗性**。章程不讲大道理，只阐述如何操作、怎么操作等内容。用语清晰明白，要求具体明确，不含糊其词。

第五章

事务性公文的拟制方法

所谓事务性公文，是指处理机关单位日常事务所惯用的一类文种。事务性公文有别于《党政机关公文处理工作条例》规定的机关常用15类公文，也有别于法规性公文，是保障机关运行、规范日常行为、推动事业发展经常要使用的一类文种。这类文种的数量较多，这里主要介绍常用的一些文种。

第一节　计划

一、概念与分类

计划是指为完成某项任务事先打算和安排的一种说明性公文。拟制计划要对该项工作的具体任务、质量、数量、工作措施、完成时间、具体步骤等内容进行周密考虑和细致安排。

计划的种类较多，在名称上，要点、安排、方案、纲要、设想等都属于该类文种，计划是计划类文件的总称，可以从不同角度来划分。（1）从内容上分，有生产计划、工作计划、科研计划、接待计划等；（2）从范围上分，有国家计划、地区计划、单位计划、班组计划等；（3）从时限上分，有长期计划、年度计划、季度计划、月份计划等；（4）从性质上分，有综合性计划、专题性计划等；（5）从效力上分，有指令性计划、指导性计划、一般性计划等；（6）从形式上分，有叙述式计划、条文式计划、图表式计划、大事记式计划等。

二、结构

计划一般由标题、正文、落款三部分组成。

（一）**标题**。标题由单位名称、适用时期、事由和文种组成，如《铁路总公司党委2013年干部培训工作计划》。一般情况下，这四部分要齐全，但内部行文中的标题可以省略本单位名称。

（二）**正文**。正文由前言、计划事项、工作措施和步骤、结尾几部分构成。（1）前言。前言要简明扼要地说明制订计划的依据、目的，提出工作的总任务或总目标。（2）计划事项。要写清计划的目标，即总计划下面的分计划项目及具体要求。（3）工作措施和步骤。针对工作目标、任务和指标，列示完成任务的具体措施和工作步骤。措施即围绕计划目标而设计的一些方法，如依靠谁、动员谁、克服什么困难、采取哪些措施等；步骤即在实现目标过程中的每一个阶段采取哪些工作步骤。（4）结尾。主要交待执行要求，提出希望、发出号召等，激励受众完成计划规定的任务。

（三）**落款**。落款有两项内容：一是如果有指标和数字材料，要加附件，放在正文之后、计划制订机关名称前；二是在正文下方签署制订计划机关的名称和日期，如果标题中已经标明，则不需要。

三、范例【5—1】

××区政府一周主要工作计划

（一）经济工作

1. 重点做好税收管理，理顺大税源、大税种管理和收缴体制。继续深入开展应税未税工作，加强对重点税源的征收力度，确保应收尽收。
2. 做好企业改制工作，按照程序稳步地推进改制进程。
3. 加大招商引资力度，引进科技含量高、效益好的企业和项目。
4. 加强××工业园区建设，以工业园区为平台，招商引资，推动园区建设。

（二）城建城管工作

1. 做好四城联创迎检工作。
2. 做好××广场拆迁工作，在稳定的前提下加快拆迁进度。
3. 加快××厂安置小区建设进度，确保在规定时间内完成任务。
4. 做好××遗址改造的前期规划工作。
5. 协调做好××科技大学征地工作。
6. 制定老城区五年规划，尽快形成初步规划方案。

（三）社会事业工作

1. 在保证质量的前提下，加快××、××中学等新建中学的建设进度。
2. 继续搞好××乡示范卫生院建设。
3. 继续推进农村科技信息化工作。
4. 加快旅游业发展，充分挖掘我区旅游资源，借鉴其他先进区经验，制订区旅游业发展方案。
5. 做好就业再就业工作，继续完成全年就业计划达到农村劳动力转移目标。
6. 加快农村道路建设。

（四）安全生产和信访稳定工作

1. 组织开展燃煤锅炉等专项整治工作。
2. 继续抓好信访稳定工作，完善信访制度，确保社会大局稳定。

××区政府办公室
××××年×月×日

四、写作技巧

比较而言，拟制计划是公文写作中比较费力的事情。不仅需要文字表达能力，需要个人素养和业务工作能力，更需要站在单位和部门的高度，用长远眼光和领导魄力来拟制，并体现"三性"的要求。

（一）预想性。所有的工作计划都是事先制订的，是对未来一段时间内的工作所做的预测和安排，所以，计划的预想性必须对未来一段时间内可能出现的问题和风险做出判断，有应对性地制定预案和工作措施。因此，计划也是工作的先导。

（二）时限性。时限性是工作计划的一个鲜明特点，做任何工作都必须有一个时间要求。例如，年度、季度、月度以及周工作安排等。工作计划中所列的各项具体任务、目标也都有具体的完成时间，只有这样，才能确保工作目标和任务的圆满完成。

（三）全面性和可行性。计划是用来指导具体工作的，是开展工作的依据和准绳，计划内容必须符合实际，切实可行。所以，在拟制计划的过程中，必须全面、周密地把各方面情况、各有关部门和各项工作考虑周到，统筹兼顾，不挂一漏万、顾此失彼。

五、注意事项

（一）逻辑要严密。计划的写作结构多种多样，有"工作基础""目标、任务""措施、办法"三大部分，也有开头（总的要求及目标）、主体（分若干部分，每一部分里既讲目标、任务，也讲措施、办法）两大层次。但是，无论采用哪种结构形式，计划的主体部分都必须体现"做什么"与"怎样做"的逻辑关系。所谓"做什么"，即工作的目标、任务，要明确各自目标、任务数量和要求，同时，要写明完成任务目标的时限。所谓"怎样做"，即完成目标、任务的具体措施与步骤方法。一般包括人力、物力、办法、技术、手段、组织领导等，内容应详尽、具体。

（二）情况要熟悉。制订计划要吃透"两头"，即了解上情和下情。使计划的目标、任务、措施、要求、方法做到有的放矢，根本在于掌握上情，了解下情。所以，起草计划，首先要了解单位和部门领导班子及主要负责人的意见、想法和决定，用计划的手段体现领导的意图；其次，要把握下情，了解基层单位和具体工作部门的情况，以及工作中的有利因素、中间因素、不利因素等，做到上下结合，内外呼应。

（三）态度要严谨。计划是工作的先导，没有计划的实践是盲目的实践。在制订计划过程中，必须深入实际，调查研究，依靠群众，听取专家意见，吸取先进的成功经验，根据本地区、本部门的人力、物力、财力具体条件、状况和特点，从当时、当地的实际情况出发，不好高骛远，不虚头巴脑，做到依据科学，办法具体，措施管用。

（四）把握与规划的区别。规划是计划中的一种，是长远的计划，或者说是全局性、长远性和方向性的中远期（如 3 年、5 年、10 年）计划，也是战略研究、发展的蓝图。由于时间上的差异，不能用计划代替规划，也不能用规划的形式拟订计划。

第二节　规 划

一、概念

规划是各级行政机关和企事业单位以及社会团体经常使用的计划性公文之一。规划是长远的、宏观的、战略性的发展计划，是对未来发展的一种总体描述和设想的计划性文书。

二、结构

规划一般由标题、正文和签署三部分组成。

（一）标题。规划的标题由制发机关、事由和文种三部分组成，如《××市工业发展"十二五"规划》；也可以由事由和文种组成，如《国民经济和社会发展"十三五"规划》。标题中的"事由"，要写明时限和工作规划的类型，是属于"国民经济发展规划"，还是属于"市政建设发展规划"等。一般来讲，工作规划的时限应该是 5 年、10 年甚至更长。1 年、2 年的不能称作"规划"，只能叫"计划"。

（二）正文。工作规划的正文多由现状分析、规划内容、对策措施、工作要求四部分组成。现状分析部分要简要说明制订规划的依据、目的、前一阶段工作回顾、总体目标、分目标等；工作规划的内容是正文的主体，要具体设计各方面的指标、达到的状态以及实现和完成的主要任务；对策措施部分是针对规划目标和内容提出的原则、方法、措施和具体实施步骤，特别是未来几年推进工作需要采取的阶段性举措和工作安排。工作要求部分是对完成规划任务提出的思想、组织、人员、机构、经费、工作机制以及管理体制等方面的具体措施要求，是确保实现规划目标的资源配置模式和工作方式。

（三）签署。如果标题中已包含制发单位，只需在正文右下方签上制发日期。国家机关和企事业单位制订的大型工作规划，制发日期多在标题下加括号标示。

三、范例【5—2】

××县工业"十三五"发展规划

（一）指导思想。以党的十九大精神为指导，深入贯彻落实科学发展观，坚持走科技含量高、经济效益好、资源消耗低、环境污染少、人才资源优势得以充分发挥的新型工业化道路。以发展为主题，以市场为导向，以结构调整为主线，以制度创新、科技创新和管理创新为动力，坚持可持续发展……

（二）发展目标。大力提升纺织、蔬菜食品、矿产建材三大传统支柱产业，着力培育电子信息、生物化工、洋酒饮料、新型制造业等新兴产业，通过扩规、提质、创新等手段使其不断发展壮大并逐步成为我县工业新的支柱产业，实现工业结构的优化升级，形成工业经济持续、稳定、协调发展。

具体发展目标是：

——工业总产值年平均递增24%，到2020年达到200亿元；工业增加值年平均递增25%，到2020年达到60亿元，在三次产业中GDP的比重达到50%以上；实现利税总额10亿元；

——规模以上工业增加值年均递增25%，到2020年达到150亿元以上；规模工业企业达到200家，创省级著名品牌20个，新增就业岗位5万个以上；

——工业技术改造投资总额完成50亿元以上，完成固定资产投资45亿元；实现新增产值100亿元，新增利税4亿元。

（三）主要建设内容

一是要做强纺织产业……

二是要做大蔬菜食品产业……

三是要做优矿产建材业……

四是要拓展电子信息、生物化工产业……

××县人民政府
××××年××月××日

四、写作技巧

（一）**体现前瞻性**。规划是对未来工作和发展目标的设想和计划，既源于现实，又高于现实。既要立足现有条件和环境，不能脱离现状凭空设想，好高骛远；又要超越现状，规划未来，使单位和职工看到未来发展的蓝图和希望。

（二）**深入调查研究**。规划首先不是写出来的，需要团队集体作业，集思广益、深入调查研究，靠某个人或某一部门闭门造车是制订不出好的规划的，即使制订出来，也无法实施。

（三）凸显概括性。 规划不同于计划，规划的内容要写得概括，不能也不可能太细、太具体。规划的语言要平实，不能使用比喻、夸张、拟人等写法。

五、注意事项

规划和计划比较，计划显得单纯、具体、完成的时限较强。规划则属于对一定地区或较大的事业、工作等在若干年内的战略性部署，可以用它来制定发展远景和总目标，划分实现远景目标的阶段与步骤等。

第三节　总结

一、概念

总结是对前一阶段工作和活动进行全面回顾、检查、分析、评判，从理论认识的高度概括经验和教训，以明确努力方向，指导今后工作的一种文体。总结是行政机关、企事业单位、社会团体都广泛使用的常用文体。

根据不同的标准，总结有许多类型：按时间分，有月度总结、季度总结、半年总结、年度总结、一年以上的时期总结等；按内容分，有工作总结、教学总结、学习总结、科研总结、思想总结、项目总结等；按范围分，有班组总结、单位总结、行业总结、地区总结等；按性质分，有全面总结、专题总结等。

二、结构

总结一般由标题、正文和落款组成。

（一）标题。 标题的组成一般有三种：一是由发文机关名称、时间和文种组成；二是省略发文机关，由时间和文种组成；三是使用双标题，用一句话或者短语作正标题，副标题标明发文机关名称、时间和文种类别。

（二）正文。 正文一般包括四部分内容：首先概述某一阶段内的工作情况，包括工作背景、基础、成绩、效果等；其次写经验体会，包括具体的做法、事例、数据等；再次写存在的问题与不足，分析产生问题的原因；最后写今后工作的设想、打算和努力方向。根据内容的复杂程度，可以用小标题分列陈述。

（三）落款。 落款要标注法定作者、日期，如果在标题中或者标题下已经标明的，可以省略。

三、范例【5—3】

机关个人思想工作总结

尊敬的办公室党支部：

　　本人自××××年×月调入市委组织部工作，至今已将近一年，在这一年里，在部领导的教育和培养下，在科室领导的带领和指导下，在同事们的关心和帮助下，自己在思想、工作、学习等各方面都取得了一定的成绩，现简要总结汇报如下。

　　（一）自觉加强理论学习，努力提高政治思想素质和个人业务能力。首先是从思想上重视……其次是在行动上落实……最后是注重对实践的指导意义。

　　当然，加强学习仍将是今后工作和生活中的一项主要的内容。不断加强学习，以适应社会发展的需要，不断提高自己的政治理论素质，以适应经济社会发展的客观要求。

　　（二）积极开展工作，力求更好地完成自己的本职工作。自元月以来，在部领导的安排下，我参加了市委第九届党代会的筹备工作及会议期间的准备工作，并参与了党代会报告的起草。通过这一系列的工作，使我对市委工作有了一个更加深入的了解。对我熟悉工作起到了很大的推动作用……

　　（三）严格要求自己，养成良好的生活习惯。严格遵守工作纪律，不该去的地方不去，不该看的东西不看，不该说的东西不说，不该问的东西不问，严格以高标准要求自己，管好自己的言行，管好自己的思想。

　　工作一年来，自己还存在一些缺点和不足。首先，在思想上，与新时期党员的标准之间还存在一定的差距……其次，在业务知识上，与自己本职工作要求还存在一定的差距……

　　在今后的工作中，还需要进一步努力，不断提高自己的综合素质，克服畏难心理，熟悉本职工作，更加出色地完成好各项工作任务。思想素质上还需要不断提高，克服懒惰情绪，进一步加强自己的政治理论修养，争取早日加入党组织。

×××

××××年×月××日

四、写作技巧

　　总结的写作要充分准备材料，以事实为根据，条理清晰，用词准确，剪裁得体，详略适宜。其中，关键在于正文，正文的写作结构一般有以下几种。

（一）**层层递进式**。这种方式是开头先讲明这项工作的背景及总体评估，然后分别按照逻辑顺序，一层一层地分别表述，一层是一个意思。

（二）**条款并列式**。这种方式是用条和款的形式，安排内容，款说明条的内容和要求。

（三）**"三大块"式**。这是综合性工作总结常见的一种形式。三大块包括：基本情况概述、主要做法和经验、问题及今后打算。在文字详略上表现为"两头小、中间大"。

（四）**因果倒置式**。这种情况通常开头先讲工作所取得的成绩，这就是"果"，随后分条列项地表述这一成果取得的原因，也就是经验、体会，先"果"后"因"，形成"因果倒置"。

（五）**正反对比式**。这种方式是把情况，特别是经验与教训糅合在一起，归纳成几个大问题，逐一从事实与道理、正面与反面、经验与教训等方面进行阐述。

五、写作关注点

（一）**要了解全面情况**。起草好总结报告，需要花费一定精力，对相关工作进行全过程系统化的、深入的了解，而不能做一些片面局部化的、表面的了解；需要掌握全面的、具体的情况。了解情况越细，掌握情况越多，情况吃得越透，写起总结来就会得心应手。

（二）**要多花心思研究写作思路**。在了解全面情况的基础上，需要多花心思研究总结材料的写作思路，思路理顺了，写起来就会很顺手。重点要研究透总结材料的结构安排以及材料中心和重点内容之间的关系。文章结构安排需要根据内容和需要突出的重点问题而定，可用三段式，也可用四段式，只要能从结构上看出全文重点即可。此外，还要根据材料的指导思想，确定各部分内容之间以及与材料中心之间的关系，合理安排各部分内容次序，做到重点突出、逻辑合理。

（三）**要运用好概括总结**。高度概括是总结报告的基本特点之一。总结材料最怕"总"不起来，照顾不到"面"，但又最忌讳"全"，面面俱到，抓不住重点。所以，起草总结材料要紧紧把握和运用好高度概括的手法，从材料的指导思想高度去把握大局，突出重点。对已经掌握的各类基础材料进行精心提炼，争取将有新意和能体现特色的内容抓住，写实写精。

（四）**要加强协调沟通**。起草大型综合总结报告类材料，需要积极主动与相关部门及各兄弟单位沟通协调，获得相关支持，听取相关意见，群策群力，共同做好材料起草工作。

六、注意事项

（一）**把握三个禁忌**。一是不能把总结写成流水账，把工作过程写成按照时间先后排列的材料堆砌。二是不能只讲好的不讲坏的。总结中不能只讲成绩，不谈问题；只讲优点，不谈缺点。总结的目的就是要肯定成绩，找出缺点和不足，以利于工作的改进。三是不能不分主次。总结不分支流主流，把现象当成了本质，把支流当成主流，不分主次是总结写作的大忌。

（二）把握与计划的区别。 今年的总结是对去年计划的检验，因此，写总结必须以上一年的计划作前提，今年的总结反过来势必又成为制订明年计划的基础。

（三）把握与报告的区别。 一般的工作报告在表述方式上大量使用叙述、情况、实例的表述占绝大部分，只在篇、部分、段的开头提纲挈领地使用一些议论性文字。而总结则不然，其对事实、情况的直接叙述只占少部分，而且是概括性的，较多使用的是议论和说明性文字。一般的工作报告，无论是专题性的还是综合性的，其行文的方向都是上行文，而总结不但要上报，而且要下发，它属于中性行文。与一般的工作报告相比，总结理性的成分更浓，规律性的东西更多，对问题的认识更加全面具体。

第四节　调查报告

一、概念

为了解决实际问题，有目的地对某个地区或某个单位的某种情况、某项经验、某个问题或某一事件做深入调查，占有丰富的材料，经过周密的分析研究，写出能够揭示事物本质与发展规律的书面材料，这就是办公室常用的公文文种——调查报告。

调查报告一般可分为综合调查报告和专题调查报告两大类，按其内容和作用又可分为新生事物调查报告、介绍经验调查报告、反映情况调查报告、揭露问题调查报告、澄清事实调查报告、考证史实调查报告等。

二、结构

调查报告一般由标题、正文、落款三部分组成。

（一）标题。 常见的格式由主办机关、事由和文种组成，经常用到的格式是由事由、文种组成，主办机关在导语部分或者落款部分进行说明，例如《关于保护藏羚羊的调查报告》。

（二）正文。 正文由三部分组成。导语部分说明调研的目的和意义，交代调研的时间、地点、组成人员和工作阶段。主体部分列出调研的几方面内容，就每一方面的现状、做法、经验以及问题、成因等展开表述。思考和借鉴部分，结合本单位、本部门的实际，有针对性地列出，提供进一步改进工作的思路和建议。

（三）**落款**。落款部分主要列明参加调研的单位、调研机构以及报告形成的时间。

三、范例【5—4】

关于农民工学习需求的调查报告①

随着我国经济重心从农业转向工业，大批农民背井离乡到城市找工作的现象，形成了所谓的"农民工"。在城市，农民工从事的工作大都是城市人不愿意干的脏活、累活。主要原因是城乡差异影响下思维观念的差异，以及农民工本身缺乏相关的行为习惯和专业技能素质。通过农民工学习需求调查，我们能够了解农民工的真实想法，了解他们渴望学习哪方面的知识，从而为他们提供学习的机会，帮助他们学到一定的技能，这样可以从本质上提高农民工的自身素质，改善他们的社会地位。

一、基本情况。此次调查主要采用个人问卷调查方式进行。本次调查围绕"农民工学习需求"问题，所有调查对象均是随机找到的，符合规定的条件……

二、调查方法。此次调查主要采用个人问卷调查方式进行。

三、调查对象。随机调查4名农民工。调查对象均满足条件。

四、调查结果。

进城就业的农民工工资收入比较低，生活质量比较差，居住、医疗条件得不到保障，休闲方式比较单调，劳动技能普遍偏低，子女教育问题比较突出。据调查，进城务工农民的收入，普遍比在家务农收入高，外出务工是其家庭最主要的收入来源，是提高农民收入的重要途径之一。许多农民工在城里工作生活，除了维持日常开支外，其余的钱基本上寄（带）回家乡，成为留守孩子、老人的基本生活来源。

许多农民工在外出务工前并没有联系好工作，进城后，一般由城里的亲戚、朋友或已在城里定居的老乡帮忙介绍工作。由定居本地的亲属、朋友介绍的占28.20%，由同样在外务工的同乡、亲友介绍的占25.99%，自荐到用工单位工

---

① http://www.lwlm.com/diaochabaogao/201010/436110.htm.

作的占 10.51%。另外，还有部分农民工是通过招工广告、包工头或老板招募找到工作。

农民工在城市打工大多居住在简陋的宿舍里。据调查，有 29.19% 的农民工居住在集体宿舍里，有 20.14% 的人居住在缺乏厨卫设施的房间里，有 7.88% 的人居住在工作地点，有 6.45% 的人居住在临时搭建的工棚里，还有……

农民工子女教育难……

经过调查，由于他们一没学历，二没技术，所以只能胜任普通操作工等工作。虽然他们也曾考虑通过短期培训进行"充电"，学习电脑、会计等方面的知识，但大都由于家庭条件不允许，只好放弃。因此他们现在只能好好工作，多赚点钱，供给家里的弟弟妹妹及儿女们上大学，不再步他们的后尘。

那些从销售员做到管理者的人，都不否认工作中学历与能力很重要……

通过调查可以看出，农民工对于学习的需求是很大的，只是由于各种原因，他们可能只是选择短期的专业技能培训来提高自己。但他们对学习非常渴望，甚至将这种渴望转嫁到了自己的子女、弟弟妹妹身上，希望通过自己的努力，为他们获取更好的环境，以改变目前的生活。当然由于长辈对后辈的宠溺，希望后辈得到自己没有享受到的安逸，也间接降低了农村青年的求知欲望……

四、写作技巧

（一）**要深入调查**。毛泽东同志说过，没有调查就没有发言权。写好调查报告，必须对调查对象进行深入、细致的了解，力求获取全面材料，包括正面的、反面的，现实的、历史的，上层的、下层的（领导和群众）等。只有这样，才能确保材料的真实性和说服力，才能对大量的事实材料进行分析比较，从而得出正确结论。

（二）**要深入研究**。研究是对调查所得材料的深化，也是写好调查报告的关键所在。没有这个环节，所撰写的调查报告只能是现象的堆砌和罗列，不具有任何实用价值。研究就是要通过对调查对象的比对分析，抓住事物的主要矛盾和矛盾的主要方面，寻找和挖掘出深层意义，找出规律性的东西。

（三）**要合理布局**。安排"框架"结构，做到眉清目楚，线条分明。为此，必须精心设计框架结构，以便合理地使用所获取的材料，更好地突出全文的主旨。调查报告的结构安排方式，通常有三种：一是分部分式，即以调查点为核心，调查了几个点，就分几部分叙写；二是分阶段式，即按照时间顺序或事物的产生、发展和变化过程的先后顺序，将其划分为若干个阶段，逐段进行叙写，前后有所概括，有所归纳；三是分问题式，即将调查情况归结为几个方面的问题，按其内容性质主次、轻重的逻辑顺序，逐一进行叙写。

（四）要建议恰当。调查报告一方面要讲情况、讲事实，另一方面要讲指导、讲价值。价值的大小，体现在政策性建议的指导性、战略性、准确性和操作性上。好的政策建议，要通过实际调查，做出透彻分析，提出精辟见解，确保制定出的方针政策正确。

（五）要加叙加议。写作调查报告既有叙述，又有议论，是叙述和议论（即夹叙夹议）的有机结合。好的调查报告无一不是两种表达方式的高度统一体。在语言运用上，应力求生动活泼，富于表现力。同时，要善用比喻、排比、引用等修辞手法，增加可读性。

五、注意事项

调查报告不同于工作情况报告。工作情况报告是下级写给上级，用来反映贯彻执行上级决策实施进展情况的，偏重于事实的陈述。调查报告是上级领导机关或业务主管部门派人到所属单位、地区或者业务相关单位、相近部门，通过调查后写成的，也有的是新闻记者通过专题调查写成的。调查报告所针对的是具有比较典型性的事情与具有一定普遍意义的问题，偏重于对客观情况的分析研究与理性提炼。

第五节　主持词

一、概念

召开会议是机关日常工作的一项重要内容，是部署、推进、总结工作的有效形式。召开会议，就要有会议主持人。为了使会议主持得更加简洁、紧凑、周密、主题突出，收到良好的效果，一篇好的主持词就显得十分重要。主持词实际上就是"开场白"，是会议主持人用来介绍参会人员、交待会议任务、说明会议议程等的讲稿。

二、结构

主持词一般包括标题、称呼、正文三部分。

（一）标题。标题一般有两种形式：一是由会议名称、文种组成，如《××省经济工作会议主持词》《××同志先进事迹报告会主持词》。二是由主持人、会议名称和文种组成，如《××同志在××省经济工作会议上的主持词》。

（二）称呼。称呼是对与会人员的称谓，如"各位代表、各位来宾""同志们"等;如果会议有特别尊贵的来宾,一般还要单独提出来,如"尊敬的×××书记,同志们"。称呼写在开头第一行,顶格。

(三)**正文**。正文由开头、主体、结尾三部分组成。①开头。一般情况下,开头直接宣布会议正式开始。②主体。主体包括五方面内容:一是交待会议背景。篇幅不宜过长,主要介绍开会的依据、目的、重要意义。二是阐述会议的重要性。不一定每个会议都有,有的一般性会议无须强调会议的重要性。三是介绍参会人员。重点介绍参会的领导、嘉宾并对其表示欢迎,其他人员一句话带过。介绍顺序是,先上级后下级、先来宾后主人。有时对参加会议的职务不高,但位置关键或者代表某一部门的人员,也要介绍。对上级领导和来宾,主持人要以东道主的名义表示欢迎和感谢。四是介绍会议议程。会议议程是会议的总体安排和具体事项,如果是会期较长的会议,应详细介绍会议期间各项议程在何时何地进行。如果会议时间短,则可以简单介绍。五是总结归纳会议。会议各项议程完毕后,如果其他领导没有新的补充意见,主持人要对会议做出评价和总结。总结归纳要简明扼要、实事求是、恰如其分。必须提前了解主题讲话的内容,如果会议内容发生了变化,就要灵活地调整会议主持词。③结尾。主持人总结归纳完毕后,宣布会议结束。

三、范例【5—5】

×××在庆祝中国共产党成立 90 周年大会上的主持词①
(2011 年 7 月 1 日)

同志们,朋友们:

庆祝中国共产党成立 90 周年大会现在开始。请全体起立,唱国歌。

请坐下。

……

现在,请在主席台第一排就座的领导同志为受表彰的全国先进基层党组织和优秀共产党员、优秀党务工作者代表颁奖。

……

同志们,×××同志的重要讲话,深入总结了我们党 90 年的光辉历程,深入阐述了坚持和发展中国特色社会主义的新要求,对我们适应新形势新任务,全面推进党的建设新的伟大工程,全面推进中国特色社会主义伟大事业,具有重大而深远的指导意义。全党全国各族人民要认真学习、深刻领会,把思想和行

---

① http://baike.sogou.com/v63385704.htm.

动统一到讲话精神上来，把讲话精神贯彻落实到党和国家各项工作中去。

……

请全体起立，奏《国际歌》。

庆祝中国共产党成立90周年大会到此结束，散会。

四、写作技巧

（一）**把握程序性**。主持词的主要任务是引导和牵引会议的全过程，要串联会议议程、推动会议进程，使会议按照一定程序来操作，具有明确的时间先后特点，起草人员必须以会议的日程安排和主题讲话为依据撰写主持词。

（二）**突出概括性**。主持词是会议的辅助材料，不管主持人的地位有多高，都是辅助会议召开的，不能喧宾夺主。所以，主持词必须写得简明扼要，干净利落，特别是总结部分，提炼要精确，篇幅要短小，切忌冗长累赘。

（三）**注重语言风格**。一般来说，比较正式的大会，主持词应庄严隆重、用语规范；日常的工作性会议，要简洁明白、朴实严肃；一些庆祝会、表彰会、联欢会的主持词，则应突出欢乐祥和、热情奔放的特色。

（四）**做到层次分明**。无论任何会议，大会、小会、长会、短会，都要按照会议议程一项一项地进行，因此，凡是有两项程序以上的会议，主持词都要分条分段地表述清楚，做到条理清晰，层次分明。

五、注意事项

（一）**因人而异，注意对象**。不同级别、不同性格的领导主持会议，主持词的写法也要适当区别，一把手的主持词要写得深入、全面，分管领导的主持词应写得具体、简明；不善口头表达、对稿照念的领导的主持词就要写得详细、清楚；出口成章、喜欢临场发挥的领导的主持词可以写得概括一些。对成人与会者的主持词应该严肃庄重，对少年儿童与会者的主持词，在语言的表述中应尽量采用具有少年儿童特征的语言，拉近距离。例如，给成年人开会介绍某位领导时，往往说，"今天参加联欢会的有市委书记××同志"；如果换成未成年人与会者，可以改写成"让我们用掌声，欢迎市委书记××叔叔参加我们的联欢活动"等。

（二）**把握基调，篇幅不长**。主持词是确定会议的程序，是指示会议按部就班进行的操控器。一般时间不长，篇幅有限，要求结构层次清晰、语言简洁明了。主持词虽然对会议的主要内容、意义、开法都有所交代，但仅仅是画龙点睛的提示，不宜说得过细，切忌长篇大论，更不能把主持词写成大会报告的缩写。

第六节　开幕词

一、概念

不论召开重要会议或开展重要活动，一般都要由主持人或主要领导致开幕词，标志着会议或活动的正式开始。开幕词通常要阐明会议或活动的性质、宗旨、任务、要求和议程安排，集中体现大会或活动的指导思想，起着定调的作用，对引导会议活动朝着正确的方向顺利进行，保证会议或活动的圆满成功，具有重要的意义。

一般的开幕词只对会议的目的、议程、基本精神、参会人员等作简要概述。重要会议的开幕词，特别是具有重大历史和现实意义的开幕词，往往要对会议召开的历史背景作重要阐述，其地位和作用与一般会议不同，开幕词的作用和要求也就不同。

二、特点

（一）**宣告性**。该特点是在开幕词中郑重宣告会议正式开幕，给会议制造隆重的气氛。如果是具有重要历史意义的会议，如十一届三中全会，则是从宣告会议开始这一刻产生的，这种开幕词也就随着会议的一系列重要文件载入史册。

（二）**提示性**。该特点是在开幕词中明确交代会议的议程，扼要说明会议的开法、原则，交代会议的主要精神，起到点题的作用。使与会人员明确会议主题，做到心中有数，便于积极主动参加会议。

（三）**指导性**。该特点是在开幕词中阐明会议宗旨，提出会议任务，说明会议目的及指导思想和重要意义，要求把会议的基本精神概括出来，这对开好会议起着重要的指导作用。

三、结构

开幕词一般由标题、称谓、正文和结尾四部分组成。

（一）**标题**。标题通常有三种写法：一是会议名称、文种组成；二是领导人姓名、会议名称、文种组成；三是用提示内容中心或主旨的标题，其后面通常加上副标题。

（二）**称谓**。一般写在标题下一行顶格排版，称呼通常用"同志们""朋友们""各位代表"等。

（三）正文。正文一般包括开头、主体和结尾。开头写宣布开幕的话。主体部分包括以下内容：会议的筹备和出席会议人员情况；会议召开的背景和意义；会议的性质、目的及主要任务；会议的主要议程及要求；会议的奋斗目标及深远影响等。

（四）结尾。结尾一般都是"祝大会圆满成功"等祝愿性话语。

四、范例【5—6】

在中外经贸合作洽谈会开幕式上的讲话

××副主席　×××

（××××年××月××日）

尊敬的××大使、各位来宾、女士们、先生们：

　　首先，我谨代表××人民政府向前来参会的各位嘉宾、各位朋友表示热烈的欢迎。今天，我们在这里召开洽谈会，目的是为了增进彼此间的了解，在互惠互利的基础上，进一步推进我们之间的经济技术合作。××具有良好的资源、政策和区位优势。水力、矿产、亚热带动植物、海洋等资源蕴藏量居全国前列；××不仅是中国西部地区唯一拥有海港的省区，而且还是连接中国—东盟的桥梁。2003年，××完成国内生产总值2 733亿元，较上年增长10.2%，高于全国平均增长速度，对外贸易创历史新高，经济发展势头迅猛，已形成了以有色金属及非金属矿产开采加工、机械及汽车制造、建筑材料、制糖、农业、旅游业为支柱的特色产业。今年11月，第一届中国—东盟博览会将在××××举办，这为加快××的对外开放和经济发展带来了历史性机遇。××科技发达，在电信、高科技以及农业科技产业等都极具国际竞争力……

　　愿我们以本次洽谈会为契机，精诚合作，共创辉煌！祝洽谈会取得圆满成功！谢谢各位！

五、写作技巧

（一）注意提炼归纳。写作中要把握会议的性质，阐述会议的特点、意义、要求和希望；对于如何召开会议，也要概括说明，点到为止。

（二）篇幅短小精悍。开幕词是为会议作铺垫的工具，不宜太长，大约10分钟讲完即可，层次清晰，言简意赅。要从整体把握，不能将会议的具体内容透露得太详细，更不能长篇大论。

（三）语言庄重热烈。开幕词的语言既要庄重也要富有感情色彩，特别在结尾号召阶段，必须慷慨激昂，使与会人员受到鼓舞。行文则要明快、流畅，评议要坚定有力，充满热情，有力量。

六、注意事项

开幕词是机关单位在会议开幕时所作的关于会议的指导思想、宗旨、要义的讲话，旨在向与会者提出会议的中心任务和要求，提示会议的有关事项，提醒与会人员注意的文种。

开幕词要做到中心突出，主题明确。语言简练明快、自然流畅、尽量口语化、富有鼓动性和号召性。称谓要合乎会议性质和出席会议人员的身份，大方得体，不卑不亢，具有针对性。

开幕词与主持词的区别主要在于，开幕词适用于大型庄重会议，主持词适用于此外的一切类型的会议。

第七节 大会工作报告

一、概念及特征

大会工作报告是指有关领导在会议上向与会者所作的全局性、系统性的工作汇报或某一重大工作或重大问题的讲话文稿。如党员代表大会、人民代表大会、职工代表大会、妇女代表大会以及各种大型会议的工作报告。

大会工作报告虽然经常以领导成员个人名义出现，但并非个人意见，而是领导班子集体意志的表现，是经领导班子集体讨论、专人执笔、修改定稿的。一经会议通过，并按公文下发，就具有指示性和重要约束力。

二、结构

大会工作报告一般由标题、签署、正文三部分组成。

（一）**标题**。标题通常由会议名称、文种组成，有的则直接由工作范围和文种类别（报告）组成，如《政府工作报告》。也可以由正标题和副标题构成，即用概括报告主要内容与号召性词句作正标题，会议名称与文种类别组成副标题。

（二）**签署**。标题下要标明报告时间和报告人姓名，但这只表示报告人是报告的法定作者。

（三）**正文**。正文一般包括三部分：开头、主体和结尾。（1）开头之前要顶格写称呼，简要说明会议的性质、任务、意义或者缘由等。（2）主体部分通常首先总结前一阶段工作，包括成绩与存在的问题；其次要根据发展要求和上级的任务，分析形势，提出今后的方针与任务；最后要提出完成任务所应采取的措施、办法等。(3) 结尾部分一般强调意义、表明决心、发出号召等。如果属于提请会议审议的报告，要以提请审议的话语作结语。由于大会工作报告的容量较大，正文的写作一般分成若干小标题或主题词来写，使之条理清楚。

三、范例【5—7】

×××的讲话
——在全国政协十一届三次会议闭幕会上①

各位委员：

政协第十一届全国委员会第三次会议，在中共中央、全国人大常委会、国务院的高度重视和有关部门的大力支持下，经过全体委员的共同努力，取得圆满成功，取得了丰硕成果，是一次发扬民主、求真务实、共谋发展的大会，是一次增强信心和决心、增进共识和团结的大会……

会议期间，与会政协委员集中精力履行职责，认真讨论政府工作报告、政协常委会工作报告和有关报告，围绕今年经济社会发展的目标任务和重点工作……

我代表中国人民政治协商会议第十一届全国委员会常务委员会，向大会报告工作，请予审议。

一、2009年工作回顾

2009年是我国历史上十分重要的一年……

一年来，人民政协高举爱国主义、社会主义伟大旗帜，牢牢把握团结和民主两大主题，认真履行政治协商、民主监督、参政议政职能……

（一）积极应对国际金融危机冲击，为保持经济平稳较快发展献计出力……

（二）高度关注和促进民生改善，维护社会和谐稳定……

（三）隆重庆祝新中国和人民政协成立60周年，夯实团结奋斗的共同思想政治基础……

（四）深化交流合作，促进海内外同胞关系和谐……

（五）扩大对外友好交往，为我国改革发展营造良好外部环境……

二、2010年工作部署

2010年是应对国际金融危机冲击、保持经济平稳较快发展的关键一年，也是人民政协服务科学发展、实现自身科学发展的重要一年。我们要全面贯彻……

---

① http://www.china.com.cn/guoqing/2012-09/13/content_26748709.htm.

（一）深入学习贯彻……

（二）紧紧抓住加快经济发展方式转变这个重点，努力促进经济平稳较快发展……

（三）着力保障和改善民生，促进社会和谐稳定……

（四）大力开展团结联谊工作……

（五）弘扬民主、和睦、协作、共赢精神，扩大同各国人民的友好往来……

（六）以改革创新为动力，提高人民政协工作的科学化水平……

各位委员！中华民族发展已开启新的征程，人民政协事业正站在新的起点。新征程承载新使命，新目标赋予新任务……

四、写作技巧

（一）**要求上**。大会工作报告是会议的中心部分，涉及面广，启示点深，篇幅比开幕词、闭幕词长，内容比领导同志在会议上的专题讲话更加全面，要求纲目清楚，逻辑性强，便于记忆和领会。

（二）**功能上**。大会工作报告应体现四性：一是目的性，明确会议的目的、要求、指导思想、中心议题，使报告有所依据。二是针对性，结合部门实际，把上级精神同本部门（地区）实际情况结合起来，避免空话连篇，言之无物。三是指导性，有较高的政策理论水平，能准确地提出问题，精辟地分析问题，中肯地解决问题。四是全局性，通观全局，把握重点，避免一般化。

（三）**结构上**。结构上可用并列式，把报告的内容分成并列的几大部分；可用条目式，分成若干条目，按条表述；可用递进式，围绕中心，逐层加深地论述和说明；可用对比式，把正反、过去、现在的经验教训，两种不同情况、不同结果放在一起进行对照说明，增强说服力。

五、注意事项

（一）**材料要真实**。向上级机关汇报工作，应本着实事求是的态度，如实汇报。无论是成绩还是失误，都应该全面、真实地反映，不能报喜不报忧，也不能夸大和虚构。上报的公文应该在调查研究、全面掌握情况的基础上撰写。

（二）**主旨要鲜明**。报告的内容一般涉及面宽而且复杂，很容易写得篇幅较长而又重点不突出，流于形式。这就要求在撰写报告时，要写得观点鲜明，语言简洁，观点深刻。

（三）**使用要恰当**。大会报告不是一般事项性公文，要注意不能与请示相混用。报告内容不得夹带请示事项，否则会因报告无须批复而影响请示事项的处理和解决。

第八节　闭幕词

一、概念及特征

闭幕词是一些大型会议结束时，由有关领导或人士向会议所作的带有总结性、号召性的讲话。闭幕词在会议活动闭幕式上使用，要对会议内容、会议过程、会议精神等进行简要的总结并作出恰当评价，肯定会议的成果，强调会议的意义和影响。

闭幕词具有以下特点：（1）评估性，即对会议作出总体评价，肯定会议的重大成果，正确评价会议的深远意义，增强贯彻会议精神的信心与决心。（2）总结性，即对会议的主要内容和基本精神进行简要总结。通常要概括会议的进程，如完成几件事情，每项议题、每件事情又有什么重要意义和作用，与会者提出的合理化建议，以及今后的任务是什么，会后怎样贯彻会议精神等。（3）对大会发出号召，以便会后更加全面、准确地贯彻会议精神。

二、结构

闭幕词一般由标题、称谓和正文三部分组成。

（一）**标题**。标题一般由事由和文种构成，如《中国共产党第十九次全国代表大会闭幕词》；也有的只写文种，如《闭幕词》。

（二）**称谓**。称谓一般根据与会者的身份确定称谓。

（三）**正文**。首先说明会议已经完成预期的任务，即将闭幕。然后概述会议进行的情况，适当地评价会议的收获以及产生的影响。结尾部分一般都要发出号召，表示祝愿和决心。

三、范例【5—8】

中国工会第十七次全国代表大会闭幕词[①]

各位代表，同志们：

……

在以习近平同志为核心的党中央亲切关怀和坚强领导下，在与会全体代表

[①] http://acftu.people.com.cn/n1/2018/1029/c67560-30368268.html.

的共同努力下，中国工会第十七次全国代表大会圆满完成了各项议程，即将胜利闭幕。这次大会，是在我国进入全面建成小康社会决胜阶段、中国特色社会主义进入新时代召开的一次重要会议，意义重大而深远。大会以习近平新时代中国特色社会主义思想为指导，全面贯彻党的十九大精神，坚持中国特色社会主义工会发展道路，审议并通过了全总十六届执委会报告、《中国工会章程（修正案）》、财务工作报告、经审工作报告，选举产生了中华全国总工会新一届领导机构，是一次团结、务实、鼓劲、奋进的大会。大会的胜利召开，必将激励全国亿万职工和工会干部，以昂扬向上的精神状态和一往无前的奋斗姿态，投身新时代中国特色社会主义建设的伟大实践，在全面建成小康社会、实现中华民族伟大复兴中国梦的历史进程中谱写工运事业和工会工作新篇章！

……

过去五年，在以习近平同志为核心的党中央坚强领导下，中华全国总工会第十六届执行委员会和各级工会组织凝心聚力、砥砺奋进，各项工作取得积极进展和显著成效。这些成绩的取得，凝聚着广大工会干部的拼搏奉献和辛勤汗水。这次大会后，有些同志由于工作变动或年龄等原因，不再担任全总第十七届执行委员会委员和经费审查委员会委员。他们在任职期间尽心尽力、尽职尽责，勤勤恳恳、兢兢业业，为党的工运事业和工会工作做出了重要贡献。

在这里，我谨以本次大会的名义，向中华全国总工会第十六届领导班子成员、执委会委员、经审委员和各级工会干部表示诚挚的谢意，向全国总工会的老领导、老同志，向所有关心支持工会工作的各级党政领导和各界朋友致以崇高的敬意！这次大会选举产生了中华全国总工会新一届执行委员会和主席团，这是全体代表和全国广大职工对我们的信任和重托。我谨代表第十七届执委会全体成员，对全体代表表示衷心的感谢！

各位代表！

中华全国总工会第十七届执行委员会任期的五年，是决胜全面建成小康社会、开启全面建设社会主义现代化国家新征程的关键时期。党中央对我们寄予厚望，职工群众对我们充满期待。面对新时代新形势新任务，我们深感责任重大、使命光荣。下面，讲五点意见。

一是要始终坚持自觉接受党的领导的正确政治方向。深入学习贯彻习近平新时代中国特色社会主义思想和党的十九大精神……

二是要勇于承担团结引导职工群众听党话、跟党走的政治责任。加强对职工的思想政治引领……

三是要牢牢把握为实现中华民族伟大复兴的中国梦而奋斗的工人运动时代主题。围绕国家重大战略……

四是要认真履行维护职工合法权益、竭诚服务职工群众的基本职责。顺应职工群众对美好生活的向往，积极参与和支持全面深化改革……

五是要始终保持改革创新、不断进取的精神状态。围绕增强政治性、先进性、群众性这条主线，深化工会改革创新……

大会闭幕后，代表们将回到各自的工作岗位上，希望各位代表和各级工会组织，及时向党委和政府汇报大会精神，迅速在各级工会干部和广大职工中掀起学习宣传贯彻大会精神的热潮，特别是要传达好、学习好、宣传好、贯彻好习近平总书记在同全总新一届领导班子成员集体谈话时的重要讲话精神……

各位代表、同志们，新时代开启新征程，新时代期待新气象。让我们更加紧密地团结在以习近平同志为核心的党中央周围，高举中国特色社会主义伟大旗帜，以习近平新时代中国特色社会主义思想为指导，坚定不移地走中国特色社会主义工会发展道路，团结动员亿万职工为决胜全面建成小康社会、夺取新时代中国特色社会主义伟大胜利、实现中华民族伟大复兴的中国梦再创佳绩、再立新功！

四、写作技巧

（一）**内容要概括**。闭幕词是对会议的总结，要求对会议内容概括准确、精练，既要前后照应，与开幕词照应，与会议主题照应，又要与会议研究解决的主要问题照应，抽象、归纳、提升。

（二）**条理要清楚**。闭幕词的基本要求是主调要突出，线条要集中，节奏要紧凑，层与层之间、段落与段落之间要富有逻辑性。

（三）**语言要有力度**。闭幕词的语言要有力度，充分肯定会议的成果和为会议成功做出贡献的工作人员，体现出号召性。遣词造句既要庄重得体，又要激情昂扬，充分体现讲话者的理论水平和领导风范。

（四）**文字简洁明了**。闭幕词贵在总结深刻、用语凝练、结论准确、篇幅精短、画龙点睛。从理论的高度，提纲挈领地总结大会的主要收获，取得了什么经验，如何贯彻大会精神，然后收尾、发出号召，宣布大会闭幕。

五、注意事项

（一）**有开幕词就有闭幕词**。闭幕词与开幕词一样，具有简明性和口语化两个共同特点。凡重要会议或重要活动，与开幕词相对应，一般都有闭幕词，这是必不可少的程序，标志着整个会议或活动的结束。

（二）**不能长篇大论**。闭幕词的篇幅一般都短小精悍，语言简洁明快。为激励参加会议的全体成员实现会议提出的各项任务而奋斗，增强与会人员贯彻会议精神的决心和信心。闭幕词的行文都不长，不能将会议的具体内容阐述得太详细，更不能长篇大论。

(三) 富有号召性和鼓动性。闭幕词是在总结大会精神的基础上，进一步唤起与会者领会贯彻、落实大会任务的高昂情绪，所以，用短句不用长句，句式简短急促，铿锵有力。

第九节　简报

一、概念及特征

简报是行政机关、企事业单位、社会团体为及时反映情况、汇报工作、交流经验、揭示问题而编发的一种内部文件。

简报的种类繁多，按照不同的分类标准，有不同类型。按时间划分，简报可分为定期简报和不定期简报；按发送范围划分，有供领导阅读的内部简报，也有发送较多、阅读范围较广的普发性简报；按内容划分，可以分为工作简报、会议简报、经验简报、科技简报、动态简报等。

从作用上看，简报主要发挥以下作用：（1）迅速反映情况。通过简报，可以将工作进展情况以及工作中出现的新情况、新问题、新经验，及时反映给上级决策机关，使决策机关了解下情，为制定政策、指导工作提供参考。（2）及时交流经验。简报通过组织交流，可以提供情况、借鉴经验、吸取教训，对阅知单位和部门的工作有指导和推动作用。（3）充分传播和沟通信息。简报本身即是一种信息载体，可以使各级机关领导和工作人员互相了解情况，学习先进经验、借鉴有益做法，改进本身的工作。

二、结构

简报一般由标题、正文和版记三部分组成。

(一) 标题。简报的标题可分为双标题和单标题两种类型。（1）双标题。双标题有两种情况：一是正题前面加引题。前面的标题是引题，指出作用和意义，后面的标题是正题，概括主要内容。二是正题后面加副题。前面的标题是正题，概括事实的性质，后面的标题是副题，补充叙述基本事实。（2）单标题。将叙述的核心事实或其主要意义概括为一句话作为标题，标题的提炼要准确无误，高度概括。

(二) 正文。正文由导语、主体、结尾组成。（1）导语。可以根据主题的需要，分别采用叙述式、描写式、提问式、结论式等多种形式。这几种导语的形式，各有所长，写作时可根据稿件的特点选择，灵活运用。（2）**主体**。主体是简报的主要部分，主要任务是用大量典型的、富有说服力的材料，把导语的内容加以具体化，用材料来说明观点。写好主体是编好简报的关键。主体的层次安排有"纵式"和"横式"两种形态。纵式结构按事件发生、发展的时间顺序来安排材料，横式结构按事理分类的逻辑顺序安排材料。如果内容比较丰富，各层可以采取加小标题的方式来凸显，使阅读更加方便。（3）**结尾**。简报要不要结尾，视内容而定。事情比较单一，篇幅比较短小的，可以不单写结尾，主体部分说完就结束，干净利落。事情比较复杂，内容较多的，可以有结尾，对全文作小结，以加深读者印象。连续性发布的简报，在结尾部分可以用交代性的话语作为结束，如"后续情况我们将在下期报告"等。

（三）**版记**。简报的版记一般包括报、送、发三类单位，包括三个行文方向。报，指简报往上呈报的单位或者领导，属于上行文。送，指简报送往同级单位或不相隶属的单位，属于平行文。发，指简报发放的下级单位，属于下行文。如果报、送、发单位是固定的，需要临时增加新的发放单位，一般注明本期增发的单位或者领导名单。版记部分还包括本期简报的印刷份数。

三、范例【5—9】

防 汛 简 报

第××期

市防汛抗旱指挥部办公室　　　　　　　　　　　××××年×月××日

市主要领导在××水库检查防汛工作

　　×月××日梅雨季节第二天，市委、市政府主要领导冒雨检查了当地的防汛工作。市委书记××在检查××水库时指出，水库的除险加固工程质量好，消除了工程隐患，为今年的防汛工作争取了主动，但该水库毕竟还没有经受高水位的考验，加之下游的防洪还比较薄弱，对××水库的防汛工作思想上不能有任何麻痹。××指出，要正确处理好防洪安全与蓄水供水的关系，既要确保水库的防洪安全，不出问题，又要保证供水需要，但更重要的是防洪安全，安全度汛必须压倒一切，蓄水只能服从于防洪安全，有了防洪安全才能有蓄水供水。××还指出，由于当前已进入主汛期，降雨明显偏多，因此，要严格控制汛期水位，科学调度，确保水库安全度汛。

　　……

四、写作技巧

（一）材料要真实。 简报所反映的事实、主要情节以及工作细节，例如，具体的时间、地点、人物、数字、成效以及状况，都必须做到准确无误，绝不能报喜不报忧，更不能主观地粉饰和加工。特别是不能移花接木，把不同时期的事项集中在一个时间段描述，把多部门的事项集中到一个部门描述，把事后发生的事情写在事前或事中，这都是简报的大忌。

（二）篇幅要短小。 简报是简明扼要、短小精悍的文字材料，发挥着快速传递信息、交流经验的作用，如果文字冗长，就变成了"情况通报"或"工作报告"。俗话说："简报简报，点点到到，要想写好，简明扼要"，意思是说把一件事物的基本情况反映出来就行了，只求一侧，不求全貌[①]。

（三）速度要快捷。 简报不求全，但求快，只有快，才能真正发挥对工作的指导性作用。否则，事情发生了，但简报迟迟出不了手，简报走在工作的后面，即使内容再好，也很难起到制定政策依据、扩大交流信息等指导性作用。所以，简报的生命在于发挥"轻骑兵"的作用，如果成了"马后炮"就是简报最大的失败。

（四）语言要生动。 简报因为篇幅短小，要让人爱读爱看，必须在语言运用上下功夫，所以，要做到文字生动活泼，读后印象深刻，可以有不同的表现手法，必要时还可采用写通讯的手法，做具体形象的描述，以情动人，不能写成官样文章，读起来干瘪苦涩。

五、注意事项

（一）突出内容的专业性。 简报与其他文种不同，具有十分明显的专业性特征。例如，人口普查简报、水利工程简报、研究生招考工作简报等。不同行业、不同内容、不同进度，特别是各个阶段和时期具有不同特点的简报，包括情况、经验、问题和对策等，让读者耳目一新。在写作过程中，要做到一般性的东西少说，无关的东西不说，专业性的东西多说。使读者了解工作进展，获得最新资讯，掌握处理办法。

（二）突出篇幅的简短性。 简报要适应现代生活快节奏的特点和读者海量信息筛取的要求，语言必须简明精练，篇幅必须短小精悍。一般的简报篇幅控制在2 000字左右，4个页码。所以，要做到这一点，首先，选材要典型，内容要集中，一份简报一个主题。其次，对事情摸得透，揭示本质，抓住关键，不

[①] 张保忠. 最新公文写作技巧与范例全书[M]. 北京：中国时代经济出版社，2011：198.

拖泥带水，啰唆冗长。最后，要开门见山，直截了当，不说空话、套话，不穿靴戴帽，不写意思相重的句子。

（三）突出范围的内部性。 简报是机关内部交流的工具，一般在编报机关管辖范围内各单位之间进行交流，不宜甚至不能公开传播，特别是涉外机关、涉密单位、专门会议、专业性场合的简报。例如，党和政府的高级专门会议的简报，必须严格限定阅读范围，有些甚至要阅后收回。有的简报，往往是专给某一级领导人看的，事项本身带有一定的保密性，更不能任意扩大阅知范围。

第十节　讲话稿

一、概念及特征

讲话稿是党政机关、企事业单位、社会团体领导或者负责人在不同类型会议或者场合上发表的总结性、部署性、表彰性、庆祝性等不同性质的致辞或者发言，是机关适用频率非常高的一类文种。

讲话稿的类型很多，有工作会议讲话稿、庆祝性讲话稿、纪念性讲话稿、表彰性讲话稿、庆典仪式讲话稿、节日活动讲话稿、礼仪活动讲话稿、文体活动讲话稿等。这里重点介绍工作会议讲话稿。

工作会议讲话，是指机关单位在会议过程中，有关领导就会议主题、目标、任务、措施等内容，对下属单位或组织所作的指示性、部署性、指导性意见的一类文种。

二、结构

工作会议讲话一般由标题、署名、正文三部分组成。

（一）标题。 标题包括讲话者、会议名称、文种类别（讲话），也可以只写会议名称和文种类别，而将讲话者、日期在标题下标明。个别情况下可以使用正、副双标题。

（二）署名。 署名一般在标题的正下方，标注讲话人的姓名、职务和时间。如果标题已经有讲话人姓名的，一般只标注讲话时间。

（三）正文。 正文的先后次序是：称呼、开头、主体、结尾。

1. 称呼。领导讲话都是有具体对象的，所以在标题和讲话日期下有对参加会议或活动者的称呼，常见的有"同志们"或"尊敬的××领导、各位嘉宾、同志们"等。称呼及顺序排列根据参加会议或活动的对象而定。

2. 开头。讲话稿谋篇布局，开头十分重要。讲话稿开头的总体要求是：能充分调动听众的吸引力和注意力，并能引出主体内容。开头的方式很多，没有固定的模式。起承转接式，先说会议主题、再说刚才单位的发言，再转入自己的正题，表达几个观点。平铺直叙式，如在会议开始时就介绍会议的背景、会议的议题和会议所要达到的目的。开宗明义式，就是在讲话的开头直截了当地提出问题，将讲话者的意图和盘托出，提纲挈领地说出来。表态式，表明讲话者对所谈问题的态度，然后顺势把下面要讲的主要内容点出来。如果是补充性讲话，则是对前面领导讲话或工作安排表明自己的态度或观点。

3. 主体。讲话稿的主体是讲话稿的重点部分，是讲话成功与否的关键。这一部分要展开阐述开头部分所提到的观点，并且应做到中心突出，条理清晰，论据充分，论证严密。主体部分结构可分成条块式，也可不分。主体结构通常包括递进式，以事物发展顺序为序，层层递进；并列式，把总论点分成几个分论点，每一部分阐述一个分论点，分论点之间为并列关系。

4. 结尾。讲话稿的结尾要对讲话的主要内容加以概括和提炼，使听众进一步加深印象。常见的结尾方式包括希望式，对与会者提出要求和希望；展望式，在即将结束讲话时，对未来的前景作一番展望；总结式，对全文的主要内容进行总结概括。

三、范例【5—10】

李克强总理在2017年夏季达沃斯论坛上的讲话①

尊敬的施瓦布主席，尊敬的各国政府首脑，尊敬的各位贵宾，女士们，先生们：

我首先要代表中国政府对第十一届夏季达沃斯论坛的召开，表示热烈祝贺！

昨天晚上，我和施瓦布先生会面，大家共同回忆10年前在大连出生的夏季达沃斯论坛，如果说那个时候是一个婴儿的话，现在已经成长，而且是在世界迅速变化的过程当中成长的。

我和施瓦布先生及夫人以及部分嘉宾一起走出会见室，眺望远景，有一座青山，青山的表面遮了一层薄雾，我们在欣赏这幅图景的时候就联想到了当今的世界，这座青山就代表了世界的稳定性，人类的可持续性，人类文明的不可间断性，而这层薄雾可能代表着世界存在不确定性不稳定的因素。

我们召开今天这样的会议，正是要在变化中用稳定性、用适应人类文明发展前景的创造性，来应对不确定性。

---

① http://www.gov.cn/guowuyuan/2017-06/27/content_5205948.htm.

现在世界经济在全球化的大背景下继续发展，特别是新一轮的工业革命催生着新的产业、新的技术、新的业态，人类在过去任何一次工业或技术革命当中，都没有像今天这样有更多的机遇，但与此同时，我们也注意到逆全球化的声音在抬头。

当前世界经济有回暖迹象，但并不稳定。经济复苏的动力仍然不足，尤其是结构性的问题更加凸显，地缘政治的风险还有所上升。但是，我认为正像我们昨天看到那幅图景一样，用中国话讲，只要我们咬定青山不放松，就能够用稳定性来战胜不确定性。当然，我们这种稳定性是在创新和变化当中持续增强。

在今年年初的冬季达沃斯论坛上，习近平主席发表主旨演讲，深刻阐述了中国坚定支持经济全球化，维护自由贸易的主张。本次论坛以"在第四次工业革命中实现包容性增长"为主题，这具有很强的针对性。

纵观世界历史，每一次工业革命都推动了社会生产力大跃升、人类文明大进步。这一轮工业革命，是在经济全球化背景下孕育兴起的，其速度、广度、深度前所未有，也为各国经济增长带来了无限的机遇。但是如果举措不当，那么也会在增长当中带来包容性不足问题。

换句话说，就是公平性的问题。如果一部分人受益多、另一部分人受益少，而传统产业和就业受到的冲击又难以弥补，资本回报和劳动回报差距就会加大。解决这些问题，可以说不仅具有经济意义，也有社会意义。

推动包容性增长能够实现比较平衡的发展，反之就会导致部分劳动力和资源闲置，市场潜力难以充分发挥，社会和区域的分化就会凸显，经济增长也难以持续。实际上，实现包容性增长，就是增强社会公平性和发展普惠性；实现包容性增长，就是实现可持续增长。

……

女士们、先生们！

中国是包容性增长的积极实践者。近年来，在世界经济低迷的大环境中，中国经济之所以能保持平稳发展，一个重要原因就是包容性不断增强。我们深入贯彻创新、协调、绿色、开放、共享的发展理念，顺应新一轮工业革命大趋势，抓住全球化潮流不断地扩大开发，在发展战略上体现包容，在体制机制上保障包容，在政策举措上促进包容，走出了一条符合自身国情的包容性增长之路。当然，我们还在探索之中。

我们首先坚持把就业置于发展优先位置，因为就业是包容性增长的根本。没有比较充分的就业，就谈不上包容性增长，增加收入、创造社会财富就成为无本之木。中国有9亿多劳动力，每年有1 300万左右大中专毕业生，还有大量农业富余劳动力需要向城镇转移……

……

女士们、先生们！

大家可能很关心今年中国经济的走势。可以说今年以来，中国经济延续了稳中向好的发展态势。一季度经济增长6.9%，尤其是结构和效益明显改善，从我们目前掌握的数据来看，二季度保持了一季度继续向好的态势。1—5月，不仅传统的发电量、货运量、企业新订单都明显增加，反映新经济的一些数据增长得更快，规模以上的工业企业利润是两位数以上的增长，外汇储备回升，人民币汇率基本稳定，特别是就业使我们感到更加欣慰，因为5月份全国城镇调查失业率降到4.91%，处于多年来最低水平。近期，多家国际组织和研究机构上调对今年中国经济增长的预测值，认为中国经济发展的新动能不断积聚，经济再平衡稳步推进，这也反映出市场的预期。

……

女士们、先生们！

中国人常说，海纳百川，有容乃大。一个更加包容的世界，必将是更加精彩的世界。我们愿同各国一道，致力于在经济全球化和新一轮工业革命进程中实现包容性增长，共同构建人类命运共同体，共同创造人类包容性增长的美好未来！谢谢大家！

四、写作技巧

总体上讲，讲话稿的写作，要做到以下几点：

（一）**有吸引力**。讲话稿要紧紧围绕主题，选择具体生动、易于被群众理解、说服力和鼓动力强的材料，以爱憎分明的情感打动听众。讲话稿无论是引用史例，联系现实，还是举出实例，加以议论，都要情真意切，寓理于情，切忌陈词滥调。

（二）**有控制力**。讲话稿要让听众爱听、听得进去。所以，条理清晰，跌宕起伏的结构设计，必须周密而精巧，完整而灵活，这样才会更好地产生控制力量。优秀的讲话稿，要在层次清楚的同时，有张有弛，结尾感情色彩浓，哲理性强，特别要下工夫写好。

（三）**有感染力**。讲话稿既要阳春白雪，也要下里巴人。讲话稿的语言要口语化，明白流畅，生动悦耳；要使用多种修辞手法，把抽象的道理具体化、概念的东西形象化；要努力避免从议论到议论的空洞说教或脱离实际的抒情，少用书面语言。

在具体写作过程中，必须全面了解会议的情况和基本精神，注意讲话内容的准确性。言辞要热烈，能激发与会者参加会议的热情，提高人们的干劲和勇气。文字要精练，讲话时间不宜过长，具有简明性、生动性和吸引力。

五、注意事项

讲话稿的写作，是机关工作的常规事项，也是考验一个人文字功夫十分重要的标准。一般要注意以下几个方面。

（一）从结构布局看。完整讲话稿的一般结构有：前言（目的、主题、任务），第一部分（必要性、紧迫性、现实性等），第二部分（工作内容、主要任务和措施），第三部分（组织领导和工作要求），结尾部分（号召性、表态性语言）几项内容。

（二）从写作角度看。出色的讲话稿要把握四问环节：一问写的是什么。二问给谁写的。三问写给谁看（讲给谁听）的，不同对象不同要求，不同场合不同口气。四问达到什么目的，动员、部署、总结、指导还是报告、说明、解释、解答等。

（三）从判断标准上看。好的讲话稿要紧扣四求标准：一是求"高"，思维层次上得去，站在领导的高度去思考问题，谋篇布局。二是求"新"，做到视角新、思路新、概括新、结构新、语言新。三是求"实"，情况分析归纳实在，结合实际，指导意见切实可行。四是求"顺"，基本思路顺、框架结构顺、逻辑关系顺。

（四）从审核技巧看。好的讲话稿要落实四看的要求：一看到位不到位，层次、态度、思想、语言是否符合要求。二看得体不得体，是否符合讲话人的身份、维护发言者的形象、顾及各方面的影响。三看严谨不严谨，是否经得起检验、推敲，说法、提法、数据、引证等是否恰当。四看细致不细致，有无文字错漏、明显的病句、格式不当、漏页错页、打印错误等。

第十一节　述职报告

一、概念及类型

述职报告是指工作人员向上级、主管部门和群众陈述任职工作情况的书面报告。述职报告是管理和考核干部的重要方式之一。对于工作人员自身而言，撰写述职报告，可以回顾和反思任职情况，促进和监督各项工作，有利于考核干部，有利于群众监督，也有利于干部成长和事业发展。

述职报告可以从不同的角度来划分。（1）从内容上划分，有综合性述职报告、专题性述职报告、单项工作述职报告等；（2）从时间上划分，有任期述职报告、年度述职报告、临时性述职报告等；（3）从对象上划分，有向本地区、本单位干部群众所作的述职报告，向上级领导机关上报的述职报告等。

二、结构

述职报告由标题、称谓、正文和落款四部分组成。

（一）**标题**。标题一般有两种形式。一是直接采用文种名称，如《述职报告》；二是姓名、职务加文种的形式，如《张三副市长述职报告》。

（二）**称谓**。称谓是报告者对听众的称呼，要根据述职会议的情况和听众对象而定。称谓放在标题之下正文的开头，有时根据需要在正文中间适当穿插使用。称谓一般采用独立成行的写法。

（三）**正文**。正文由导言、主体、结尾组成。（1）导言。其包括两个方面的内容：任职介绍和任职评价。任职介绍主要包括担任职务、任职时间、主要职责等；任职评价主要包括任职以来的工作情况和对自己工作情况的评价。（2）主体。介绍的主要内容有：任职期间完成任务的情况和取得的主要成绩，存在的问题及经验教训，今后工作的努力目标和方向。（3）结尾。报告结束时要用格式化的礼貌用语，如"以上述职报告妥否，请予审议。谢谢大家！"

（四）**落款**。述职报告的落款要写明单位名称、姓名和成文时间。若在标题中已经说明，就不需要再写。

三、范例【5—11】

燃气公司总经理述职报告

××××年是新公司成立后开局的重要一年，经过公司全体员工的齐心协力，团结一致，积极开拓，新公司赢得了开门红。我有幸亲历并承蒙董事会的信任，受聘为新公司的总经理，现就一年来的履职情况作述职报告如下：

一、解放思想，更新观念，适应新体制下企业经营管理的需要

（一）树立好"角色"意识，当好上级"配角"、演好公司"主角"。作为公司的总经理，严格按照董事会的授权与经营管理范围，带领员工围绕总公司下达的年度工作计划指标和企业发展的实际需要，以市场为导向，以规章为支撑，积极谋划公司的营销策略与发展蓝图，建立健全公司规章制度与奖惩机制，开展一系列卓有成效的经营管理工作，并积极向董事会报告与负责。

（二）加强自身建设，贯彻"以德治企"的人本管理理念。一年来，我们从严要求自己，坚持以企业"经理人"向出资人负责任的积极态度，矢志不渝地加强自身素质建设，努力培养正确的世界观、人生观与价值观，用积极、健

康、饱满的热情与工作态度来引领管好班子、带好队伍。对公司事务我们坚持做到大事讲原则，小事讲风格，平常讲人格，以此树立公平、公正、平等的管理氛围，让一切有用人为公司所用，为公司奋斗。

二、以人为本，身体力行，致力培育团结、和谐、高素质的经营管理工作团队

（一）采取多种措施，营造良好的学习环境，着力提高员工素质。按照创建学习型社会的要求，结合企业经营管理需要，积极倡导建设学习型单位，采取"请进来、走出去"多种形式的学习教育培训方式，使各岗位人员经过培训后，人人持证上岗，以良好的学习氛围带动员工愿学、乐学、好学的学习热情，从而使企业整体文化水平与业务素质得到全面快速的提升。

（二）坚持"以德为之，以情动之，以行导之"的管理原则，不断提升自身及班子的标杆作用。我们积极寻求建立科学的人际工作关系和处世方法，要求管理层在对待员工时，要用"德"立身，用"情"沟通，用"行"示范，让员工们时时处处看得见，摸得着，想得通，从而有效、及时地化解工作中出现的矛盾与隔阂，增强企业的凝聚力，合力完成公司的计划与任务。

三、务实创新，科学规划，着力构建适应企业经营管理需要的新机制

（一）按照"简捷、高效、适用"的原则，科学设置管理层次和职能。完善逐级责任管理制度，明确各自的分工和职责，强化部门职能作用。

（二）采用多种方式，重视人才，发挥能人作用。根据工作需要设置部门岗位（职务）职数，对每一个岗位（职务）都制定了相应的岗位条件、工作标准和工作要求，基本完善了部门负责人、职工在新体制下的"双向选择"聘（任）用机制，月度、年终考核，优胜劣汰。

（三）完善考核办法及薪酬制度。根据全年的目标任务进行层层分解、人人细化，按照"多劳多得、按劳取酬"的原则，制定合理的薪酬分配方案，按照技术含量、劳逸程度、责任大小、工作贡献等系数指标适当地拉开岗位（职务）分配差距，绩效工资细化考核到每一个岗位。同时强化考核体系，加大考核力度，奖勤罚懒，激发企业内在活力，调动职工工作的主动性、积极性与创造性。

四、明确目标，合理安排，整合企业各项工作，做到全面协调发展

（一）加速企业标准化、正规化建设，提高市场竞争能力。公司多年来一直没有相应的独立的燃气资质，今年根据国家现行有关规定，积极申报完善企业燃气资质及区域确定，并按照《××省燃气管理条例》的要求，办理了公司企业燃气资质注册登记手续，使其合法化，为公司今后的可持续发展奠定了基础。

（二）加强供气区域管理，调整发展思路，规范农村燃气安装工程。为规范燃气市场秩序，保障人民生命财产和公共安全，明确燃气供应范围，按照××省住房和城乡建设厅《关于城镇燃气企业管理的指导意见》（×建发〔××××〕×××号）文件精神，以及《××省燃气管理条例》规定，公司根据现已建成的燃气管网敷设现状和城市燃气发展规划，特申请××、××、××乡镇的供气区域，保障了公司的合法利益。

（三）围绕下达的工作目标任务，改进工作作风，取得了较好的社会效益和企业经济效益。截至年底安全供气1 000立方米，完成年度责任目标的98%，同比增长70%；经营总收入4 000万元，完成年度责任目标的97%，同比增长78%；实现经营利润500万元，完成年度责任目标的89%，同比增长70%；供气输差率10%，比年度责任目标下降9个百分点，较去年下降20个百分点；新增天然气用户1 000户；全年人工工资12万元，同比增长60%，对外各项业务支出6万元。

五、目前存在的问题和今后努力的方向

（一）进一步理顺企业外部关系，努力营造满足企业经营发展需要的良好外部环境。

（二）加强自身建设，进一步提高自身素质，适应企业工作需要。

（三）科学、合理、完善地健全企业经营管理机制，培育独特的企业文化。逐步建立现代企业制度，推动企业健康、有序、持续发展。

总之，一年来，总结过去，在上级的坚强领导下，经过全体员工的辛勤工作，顺利地完成了各项任务，成绩是可喜的。展望未来，在其位谋其政，我当尽心尽职，勤勉工作，为公司下一年度的宏伟发展，早谋划早打算早运筹。在新的一年里，我将加强对各项工作的学习，与董事会成员一起，带领公司全体员工们积极深化企业改革，以促进公司健康长远发展。

四、写作技巧

（一）**把握标准**。首先要清楚述职报告的写作标准。围绕岗位职责和任务目标来讲述自己的工作，特别要体现出个人的作用，不能写成工作总结。

（二）**体现个性**。不同的岗位，有着不同的职责要求，即使是相同的岗位，因个性差异，也需要有鲜明的特点，内容客观，实事求是，不能和其他人的千篇一律。

（三）**实事求是**。切忌华而不实，虚饰浮夸。述职报告一定要讲真话，讲实话，讲心里话。无论称职与否，都要与事实相符，既不要自吹自擂，也不要过分谦虚。

（四）评价中肯。 行文语言要朴实，措辞要严谨，语气要谦恭，尽量以陈述为主，也可以有一些工作的感想和启示，但不可添加描写、抒情，更不能使用夸张的语言。

（五）抓住重点。 抓住带有影响性、全局性的主要工作，对有创造性、开拓性的特色工作重点着笔，力求详尽具体。对日常性、一般性、事务性工作表述要尽量简洁，略作介绍即可。

五、注意事项

述职报告主要是反映领导干部本人在组织赋予的职权范围内所进行的实践活动。哪些是自己亲自主持完成的，哪些是自己参与决策的，哪些是在自己领导或指导下完成的，这些都应当分别写清楚，不能含混。

（一）处理好成绩和问题的关系。 述职是为了让组织和群众了解并掌握干部德才状况及履行职责的情况。要实事求是地评价自己，理直气壮摆成绩，诚恳大胆讲失误。

（二）处理好集体与个人的关系。 述职是民主考评干部的重要环节，也是干部自觉接受组织和群众监督的有效形式。不能把集体之功归于个人，也不要抹杀了个人作用，要分清个人实绩和集体实绩。

（三）处理好主流和支流的关系。 应该说，日常的工作是大量的、复杂多变的，材料是琐碎的、分散的、零星的。述职者在动笔之前，要对材料进行筛选和整理，列出提纲，选择主要工作，抓住主要政绩来写，不要事无巨细，眉毛胡子一把抓，写成流水账。

（四）处理好时间和方式的关系。 述职报告一般要当众宣读，所以，语言要朴实。在述职时，用朴实的语言叙事说理，不仅缩短了与群众的距离，也密切了和干部的关系。另外，干部在述职大会上，每人述职的时间有限，要在有限的时间内，将重点表述清楚，少讲、不讲与述职无关的话题，必须准确把握时间，发挥时间内的效益，切记拖沓冗长。

第十二节　典型材料

一、概念

典型材料是把先进集体或先进人物的事迹，或把犯错误党员干部、存在问题单位的情况加以综合整理而写成的书面材料。

二、结构

典型材料一般由标题、正文和落款三部分组成。

（一）标题。 一般情况下，典型材料的标题有两部分内容：一是个人姓名或集体的名称，使人一眼便看出是哪个人或哪个集体、哪个单位的事情。二是事迹的主要内容或材料的用途。如《关于评选××党支部为省直机关先进党支部的材料》等。

（二）正文。 首先要写明个人或集体的简要情况，如姓名、工作单位、职务等。其次，要写明准备授予其什么荣誉称号或给予什么形式的处分。展示典型经验的背景和突出的成果或主要错误情节。最后，对典型经验进行总结。典型材料内容的表述，应当既要有思想性，又要有具体做法或实例；既要有面上的综合情况，又应有点上的详细说明，必要时还要用具体数字来说明。

（三）落款。 落款包括署名和成文时间，写在正文的右下角。

三、范例【5—12】

××县建设文明卫生城镇经验材料

××县城始建于1909年，是一座比较年轻的小城镇。多年以来，由于受历史和经济社会发展水平的制约，县城规划建设滞后，管理不到位，"脏、乱、差、挤"现象比较突出，严重地影响了××地方形象，影响了××人的形象，极大地阻碍了全县对外开放的发展步伐。面对这种状况，县委、县政府痛定思痛，狠下决心，切实把城市建设和管理工作纳入重要的议事日程。2016年12月，我县综合治理整顿万人动员大会拉开了县城"六大秩序"治理整顿管理序幕。两年多来，在县委、县政府强有力的领导和广大居民群众的积极配合支持下，全县上下各级各有关部门思想认识高度统一，立足××实际，紧紧围绕建设县城"一湖二环四片区"精品旅游文明卫生小城镇的发展目标，切实加强领导，强化措施，全民动员，克服了建设资金缺乏、管理基础薄弱、管理队伍力量不足等诸多困难，解放思想，大胆探索，创新机制，强化服务，严格管理，使我县城市管理工作步入了法制化、规范化、日常化的管理轨道，县城"脏、乱、差、挤"现象得到有效治理，保持了优美、整洁、舒适的居住环境，市民文明卫生意识明显增强，文明开放程度明显提高，树立了××良好的地方形象，受到国内外来宾和社会各界的好评。同时，加强了乡级集镇管理，形成了城乡联动、整体推进的良好格局。我们的主要做法是：

一、抓领导，建队伍。城市管理是一项复杂的、艰巨的社会系统工程，必须加强领导，强化队伍建设。2016年年底，我县就组建了城管监察大队，负责城市管理工作，但由于力量薄弱，管理效果不明显。为确保真正管到位，2017年年底……

二、抓规划，建制度。规划是龙头，制度是保证。我县始终坚持规划优先的原则，完成了县城总规和详规，严格规划控制，重点对影响市容市貌的各类市场进行了全盘统筹规划，确保建设一盘棋，管理一条龙……

三、抓建设，打基础。创建文明卫生城市，核心在建设。近年来，特别是近两年来，我县切实树立了经营城市的理念，按照"以地生财、以财建镇"的发展思路，千方百计争取上级投入，吸纳民间投资，盘活存量资产，聚财聚力搞建设……

四、抓形象，促宣传。两年多来，我县始终坚持用正确的舆论引导人，在县委、县政府的统一组织领导下，全县各级各部门充分利用各种节日和活动，采用广播、电视、标语、宣传栏、宣传车、宣传单等多种形式，在学校和广大市民中广泛开展……

五、抓服务，严管理。"三分建，七分管。"要保持城市一时的整洁有序易，保持长期整洁有序难，必须坚持长期抓，经常管。两年多来，我们始终坚持全面清理与重点整治相结合，全民动员，齐抓共管，严格执法，创造了良好的人居环境……

各位领导，我县城市管理工作尽管取得了一定成绩，但离上级党委政府的要求和人民的期望还有不小的差距，管理中还存在不少困难和问题。我们将在市委、市政府的正确领导和兄弟县区的大力支持和关心下，解放思想，开拓创新，真抓实干，进一步做好城市规划、建设和管理工作。

××县人民政府办公室

××××年×月×日

四、写作技巧

典型材料源于现实生活，是在分析、研究现实生活的基础上，总结出来的经验和教训，有利于为他人树立榜样，减少工作失误。典型材料又是材料中最精辟的类别，需用平实、质朴、简洁的语言叙述事实，不需要华丽的辞藻。所以，典型材料的写作要不违心，不造假；不拔高，不夸大；不虚言，不拉长；不偏听，不轻信。这就需要做到以下几点：

（一）广泛调查。大量地掌握第一手情况，突出典型性。搞调查时要先拟好经验主题，围绕主题，挖掘和寻找出材料。调查要围绕主题深度挖掘、选取材料，这样才能搜寻到一手材料。

（二）**主题鲜明**。主题要符合要求，要站在时代的高度提炼主题，提炼出的主题对当前要有指导作用。主题要以实际工作为基础，必须是从实实在在的工作中提炼出来的，不能为了主题脱离事实，不能搞假、大、空。

（三）**深入思考**。对典型材料要深入思考，加工整理。思考的过程就是概括抽象的过程，也是提炼和选择的过程。思考要围绕主题展开，集中突出，不能泛泛而谈、浅尝辄止。

（四）**精心设计**。典型材料要精心布局谋篇。技巧是把大题目和各个部分的分标题定出来，大题目要鲜明地表达主题，分标题要紧紧围绕主题展开，不能使之游离。保证整篇材料主题鲜明，论述集中，给人以深刻印象。

五、注意事项

写典型材料使用的素材要真实、准确、可靠，不能夸大和缩小，不能人为地拔高或有意辩解。对尚未核实的材料不要写进去。措辞要有分寸，不要讲过头话，要注意效果。要注意摆正先进人物与周围群众的关系，摆正犯错误的人与客观环境、条件的关系。不要把成绩或错误都算在一个人身上。文字要尽量简洁朴实，切忌空话、套话和言过其实。除此以外，还要做到材料结合要好，切入角度要巧，这样的典型材料才具有说服力和感染性。

第六章

公文审核的技巧

一般而言，办公室是公文处理的管理机构，公文送负责人签发前，应当由办公室进行审核。办公室审核是办公室文秘人员审核后，报送办公室主任审核，这既是对办公室文秘地位作用的承认和肯定，也是对办公室地位作用的承认和肯定。

第一节　严格法律尺度

是否依法办文，是公文审核的第一要素，在公文审核的过程中，首先要把握依法行政的尺度。也就是说，任务公文的拟制与颁布，必须体现法制精神，贯彻依法治事的理念。具体而言，在审核公文的过程中要做到以下几点。

第一，遵守法律法规。 内容合法是公文具有权威性和效力性的前提。《党政机关公文处理工作条例》规定，公文必须符合国家的法律、法规及其他有关规定。公文的内容不能违背各种通用法律、法规和规章，不与各种行业性法律、法规和规章相抵触，更不能出现违反法规、政策的公文。

第二，按规定使用文种。 文种的作用在于表明文件的性质，制发的目的、要求与用途，便于收文机关进行文书处理。文种及其使用不是由某一机关随意确定的，必须遵循国家的有关规定。在实际工作中，办公室文秘人员要严格按照国家关于文种使用的规定，正确选择和使用文种。

第三，按规定使用公文格式。 《党政机关公文格式》对机关公文的用纸、排版、格式、规格与印刷装订等都有明确的要求，办公室文秘要严格按照这些规定，抓好文件审核，使本单位、本部门制发的文件准确体现工作意图，文件内容前后衔接，用语规范简练，形式合规。

第四，按照行文规则制发和处理文件。 行文规则是各级机关公文往来共同遵守的制度和原则。遵守行文规则能保证公文传递方向正确、快捷有效，避免公文旅行，阻止部分公文进入不必要的流通渠道，保证公文得到及时、正确的处理。要根据与主送机关的工作关系，在自己的职权范围内正确行文，达到以文会事、以文办事的目的[①]。

第二节　把握三个环节

办公室文秘人员在公文审核过程中，重点要把握初审、细查和推敲三个环节。

---

① 李中锋. 高校办公室应依法行政 [J]. 秘书之友, 2004 (4).

一、初审环节

初审环节的审核要点主要有以下几个方面。

第一，是否需要行文。 该环节要按照中央八项规定关于精简会议、文件的工作要求，对可发可不发的文件坚决不发，能采取打电话等途径解决的问题不行文，切实担负起减少文山会海的职责。对非行文不可的也要严格把关，看是否可行，确保公文质量。

第二，是否符合党的方针政策。 凡公文都要符合党的方针政策，凡改变现行政策规定或提出新的政策规定，都要切实可行，并与原有规定相衔接。切不可另搞一套，与中央政策相违背，或者搞上有政策、下有对策那一套。

第三，是否符合公文格式。 所谓公文格式，即公文规格式样，主要内容包括公文通用纸张尺寸、规格、书写形式和公文各组成部分的排列顺序。格式上常见问题是乱用红头、文种相混、主送机关不清、漏项错项等。

第四，观点与材料是否一致。 公文的观点极为重要。一定要看公文标题是否清晰，文件的观点与材料是否一致，谈观点没有材料和谈材料没有观点是撰写公文的大忌。

第五，语言是否准确简洁。 公文语言的要求一是要准确，二是要简洁。所谓准确，就是指公文的用语要恰如其分地表达公文的内容，使人一看就知道公文的中心思想和基本精神，要注意语言含义的单一性，绝对不能模棱两可，似是而非。所谓简洁，就是要简明扼要，没有多余的话，用较少的文字表达较丰富的内容。鲁迅先生说，写完后至少看两遍，竭力将可有可无的字、句、段删去，毫不可惜。宁可将可做小说的材料缩成 Sketch（梗概），决不将 Sketch 材料拉成小说。[1]

二、细查环节

公文初步审核后，不能马上送领导签发，办公室文秘人员必须注意认真检查，反复修改。常言说："文章不厌百回改"。有人讲："改比写还难"是很有道理的。从某种意义上说，文章是改出来的。办公室文秘人员特别是负责人要对公文反复检查修改。查，重点要查观点、查材料、查结构、查衔接、查遗漏、查重复、查矛盾、查格式、查字词、查标点。以上诸项，不论哪个方面出问题，都会影响公文质量和机关威信。办公室文秘特别是办公室负责人作为公文的最后把关人和检查官，细查每一个公文，是基本职责，也是确保机关形象和推动

---

[1] 本书编写组. 鲁迅全集（第四卷）[M]. 北京：人民文学出版社，1956.

事项有效办理的重要措施。

三、推敲环节

推敲就是要把已写好的公文从头到尾用"语法、修辞、逻辑"三把尺子进行衡量。有的句子从语法角度看没有问题，但不符合逻辑要求；有的句子符合语法要求，但修辞使用不好。同时，还要从义理、考据、辞章的角度，认真审核每一篇公文。所谓讲义理，就是要求公文做到观点正确，论据充分；讲考据，就是公文所引用的材料和作为铺垫的材料要准确、充分，有说服力；讲辞章，就是公文的形式要好。同时要做到准确性、鲜明性、生动性相结合。准确性属于概念、判断、推理问题，即逻辑问题；鲜明性、生动性主要是辞章问题。毛泽东同志曾经指出：现在许多公文的主要缺点，一是概念不明确，二是判断不恰当，三是使用概念和判断进行推理的时候又缺乏逻辑性，四是不讲究辞章。看这种文件较累，既耗费精力又少有所得。

第三节　注重多角度审查

办公室是机关工作的枢纽，在很大程度上，办公室文秘既是机关公文的起草者，又是把关者和审核人。我们在提高办公室文秘公文写作功底和能力的同时，在更大程度上要进一步提高其公文审核的功底和能力。一般而言，各级机关单位的办公室是公文处理的管理机构，主管本机关的公文处理工作并指导下级机关的工作。公文送负责人签发前，应当由办公室进行审核。办公室审核流程是办公室秘书人员审核后，报送办公室主任审核，这既是对办公室文秘地位作用的承认和肯定，也是对办公室地位作用的承认和肯定。

以上主要介绍了党政机关常用公文以及事务性公文审核的方法和要领，对于法规性公文，如章程、条例、规定、办法、细则、规则、制度、守则、公约等，具有强制性、针对性、严密性等特点，办公室文秘在审核这类法规性公文时，一般要从以下四个方面进行。

一、程序审查

按照 2001 年 11 月 16 日国务院令 322 号《规章制定程序条例》以及《党政机关公文处理工作条例》的要求进行审查。重点要抓住法规性公文的立项、起草、审查、决定、公布、印发、解释、备案等环节。具体来说，就是要看立项是否必要周全、起草是否全面科学、审查是否完备周延、决定是否程序正当、公布是否及时有效、印发是否范围恰当、解释是否清晰全面、备案是否规范及时等。

二、形式审查

主要是合法与适当的审查。

（一）所谓合法，一看立法权限上是否有法律依据，超出法律规定权限的一律无效。也就是说，只有有立法权的机关和单位，才能制发这一类文件，超越权限的制发，就是越位。二看立法程序上是否合法，必须遵循法定程序，即严格按照党的机关和行政机关法规制定程序的规定执行。三看立法内容上是否合法，必须为上位法所容且不违背上位法。也就是说，要符合上位法，不能违反和违背上位法的规定，否则就是无效的规定。

（二）所谓适当，一看立法动机是否良好，要从国家和整体利益出发。不能把国家立法变成部门立法，把部门立法变成个人立法，更不能把部门利益法制化、法制利益个人化。二看立法有无充分的实践基础和经验。立法是把长期有效的带有规律性的规定，上升为法的规定，坚实的实践基础就是立法的基础条件，凡是那些没有经过实践检验证明为长期有效的内容，不能纳入法的规定。三看立法内容是否合乎常理，平等对待各方当事人。法规条文的内容必须客观公正，照顾到方方面面的利益关系，不能顾此失彼，有失公正。四看同位法之间是否协调一致。也就是说，相关或者相近法规之间关于某一问题的规定，是否协调一致，是否存在依法打架的现象。若存在，就是不成熟的规定。

三、结构审查

逻辑结构上，规章制度的结构一般可以分为标题、序言、正文、结尾四个部分。形式结构上分为卷、编、章、节、条、款、项、目。结构布局上，要求做到结构严密、逻辑严谨、层次清晰、简洁明确。一要以表述明晰和理解方便为标准。二要以内容多寡和复杂程度为尺度。三要尊重习惯用法和国情。一般是编、章、节、条、款、项、目。四要协调照应新法与旧法、此法与彼法、母法与子法之间的关系。五要注意各结构单位的设置和编排，做到规范、统一、合理、严密①。

四、内容审查

对法规性公文的内容审查，要求做到熟悉业务、把握前沿、掌握规则、精

---

① 曹康泰，汪永清. 立法法释义 [M]. 北京：中国法制出版社，2011.

晓文字、潜心琢磨，并与起草单位和相关当事人共同协商。熟悉业务，就是对法规性公文要规范的对象、内容和状况有充分的了解，不说外行话、不办外行事。把握前沿，就是要知晓该领域业务的最新发展和最新动态，不说过时话，不办糊涂事。掌握规则，就是要按照行政法规制定程序条例的要求或者制发法规性公文的通行要求，严格审核把关。

第四节　把握修改火候

　　古人"两句三年得，一吟双泪流"的诗句，充分说明了公文审核修改的艰巨性和重要性。应该说，好公文都是改出来的。著名作家何其芳曾经说过，一般文章的毛病，主要有12个方面，这就是，抽象笼统，叙事不具体，说理不分析；根据不足，就下断语，我要怎样说就怎样说，信不信由你；强调一点，不加限制，反驳别人，易走极端，没有分寸，不够周密；大家都知道的事情说得很多，以为只有自己知道别人不知道；别人不知道的事情说得很少，以为自己知道别人也知道；许多事情和问题，随便放在一起，没有中心，没有层次，逐段读时也还可以，读完以后一片模糊；写到下句不管上句，写到后面不管前面；信手写来，离题万里，偏又爱惜，舍不得割弃；抄书太多，使人昏昏欲睡；生造词语，乱用术语，疙里疙瘩，词不达意；没有吸取说话里面的单纯易懂、生动亲切等好处，只剩下说话里面的啰唆重复、马虎破碎等缺点；没有学到外国语法的精密，却模仿翻译文字造长句子，想把天下的事情一口气说完，一直是逗号到底①。

　　修改公文一般有四种做法：

　　一是"热"改。公文写完后，趁热打铁，马上开始修改，看看体例、提纲、谋篇布局是否达到要求和预期目的，并及时添加写作时遗漏的一些内容和佳句。

　　二是"冷"改。公文写完后，如果时间允许，搁置一段时间，甚至更长的时间进行冷处理，待当时的写作激情彻底消退后，再拿出来重新斟酌，跳出原来的写作思维和框架进行审视，以一种客观、挑刺的心理进行修改，看结构是否严谨，内容是否充实，词语是否妥帖。

　　三是"请"改。请领导、行家里手和专家把关修改。

　　四是"诵"改。特别是领导讲话稿，吟诵读改是非常好的方法②。古人写

---

① 何其芳. 谈修改文章 [M]. 何其芳文集（第4卷）. 北京：人民文学出版社，1983.
② 宋永亮，苏云尚. 当好"三家" 妙笔生花 [J]. 秘书工作，2005（11）.

诗讲究反复吟诵，道理皆然。公文写作也要反复诵读，不能只在心里默读，文章经过"冷热"处理后，至少还要诵读三遍。只有这样，才能发现哪些语句长短不合适，哪些地方有丢漏字和错别字，哪些话语不适合领导的语气和口吻等，从而使公文达到字、词、句、篇圆融统一，珠联璧合。众所周知，厚积才能薄发，深入才能浅出。无论是博学、深思还是勤写，都要求办公室文秘人员抵得住诱惑、耐得住寂寞、守得住孤灯、坐得住冷板凳，这样才能修成正果，妙笔生花。

第五节 常见错情及处理

从机关工作实践来看，审核公文常见的错情主要有十个方面，掌握这些知识，就能够在实际工作中游刃有余，甚至成为拟制公文的行家里手。

一、标题错误

标题错误的主要错情有：要素不全、乱用文种、提炼不精、题不达意、用词重叠、滥用符号等。

（一）**要素不全**。常见的问题有三种：一是随意省略发文机关。一些基层部门随意制发没有版头（发文机关标识）的文件，如《关于上报2018年党支部工作要点的报告》。处理原则是：没有版头的下行文、上行文均不得省略发文机关；凡是有版头（发文机关标识）的，为避免公文标题累赘，也可以不标明发文机关。二是随意省略事由。例如，《×××人民政府决定》这种公文，容易引起歧义和误解。三是随意省略文种。例如，《××局关于召开全市水土保持工作会议的有关事宜》，"事宜"后缺文种，需要加上"通知"。

（二）**乱用文种**。常见的问题有三方面。一是生造文种。例如，《××局关于解决办公室的申请》，申请不是规范的文种，可以修改为"请示"。二是混用文种。例如，《××局关于购买办公设备经费的请示报告》，文种中，请示与报告的区别比较大，前文已经做了详细说明，不能并用，这里要改成"请示"。三是错用文种。例如，《××局关于解决项目前期费的报告》，这里"报告"和"请示"错用，凡是要求批复的报告，一律要用"请示"文种。

（三）**提炼不精**。例如，《××部关于认真做好汛期水库防汛和淤地坝防汛工作及进行汛前安全大检查的通知》，太啰唆冗长，修改成《××部关于认真做好各类水利工程防汛工作的通知》。

（四）**题不达意**。一是事由不清。例如，《××局关于××河流改造的请示》，从题意上看，是请示改造河流，实际上是请求解决经费。应改写为《××局关于解决××河流治理经费的请示》。二是题意不清。例如，《×××人民政府关于粮食问题的通知》，其中缺少"价格""收购"等词语限制中心词"问题"，未能准确反映公文表达的主要内容。

（五）用词重叠。例如，《××县人民政府关于转发××市人民政府关于转发××省人民政府关于转发国务院关于坚决制止占用基本农田进行植树等行为的紧急通知的通知的通知的通知》，这里用了四级通知，冗长而不符合规范，修改为《××县人民政府关于转发坚决制止占用基本农田进行植树等行为的紧急通知》。

（六）滥用符号。公文标题中除法规、规章名称加书名号外，一般不用标点符号。例如，《中共××区党委办公室关于印发〈××书记在××会议上讲话〉的通知》，应该把书名号中的单书名号删除。

（七）介词不当。一是"关于"和"对"。例如，《关于对××修改意见的函》，应该把"对"删除，修改为《关于××修改意见的函》。二是两个"关于"。例如，《××市关于转发卫生部关于进一步加强甲型H1N1流感防控工作意见的通知》，要删除其中的一个"关于"，修改为《××市转发卫生部关于进一步加强甲型H1N1流感防控工作意见的通知》。三是"通知"问题。作为下行文时，意见本身是一个文种，不需用通知文种来印发，显得重复累赘。例如，《国家机关事务管理局印发关于进一步加强××管理的意见的通知》，应当修改为《国家机关事务管理局关于进一步加强××管理的意见》。

（八）乱用标点。标题中随意使用标点符号的问题。例如，关于转发《财政部、住房城乡建设部关于××通知》的通知，应该删除其中的顿号，修改为《关于转发财政部　住房城乡建设部关于××通知的通知》；《中共中央办公厅、国务院办公厅关于××的通知》，应当修改为《中共中央办公厅　国务院办公厅关于××的通知》。

（九）随意简称。例如，"国家发改委"应该简称为"国家发展改革委"，"住建部"应当简称为"住房城乡建设部"，"人社部"应当简称为"人力资源社会保障部"等。

二、主送问题

主送多位领导时，按照中央办公厅秘书局规定，遵守礼宾顺序排列，高前低后，职务低的置于"并"后，职务高的置于"并"前，例如"××局长并××副局长"。

三、正文引文问题

在文中引用标题，标题有发文机关的，应为《国家发展改革委关于印发××

的通知》；标题无发文机关的，应在书名号外加发文机关，发文机关可用规范简称，例如，国家发展改革委《关于印发××的通知》。文中首次引用公文用全称，后面注明发文字号；再次引用直接引为"文号+文件"。例如，首次引用"根据《中共中央办公厅　国务院办公厅关于印发××的通知》（中办发〔××××〕1号）要求……"，再次引用时写为"中办发〔××××〕1号文件规定"。

四、规范化简称问题

使用非规范化简称时，应在首次出现时用全称并注明简称。例如，《中华人民共和国药品管理法》（以下称药品管理法），应当修改为《中华人民共和国药品管理法》（以下简称药品管理法）。

五、数字问题

一是阿拉伯数字、年份在行文中不能断开，不能分成两行表述，即不能回行表述。

二是除特定情况下需要使用汉字数字外，正文中一般使用阿拉伯数字。

三是在公文中主要使用阿拉伯数字，如表示数量、长度、高度、面积、体积、重量和百分比等。词、词组、成语、惯用语、缩略法和具有修辞色彩的词语中作为词素使用的数字应用汉字。例如，50%不能写成百分之五十，20世纪90年代不能写成二十世纪九十年代，党的十四大不能写成党的14大，七上八下不能写成7上8下，一个小组不能写成1个小组。

四是记数和计量一般使用阿拉伯数字，包括正负整数、小数、分数、百分比、比例、约数等，例如，30个单位，1.5万元，工资支出占总支出的1/3，收入同比增加了50%，处级以上干部与科级以下干部的比例为1∶1.5，5 000余人参加了会议。

五是相邻两个数字连用表示概数的，带有"几"字的约数，定型的词、词组、成语、惯用语、缩略语以及具有修辞色彩的词语中作为词素的数字，必须使用汉字。例如，几十人不能写成几10人，一穷二白不能写成1穷2白，星期五不能写成星期5。相邻两个数字连用表示概数的，两个数字之间不能用"、"隔开。如：七八十人不能写成7、80人或者七、八十人。

六是表示数值范围，前后都要加单位，例如，1~2万人要修改为1万~2万人；50~70%要修改为50%~70%。

七是法规和公文中"以上""以下"均含本数或本级，例如，20岁及20岁以上修改为20岁以上。

六、错字别字以及易混淆字词问题

（一）**写作过程中用错字和别字问题**。常见的有将"按部就班"写成了

"按步就班","不计其数"写成了"不记其数","不徇私情"写成了"不殉私情"等等。

(二)写作过程中易混淆字词的问题。常见的有"截至"和"截止","账"和"帐","其他"和"其它","报道"和"报导","必需"和"必须","下发"和"印发","制订"和"制定","像"和"象","公布""发布"和"颁布",等等。

【小链接】

易混字词辨析①

安—按。"安"读一声,"按"读四声。凡读一声的就用"安",读四声的就用"按"。常见错误是把"安装"写成"按装",把"安排"写成"按排"。

暴发—爆发。表示突然发财,用"暴发户";表示在运动中突然产生力量,用"爆发力"。洪水"暴发",火山"爆发"。"暴发"多用于较具体的事物,"爆发"具体、抽象的事物都适用。

辨—辩—辫。"辨"表示区别、分析。"辩"表示争论,说明是非、真假,通过言语论辩来表明事理。"辫"就是辫子。凡是与动嘴有关的词就用"辩",常见错误是"辩"和"辨"混淆。

部—布。"部"是整体的一部分。"布"是宣告、散布。常见的错误是将"部署"写成"布署","布置"写成"部置","按部就班"写成"按布就班"。

材—才。"材"本义是指树干,引申为木料、木材。"才"是指才能。不能把"大材小用"写作"大才小用",把"才干""才华"写作"材干""材华"。

采用—采取—采纳。"采用"重点在于取用,拿过来用,不思考。采取,针对有关情况思考后决定采用。"采纳"经过思考后觉得可用。采用,适用较广,可用具体和抽象事物,如工具、经验、手段等。"采取"只适用于抽象事物,如意见、立场等。采纳,只适用于意见、建议、要求、主张。

诞生—诞辰。"诞生"是指(人)出生。"诞辰"是指生日。"诞生"是动词,诞辰是名词。

订—定。"订"经过研究商讨而立下,如"订婚""订合同"。"定"平静,稳定,如"坐定""心神不定"。两者也有相通的地方。如订货—定货、订婚—定婚。

预订—预定。"预订"是指预先订购,对象一般多是具体的事物。如"预订房间""预订机票"。"预定"意思是预先规定、约定,对象一般多是抽象的

---

① 国务院办公厅秘书一局编:《易混易错常用公文字词辨析》,2005年9月。

事物。如"按预定计划执行"等。

审订—审定。"审订"突出审阅、修订。"审定"突出审查、认定。

洞察—洞悉。"洞察"指观察得很清楚,"洞悉"指很清楚地知道。"洞察"侧重观察的透彻,可能看到事物的现象并记录下来;"洞悉"侧重知道的清楚,只有捕捉事物的本质,才能做到洞悉。

度—渡。"度"多指时间上的度过,表示经历了一段时间,如虚度年华、欢度新春佳节等。"渡"侧重指乘船或游泳横过江河。"度过"常与时代、季节、光阴等搭配;而"渡过",常同江河湖海及困难、危机、难关等搭配。

对于—对。"对于"只有介词词性,而"对"所保留的动词词性较强。"对于"只表示对待的关系;"对"除表示对待的关系外,还可表示方向性,表示动作行为的对象,如"对党负责"。作介词时,语体的色彩不同。"对于",显得庄重一点,适于书面语言。"对"则通俗一些,适于口语。

反映—反应。"反映"原指光线反照,一般指把客观事物的实质表现出来等意思。"反应"强调外界刺激所引起的相应活动。"反映"强调把意见向上级或有关部门报告,主动性强一些。"反应"一般指有诱因,才有行为,即有刺激和事件,才有相应的活动和意见。

分—份。从词性上看,"分"主要用作名词和量词,"份"除了名词和量词之外,还可以用作形容词。"分"组成的常用词有:辈分、本分、成分、过分等。"份"组成的常用词有:份额、份儿饭、股份、份子(子读轻声)等。

肤浅—浮浅。"肤浅"指学识浅,理解不深。"浮浅"除了指认识表面,还有轻浮浅薄的意思。"肤浅"常形容看法、体验、认识、理解等;"浮浅"则常形容思想、内容、人品等。

函复—复函。"函复"是动词,是指用函的形式答复对方。"复函"也可以作动词,如"复函对方单位"。

及时—即时。"及时"表示正赶上某个时候,适合需要,不拖延、马上、立刻的意思。"即时"表示立即的意思。

几率—机率。"几率"为概率旧称,目前一般常用"几率";"机率"多与"多、少"搭配。"几率"可以放心大胆使用,而"机率"可以不用,若有"机率"可用"概率"替代。

检察—监察。"检察"指审查被检举的犯罪事实。"监察"指监督各级国家工作人员的工作并检举违法失职的机关或工作人员。

精练—精炼。"精练"表示做文章或说话语言扼要,不多余。如"这篇文章语言精练。""精练"一般只做形容词,而"精炼"还可以做动词。

决不—绝不。"决不"决心不。表示一定、坚决,强调的是意志上的控制。"绝不"绝对不,指没有任何条件的限制。

励—厉。"励"劝勉的意思。"厉"意思是磨刀石,引申为磨,使锋利。常见错误:把"再接再厉"写成"再接再励","厉行节约"写成"励行节约","励精图治"写成"厉精图治"。

其间—期间。"其间"一是表示空间,即那中间、其中的意思;二是表示时间,指某一段时间。"期间"一般只表示时间。"期间"只能跟在其他词后面使用,如"农忙期间"等。"其间"可以独立使用,或充当状语、宾语。

权利—权力。"利"是"利益","力"是"力量"。"权利"是依法行使的权力和享受的利益,"权力"指政治上的强制力量、职责范围内的支配力量。

蜕化—退化。"蜕化"比喻腐化堕落乃至彻底变质。"退化"有两个义项:一是指器官、机能减退;二是指事物由优变劣、由好变坏。前者是一种自然现象、正常现象,后者是一种社会现象、腐败现象。

违反—违犯。"违反"是指不遵守或不符合,如"违反自然规律"。"违犯"是指有意识地破坏和触犯。"违反"的程度较轻,"违犯"程度重。

以至—以致。"以至"表示时间、程度、范围上的延伸或由于前面所说的情况而产生的某种结果。"以致"表示由于上述原因所形成的结果。

坐—座。"坐"是动词,如"席地而坐"。"座"是坐位,也指在屋下坐的状态。座还做量词,如"这座建筑"。常见的错误是"坐"和"座"不分,把"坐车""座次""座谈"等误写成"座车""坐次""坐谈"等。

按照—遵照—依照。"按照"中性语,通用于各种文体。"遵照"带有尊重色彩,多用于上行文。"依照"完全照办,多用于法律条文,多搭配法律或者与法律有关的词语。

必须—必需。"必需"动词,表示一定要的,不可少的,有构词能力,可与其他名词组成新词。如"必需品"。"必须"副词,表示事理上和情理上的必要,一定要。

公布—发布—颁布。"公布"既可以是法律法规、文告等重大事件的发布,也可以是机关团体同志的一般事项的发布,范围宽,涉及面广,侧重点在"使大家都知道"。"发布",即宣布(命令、决定、指示等)。公布的对象多为"法律、法规"。发布的对象多为"命令、决定"。"颁布"现在较少使用。

制订—制定。"制订"强调方案、计划等形成过程。对象多是方案、计划。"制定"强调法规等的定型和拍板定案,强调动作已经完成。对象多是路线、方针、政策、法令、规章制度等。

急待—亟待。"急待"强调时间的紧迫性。"亟待"强调意义的重要性。问题的严重性已经达到极点。

截止—截至。"截止"到一定期限停止，是终止、结束的意思。"截至"表示到……为止的意思，多指一个过程、事情暂告一段落，并不意味着终止或者结束。用于时间之前，不能在其后。如"截至今天，报名的有35人"。

实行—施行。"实行"用行动来实现，多指纲领、政策、原则、制度等。如"实行十一五规划""实行改革"等。"施行"指法令、规章等公布一定的时候开始生效。如"现予公布，自某年某月某日施行"。

唯—惟—维。"唯"用做副词时，与"惟"相通，是只是、单单的意思。"维"表示连接、保持的意思。如"维系关系"。

账—帐。"账"一般与钱财有关系。如"记账""账簿"等。"帐"遮蔽的东西。如"帐篷""青纱帐"等。

做—作。"做"更强调干具体事情。如"做作业。""作"干的事情比较抽象。如"作答"。

七、附件问题

在正文下空1行，左空2格标识"附件："，不能只标识"附："，使用3号仿宋字体，回行不能顶格，与附件后汉字对齐。

多个附件用阿拉伯数字标明序号。数字后应加点"."，不应加顿号"、"。

附件名称不加书名号，末尾不加标点符号。在附件第一页第一行左顶格分别标注"附件1""附件2"……。均使用仿宋3号字体。

八、成文日期问题

成文日期以负责人签发日期为准，用阿拉伯数字。联合行文以最后签发机关负责人的签发日期为准。成文日期右空4字，加盖印章应上距正文2~4 mm。

九、印章问题

将各发文机关署名按发文机关顺序整齐排列。第一排发文机关署名与正文或附件说明之间空两行。每一排最多编排3个发文机关署名。

单一机关发文，需要标注单位名称，印章盖在成文日期上。当印章下弧无文字时，采用下套方式，即印章底端边沿骑年盖月（压年和压月）；当印章下弧有文字时，采用中套方式，即下弧文字在年月日的下方，年月日跨在印章的中央。如图4—1所示。

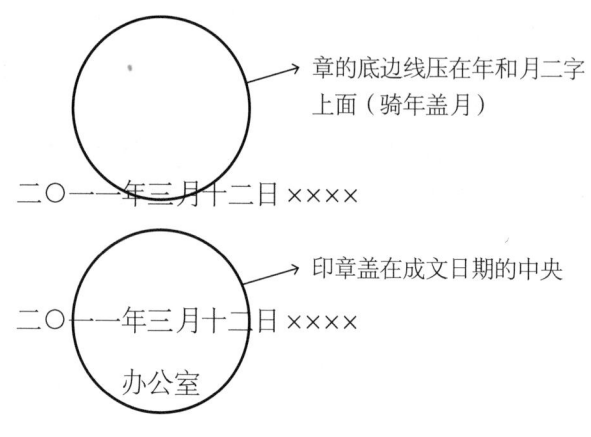

图 4—1　印章问题

十、抄送问题

抄送和主送对应，有主送才有抄送。工作简报、会议纪要等文件没有主送栏，只设分送栏，可加报送栏，不设抄送栏。抄送机关排序的规则是：党、政、军、群、人大、政协、法院、检察院，民主党派。例如，抄送：党中央各部门，各计划单列市人民政府，中国共产党中央军事委员会办公厅、各总部、各军兵种、各大军区，全国总工会。全国人民代表大会常务委员会办公厅，中国人民政治协商会议全国委员会办公厅，最高人民法院，最高人民检察院。各民主党派中央。

【小链接】

国务院办公厅公文审核把关注意事项一览表[①]

工作步骤	注意事项	常见错误
核传批手续	一是手续是否完备。二是发文清样上承办的单位负责人是否签批。	一是承办单位负责人未圈阅即送核。二是承办单位负责人未签发即送核。
核公文格式	一是注意检查发文字号是否正确。二是是否需要标注密级和紧急程度，密级和紧急程度标注的位置是否有误。三是主送机关是否有遗漏，顺序是否正确。四是成文日期是否正确。五是如有附件，是否注明附件顺序与名称。附件标题折行时不应顶格写。	一是发文字号有误，多为年份错误。二是密级和紧急程度标注不当，应该先注密级，后注紧急程度。三是主送机关在抄送机关中重复出现，抄送范围不当，抄送机关排序不当，抄送或者分送栏中人大、政协、高法院、高检院和各民主党派中央未单列一行。四是成文日期与领导最后批定的日期不符。五是编者按未放在标题下。
核文号	注意年份。	跨年度时，容易发生错误。

---

① 国务院办公厅秘书一局编：《易混易错常用公文字词辨析》，2005 年 9 月。

续表

工作步骤	注意事项	常见错误
核标题	一是标题中应该有发文机关、事由、文种。二是标题中"关于"和"对"两个介词不能连用。三是标题中除法律法规、规章加书名号外，一般不加标点符号。	一是标题过长，转发几个部门的文件，可以用"等部门"。二是无发文机关，直接写成"关于……问题的通知"。三是无文种，如没有"意见""通知"等文种。四是文种重叠，如"国务院关于印发……意见的通知"，可以直接改成"国务院关于……的意见"。五是标题出现标点符号，如"关于审议《…规划》等问题"，去掉书名号。
核引文	要查原文件标题。	一是引文错误，与原文不符。二是正式文件中引文未注明发文字号。
核行文关系	注意文件和信函，主送和抄送单位。	报告和函不分，行文关系混乱。
核用词用语	一是语法问题较多，要反复推敲句子。二是拿不准的，可以将句子拆分，一一分析。三是讲究句子前后一致、贯通。四是注意公文的习惯用语。	一是搭配不当，主谓搭配、主宾搭配、动宾搭配、修饰词和中心词搭配。二是语序不当。三是成分残缺。四是句式糅杂。五是词义辨析不够。六是语句精练不够。七是成分多余。八是修饰运用不够。九是用语规范不够。
核逻辑关系	一是有些句子逻辑关系不严密或者混乱。二是一些句子有偷换概念的现象。	一是违反逻辑规律。二是内涵和外延不明确，错误适用。三是各种判断句中的逻辑错误，包括性质、关系、假言、选言、联言判断等。
核表达方式和提法	一是注意"各级政府"和"地方各级政府"的区别。二是注意公布和发布的提法，公布法律、法规，发布决定、命令。	一是有些不包括国务院的也用"各级政府"的提法。二是正确适用地方和部门的简称。
核错别字	对有疑义的字随时查字典。	一是字形相似或者相近。二是音同、音近而字不同。三是音同形近义不同。
核易混字	注意辨析词义。	制定—制订，其他—其它。
核标点符号	一是注意区分顿号和逗号，分号和句号的用法。二是文中第一层次不加标点，第二层次以下的标题都要用标点。三是公文中第三层次即阿拉伯数字后面加圆点"1.2."，而不是顿号。四是表示概数不用逗号隔开，例如，"距今七、八千年"，去掉顿号。	该用句号用了分号，或者该用顿号用了逗号等。
核年代表述和数字表述	一是凡是涉及"建国以来"或者"建国…年"都要表述为"中华人民共和国成立…以来"。二是非本世纪的年代，要将所属世纪写出来。三是公文中10以上的数字原则上用阿拉伯数字。四是数与量（包括正负数、分数、小数、百分比、约数等）应该使用阿拉伯数字。五是土地面积计量单位应该使用平方米。	土地面积使用单位仍然在用"亩"。

第七章

会议管理的基础

召开会议是各级机关单位从事行政管理，开展经营活动，组织对外交流与合作，以及从事内部管理的重要工具。据美国学者统计，一个人一生开会的时间达 9 000 个小时，即 375 天。美国每天开会 1 100 万场，其中 1 050 万场是任务型会议。中层管理者每周开会占 35%的工作时间，高层占 50%的时间；不同组织花在会议上的钱数不一样，但大多数组织直接花在开会上的费用占全部人事预算的 7%～15%。[①] 随着社会进步、技术变革和公民意识的提升，特别是市场经济对效率的追求，人们对会议管理水平和会议效率的期望值越来越高。系统掌握现代会议管理的理念、知识、方法和技巧，不断提升会议的管理水平和效率，是构建现代组织和促进经济社会全面发展的必然要求。

---

① 【美】迈克尔·多伊尔，大卫·斯特劳斯著. 开会的革命 [M]. 刘天佑，译. 北京：国际文化出版公司，2004.

第一节 会议的要素与类型

会议是指3个或3个以上的人按一定的组织原则聚合在一起，围绕某些共同关心的内容而进行的多向沟通的行为。[①] 孙中山先生认为，凡研究事理而为之解决，一人谓之独思，两人谓之对话，三人以上而循有一定规则者，则谓之会议。[②] 会议是有组织、有领导地商议事情的聚会；机关会议是学习传达上级指示、安排部署有关工作、总结表彰先进典型、实现管理意图的手段和途径。要想提高会议管理的水平和艺术，首先要了解相关的基础知识。

一、会议的要素

一般认为，会议由相互影响、有机统一的7个要素构成。准确地理解和把握这些要素，可以清楚地了解会议概况和基本特性，指导和帮助我们高效地管理和参加会议。

（一）要素一——会议主题。 这是指会议的名字。会议主题用于表明会议的宗旨和目的。好的会议主题能够显示会议主办者的思想目的、宗旨意识和独特视角，增强会议的吸引力和号召力。主题的语言表述根据会议性质的不同，可中规中矩、朴实无华，也可标新立异、夺人眼球。主题之下一般会设定多个具体议题，每个议题按照既定的时间、要求和原则进行，以确保更好地实现会议目标。

【小链接】

议题应松紧适度，因时而异

议题众多、规模较大、影响广泛以及国际性的会议，每个议题、活动和会间休息的时间安排衔接要紧凑，议题按照先重后轻的顺序安排，会议才能更富有成效。议题较少、规模较小、影响面较窄的会议，每个议题的时间安排可宽松一些，议题可按照先简后繁的顺序安排，以便在复杂的议题上进行更深入的讨论，而不用顾忌其他。

---

① 王首程. 会议管理［M］. 北京：高等教育出版社，2003.
② 孙中山. 建国方略［M］. 北京：生活·读书·新知三联书店，2014.

2010—2018 年博鳌亚洲论坛主题

届次	主题
第九届，2010 年	绿色复苏：亚洲可持续发展的现实选择
第十届，2011 年	包容性发展：共同议程和全新挑战
第十一届，2012 年	变革世界中的亚洲：迈向健康与可持续发展
第十二届，2013 年	革新、责任、合作：亚洲寻求共同发展
第十三届，2014 年	亚洲的新未来：寻找和释放新的发展动力
第十四届，2015 年	亚洲新未来：迈向命运共同体
第十五届，2016 年	亚洲新未来：新活力与新愿景
第十六届，2017 年	直面全球化与自由贸易的未来
第十七届，2018 年	开放创新的亚洲，繁荣发展的世界

（二）**要素二——会议议程**。该要素是对会议活动顺序的总体安排，主要涉及会议所讨论的事项、需要解决的问题，会议时间、地点、人员，以及主持人等要素。与议程相关的还有议题和日程两个概念，容易混淆。议程是从议题的轻重缓急出发，安排会议的总体进程。日程是从议题的时间先后顺序出发，安排会议的各项程序及辅助活动的进程。

（三）**要素三——会议时间**。该要素包含了会议时间、会期、会议周期三层含义。会议时间即会议起止时间。一般来讲，会议召开时间应尽量避开重要节日、会议和事件，以保证领导出席和代表参加会议。会期是指一次会议的时间跨度，会期的长短事关会议的成本和效果。会议周期是指同类会议之间的时间间隔，应当按照相应的法律法规和组织章程来确定。例如，按照《中国人民政治协商会议章程》的规定，中国人民政治协商会议全国委员会全体会议的周期是一年，即每年召开一次。

（四）**要素四——会议地点**。该要素包含了会议举办地和会议场地两层含义。举办地即会议举办所在的城市、区县、街道等具体地址。会议举办地的选择一般要综合考虑会议的性质、主题、时间、接待能力、交通条件和气候环境等因素。会议场地是会议举行的具体场所，选取会场一般要考虑下列因素：会场的硬件（空调、照明、音响、视频系统、同声传译等），会场的软件（管理水平、服务质量、协调能力等），会场的位置（位置适当、市容良好、交通方便、环境安全等），会场的结构与布局（面积、层高、材料、结构、色彩、采光、温度、湿度、噪声控制等），审美性（实用、美观、大方、简洁），收费适当（按照会议标准和预算）。总之，选取会场要坚持经济、实用、便捷、舒适的原则，高级别或高层次的会议还要考虑会场是否具备贵宾接待室、宴会厅等特殊设施。常用的会场有会议中心、培训中心、宾馆饭店、会堂礼堂和单位内部会议室等。

【小链接】

中央规定党政机关禁在21个景区开会，禁止"异地开会"

2014年9月，中共中央办公厅、国务院办公厅印发《关于严禁党政机关到风景名胜区开会的通知》，要求各级党政机关一律不得到所列21个风景名胜区召开会议。地方各级党政机关的会议一律在本行政区域内召开，不得到其他地区召开。所涉21个景区为：八达岭—十三陵、五台山、太湖、普陀山、承德避暑山庄外八庙、黄山、九华山、武夷山、峨眉山—乐山大佛、庐山、泰山、嵩山、武陵源（张家界）、武当山、白云山、桂林漓江、三亚热带海滨、黄果树、西双版纳、华山、九寨沟—黄龙。

（五）要素五——会议方式。这是指举行会议的形式。会议的任务和性质不同，会议的方式也有所不同。按照会议过程中信息主要传递方向，可分为三类：一是信息单向传递的，主要由会议组织者向参会者传递信息，如报告会、布置会、不接受提问的发布会等；二是信息双向传递的，会议组织者不仅要发布信息，也允许参会者适时提问和发表意见，如听证会、论坛、记者招待会等；三是信息多向传递的，与会各方都可以平等地发布和反馈信息，如研讨会、座谈会等。

一些大型会议兼具多种会议方式，例如，每年召开一次的全国人民代表大会全体会议，兼具了报告会、审议会、记者招待会等多种形式。

网络会议是当前兴起的一种新的会议方式，便于信息多项传递。对大型会议而言，网络会议可以不受时间和地域限制，减少会议费用，提高办会效率，但同时也对会议设施和技术保障提出了更高要求。

（六）要素六——会议主体。这是指组织和参加会议的人，包括会议主办者、参加者和主持人。会议主办者是会议的发起者和组织者。广义上讲，包括了会议的发起、策划、主办、承办、协办机构或个人；狭义上讲，即会议的主办机构，对会议举办负有首要责任。大型会议可能出现多个单位联合主办，或多个单位联合承办的情形。

会议参加者是有资格参加会议的人员。参会资格按照权利义务的不同，可分为正式、列席、特邀和旁听四种。选定参会人员要注意避免遗漏和弄错个人信息，遵循惯例，参会者要严格遵守保密纪律，尽量避免代为出席的情况，控制好参会人员数量和规模。

会议主持人是特殊的会议参与者，其主要任务是按照议程有效地组织管理会议，控制会议进程，引导与会者积极参会和发言，制止破坏会议正常开展的行为，营造会场气氛。

（七）**要素七——会议成果**。会议是有目的性的社会组织活动，主要目的包括沟通信息、达成一致、解决问题等。会议目的的实现程度就是会议的主要成果。会议成果主要以决议、决定、公告、报告、协议、备忘录等书面形式呈现。

二、会议的类型

工作中可能涉及的会议类型繁多，分类标准多样，在考虑会议分类要具有一定现实意义的基础上，本书主要介绍以下五种分类方式。

（一）**按照法律性质分类**。会议可分为法定性会议和非法定性会议。法定性会议即宪法、法律、行政法规、部门规章以及其他规范性文件明文规定必须举行的会议，如人民代表大会等。非法定性会议即法定性会议之外，不为法律所禁止的会议。[①]

（二）**按照会议区域分类**。会议可主要分为国际会议、全国会议、区域会议、单位会议等。近年来，在中国召开的大型国际会议日益增多。中央和地方党政机关在国内举办的会议，应依据和参照《中央和国家机关会议费管理办法》（财行〔2016〕214号）的要求，严格审批和控制规模，大幅压缩会议数量。

（三）**按照会议规模分类**。会议可分为特大型会议、大型会议、中型会议和小型会议。特大型会议一般人数少则三四百人，多则几千人，例如，2018年3月5日上午，第十三届全国人民代表大会第一次会议在人民大会堂开幕，就有近3 000名全国人大代表参会。相对而言，大型会议参会人数一般为150~300人；中型会议为50~150人；小型会议不超过50人。《中央和国家机关会议费管理办法》（财行〔2016〕214号）依据参会人数规模和主办单位的层级不同，把会议分为一类、二类、三类和四类，可与特大型会议至小型会议的四个分类的人员规模对应。

（四）**按照会议阶段分类**。会议可分为预备会和正式会。预备会也称筹备会，是在正式会之前召开的准备会议。预备会上参会人员可以畅所欲言，对正式会上将要通过的议题和决定进行充分讨论。

（五）**按照保密要求分类**。会议可分为保密会议和非保密会议，有绝密会、机密会、秘密会、公开会等；保密会议的内容涉及国家秘密和商业秘密，必须采取相应的保密措施，对参会人员的范围和会议资料的保管都有严格要求。[②]

此外，按性质分，会议有法规性会议、座谈性会议、专业性会议、纪念性

[①②] 向国敏. 会议学与会议管理［M］. 北京：首都经济贸易大学出版社，2011.

会议等；按形式分，有又聚又议（讨论座谈会）会议、只聚不议（报告动员会）会议；按时间分，有定期会议、不定期会议、一次性会议、多次性会议等；按级别分，有中央级、省级、地市级、县级等会议；按层级分，有政治局、全国人大、全国政协、国务院、省政府、县乡政府会议以及总公司、省公司、地市分公司会议等；按地域分，有华东片会、中南片会、西北片会等；按内部行政程序分，有全体会议、常务会议、党组会议、办公会议、专题会议等；按手段分，有常规会议、电视电话会议、网络视频会议等。除以上分类标准外，还有学者按会议是否以营利为目的、会议的功能、会议的周期等标准对会议进行分类。

第二节 会议的角色与任务

会议的参加人员由于职责和分工不同，在会议中扮演着不同的角色，主要包括主持人、记录人、主席（参会主要领导）、参会者四种角色。主持人是会议的引导员和监督员；记录人是会议的书记员和服务员；主席是参加会议的主要领导，是会议的设计者和决策者；参会者是根据会议需要受主办方邀请参加会议的人员，有正式、列席和其他人员之分。会议各种角色都同等重要，对会议的成功和效果都起着至关重要的作用。各种角色之间互相支持、有机联系。

一、主持人

主持人的主要职责是引导参会者以高效的方式、在计划时间内完成会议预定议程，实现会议预期目标。会议讨论和决策过程中，主持人的这种引导作用更加重要。同时，主持人也要参与一些会前和会后的会务工作，例如，制定会议方案、设计与布置会场、总结会议成效等。

主持人是会场的"灵魂"，通常由一位具有一定地位的领导者，或富有威望和影响力的人来担任。从素质要求看，主持人应当具有得体的外表形象、流利的语言表达能力、敏锐的观察力、灵活的应变力、时间和情绪管理力，善于分析和综合，并富有幽默感，等等。

做一个合格的主持人，还需要加强以下六个方面的训练。

一是保持中立。在会议中，不发表自己的意见，也不评论他人的意见，积极建立与参会者之间的信任关系。

二是树立威信。在会议一开始就树立起威信，有效引导会议的进程。主持人开场白要清晰明了地向参会者介绍会议的目的和议程，强调开会的目的、意义、要求和注意事项。

三是公平待人。在提问和讨论的过程中，主持人要掌控现场，确保参会者都有平等的发言机会，发言者在发言过程中不会受到人身攻击，无人独霸会场、控制话语权等。

四是管理时间。控制好会议进程，按时开会，准时结束。会议开始时，要详细介绍每个议题所需的时间和注意事项，避免会议无关话题占用时间。

五是注意倾听。耐心细致倾听每个发言者的讲话。让职位低的人先发言，领导发言在后；如果领导先发言，往往会给职位低的人暗示和压力。

六是关注参会者情绪。在会场气氛紧张或冷场时，主持人要当机立断，出面干预，运用自己的职权和应变能力，缓解和活跃气氛，引导会议顺利进行。

【小链接】

遇到冷场主持人如何应对

当主持人组织参会者就某个会议议题进行讨论时，遇到冷场可以考虑按照顺序采取以下措施：

- 先静等一会儿，观察大家的举止，是否有人正在酝酿发言；
- 明确表达希望听到参会者发表意见和建议；
- 再次介绍这个议题的内容，确认大家都已弄清；
- 绕开这个议题，先进入下一个议题；
- 先休息五分钟，回来再讨论；
- 自己发言阐述观点，引导大家思考；
- 指定某个重要的参会者先发言，随后可采取自由发言，或按座次、职务高低，以及由上一个发言者指定等方式确定后续的发言人。

二、记录人

记录人是会议过程中的书记员和服务员，负责书面记录会议的全过程，特别是重要仪式、重要讲话和重大决议，要求记录人立场中立，全面客观和原汁原味地记录，不掺杂个人观点和情绪。会后要根据原始记录，整理和起草规范的会议记录。

从要求上看，记录人要熟悉会议的议题和议程，具备会议主题相关专业知识，以便快速理解并记录会议内容；要掌握必要的速记方法，努力捕捉基本信息和发言要点；要如实地记录会议全过程，不能带有个人情绪；要全神贯注听取会议发言内容，保持缄默，不受外界干扰，保持良好的身体和心理状态。

【小链接】

如何又好又快地做会议记录

- 听发言者讲的关键词，抓住基本意思和要点；
- 不要一字不落地记录；
- 字迹要清楚；
- 不要怕写错字；
- 在关键处画圆圈；
- 用不同颜色的笔记录，突出重点，对内容进行分类；
- 需要时可做小记号，如画三角、标数字等；
- 找一支书写流利的钢笔或签字笔，确认墨水充足，备用一支；
- 两个人同步记录，或准备录音笔。

三、参会者

参会者会前要认真熟悉会议议程、主要内容和背景材料，按照会议通知要求，做好参会和发言等准备。在会议过程中，要认真听取领导讲话和代表发言，学习会议资料，积极表达自己的意见和建议，遵守会议规则和会场秩序，不对他人进行人身攻击。会后认真总结参会收获，及时向所在单位领导汇报会议情况。在以研讨交流为主要形式的会议上，参会者要注意及时向记录人核实是否准确全面地记录了自己的发言内容。

要提升参会的效果，参会者还要做到以下几个方面：

一是全心投入到会议中，不受外界环境因素的影响，如手机来电、发微信、上QQ、与邻座聊天等，都会影响参会的效果。

二是倾听别人发言，做好记录，对发言中关注的点，可适时追问。

三是摈弃否定主义。在会议研讨中，不受自己固有观点和意见的影响，要积极寻找他人发言的价值。

四是坦然接受批评。对于别人发言与自己的观点相悖，或者别人对自己的观点提出质疑时，要坦然接受，认真反思，不要有抵触情绪。

【小链接】

参会者中的麻烦人物有哪些

开会过程中，往往会有一些麻烦人物出现，这些人会影响会议的正常进行。切记自己不要做这样的人。这些麻烦人物主要有：

- 迟到早退者。短时间内会吸引大家的注意力，严重的可能引起会场的骚动。
- 发言偏颇者。具体有老调重弹者、否定论者、口若悬河者、人身攻击者、道听途说者、无所不知者、指手画脚者等。
- 心不在焉者。用身体语言表示对会议或发言的不满或不感兴趣，如摇头晃脑、眼睛乱转、玩手机、打瞌睡、进进出出等。
- 窃窃私语者。开会时，经常与周边的人悄悄说话，影响他人。
- 传播不确定信息者。道听途说，见风就是雨，夸大其词等。
- 会场忙碌者。会场中忙里忙外，坐不下来，安静不了多长时间。
- 打断别人说话者。别人说话，中途打岔，主观意识强，自以为是。
- 争宠者。发言看领导，说话看眼色，虚荣心强。

四、会议主席

会议主席（会议最高领导）一般由主办者出席会议的最高领导，或者主办者上级单位出席会议的领导担任。会议主席主要负责审定会议方案，出席会议的重要仪式和活动并发表讲话，参加会议讨论，做出会议决议，以及在会议结束时进行总结发言。会议主席一般不自行担任主持人，而是由比会议主席职位稍低的领导担任主持人。在参加会议讨论时，会议主席要注意不能利用领导身份独占发言时间，可以让职位较低、资历较浅的参会者先发言。即使是以通报情况、传达精神等为主的会议，领导需要占据主要的发言时间，也不应该由自己引导会议进程。

第三节 会议的前提与条件

什么时候可以开会，什么时候不可以开会，成功会议的主要标志和判断标准是什么。这些问题就是开会前需要解决的前提与条件问题。

一、会议的功能

会议是一种工具，也是一种工作方式。当工作的完成需要人与人之间信息的交流和印证时，开会是信息交流的有效方式，相对而言，书面或语音交流费时费力，缺少视觉交流，实时互动不够充分。所以说，交流信息，即发布或收集有价值的信息是会议的基本功能。通过开会沟通信息有两大优势，一是信息大量集聚，信息的碰撞和共鸣，成为解决问题和实现创新的有效途径；二是信息多向传递，既有自上而下的指示和传达，又有自下而上的汇报和反馈，也有平行的研讨与交流，实时多向、视听多途，减少了信息传递中的干扰、丢失和人为破坏。

开会的目的主要是为了交流信息、制订计划、解决问题、制定决策、学习经验、创新思维等。会议对于组织和个人的意义在于，可以使我们找到一种信任感和归属感，摆脱孤独并增强责任感；可以激发人们的创造性，集聚众人的知识和经验，发现解决问题的新思路；可以让人们自由发表意见，参与事关自身的决策制定，人们更容易接受和支持这样的会议决定。此外，会议还具有体现民主平等、科学决策、宣传政策、展示形象等丰富的功能。

二、开会的时机

任何会议的召开都有一定的前提和条件，需要一定的时机，不是想什么时候开就什么时候开。一般而言，开会前要解决的基本问题有：为什么开会，会议的目的和期望是什么；开一个什么类型的会议；谁参加会议，人员构成是怎样的；让大家在会议期间做出何种方式和程度的介入及参与；会议规模和与会人数；会议在哪里开，会议室如何布置；每个人在会议中的任务和职责是什么；谁有权做最后决策；会上用什么方式进行讨论和决策；会议开多长时间；列不列议程表；要不要做会议陈述；会议以什么形式记录；如何决定会议的任务、期限和责任，等等。

解决好以上基本问题，会议就成功了一大半。概括地讲，成功的会议主要有以下几个要素和特征：一是有一个共同的内容注意点，与会者围绕同一主题和议题展开讨论和协商，不顾左右而言他。二是有一个共同的过程注意点，与会者注意力集中，跟随讨论的过程发表见解，不超前、不滞后。三是有专门的人员负责会议环境，有条不紊地开展场地布置、采光照明、座位排序、仪器设备等工作。四是有人负责保护与会人员不受人身攻击，专门控制会议的流程和场面，避免会议陷入混乱的局面。五是与会者每个人的角色分配都明确具体，责任清楚，会议过程中都能按照事先的角色分配履行职责，完成任务。

但在实际工作中，我们发现，有些会议准备不充分，部分与会者与会议主题无关，或者会议没有明确的主题和目标，甚至有些会根本没有必要召开，或者不值得开。同时，还有另外一种情况，那就是有些必要甚至必须的会，却因为各种原因没有及时召开等。这些问题，实际上就是开会的必要性，即会议的时机和成功会议的基本要素问题。

【小链接】

开会的时机问题

适于开会的几种情形：

- 需要获取他人的信息或建议；
- 需要请他人参与解决问题或制定决策；
- 需要对内或对外发布信息或澄清问题；
- 需要传达重要的精神和决定；
- 需要跨地区跨部门协调工作；
- 需要明确问题或事故的责任人；
- 相关人员认为需要开会。

不适于开会的情形：
- 处理聘用、晋升、辞退、薪酬等人事问题；
- 会议准备不够充分，特别是议题不明，材料不齐；
- 通过电话、邮件、信函，或个别谈话能更好处理的事项；
- 所谈事项密级较高，不宜广泛知晓；
- 最高领导对要解决的问题已有了明确的态度和决定；
- 问题琐碎，影响甚微，不值得开会；
- 相关人员情绪激动或敌对，开会容易出现人身攻击或者秩序失控。

——【英】洛根·皮儿索尔·史密斯（Logan Pearsall Smith）

三、会议的成功与失败

开会是现代组织行政管理的重要内容，但由于不同人对会议的认识、价值、操作等方面的理解存在差异和误区，经常会导致会议效率不高、会议成效不佳，造成会议失败。

（一）会议失败的原因。 会议失败的原因主要有三类，对会议的规律认识不足，会议本身缺少实际价值，参会者无法达成共识。

1. 对会议的规律认识不足。虽然人们经常组织和参加会议，但很少有人专门接受过会议管理的培训和训练，大多数人是在工作中潜移默化地学习和借鉴前人的做法，自发地组织和召开会议，缺少对会议的规律性认识。不成功的会议经常是因为以下三种典型症结。

"多头怪物综合征"，① 即会议前每个人都有自己关注的问题和方案，都希望自己关注的问题和方案成为会议的焦点。大家都忽略了一个人或者一个群体在一个时间点上，只能关注和思考一件事。如果大家各说各话、各行其是，就会导致无序和没有效率。

---

① 【美】迈克尔·多伊尔，大卫·斯特劳斯著. 开会的革命 [M]. 刘天佑，译. 北京：国际文化出版公司，2004.

"群体攻击综合征"，① 一个人在会议上提出与众不同的观点时，往往容易引起众人的质疑和攻击，如果这个人职位较低，则更可能瞬间否定自己的观点，来个180度大转弯，跟随了主流。长此以往，参会者就会不愿意提出新颖的、甚至是异样的观点，而是更倾向于随着领导的思路和众人的观点表态，也就是随波逐流，这样在一定意义上就迷失了会议的宗旨。

"权力恐惧综合征"，②职位较低的参会者往往会在潜意识中赞同领导的观点和意见，致使讨论无法深入，领导的言论引导了会议的进程，领导的观点迅速成为会议的共同观点。特别是当会议进行中领导先发言，并表明观点的情况下，下属很难再提出不同的意见和看法。

2. 会议本身缺少实际价值。换句话讲，就是会议开的没有意义。主要表现为：一是漫谈，没有明确主题的会议，纯粹为了交往，与聊天无异，没有核心价值和目的。二是例会，是工作中形成的惯例。如果不能根据工作形势和需要的变化，及时评估其必要性，往往就变成为了开会而开会。三是把开会当成工作。开会仅仅是为了计算工作量，掩饰工作任务的不饱满。四是借开会批评少数人。领导想指正少数人的错误，又要避免尴尬，因此召开会议，实际上是领导干部工作方法上的缺陷。

3. 参会者无法达成共识。开会往往是为了制定决策或解决问题，但由于会议筹备不充分，参会者分歧太大，又没有会前的沟通酝酿，或者在讨论环节，主持人没能有效地组织等原因，都会造成参会者之间无法达成共识。以下这些情况也是无法达成共识的原因，值得我们注意。

- 参会者都不愿意承担责任；
- 参会者希望寻找到问题的最佳解决方案；
- 遇到棘手的问题，认为下次再研究；
- 参会者讨论的时间太短，讨论过程偏离主题。③

（二）会议成功的策略。会议是否成功，有两个基本的判断方法。一是会议的结果，即会议是否达到预期目的，完成了哪些任务，解决了哪些问题。二是会议的过程，即问题是怎样解决的，决策是怎样做出的，是否有宽松的会议环境，大家是否满意会议的过程。要想会议的过程与结果都取得成功，必须采取以下几种策略。

一是充分考虑开会的必要性。要思考是否可以找到取代召开会议的可行方式。例如，把会议所议问题交由个人解决，用电话、信函等方式替代开会，将

---

①② 【美】迈克尔·多伊尔，大卫·斯特劳斯著. 开会的革命 [M]. 刘天佑，译. 北京：国际文化出版公司，2004.

③ 向阳. 秘书会务管理 [M]. 北京：北京大学出版社，2009.

多个类似的会议合并召开等，如果这些途径和方法奏效，那么就没有必要召开这种类型的会议。

二是明确会议目标和对象。 要明确为什么要开会和谁来开会的问题。要将草拟的议题逐条列出，逐条研究上会的必要性。原则是，以协调和解决问题为主的会议，要尽量控制参会人数，减少沟通难度，降低不必要的会议成本。若无明确的目标和对象，坚决不开会。

三是选好会议时间和地点。 尽量确保参会者都能出席，重点保障相关领导有时间参会，如果领导不能参加，原则上不应开会。选择会议地点需要充分考虑会场大小、会议设施、交通、食宿及环境条件等。涉及多方利益冲突的协调会，可选在利益相关方单位以外的场地召开。

四是安排好议程和通知。 议程要明确会议各项具体议题和时间安排。会议通知的内容要细要全，指导参会者明确自身角色，做好发言材料等准备。通知最好能口头和书面并用，以便确认参会者收到通知，及时反馈能否到会，能否发言等。

五是严格掌控会议进度。 严格按照议程开会，按时开始，准时结束。可以采取限制性措施，避免不必要的干扰。把握好参会领导和代表的发言时间，为讨论争取更多时间。会议议题先重后轻，讨论问题先易后难，确保重要的议题和复杂的问题分配到足够的时间。

六是灵活应对会议困境。 一要引导好"一语不发"和"滔滔不绝"的参会者，让大家都有公平的机会发言。二要处理好"积极的争议"和"一个语调"的关系。有争议、有碰撞才能有创新，要及时和艺术地制止跑题和闲聊的人。对于"一个语调"的问题，要善于启发大家的智慧，充分调动参会者的积极性和主动性。

七是会后落实会议决议。 会后要尽快形成会议记录和会议纪要，通过电子邮件、备忘录或者专门函件通知参会者或利益相关方会议决策、需要落实的事项及责任人，安排专人或专门力量跟踪落实会议决议事项。

第四节　会议人员及其管理

会议的人员管理是会议管理的重要内容，也是确保会议如期进行并取得实际效果的基础和前提。

一、会议人员（参会者）

会议人员，即有资格参加会议的人员。一般要根据会议的目的、性质和议题确定参会人员的范围、规格、资格、规模以及具体名单。会议人员有明确的参会权利和义务，其立场和态度决定了会议的成败，详见表7—1。

表7—1　　　　　　　会议人员分类（权利与义务）

类型	参会权	发言权	表决权	提案权
正式人员	有	有	有	有
列席人员	有	有	没有	一般没有
特邀人员①	有	主办者确定	主办者确定	主办者确定
旁听人员	有	没有	没有	没有

真正有必要参加会议的人，是那些有助于实现会议目标，能为会议出谋划策的人，能对会议决策产生影响或受其影响的人员。按照参会者对会议决策的影响程度由强至弱，可以将参会者分为五类，详见表7—2。

表7—2　　　　　　　会议人员分类（决策影响程度）

人员类型	影响强度	主要影响
会议决策者	强	对会议议题有最终决策权
会议推动者	较强	可能对实现会议目标产生重要作用
专家与顾问	一般	掌握会议议题相关专业知识和数据信息
利益相关者	较弱	与会议决策利益相关
决策执行者	弱	执行会议决策

为了确保会议效果，尽量要求本人参会，少带助手，少派代表参会；要尽量减少会议旁听人员；要充分考虑保密的要求；会议人员名单要经主办方领导审核后最终确定；重要的会议还要预先对参会人员进行酝酿和提名。

作为会议主办者，应当用诚恳的方式邀请会议人员参会，根据日程安排合理确定会议时间。让参会者提前了解会议的目的和议程，会议中的角色和任务，以及需要提前准备的事项。

二、会议人员管理

由于参加会议人员的性格、习惯、偏好等方面的差异，会议常常容易发生一些意外情况。常见的有迟到早退、进进出出、低声耳语、霸占话筒、争论不休、一言不发等。主办者必须应对和处理好这些情况，才能更好地提升会议效

---

① 特邀人员一般是会议主办者的上级机关领导、相关单位代表和专家学者等，其参会权利由会议主办者确定。

率。具体而言：

一是认真观察和倾听。注意观察参会者的肢体语言，判断其参会感受。例如，别人发言时，他总是身体前倾、手足无措、眉头紧锁，往往意味着他很激动；倾听发言者观点背后所隐藏的潜在情绪，注意其发言的措辞，打了什么样的比喻，都可以看出参会者的内心动态。

二是应对迟到早退者。坚持按时开会，按时结束，为每一位参会者印制和摆放桌签；如果是重要人员缺席未到，应及时了解原因，适当调整议程，或在会议开始时说明情况；提前向参会者了解可能存在的特殊情况；不建议公开或当面指责迟到早退者，应事后个别批评。

三是应对霸占话筒者。会上遇到滔滔不绝、无所不知和指手画脚者，可请服务人员走近他加以提醒；可在讨论开始前，说明发言时间限制，请专人计时；当某人发言时间过长时，可礼貌地中止其发言，表示谢意，并点其他人发言；对经常打断别人发言的人，应即刻制止。

四是应对干扰会议者。会议开始前强调开会纪律和讨论规则；对窃窃私语、接打电话和进进出出者，可请服务人员靠近，私下提醒；对发言跑题或闲聊者，可打断发言，重申讨论议题，进一步限定其发言时间；也可以根据会议进度适时安排休息，私下与干扰会议者沟通。

五是应对否定一切者。要及时制止，并私下与其沟通，了解原因。有些参会者通过肢体语言表示对发言的漠不关心，例如，摇头晃脑、眼睛乱转、玩手机、乱写乱画，会给其他参会者带来负面情绪。可以先给他暗示，向他提问，私下进一步与其沟通，或婉言请其离场。

六是应对情绪激动者。一旦发言者之间情绪激动，甚至出现人身攻击的情况，应立即制止。若效果不明显，可短暂休息，分别找双方沟通；可向参会者重申讨论发言的规则，对情绪激动者的发言给予建设性的评价，引导参会人员对争论的问题进行多角度思考；也可以搁置分歧难以调和的议题，转而讨论其他议题。

第八章

组织准备会议

会议的组织准备，重点是要精心设计和周密筹备会议的计划、机构、经费、文件和场地等，并做好会前检查工作，确保万无一失。组织准备会议主要包括会议计划管理，办会机构与人员，会议的经费和预算，会议文件准备，会场的选择、布局与座次，会前检查准备情况六方面内容。

第一节　会议计划管理

现代经营管理之父亨利·法约尔指出，管理就是预测和计划、组织、指挥、协调以及控制。可见计划是管理工作的重要手段。就会议组织而言，计划管理是对会议总体构思和会议具体流程的策划与设计，表现为会议方案、议程、日程、程序和会议进度安排等。计划管理的关键在于搞清楚和解决好会议筹备的基本问题。

一、会议策划

会议策划是围绕会议目的，根据掌握的资源和信息，运用科学的方法，对会议要素和流程进行总体构想和设计的活动，是制定会议方案的前提和基础。

会议策划要坚持以下基本原则：一是目的明确。一切构想和设计都要为更好地实现预期目的和完成会议任务服务，既要确保会议成功，又不要铺张浪费。二是方法科学。会议筹划具有较强的系统性，要综合运用项目管理、时间管理、危机管理等技术。要尊重惯例和习惯，不主张盲目创新。三是切实可行。策划要实事求是，基于可获取的资源和信息，充分考虑人力、财力和物力的条件和限制。四是周密细致。《六韬·三疑》中讲，"凡谋之道，周密为宝"。筹备会议是一项系统工作，头绪繁多，相互关联，每个细节都不能忽视，所谓"失之毫厘，谬以千里"。

二、会议方案

会议方案是对会议要素和流程的具体设计，是对会议策划内容的进一步落实和细化，为会议组织准备工作提供重要的指导。方案要突出重点，一些常规的筹备事项可以忽略。方案形成后应报本单位领导或上级主管部门审批。

会议方案文稿的内容主要包括：

1. 会议的背景、目的、任务和指导思想；
2. 会议的时间、地点；
3. 会议的名称、主题和议题；
4. 会议的形式；
5. 会议的日程；

6. 会议的主办者、承办者及会议组织机构；

7. 会议的参加对象和规模；

8. 会议的接待安排；

9. 会议的经费预算；

10. 会议的宣传报道；

11. 会议筹备工作的进展情况。

起草会议方案要注意，开会的缘由和目的要说清楚，以便领导充分认识到开会的重要性和必要性；方案内容要全面、系统、翔实，便于操作；文字要规范、简洁、严谨，没有歧义。

三、会议议程、日程和程序

议程、日程和程序是对会议内容和时间的重要安排，是组织会议的重要依据。议程是将会议的各项议题按照重要程度、时间先后、逻辑关系或一定的议事规则排序，再以列表的形式呈现；议程还可以包含会议的名称、对象、时间、地点等基本信息。日程是按照日历时间顺序，对会议活动和接待服务做出的全面安排，是会议的时间表；是以天为单位对会议做出的详细安排。程序是按照时间顺序列出会议各项议题及其他辅助性活动。程序与议程的主要区别在于，议程仅列出会议的各项议题并按重要程度和逻辑关系排序，程序则列出会议的各项议题和其他辅助性活动并按时间排序，程序对会议活动和流程的安排比议程更为细致。

【小链接】

中国人民政治协商会议第十三届全国委员会第一次会议议程

(2018年3月2日政协第十三届全国委员会第一次会议预备会议通过)

一、听取和审议政协全国委员会常务委员会工作报告

二、听取和审议政协全国委员会常务委员会关于提案工作情况的报告

三、列席第十三届全国人民代表大会第一次会议，听取并讨论政府工作报告及其他有关报告，讨论宪法修正案草案和监察法草案等

四、审议通过中国人民政治协商会议章程修正案

五、选举政协第十三届全国委员会主席、副主席、秘书长、常委委员

六、审议通过政协第十三届全国委员会第一次会议政治决议

七、审议通过政协第十三届全国委员会第一次会议关于常务委员会工作报告的决议

八、审议通过政协第十三届全国委员会第一次会议提案审查委员会关于政协十三届一次会议提案审查情况的报告

四、会议进度计划

会议进度计划是根据会议方案、议程、日程等资料,制定的关于会议筹备工作的任务分工、具体活动、责任人、任务目标和时间节点等方面的具体安排。在制定进度计划时,引入进度计划表(详见表8—1)或甘特图(详见表8—2),可以更直观地表明各项筹备工作的具体安排。

表8—1　　　　　　会议筹备进度计划表(示意)

一级分工	二级分工	具体活动	责任人	任务目标	时间节点
会前筹备	会议计划	制定会议计划	A	形成会议计划	会前6周
		起草会议方案	B	形成会议方案	会前5周
		报请会议方案	B	批复会议方案	会前4周
		制定会议议程	C	形成会议议程	会前3周
		制定会议日程	C	形成会议日程	会前3周
	会议机构	…	…	…	…
	会议经费	…	…	…	…
	会场布置	…	…	…	…
	会议文件	…	…	…	…

表8—2　　　　　　会议筹备进度甘特图(示意)

一级分工	二级分工	具体活动	时间进度(以周为单位)							
			7周	6周	5周	4周	3周	2周	1周	0周
会前筹备	会议计划	制定会议计划	■	■						
		起草会议方案			■					
		报请会议方案				■				
		制定会议议程					■			
		制定会议日程					■			

第二节　办会机构与人员

办会机构与人员是会议主办者为保证会议筹备和组织工作顺利进行,为会议专门设立的机构和配备的人员。

一、办会机构

办会机构是会议组织筹备的管理机构,根据会议规模和实现会议目的的需要,办会机构的设置可简可繁。

重大会议根据需要可设置办会领导机构和执行机构。领导机构对会议负有领导责任,决定会议筹办等重大事项。执行机构负责具体落实会议筹办的各项事务。详见表8—3。

表8—3　　　　　　　　会议规模与办会机构设置

会议规模	办会机构设置
规模较小,组织工作较为简单	会务组
规模较大,组织工作较为复杂	秘书处:会务组、后勤组、秘书组、材料组、宣传组、技术组、保卫组
重大会议,组织工作十分复杂	领导机构(组委会、主席团) 执行机构(秘书处):会务组、后勤组……

二、会议执行机构

会议执行机构是规模较大或者重大会议设置的会议管理执行机构,我们常见的是会议秘书处。秘书处一般下设多个专门工作小组,一类主要对参会人员负责,如会务组、后勤组;一类主要对文字材料负责,如秘书组、材料组、宣传组;一类主要对会议保障负责,如技术组、保卫组[1]。具体职责分工见表8—4。

表8—4　　　　　会议秘书处内设机构及主要职责分工[2]

工作组类型	工作组名称	主要职责
对参会人员负责	会务组	参会人员资格审查、签到、座次、分组、讨论、选举
	后勤组	参会人员食宿、交通、文体、医疗、财务、会场布置
对文字材料负责	秘书组	会议材料起草,会议记录纪要,领导交办事项
	材料组	会议材料印发、保管、清退、归档
	宣传组	简报与新闻稿,落实媒体报道、新闻发布会和记者招待会
对会议保障负责	技术组	摄录像及照相,设备安装调试,网络环境布置
	保卫组	会场安全保卫,会议信息安全

---

[1] 向阳.秘书会务管理[M].北京:北京大学出版社,2009.
[2] 一些会议根据工作需要,还会设立接待组、提案组、联络组、总务组、简报组等。

三、办会人员要求

办会人员的素质很大程度上决定了会议机构的工作能力，也决定了会议组织能否取得成功。

以下面七种会议工作组为例，从口头表达、文字写作、组织协调等多个维度，对办会人员主要能力及素质提出明确要求，详见表8—5。

表8—5　　　　　　办会人员应重点具备的能力素质①

	口头表达	文字写作	组织协调	灵活应变	认真细致	观察能力	创新能力
会务组	√		√		√		
后勤组	√		√	√	√		
秘书组		√	√	√	√		√
材料组	√				√		
宣传组	√	√	√	√	√	√	√
技术组				√		√	
保卫组			√	√	√		

《中央和国家机关会议费管理办法》（财行〔2016〕214号）将会议分为一、二、三、四类，并对每类会议的办会人员数量做出了明确规定。一类会议根据会议性质和主要内容确定，严格限定会议代表和工作人员数量。二类会议参会人员不得超过300人，其中，工作人员控制在会议代表人数的15%以内。三类会议参会人员不得超过150人，其中，工作人员控制在会议代表人数的10%以内。四类会议参会人员一般不得超过50人。

第三节　会议的经费和预算

会议的经费管理主要包括明确经费来源、严格开支范围和规范经费预算三个方面。

---

① 打"√"的选项，表示此项会议管理工作应重点具备的能力素质。

一、经费来源

会议经费由于会议性质和主办单位的不同，可来源于财政专项经费、日常行政经费、参会者缴费、资助赞助和广告收费等。《中央和国家机关会议费管理办法》规定，中央和国家机关召开的会议，会议费应在部门预算的专项经费或公用经费中列支，会议费由会议召开单位承担，不得向参会人员收取，不得以任何方式向下属机构、企事业单位、地方转嫁或摊派。具体要求是，一类会议费在部门预算专项经费中列支，二、三、四类会议费原则上在部门预算公用经费中列支。

二、严格开支范围

会议经费开支范围主要包括住宿费、伙食费、会议室租金、交通费（接送站、考察、调研等活动，城市间交通费回单位报销）、文件印制费、医药费等。此外，企业会议还可能涉及宣传、考察、劳务费用等；外事会议涉及翻译、宴请、礼品费用等。

《中央和国家机关会议费管理办法》规定，严格会议费报销，凡是报销会议费，应当提供会议审批文件、会议通知及实际参会人员签到表、定点会议场所等会议服务单位提供的费用原始明细单据、电子结算单等凭证。以银行转账或公务卡方式结算，禁止以现金方式结算。在会议费使用范围上，《中央和国家机关会议费管理办法》规定，严禁各单位借会议名义组织会餐或安排宴请；严禁套取会议费设立"小金库"；严禁在会议费中列支公务接待费；不得安排高档套房；严禁提供高档菜肴，不上烟酒；会议会场一律不摆花草，不制作背景板，不提供水果；不得使用会议费购置电脑、复印机、打印机、传真机等固定资产；不得组织会议代表旅游和与会议无关的参观；严禁组织高消费娱乐、健身活动；严禁以任何名义发放纪念品；不得额外配发洗漱用品。

表8—6　　　　　　　会议经费主要开支项目及相关要求[①]

开支类型	具体要求
住宿费	1. 按财政部和各省发布的出差住宿费限额标准安排住宿，严禁超标接待； 2. 参会人员在50人以内且无外地代表的会议，原则上不安排住宿； 3. 部级及相当职务人员住普通套间，司局级及以下人员住单间或标准间； 4. 严格执行会议用房标准，不得安排高档套房； 5. 合理预订会议用房，避免与实际参会人数差距过大，造成浪费。

[①] 来源：《中央和国家机关会议费管理办法》（2016）、《党政机关会议定点管理办法》（2015）、《中央和国家机关差旅费管理办法》（2016）、中央八项规定。

续表

开支类型	具体要求
伙食费	1. 严格控制菜品种类、数量和分量，安排自助餐，严禁提供高档菜肴，不安排宴请，不上烟酒； 2. 伙食费标准按照每人每天确定或明细到单餐； 3. 合理预订就餐人数，避免与实际就餐人数差距过大，造成浪费。
会议室租金	1. 各单位会议应当到定点饭店召开，按照协议价格结算费用； 2. 未纳入定点范围，价格低于会议综合定额标准的单位内部会议室、礼堂、宾馆、招待所、培训中心，可优先作为本单位或本系统会议场所； 3. 参会人员在50人以内且无外地代表的会议，原则上在单位内部会议室召开； 4. 二、三、四类会议应当在四星级以下（含四星）定点饭店召开； 5. 会议会场一律不摆花草，不制作背景板，不提供水果。
交通费	1. 用于会议代表接送站，以及会议统一组织的代表考察、调研等发生的交通支出； 2. 会议代表参加会议发生的城市间交通费，按照差旅费管理办法的规定回单位报销。

三、规范经费预算

会议经费预算应当坚持以下三个主要原则。

一是严格预算标准。《中央和国家机关会议费管理办法》对各类会议都确定了综合定额标准，即会议费开支上限。其中，明确规定三、四类会议的预算上限是每人每天550元，二类会议上限是每人每天650元，一类会议上限是每人每天760元（详见表8—7）。

表8—7　　　　　　　会议费综合定额标准（上限）

会议类别	住宿费	伙食费	其他	合计
一类会议	500	150	110	760
二类会议	400	150	100	650
三、四类会议	340	130	80	550

同时，严格限定了参会人数和会议天数。其中，一类会议期限按照批准文件，根据工作需要从严控制；二、三、四类会议不超过2天，传达、布置类会议不得超过1天。报到和离开时间，一、二、三类会议不超过2天，四类会议合计不得超过1天。

二是统筹经费使用。在经费预算允许的各项支出中，应重点保障会议场地费、文件印制费等直接费用支出，统筹好食宿、交通等间接费用支出，严禁超标准接待。

三是坚持厉行节约。勤俭办会，不铺张，不浪费。严格审核经费支出，对超范围、超标准开支的经费不予报销。

此外，在预算编制和经费使用过程中还应该注意以下问题：要说明各项费用的主要用途和计算方法；准确估算参会人数，以免浪费场地费和食宿费；及早编制预算，根据筹备进展，动态调整；增强成本意识，综合评估会议直接成本和间接成本；严格控制食宿费标准；各项费用预算要留有余地，以备突发情况。

第四节　会议文件准备

会前需要准备的会议文件主要包括：会议通知、会议手册、欢迎致辞和总结讲话、其他文件等。

一、会议通知

会议通知应讲明会议的背景、目的、任务、时间、地点、参会人员、主题、议题、食宿安排、交通线路、缴费标准、报到须知、会务联系方式、报名回执要求等内容。

以下事项在起草会议通知时要引起注意：

- 通知内容要准确具体，使参会人员能便捷顺利地参会；
- 要讲清楚参会人员的范围和人数要求；
- 报名回执至少要统计参会人员的姓名、性别、民族、工作单位、职务职称、手机号码、接送站需求、住宿需求等信息；
- 通知要尽早及时发出，以便参会人员报名和调整工作安排；
- 邀请上级单位和特邀代表参会，需发送邀请函，以示尊重；
- 内部会议通知可只讲明会议时间、地点、主题、参会人员。

二、会议手册

会议手册是参加会议活动的行动指南，也是办会人员筹备组织会议工作的指导手册。会议手册的主要内容有参会须知、日程安排、代表名单及分组安排、作息及活动的时间与地点、会场席次图、会务组联系方式、会议地点及周边交通示意图等。

参会须知应讲清楚会场纪律、活动纪律、请假纪律、食宿纪律、安全纪律、保密纪律和节能要求，说明房间网络、电话等设施使用方法，退房和返程订票事宜，以及会务组联系方式。如就餐纪律一般包括：要凭餐券就餐，提倡光盘行动，杜绝浪费，会议期间严禁饮酒，严禁聚餐等。

编制代表名单时，应特别注意以下几点：

- 按工作单位排序依据要科学严谨，例如，应严格依据中央和国家机关排序、地方行政区划排序、中央企业排序等；
- 工作单位要写全称或规范化简称，工作部门的详细程度统一；
- 参会人员的性别和民族要注明，以示尊重，也便于安排食宿；
- 参会人员的职务和职称要准确，表述要规范和统一；
- 参会人员的联系方式要反复校对，可逐一联系确认无误；
- 保存好原始报名回执，以便校对和核查。

三、欢迎致辞和总结讲话

欢迎致辞和总结讲话是会议正式开始和结束的重要标志，一般由会议主办单位的主要领导或上级主管部门的领导来致辞和总结。欢迎致辞的内容应介绍会议的背景、目的、任务、主题、议题、参会人员等基本情况，并向参会人员表示欢迎同时提出参会要求。总结讲话的内容应总结会议取得的主要成果，强调会上领导重要讲话的精神，向参会人员和相关单位表示感谢，对今后的工作提出希望和设想，最后宣布会议闭幕。

四、其他文件

其他文件主要包括两类，一类用于会议召开过程，如领导讲话、经验交流材料、提案、选票、代表证等；另一类用于开展会后工作，如简报、新闻稿、会议记录、会议纪要、备忘录、声明等。会后使用的文件应在会前和会议过程中及早形成初稿，再根据会议进程随时修改，以保证在会议结束后第一时间修改定稿，用于指导工作。

【小链接】

会议文件的安全与保密

- 涉密文件要正确标示密级信息，通过机要方式传递；
- 安排专人负责起草、打印、保管和收发涉密文件；
- 参会人员要妥善保管涉密文件，避免意外损毁；
- 参会人员严禁私自复印、拍照或将涉密文件带离会场；
- 严格涉密文件的签收、清退和销毁程序；

✎ 加强对处理涉密文件的设备和载体的保密检查；
✎ 参会人员不得擅自对外提供会议涉密文件信息。

第五节　会场的选择、布局与座次

会场的布置主要包括会场选择、会场布局、会场座次和物品布置等内容。

一、会场选择

会场的选择，一般有两种情况，一是选择社会宾馆饭店或机关单位会议宾馆，二是预订机关内部会议室。

（一）外部会议场所的选择。 要充分考虑以下几个因素：一是交通是否便利。一般应当选择在距领导和参会者的工作地点都比较近的地方。二是会场的大小是否与会议规模相符。一般来说，每人平均应当有2~3平方米的活动空间比较适宜。同时应当考虑会议时间的长短，时间长的会议，场地可以大些。三是场地是否有良好的设备配置。桌椅家具、通风、照明、空调、音像设备要尽量齐全。同时应该根据会议的需要检查有无需要租用的特殊设备，如演示板、电子白板、放映设备、音像设备、录音机、投影仪、计算机、麦克风等。四是场地是否受外界环境干扰。应当尽量避开闹市区，会场内部也应当具有良好的隔音设备，以保证会议能在安静的环境中顺利进行。五是有无停车场所和安全设施问题。六是场地租借的费用是否合理。七是会议场所周围是否有必要的餐饮、健身设施等。

（二）内部会议室的预订与安排。 大多数机关单位都有自己的内部会议室，预订内部会议室要做到：一是要有一定的提前量，在确定准确的会期之后，应当尽早预订，以免被动。二是正式预订会议室之后，在使用的前一天，一定要再次落实，以免与其他会议发生冲突。三是预订和调配会议室，应当尽量使场地的大小、格局、设备的配备与会议的人数、性质和类型相匹配。四是调配安排会议室时要留有足够的自由使用空间，会议之间的间隔不要太紧，不要出现会议还未结束就被人清走的尴尬。五是负责会议室安排和协调的秘书人员，事先要查看会议议程，了解会议的主持者和演讲者是否需要音像辅助设备，要了解各种设备的功能，并事先将各种设备调整到最佳状态。[1]

---

[1] 金常德. 秘书日常事务管理［M］. 北京：北京大学出版社，2010.

二、会场布局

办公室、内部会议室、会堂礼堂、会议中心、培训中心等都可以作为会议场地。选择会议场地，要遵循两个原则：一是实用，即大小适中、简朴整洁、设施良好、服务专业；二是环境适宜，即宁静舒适、交通便利、安全保密。

会场的具体布局，根据会议的性质、规模、参会人员类型等因素，可以分为剧场式、课堂式、研讨式、对话式、论坛式、宴会式等。分别具体介绍如下。

1. 剧场式会场布局。适于大型的代表大会、报告会等使用，一般参会人数都在300人以上，有的甚至超过1 000人。剧场式会场庄重肃穆，气势宏伟，中国共产党全国代表大会、全国人大全体会议、全国政协全体会议等重大政治性会议都采用这种布局。

2. 课堂式会场布局。适于大中型的工作会、报告会等使用，一般人数在50~300人不等。有的课堂式会场，如一些五星级酒店的宴会厅改成的会场也能容纳500人。如图8—1所示。

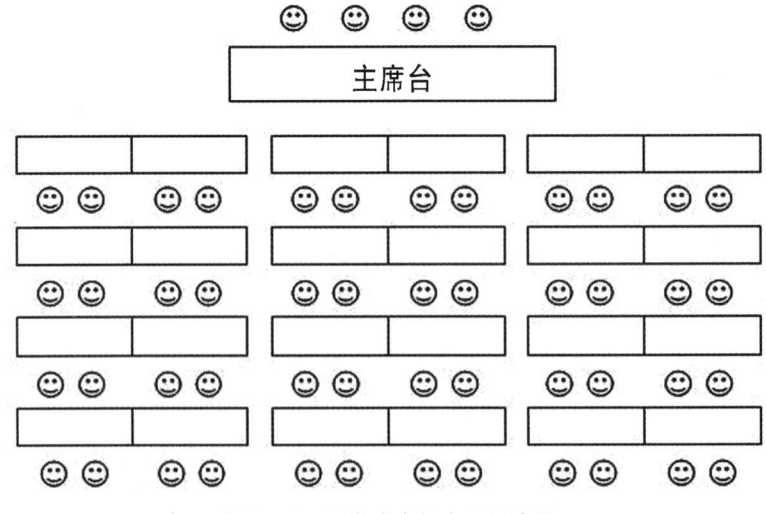

图8—1 课堂式会场布局示意图

3. 研讨式会场布局。适于中小型研讨会、座谈会等使用。适用广泛，互动性强，会议人数一般在30人以内。会议桌的形状可以多样，如圆形、长方形、椭圆形、"U"字形等。如图8—2所示。

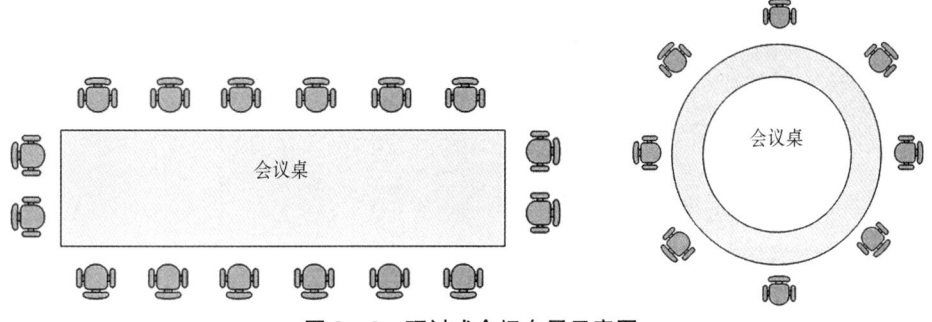

图 8—2 研讨式会场布局示意图

4. 对话式会场布局。适于多边对话和协调问题时使用，多用于国际多边对话和谈判等，如中日韩三方委员会会议、朝核六方会谈等，如图 8—3、8—4 所示。布局要注重各方地位平等。双边会谈使用研讨式布局即可。

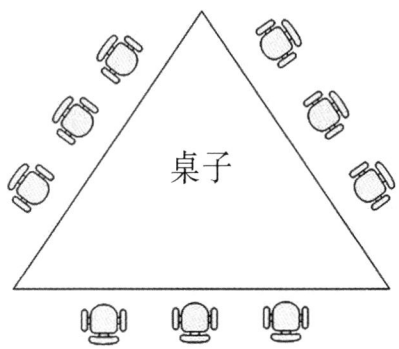

图 8—3 三方会谈会场布局示意图

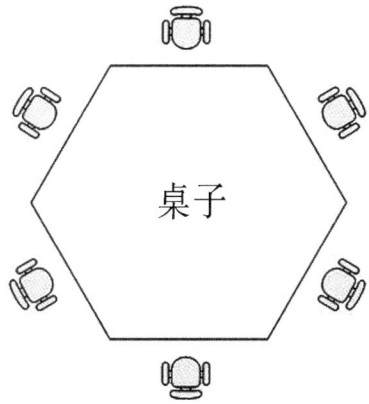

图 8—4 六方会谈会场布局示意图

5. 论坛式会场布局。如图8—5所示，要设计嘉宾座位和发言席的位置，参会人员较多时，最好能使用阶梯会场，以便嘉宾与参会者之间的眼神和肢体语言交流。

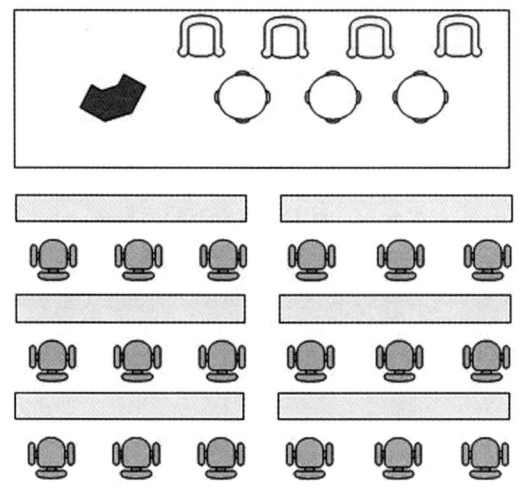

图8—5 论坛式会场布局示意图

6. 宴会式会场布局。适于联谊会、茶话会、团拜会等会议使用，主要是交流感情，祝贺佳节。会场环境相对较为宽松，如图8—6所示。

图8—6 宴会式会场布局示意图

三、会场座次

在安排会场座次时，要特别处理好以下几种情况与座次尊卑的关系。一是座次先后与房间门的关系，一般离会场入口处远、面对房间门的一侧为尊，反之为卑，即背对房间门的一侧为卑；二是座位左与右的关系，以坐者本人的左手一侧为尊；三是会议与就餐座次的区别，会议座次以左为尊，就餐座次以右为尊；四是国内与国际会议座次的区别，国内会议以左为尊，国际会议以右为尊。下面，看看几种基本座次：

1. 大会主席台座次。主席台就座，居中居左为尊（面向观众），此后座次一左一右顺序排列，如图8—7所示。大型会议设主席团，有多排座位，前排为尊，每排居中居左为尊，如图8—8所示。

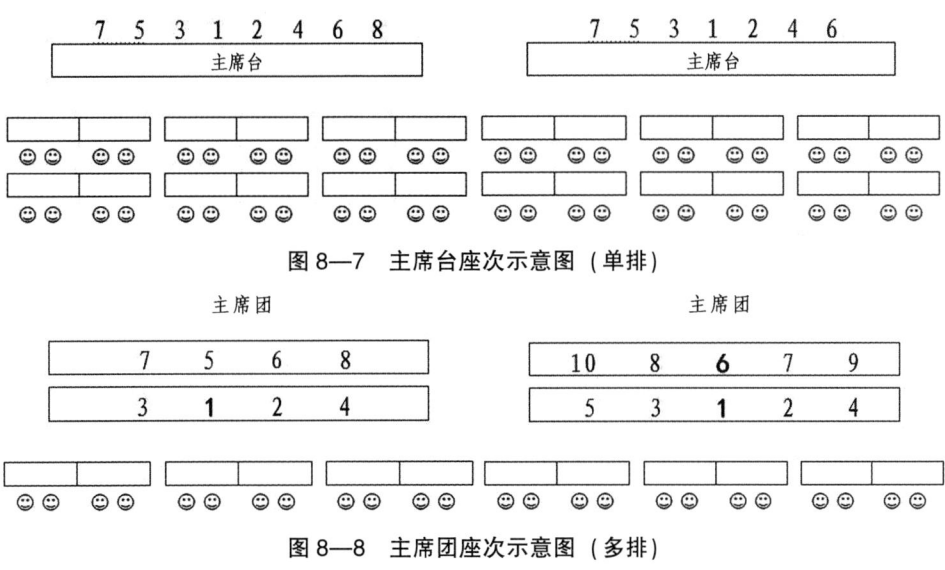

图8—7　主席台座次示意图（单排）

图8—8　主席团座次示意图（多排）

2. 小型研讨室座次。研讨室主要用于小型研讨会、座谈会、调研会、接待会等。会议桌和布局常见的有长方形、椭圆形、圆形等。这种布局里要重点考虑门的位置，以及长方形布局中坐人的边数。还要注意来宾是否为同一个系统。若为一个系统，可按内部会议排座次；若为不同系统，则主方坐进门左手侧或背对门一侧，客方坐进门右手侧或面向门一侧。

若宽边对门，椭圆形桌座次示意如图8—9所示，长方形桌座次同样。

如图8—9所示，与上级单位座谈时，A为上级单位或来访单位，B为接待方。接待方应比客方人员提前到会场，引导客方入座，以免客方随意就座，或因谦让坐在了进门左手或背门一侧。

若窄边对门，长方形桌座次示意如图8—10所示。

长方形桌四边坐人的座次示意如图8—11所示，为单位内部会议。

圆形桌座次示意如图8—12所示，为单位内部会议。

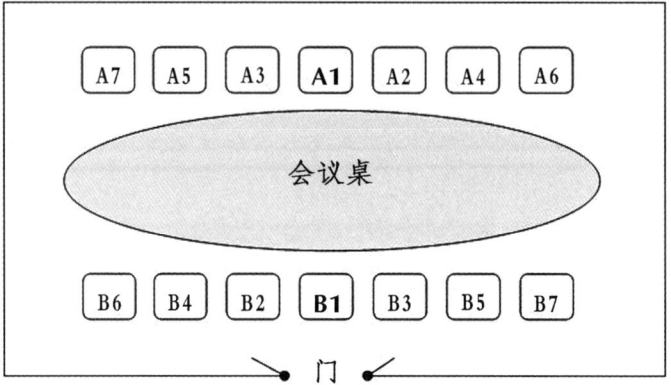

图 8—9　椭圆形桌宽边对门座次示意图

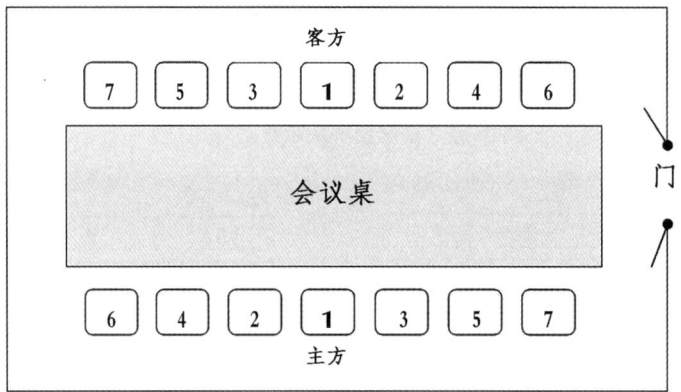

图 8—10　长方形桌窄边对门座次示意图

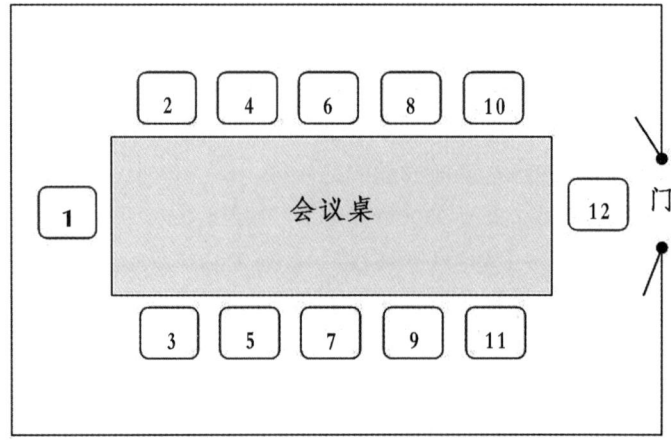

图 8—11　长方形桌四边坐人座次示意图

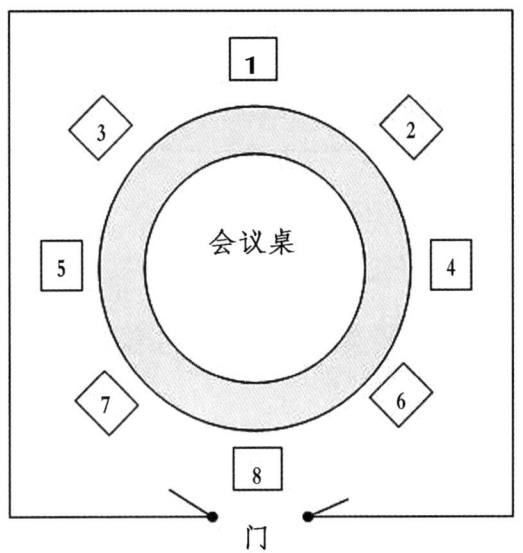

图 8—12 圆形桌座次示意图①

若按研讨式布局召开外事会议，会场的座次需要有些特殊的安排，需要考虑翻译的座位，如图 8—13 所示。

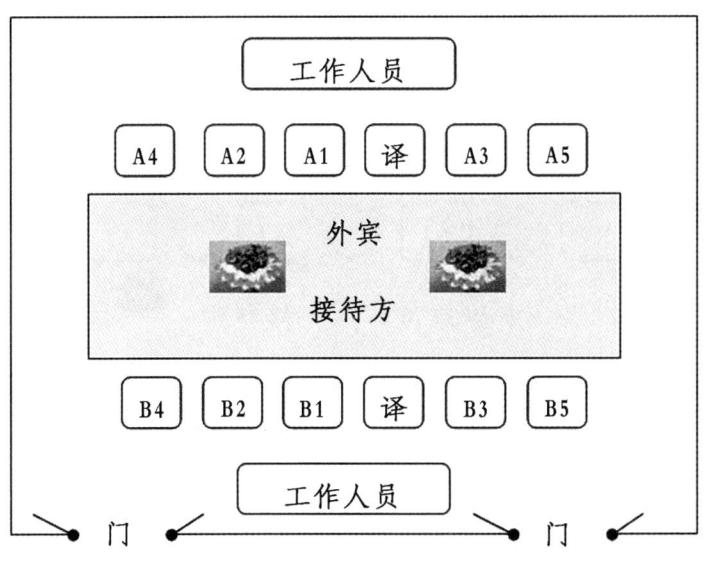

图 8—13 外事座谈会座次示意图②

---

① 要和圆桌就餐的座次排序区别开，就餐时以右为尊，开会的座次以左为尊。
② 图中"译"为翻译人员位置。

3. 来访接待座次。接待室主要是接待上级领导、重要单位或外宾来访时使用。室内布局多为圆弧形或"U"字形，布置有沙发、茶几等。主客各坐一边，以左为尊。接待上级领导的座次示意如图 8—14 所示。

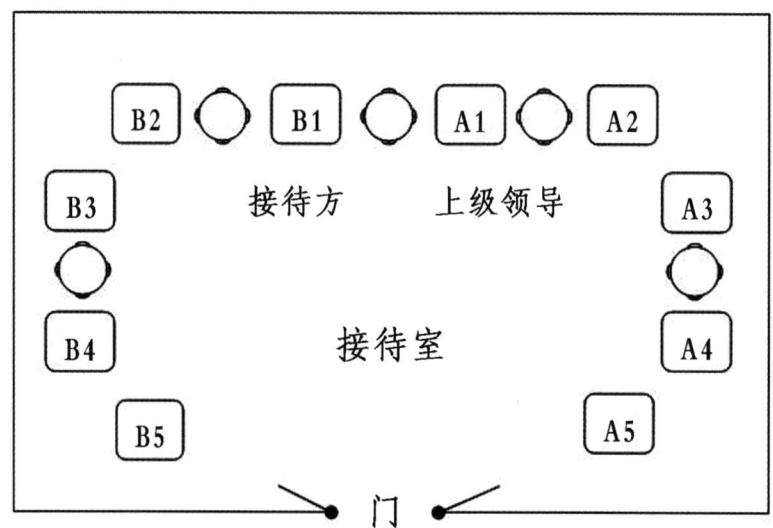

图 8—14　接待上级领导座次示意图

图 8—14 中，若接待方为本系统上级领导以外的其他单位，A 区坐接待方，B 区坐来访单位，座次顺序不变，如图 8—15 所示。

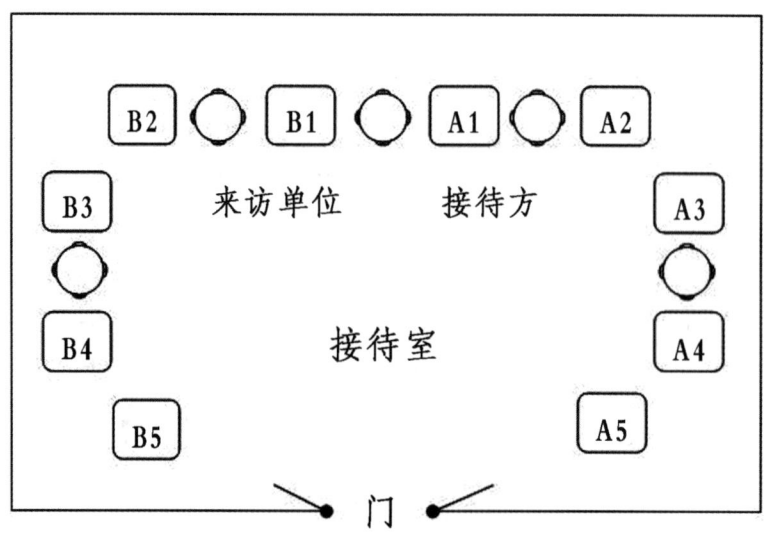

图 8—15　接待外单位来访座次示意图

若为外事接待活动,接待室内布局基本同接待系统外的来访单位,只是需要在双方领导后设置翻译席,如图8—16所示。

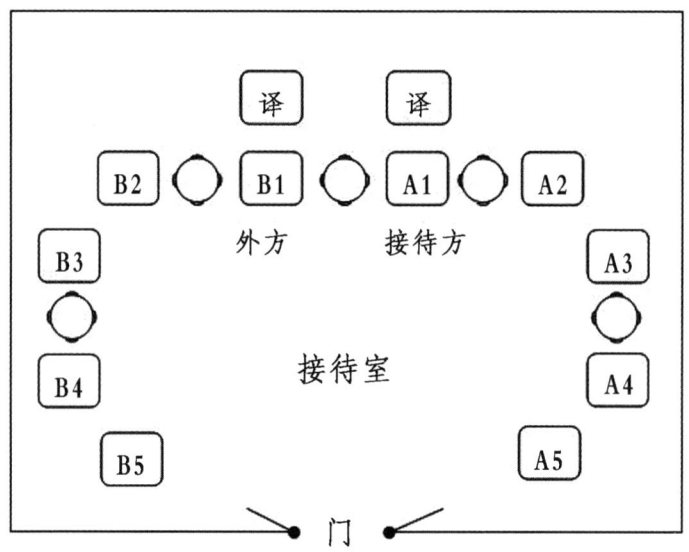

图8—16 外事接待座次示意图①

4. 签字仪式、合影的布局座次,如图8—17、8—18、8—19所示。

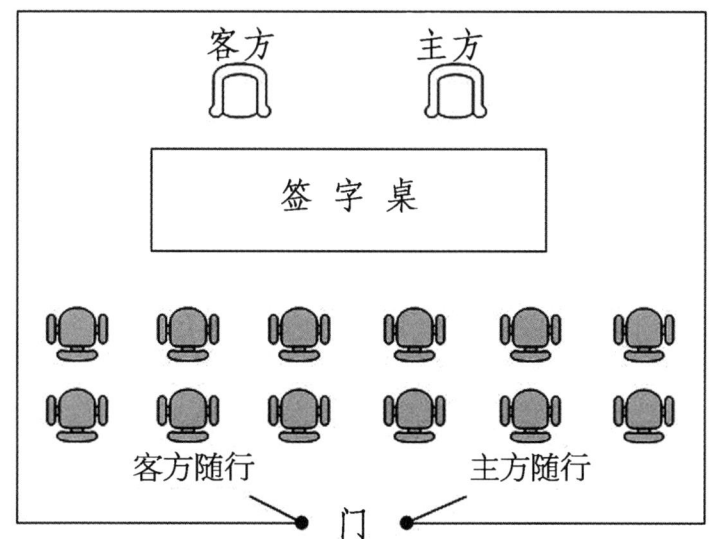

图8—17 签字仪式座次示意图一

---

① 图中"译"为翻译人员位置,如果只设一位翻译,则位置设在中外主宾后侧中间。

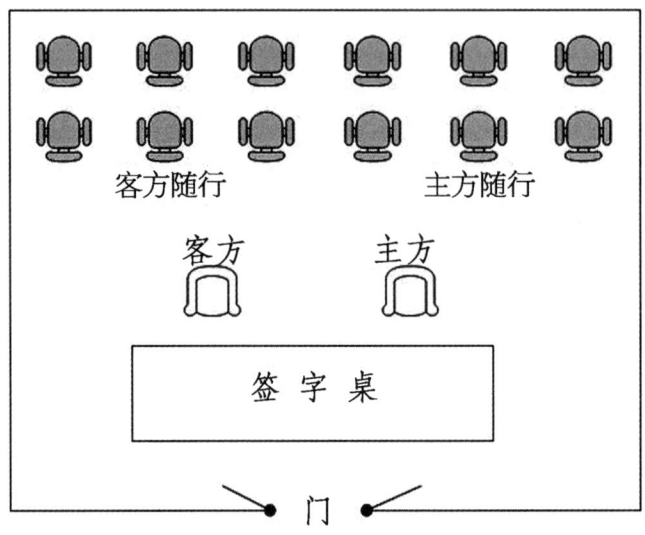

图8—18　签字仪式座次示意图二

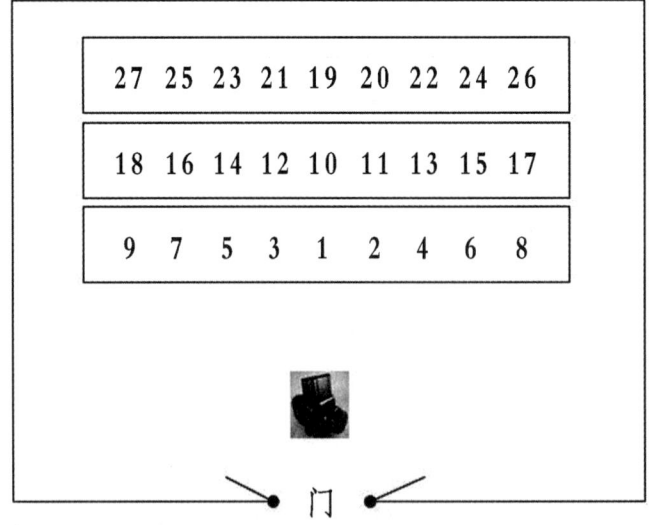

图8—19　合影座次示意图

四、会场物品布置

除了会场布局和座次安排之外，会场还有大量的设备和物品需要布置，主要有会标、会徽、旗帜、背景板、桌签、代表证、引导牌、座次图、摄像机、照相机、录音笔、投影仪、电脑、翻页器、音响，根据需要准备同传设备、纸笔、茶水、湿巾等。以下特别提示几点。

关于会场旗帜。重要的会议，特别是中国共产党各级代表大会、各级人民代表大会、政协会议须悬挂党旗、国旗。此外，特定组织的会议、外事会议也要悬挂相关的国旗或会旗。例如，在双边外事活动中，挂两国国旗，以旗本身正面为准，右为上，右挂外国国旗，左挂本国国旗。国旗如需要竖挂，应特别定制，将图案和文字转正。

关于会场桌签。会场桌签包括主席台桌签、会议代表桌签、工作人员桌签、发言席桌签、主持人桌签等，一般多使用红色或粉红色纸，人民代表大会等重要会议的桌签上须印制党徽、国徽。根据会议需要可印制多套桌签，以便同时布置多个会场，也备应急使用。办会人员可随身备好桌签同色纸张和桌签版式，以便临时制作桌签时使用。单位内部小型会议从环保节约的角度考虑，应尽量不使用桌签。电子桌签的使用也可以很好地节约成本和减少污染。

关于电子设备。要明确电源位置，确保电量和内存充足。设备性能要提前检测，操作人员要提前熟悉设备使用，会议开始前要反复调试和试用，确保会议进行中运转良好。其中，经常困扰的问题有，笔记本电脑一启动就进入长时间系统升级，笔记本电脑是否可读取光盘或备有移动光驱，话筒啸鸣或接触不良，会场座位布局时遗漏了摄像机机位，音响声音过大过小时因为调音设备复杂无从下手，有时领取同传接收机需要出示身份证却未提前通知，等等。

按照中共中央八项规定的要求，除了重要会议和外事会议之外，原则上会场一般不设置大型背板，不悬挂会标横幅，不摆放绿植和鲜花，不印制精装彩色会议材料，应坚持厉行节约，从简办会。

第六节　会前检查准备情况

会前检查是会议组织准备的重要环节，重点是排查问题隐患，改进准备工作，防患于未然。检查要坚持实地检查、突出重点、细致全面的原则。

一、检查会场布置

主要检查会场设备物品到位、主席台布置、会议资料准备、签到引导流程、环境干扰排查等情况。

其中，主席台检查的要点是桌椅配置、桌面物品摆放、座次顺序安排、麦克音响调试等，检查主席台一定要细，椅子要试着坐一坐，看看稳不稳，高低是否合适；话筒一定要试着讲几句话，反复测试，不能简单"喂喂"两声，这样才能准确测试话筒的稳定性、轰鸣感和音量大小；会前要及时告知领导话筒如何开关、调音量和静音。

会场设备物品检查要点应包括：

- 座位布局排序是否合理；
- 桌椅和桌签是否稳固，摆放是否整齐；
- 工作人员席、旁听席、记者席区域等安排是否合理；
- 发言、领奖、宣誓等相关人员座位进出是否方便；
- 笔记本电脑和投影仪是否可以正常使用；
- 录音笔、照相机、摄像机的电量和内存是否充足；
- 茶水和水杯是否够用，会议开始前是否倒上了茶水；
- 需要会前发放的资料是否到位，发放时间和人员是否确认；
- 会场光线是否过亮或过暗，音响是否过强或过弱；
- 会场座次图和引导牌文字是否准确，摆放位置是否醒目等。

二、确认会议活动

会前要着重检查各项会议活动的程序是否流畅、资料是否到位、重要嘉宾是否确认、时间衔接是否合理。工作要求是，开闭幕式、颁奖仪式、宣誓仪式和选举程序等重要议程、程序最好都能模拟演练，以优化流程；主持词和领导讲话等重要文稿的文字必须多人反复校对，按照标准语速测算发言时间，生僻字要做好拼音标注，讲稿字号根据领导的年龄大小，可选用三号或小二号字体；参会的领导和嘉宾要逐一确认，参会人员规模尽量精确，以确保各项会议活动顺利进行。

三、落实会议接待

要落实会议接待能力，满足开会的需要，包括房间设施、食宿安排、特殊用餐、停车安排等。具体讲就是，房间设施要重点检查卫生条件、热水供应、空调运转、水电安全、电视和网络信号等；住宿安排重点要复核总体数量，是否存在男女混住、标准超标、房间浪费等情况；用餐安排重点要复核总体规模、检查厨房卫生条件、食品采购渠道、饭菜种类、是否有少数民族和外宾有特殊用餐需求等；停车安排包括核实车证印制发放、停车位安排、司机食宿安排等。

四、排查安全隐患

会议的安全保卫是确保会议顺利召开的重要工作。安保人员要确保到位，布局合理；消防设施要确保好用、会用、够用；安全通道要标识清楚，提前熟悉线路；要科学制定各类安全事件应急预案；逐一排查会场各点用水用电安全；参会人员进出会场要严格管理，加强对其携带物品的安全检查。

第九章

参加和管理会议

参加和管理会议主要包括组织报到签到、发放会议文件、引导人员入场、安排会议开幕、主持会议、安排会议讨论、处理突发事件、做好会场服务、注重会议礼仪九个方面内容。

第一节　组织报到签到

会议报到签到可以分会议报到和会场签到两个部分。会期较短的会议一般报到和签到合并在一起，会期较长的会议则需要参会人员在到达会议地点时报到，每天进入会场开会时签到。

一、会议报到流程

会议报到流程主要包括以下四个环节。

一是确认参会资格。 核实是否持有会议通知、邀请函或介绍信，是否在会议报名登记名单之中，是否为本人参会，若派代表代为参会，需了解本人请假事由和代表基本情况。

二是登记基本信息。 可现场填写信息，或与报名回执信息核对。主要信息包括姓名、性别、年龄、民族、政治面貌、工作单位、职务职称、办公电话、手机、电子邮箱。此外，可根据需要登记工作年限、学历学位、研究领域、社会兼职、收入情况、通信地址等。

【小链接】

会议代表基本信息有错怎么办？

由于会议筹备工作繁杂，时间短，报名登记时，难免出现参会人员信息错误的情况。报到和签到时发现信息错误，例如，姓名有错字漏字、性别或民族登错、工作单位及职务职称写错等。第一，要向参会人员表示诚挚歉意；第二，要尽快更正桌签、座次图、代表证、选票、代表名单等相关会议材料；第三，尽快调整住宿安排，避免男女同室；为回族、维吾尔族等少数民族代表妥善安排就餐。

三是缴纳参会费用。 主要是会议费和食宿费。各级党政机关组织召开的会议不得收取会议费和食宿费。

四是领取会议材料。 主要是学习用品（文件包、笔记本、签字笔）、会议手册（包括会议日程、代表名单、作息时间等方面的信息）、会议文件资料、座次图、代表证、餐券等。领取保密文件须签名登记，妥善保管，及时归还。

二、会场签到管理

会场签到的目的，一是统计到会人数，以便安排选举、表决等程序，确认会议效力；二是确保重要人员到会，如领导、嘉宾、发言人、领奖人等；三是作为申请经费和财务报销的原始凭证；四是作为调整会议食宿等接待安排的依据。

会场签到前，办会人员要提前布置好签到桌椅，准备好签到牌、签到表、签字笔、会议代表名单、报到须知、水牌等物品，签到表要准备多套，签字笔要足量，以备会前 5 分钟至 10 分钟会议代表集中到达。签到过程中，要严把会议入口，查验代表证卡，以防非会议代表混入会场。签到结束后，尽快统计人数，报告会议主办方和主持人。大型会议签到可预先发放入场券，采用剧场式检票，仅统计到会人数，以避免人员聚集，场面混乱影响安全。

三、报到签到注意事项

这里总结了 10 条报到和签到时需要注意的事项，供参考。

1. 报到登记表和签到表中，参会人员排序依据要科学，单位和职务信息要准确，应使用全称或规范化简称；

2. 报到时先登记基本信息和收费，后发资料，以免资料错发；

3. 报到时财务人员要根据会议人数配备，规模较大的会议至少配备两组财务人员收费和开票，忙时可分流，闲时可交替；

4. 报到时注意做好领导、贵宾和特殊代表的引导，以示尊重；

5. 报到时逐一提示参会人员查阅会议日程、作息安排等；

6. 会场签到流程要简洁，安排足够的服务人员引导人员入场；

7. 会场签到发现重要代表未能及时到会，应尽快通知主持人；

8. 会议开始后，会场签到仍在继续的，要注意保持安静；

9. 参会人员填写基本信息和签名要字迹清晰，准确无漏项；

10. 应当禁止代他人填写信息和签名，严格签到管理。

第二节　发放会议文件

会议文件是参会人员了解会议内容和作息安排，参加会议讨论，以及会后传达会议精神的重要依据，主办者应注意特别加强对保密文件的发放与管理。

一、发放文件种类

需在会前和会议过程中发放的会议文件主要有两类，一类是参会须知类，包括议程日程、代表名单、会议手册、座次图等；另一类是会议文稿类，包括工作报告、重要讲话、文件讨论稿、经验交流材料等。

二、文件发放形式

发放文件的形式主要根据文件形成的时间和保密要求来确定。领取非保密文件时无须签字，会议结束后无须清退；领取保密文件时要签字登记，会议结束后必须逐一清退，统一处理或销毁。详见表9—1。

表9—1　　　　　　会前及会中会议文件的发放形式

	保密文件	非保密文件
会前	1. 凭代表证，签字领取； 2. 办会人员逐一发放并签字； 如需保密的经验交流材料。	1. 会议报到时，登记领取； 2. 会场签到时，登记领取； 3. 办会人员会前置于座位； 如会议手册、日程议程。
会中	1. 凭代表证，签字领取； 2. 办会人员逐一发放并签字； 如需保密的讨论稿、讲话稿。	1. 凭代表证，会间登记领取； 2. 办会人员会间置于座位； 如通讯录。

三、文件发放注意事项

- 会前存放文件的地点要确保安全，注意防盗、防火、防潮；
- 发放文件时要认真查验代表资格，领取文件签字要清晰；
- 遇有破损和缺页的文件，要妥善收回和处理；
- 妥善保管文件发放登记和签收表，以备后查；
- 选派认真负责、工作细致的人员负责文件发放和保管；
- 文件资料的发放要严格发放范围，遵守保密要求；
- 会前要加强对参会人员和办会人员的保密教育；
- 带密级文件的发放和保管要安排符合保密要求的工作人员。

第三节　引导人员入场

及时、热情地引导参会人员入场，是确保会议按时召开的重要前提，也是展示办会服务水平的重要舞台。

一、引导入场的情形

一是参会人员不太熟悉会场。因为初到陌生环境，一般都不了解电梯、会议室的位置，缺少方向感，需要引导。

二是会议规模大，座位不好找。会场面积大，座位多，桌签相对较小，对会场座次安排规则不熟，会场人员进出频繁，干扰视线，找不到座位，也需要引导。

三是领导、嘉宾和特殊代表到会。年迈、伤病和残疾人员到会时要安排专门的引导人员，提前熟悉无障碍设施的行走线路；领导和嘉宾到会时，引导和陪同人员一般应为会议主办单位的职务或职级相当的领导，以示尊重。

还有一种情形是，为了避免迟到的参会人员入场时干扰会议进程，需要引导人员提醒他们保持安静，引导其从会场后区门进入，带到指定座位，或在后排就近入座，尽量不影响其他人。

二、引导人员的要求

引导人员的形象、态度、能力和经验直接影响到能否顺利引导参会人员入场，以及对会议服务质量的评价，其要点是：

- 统一着装，保持微笑，服务细致，言行礼貌；
- 具备良好的身体状况、精神状态和必要的体力；
- 具备相应的特殊能力，如外语、哑语等；
- 陪同参会人员乘坐电梯和通过走廊时注意礼仪规范；
- 注意电梯门、湿滑地面、楼梯台阶等处的安全隐患；
- 提前熟悉会议地点环境、会场布局和座次安排；
- 提前掌握领导和嘉宾的计划到会时间；
- 会议期间引导人员要全程待命，引导参会人员进出会场；
- 合理配置，在大厅、电梯口和会议室门口处安排好引导人员和引导牌。

第四节　安排会议开幕

开幕式是会议的第一个正式环节，也是最受关注的环节之一。办会人员应当熟悉开幕式的一般程序，选择合适的会议开幕时间，认真做好开幕式的程序设计和会场布置。

一、开幕式程序

一般包括欢迎领导及嘉宾入场；主持人介绍与会领导和嘉宾，宣布开幕式议程；与会领导致辞，嘉宾演讲，宣读贺信；宣布会议正式开幕等。根据不同类型会议的需要，还可选择设置奏唱国歌、文体表演、燃放烟火、剪彩、揭幕等环节。

中小型会议和单位内部会议一般不安排专门的开幕式，由主办单位领导和上级单位代表分别致欢迎辞即可。

【小链接】

2014年全国政协十二届二次会议开幕会程序

1. 报告会议应出席人数、实到人数，是否符合规定人数；
2. 宣布会议开幕；
3. 全体起立，唱国歌；
4. 向在3月1日晚昆明火车站暴力恐怖事件遇难群众默哀；
5. 审议通过政协第十二届全国委员会第二次会议议程；
6. 政协第十二届全国委员会常务委员会做工作报告；
7. 政协第十二届全国委员会常务委员会做关于提案工作情况的报告；
8. 宣布开幕会议程进行完毕，休会。

来源：中国新闻网

二、开幕式时间

开幕式一般选择在会议正式开始的第一天上午，时间不宜过早，以便当天到会的代表有足够的时间签到和入场。开幕式时间也可安排在下午或者前一天晚上。例如，2014年政协第十二届全国委员会第二次会议，按惯例于3月3日下午3时在人民大会堂开幕；而第十二届全国人民代表大会第二次会议，则按惯例于两日后的3月5日上午9时在人民大会堂开幕。一些国际性会议会选择晚上开幕，配以晚宴的形式。会议具体什么时间开幕，一般由会议主办者或东道国来确定。

三、安排开幕式的注意事项

开幕式程序设计、会场布置、安全保卫等工作都大意不得，任何一个细节的疏忽都有可能影响参会人员对办会的整体评价，需要把握的要领有：

- 排练开幕式流程，包括前后衔接、时间把控、背景音乐等；
- 为主席台嘉宾准备开幕式议程、发言稿和纸笔，并置于桌面；
- 规范主席台桌签的制作和座次摆放，符合礼仪要求；
- 反复检查主席台座椅、话筒和茶水安排，并试坐和试用；
- 请有致辞的领导、嘉宾以及主持人提前熟悉发言内容；

- 办会人员提前确认主席台就座领导和嘉宾的到会时间；
- 领导和嘉宾中如有年迈者和伤残人士，要安排专人陪同；
- 外事会议开幕式，要提前一天告知中方出席领导着装要求；
- 加强开幕式期间的会场安保，做好应急预案。

第五节 主持会议

主持会议就是对会议过程的引导和控制，主持人的主要任务是引导会议进程，维持会场秩序，促成会议决定等。

一、主持的内容

主持工作的环节：开幕式、闭幕式、讲话发言（领导讲话、嘉宾致辞、代表发言等）、会议讨论、各种仪式（剪彩、颁奖、表决、宣誓、合影等）。

开幕式主持内容：宣布会议正式开幕，向参会人员表示欢迎，介绍参会领导和嘉宾，报告参会人员的类型和人数等情况，介绍会议的背景、目的、任务和议程等情况，强调会议纪律，提醒参会须知事项。有选择地介绍主办国家、城市、单位和会议筹备情况等。

闭幕式主持内容：总结会议取得的主要成果，强调领导讲话的重要精神，对会后学习讲话精神和贯彻落实会议决定提出要求，向参会人员表示感谢和欢送，向参与会议筹办工作的相关单位和人员表示感谢，宣布会议顺利闭幕。

讲话发言主持内容：发言前，介绍发言人姓名、工作单位、职务职称和其他主要背景资料，介绍发言主题，请大家掌声欢迎发言人发言；发言中，引导参会人员适时提问，并向提问者表示感谢；发言结束后，向发言人表示感谢，简要总结发言要点。

会议讨论主持内容：主要是介绍讨论议题，说明讨论顺序和规则，引导讨论进程，总结讨论观点和成果，向发言人表示感谢。

重要仪式主持内容：主要是说明仪式程序和注意事项，介绍出席仪式的领导和嘉宾，主持仪式过程，祝贺仪式取得成功，祝贺受表彰的人员和通过的表决等，对参加仪式的人员表示感谢。

二、主持的技巧

会前要认真准备、事无巨细，例如：

- 提前熟悉会议议程、领导讲话稿、代表发言稿、主持词；

- 抓住对重点环节和重点人物的主持内容，反复琢磨；
- 积极参与会议筹备，熟悉会议筹备的每个环节；
- 对主持中可能发生的各种突发情况，做好预案；
- 储备一些与会议主题相关的专业知识和新闻信息；
- 根据会议类型，做到着装仪表得体，语言行为得当。

会中要积极引导、灵活应变，例如：
- 始终保持积极乐观和处事不惊的心态；
- 保持幽默感，以便更好地应对会议讨论时冷场和言词冲突；
- 对麻烦人物尽量正面引导和处理，但要有底线；
- 时刻洞察会场存在的各种隐患和情绪；
- 尊重并认真记录每个人的发言，适当点评和总结；
- 灵活把握会议休息和结束时间，以利于提升会议效率。

三、选择主持人

主持人可由会议主办方指定，或由会议选举产生。指定的主持人一般为会议主办方的最高领导，例如，2014年11月11日，亚太经合组织第二十二次领导人非正式会议在北京怀柔雁栖湖国际会议中心举行，国家主席习近平主持会议。如主办方最高领导要在会议上讲话或致辞，可以安排主办方职位略低的领导主持会议。学术性较强的论坛或研讨会，主办方也可指定一位特邀嘉宾主持。

第六节　安排会议讨论

会议讨论是参会人员交流参会收获，领会会议精神，研究工作问题，达成意见共识的重要途径。好的会议讨论安排能大幅度提升会议的质量和效果。

一、会议讨论类型

按照讨论参与者之间的上下级关系，可将会议讨论分为三类：一是参与者有上下级隶属关系，讨论目的主要是传达和领会精神、布置任务、汇报工作、征求意见等；二是参与者有平行合作关系，讨论目的主要是交流感情、合作谈判、协商工作、处理争议等；三是参与者有平行咨询关系，讨论目的主要是研讨交流、咨询论证、评估评审等。

二、会议讨论分组

讨论分组的关键是把握好分组的规模和标准。分组的规模不宜过大或过小，要根据会议代表总人数、讨论数量以及提升讨论效率等方面的要求分组，一般建议 8~12 人一组为宜，一组尽量不超过 20 人。

半天 3 小时的讨论会，除去开场、休息和总结的时间，留给代表讨论发言的时间一般不超过 150 分钟，8~12 人的讨论规模，可以确保每个人至少有 10~15 分钟的发言时间。

【小链接】

三星的高效会议文化（一）

一、**凡是会议，必有准备**。永远不开没有准备的会议，会议最大的成本是时间成本，没有准备的会议就等于浪费时间。

二、**凡是会议，必有主题**。会议准备的 PPT 前 3 页，必须显示会议主题。没有主题和流程的会议，就好比让大家来喝茶聊天，浪费大家的时间。

三、**凡是会议，必有纪律**。开会设一名纪律检查官（一般由主持人担任），在会议前先宣布会议纪律。对于迟到要处罚，对于会议上不按流程进行的要提醒，对于发言带情绪者要提醒，对于开小会私下讨论的行为要提醒和处罚，对于在会上发脾气和攻击他人的行为要处罚。

来源：中国创新网"创新管理"栏目，地址：www.chinahightech.com/html/1857/2014/0519/15354662.html.

有外国专家认为，7~15 人的会议非常适于问题讨论和决策。[1] 会议人数太多、会场情况过于复杂，参会人员的责任心会降低，难以保证每个人都有充足的发言机会。

讨论分组的标准可以依据法定规则，或者参会人员的界别、行业、地域等确定。此外，也可以有意将不同界别、行业或地域的参会人员混合编组，以便广泛交流和听取不同意见和建议。

三、讨论组织方法

明确了讨论分组方案之后，组织好讨论的关键在于选好召集人，确定讨论方法和发言顺序，确保每个参会人员都有平等的发言机会。

一是选好召集人。每个讨论组可指定一名召集人和一名联络人，召集人要有较高的职务或权威，以便有效地引导讨论过程。联络人一般为办会人员，负

---

[1] 【美】迈克尔·多伊尔，大卫·斯特劳斯著. 开会的革命 [M]. 刘天佑，译. 北京：国际文化出版公司，2004.

责召集参会人员，记录讨论过程和对外信息联络。

二是确定讨论程序。一般可分为三个阶段，第一阶段参会人员逐一发表意见；第二阶段参会人员自由讨论，限定总的交流时间；第三阶段请参会领导进行总结。讨论程序和时间分配要在讨论开始前向参会人员讲清楚。

三是关于发言顺序。可以按照参会人员的职务高低确定发言顺序。一般职务低的先发言，以免领导的发言权威制约了一般同志的发言积极性。也可按部门或地域的排序发言，或由召集人随机点名发言。

【小链接】

三星的高效会议文化（二）

四、凡是会议，必有议程。会议运营人员要在会前将会议议程发放给参会人员。每一项讨论必须控制时间，不能泛泛而谈。

五、凡是会议，必有结果。会议决议要形成记录，并当场宣读确认。没有确认的结论，可另外再讨论；达成决议并确认的结论，马上进入执行程序。

六、凡是开会，必有训练。对每个层级的员工都有足够的"会议训练"，包括如何开会，如何主持，如何记录，如何追踪，如何对待分歧，如何会场汇报等。

四是关于机会公平。讨论中应保证每个人都有发言机会，都有充足的时间完整表达自己的观点和意见，避免某几个人霸占讨论时间，或者某几个人闷不作声。自由发言阶段中不发言的代表，召集人应主动询问是否发表补充意见，召集人对偏离主题或者言辞激进的发言人要坚决制止。

四、做好讨论记录

讨论记录应坚持全面准确、原汁原味的原则，记录讨论的全过程，抓住讨论和发言要点，准确记录发言内容，对于口语化的表达，特别是领导的发言，要尽量原汁原味地记录下来。

讨论记录的内容主要包括讨论议题、时间地点、参会人员、召集人、记录人，记录人按时间顺序记录每个发言人的姓名和发言内容。一些特殊的会议还要在会议记录上签名，以便对发言观点和内容负责，如董事会、办公会等。

记录中要保持字迹易于辨认，提前熟悉讨论议题和人员情况，备足记录所需的纸笔等文具，还可采用文字和录音同步记录，或采取双记录人等方法，以保证完整和准确地记录讨论过程。讨论结束后，记录人应对讨论记录做必要的整理和誊清，纠正错别字、不规范的简写缩写、文字书写不清、表达啰唆等问题。

【小链接】

三星的高效会议文化（三）

七、凡是开会，必须守时。设定时间，准时开始、准时结束。对每个议程都有大致的时间限制，如讨论不能得出结论，可暂时搁置，避免影响其他议题。

八、凡是开会，必有记录。一定要有准确完整的会议记录；如果形成决议，一定要有具体执行人员及完成期限。

九、凡是散会，必有追踪。会议每项决议都要有跟踪、稽核检查，如有意外，可及时发现适时调整，确保各项会议决议都能完成。

第七节 处理突发事件

要处理好会议中的突发事件和情况，必须事先成立应急小组，坚持突发事件应对原则，制定应急预案，采取科学和灵活的应对措施。

一、成立应急小组

应急小组是处理会议突发事件的指挥和执行机构，肩负着制定会议应急预案，巡查应急防范设施，组织突发事件处置，应对媒体舆论宣传等重要职责。应急小组可根据会议重要性和会议管理的复杂程度，分别设立应急领导小组和应急工作小组，将指挥和执行职责分离。

会议应急小组成员至少应包括以下几类人员：一是会议主办方及承办方牵头负责本次会议的领导；二是会议管理机构的负责人，如会务组负责人、会议秘书处负责人等；三是会议管理机构中各小组的负责人；四是会议所在酒店或会议中心的相关负责人和技术人员；五是卫生、消防、安保等相关单位人员。

二、应对基本原则

应对会议突发事件要遵循四个基本原则：一是领导重视，这样各方面才能更加重视，人财物得到保障，危机处置调配资源更为高效；二是防患未然，要加强预警机制和监控，重视相关人员培训和演练，会前全面排查也十分重要；三是科学处置，第一时间按程序启动应急预案，第一时间采取科学紧急措施，第一时间报告上级领导，与有关部门沟通争取支援；四是主动沟通，向上级报告要全面准确，与媒体交流要实事求是，同公众讲明情况要情真意切。

三、制定应急预案

应急预案指面对突发事件如自然灾害、重特大事故、环境公害及人为破坏等,制定的应急管理、指挥和救援的计划。其几大重要子系统为:完善的应急组织管理指挥系统;强有力的应急工程救援保障体系;综合协调、应对自如的相互支持系统;充分备灾的保障供应体系;体现综合救援的应急队伍等。[①]

制定会议应急预案至少要包括以下几个方面内容:预案制定的目的依据、应急管理的机构职责、突发事件的预防措施、应急处理和报告程序、媒体应对和善后安排、应急工作的奖惩制度等。

四、突发事件应对

会议突发事件主要可分为两类,一类是公共危机,包括各种自然灾害、公共卫生事件、社会安全事件等。进入21世纪,世界范围内出现了一系列重大危机,如"9·11"事件、"非典"暴发、禽流感流行以及印度洋地震海啸等。在我国,重特大事故时有发生,公共卫生事件开始成为严重威胁,全球新发的30余种传染病有半数在我国发现,恶性暴力事件和恐怖袭击活动还时有发生。[②]应对公共危机,主要依靠当地政府及相关部门,作为会议组织者做好积极配合,尽量保证会议的顺利进行。

另一类是会议事故,如会议期间发生的火灾、食品安全事故、紧急医疗救护、场地调配问题等。这些事故主要是人为因素造成,需要我们在制定应急预案时,高度重视,积极预防,尽量避免。在发生事故后,要科学处置,尽量减少人员和财产损失,降低事故的负面影响。会议常见事故预防与应急措施,详见表9—2。

【小链接】

碰到电梯意外事故时怎么办?

1. 不要强行开门;
2. 通过警铃、对讲系统、移动电话进行求援,如无人回应,则耐心等待营救;
3. 与电梯轿厢门或已开启的轿厢门保持一定距离;
4. 在救援人员到达现场前不得撬砸电梯轿厢门或攀爬安全窗,不得将身体的任何部位伸出电梯轿厢外;

[①②] 《中国的危机管理机制》,中国政府网,地址:www.gov.cn/yjgl/2005-09/23/content_69182.htm.

5. 电梯坠落时，可做屈膝动作，以减轻电梯急停对身体所造成的不适或伤害。

来源：新疆维吾尔自治区安全生产监督管理局网站，地址：www.xjsafety.gov.cn/tabid/226/InfoID/30832/frtid/351/Default.aspx。

表9—2　　　　　　　　　　会议常见事故预防与应急措施①

类型	预防措施	应急措施
食品安全事故	1. 严把餐厅食品采购渠道和品质； 2. 建立会议菜品留存制度； 3. 加强厨师和服务员食品安全教育； 4. 每日检查厨房和餐厅卫生情况； 5. 控制生冷菜品的数量。	1. 发现疑似食物中毒人员，即刻上报； 2. 陪同就医，症状严重者，尽快联系急救车； 3. 查验食物样本，确定污染源； 4. 注意观察未中毒人员健康状况。
紧急医疗救护	1. 确认会议地点是否有医务室； 2. 安排专业医务人员跟会； 3. 提前准备常用和普通急救药品； 4. 掌握会议酒店附近的医院路线。	1. 出现疑似传染性疾病，即刻上报； 2. 迅速就医，对相关场所进行消毒，对密切接触的人员进行隔离； 3. 出现急救病情，做好第一时间应急抢救，尽快联系急救车，并陪同就医。
场地调配问题	1. 及早预订会议场地、客房和餐厅； 2. 根据会议报名情况及时调整预订； 3. 预订时要根据计划人数打出富余； 4. 提前做好备选会议地点计划。	1. 会场、客房和餐厅不能满足使用，即刻联系销售经理，协调场地和房间； 2. 食宿分流，将工作人员或部分会议代表安排至会场附近的备用酒店食宿； 3. 设置分会场，将部分会议代表安排至分会场开会和食宿。

第八节　做好会场服务

做好会场服务是确保会议顺利进行的基础和保障，主要包括后勤服务、摄像照相、电脑速记、外语翻译等。

一、后勤服务

会场的后勤服务主要是引导参会人员进场入座，提醒服务员为参会人员和主席台就座领导提供茶水服务，指导技术人员调节会场的温度和光线等。这些工作虽然主要由会场服务人员完成，但作为主办方的办会人员，也必须参与，特别是为领导和嘉宾做好服务，积极应对服务员在会场服务中出现的问题和遗漏。

对做好会场后勤服务有以下几点建议：

---

① 表中所列事故预防和应急措施仅供参考，需根据每个会议具体情况进行设定。

- 提前熟悉参会领导和嘉宾的相貌和背景资料；
- 提前熟悉会场座次图的布局规则；
- 提前与会场服务人员和技术人员进行对接，做好交代；
- 提前上主席台试坐，看看灯光和投影仪是否直射眼睛；
- 对添加茶水时间间隔和线路要提前规划，避免影响会议进行；
- 注意观察参会人员对会场温度的反应和反馈，对在空调出风口附近就座的人员要给予提示；
- 对参会人员提出的不合理服务需求，要耐心解释，婉言拒绝。

二、摄像照相

会场摄像照相的重点内容包括人员到达、贵宾接待、会场布置、交流发言、领导讲话、重要仪式、合影留念和感人时刻等场景，要对重要人员、重要环节和重要发言做好音像记录，以便会后用于工作存档、汇报、宣传和留念。

完成好会议的摄像照相任务，我们还要注意处理好以下几种情况：

- 器材要提前检测，确保性能良好、满电和足够的存储空间；
- 准备好备用器材和电池，以备突发情况导致设备故障；
- 提前踩点，找到适合的摄像机位；
- 提前了解照片和影像的用途，以便更好地抓镜头；
- 主席台灯光应充足，比台下更亮一些，以保证摄像照相效果。

三、电脑速记

速记可分为手写速记和电脑速记。传统的手写速记虽然已经少见了，但在高密级会议中还使用。电脑速记具有速度快、效率高的特点，速记的同时直接形成标准的电子文本。在会议的发言、座谈、讨论等环节中，运用速记来做会议记录，可以更为完整、准确地记录会议内容，更加原汁原味。

会议主办者应与速记人员或速记公司签订保密协议，对速记人员的记录速度和错误率进行严格的限定，要求其熟悉会议主题相关的专业领域，特别是专业术语，并具有较为丰富的会议速记经验。

四、外语翻译

外事会议中外语翻译是一项重要的服务内容，包括交替传译和同声传译两种模式。同声传译需要借助专门的设备，对翻译人员的语言水平要求也更高，能够减少对会议时间的占用，更好地提高会议效率。

翻译人员应精通相应的语言，具备高水平的听说和速记能力，熟悉外事礼仪和外事纪律，熟悉与会议主题相关的专业领域和专业术语。会前可将会议议程、背景材料和发言内容提供给翻译人员预习。会议主办方应与翻译公司或翻译人员签订保密协议，或在委托协议中签订明确保密责任。

第九节 注重会议礼仪

会议礼仪是人们在参加和管理会议过程中为了表示相互尊重、敬意、友好、关心等共同遵守的行为规范。以下介绍一些基本技巧，更多的经验需要在实践中不断总结和积累。

一、会场基本礼仪

一是衣着得体，干净整洁，着装应与会议性质、自身条件、年龄和季节等相协调。女士以职业套装为宜，不可过于暴露或追赶潮流，外事会议男士应着衬衫和西服，打领带或领结。

二是在会场相互介绍时，应先自我介绍，简明扼要；若为其他参会人员做相互介绍，应根据职务和地位高低，先介绍位高者。

三是在会场握手致意时，办会人员先伸手，参会人员后伸手；位高者先伸手，位低者后伸手；女士先伸手，男士后伸手。握手时，应保持手部清洁，双目注视，力度适中，三四秒即松手。

四是在会场交换名片时，双手递送，一般位高者或年长者先主动交换名片为宜；同时向多人交换名片时，先递送给位高者，后给位低者；别人交换过来的名片要妥善保存，自己未带名片时要向对方表示歉意。

相关形体语言的宜与忌，详见表9—3。

表9—3　　　　　　　　形体语言的宜与忌[①]

类型	宜	忌
站姿	1. 站直； 2. 脚保持静止； 3. 肩部放松； 4. 双臂垂于体侧； 5. 头和下颌抬起。	1. 没精打采地站着； 2. 来回移动脚； 3. 晃动身体； 4. 两臂抱肩； 5. 低头。
坐姿	1. 坐直； 2. 两腿在脚踝处交叉； 3. 身体微微前倾。	1. 东歪西靠，坐不安稳； 2. 两膝分开太远或跷起二郎腿； 3. 双脚不停抖动。

---

① 【美】芭芭拉·帕切特，等著. 国际商务礼仪 [M]. 李家正，等译. 北京：中国对外翻译出版公司，1998.

续表

类型	宜	忌
走姿	1. 行走有目的性； 2. 步伐坚定； 3. 弯腰捡东西时要屈膝。	1. 脚步拖拉； 2. 步履沉重迟缓； 3. 八字脚（"鸭子步"）。

二、参会人员礼仪

一是要按时到会，提前 10 分钟进场入座，不迟到；允许的情况下可提前 30 分钟到会，更好地利用会前时间同其他参会人员交流。

二是会议中手机调至振动或静音，确须接听电话，应先离开会场。

三是要提前熟悉议程和会议相关材料，做好讨论发言准备。

四是开会过程中，要端坐、正视，集中精力，认真听会，适时鼓掌向发言者致谢；要认真记录会议要点，以便会后学习、总结和传达。

五是会间休息时，要主动与其他参会人员交流，探讨会议有关问题，不对领导讲话内容擅作评论和批评。

六是如需提前离会，要向主办方请假，说明原因，表示歉意。

三、发言人员礼仪

一是发言要吐字清晰、语速适中，讲普通话，内容简短扼要、通俗易懂；发言时不能一直埋头念稿，应时常抬头，用眼光和肢体语言与参会人员互动。

二是积极回应会场掌声，可起立鞠躬以示谢意，若发言者是领导，可以鼓掌回谢，待掌声停止后继续发言。

三是讨论发言时，要按指定顺序发言，不争不推，观点明确，控制好时间，耐心听取其他参会人员对自己发言的不同意见。

四、接待人员礼仪

一是一般可着深色职业套装，胸前挂工作证，方便服务参会人员；可化淡妆，少用饰品，勿用味道浓烈的香水。

二是语言亲切，面带笑容，精神饱满，热情耐心地接待参会人员。

三是不得当众说说笑笑、玩弄手机，不得进食有异味的食物，不得有不文明礼貌的行为。

四是对参会领导和嘉宾的背景资料要有必要的了解；对老弱病残、少数民族、宗教人士、外宾等要给予特别照顾。

五是对参会人员的需求不可搪塞推辞，坚持首问负责；参会人员提出的不合理要求，要耐心解释，坚持原则。

第十章

会议服务工作

会议服务工作,即会议期间的后勤服务,以住宿服务、就餐服务、交通服务为主,此外也包括了安保服务、医疗服务等其他服务。

第一节　会议住宿服务

安排会议住宿，应明确选择住宿地点的依据，严格遵守住宿费标准，及时预订房间，规范协议签订，对特殊参会人员和特殊时段的住宿需求应妥善安排，做好住宿备用方案，以备不时之需。

一、依据和标准

选择会议住宿地点，主要依据要考虑以下几个方面：

第一，要符合有关政策法规的要求，包括《党政机关厉行节约反对浪费条例》《中央和国家机关会议费管理办法》《党政机关会议定点管理办法》《中央和国家机关差旅费管理办法》，以及各省、区、市出台的有关管理规定等。

第二，要根据会议实际需要，满足会议代表和工作人员的住宿需求，档次适中，服务优质，交通便利。

第三，要根据会议预算总额量入为出，选取价格优惠，性价比高的住宿地点，不超标，不奢华。

第四，要事先踩点和比较，考察住宿条件和服务水平，试住体验，多做比较，仅通过书面材料往往难以做出正确的选择。

考察和比较会议住宿地点时，具体标准和要素应包括：

一是党政机关会议定点管理。党政机关会议除网络及视频会议，或使用内部场地开会外，应当在会议定点场所召开。

二是客房规模。套间、单间、标准间各自的总数，会议期间可用的间数。

三是房间设施。家具电器、床上用品、洗漱用品、灯饰、卫浴、吹风机、网络等。

四是服务水平。服务人员礼仪、服务的态度、标准和细致程度。

五是住宿环境。饭店内购物场所、健身场所、商务中心等配置，无障碍设施情况，周边景致和生活环境等。

六是交通便利。机场车站可便捷到达，房间距离会场和餐厅较近，有充足的停车场地，有必要的电瓶摆渡车和雨伞。

七是确保安全。安保力量强、管理严、智能化，消防设施齐全。

【小链接】

严拒党政机关超标准会议服务要求

2015年2月6日财政部发布新版《党政机关会议定点管理办法》，强调党政机关不得要求会议定点场所虚报会议天数、人数、开具虚假发票等；会议定点场所有权拒绝党政机关提出的超出协议的服务项目和要求；会议定点场所不得违规提供发票、费用原始明细单据、电子结算单等凭证。

来源：中国政府网，地址：http://www.gov.cn/xinwen/2015-02/06/content_2815973.htm

二、预订和协议

会议住宿预订的方式一般有两种，一种是统一预订，即由会议主办方与会议所在饭店预订房间并结算费用，党政机关会议或单位内部会议常使用这种方式；另一种是代表自行预订，即会议主办方只与饭店预订房间类型和数量，由参会代表根据会议通知信息，自行与饭店联系预订房间并结算费用，国际研讨会、论坛等多使用这种方式。两种会议住宿预订方式的比较，详见表10—1。

表 10—1 两种会议住宿预订方式的比较

	统一预订	代表自行预订
预订协议	主办方与饭店的协议中住宿费总额较大。	主办方与饭店的协议中住宿费总额较小。
预订流程	主办方收集参会代表住宿预订信息，汇总后向饭店预订。	主办方通知参会代表会议指定的饭店信息，代表自行预订。
经费来源	住宿费用一般由主办方专项财政经费负担。	住宿费用一般由参会代表所在单位负担。
各自特点	1. 适合经费有专项来源会议； 2. 增加了主办方会务工作量； 3. 参会代表住宿费标准统一； 4. 主办方可提前排好房号； 5. 代表难以自选朝向和楼层。	1. 适合向代表收参会费的会议； 2. 代表的参会报名工作复杂了； 3. 提前预订可能会有费用优惠； 4. 较难及时统计会议住房信息； 5. 住宿分散不便于代表间交流。

会议住宿协议是主办方与会议饭店之间明确会议住宿权利义务的重要文件，可与场地、食宿、交通、印制事宜等，一并形成整体的委托服务协议。协议中，会议住宿部分至少应确认以下信息：

✎ 会议名称、主办单位及饭店全称；

✎ 房型和价格，按日标明计划用房数①，可接受的最低入住率；

---

① 会务组提前进驻，以及代表计划到达时间不同，会影响会议每日用房数量。

- 房间预订方式，若为代表自行预订，需明确接受预订的最早时间和截止时间；
- 会议代表的入住时间和退房时间；
- 住宿费预付款金额、方式和时间，住宿费结算方式和时间；
- 违约责任，以及协议未尽事宜的协商途径。

【小链接】

把会议开实

会风体现的是党风政风，提高会议质量意识，推进工作落实才不会沦为空谈。

- 坚持民主定议。把问题找实，把议题找准，将解决办法找全。
- 执行报批制度。没有内容的会不开，可合并的会不单开，能视频开的会不集中开，可一次性开的不层层开。
- 严格纪律要求。领导带头讲短话、讲实话，杜绝"代会""缺会"，防止"手机族""瞌睡族"。
- 虚心听取意见。鼓励参会代表"各抒己见"，提建议、讲意见。
- 强化督查督办。明确专人"过问"，限定落实时限，加大问责力度。

来源：《中国组织人事报》2014年12月3日第八版。

三、特殊需求

参会领导、嘉宾和其他特殊代表（如年迈、伤残人员和外宾等）的住宿服务要给予特别关注。领导和嘉宾的房间楼层、朝向和景致要精心挑选，房间设施要提前检查和调试，不得超标准安排住宿；外宾的房间要注意配备咖啡、红茶等西式茶饮，房间设施要有必要的英文标注；残疾人房间要检查无障碍设施是否齐全，注意提醒人们用水用电安全，应安排其与随行人员同房间或就近房间住宿，以便照顾。

会议过程中，遇到有参会代表早到或晚到，提前或延迟退房的情况，主办方要准确掌握代表到会和离开的时间，做好住宿预订计划，并及时与会议饭店做好沟通和调整。同时，要提前与参会代表说明这些特殊时段住宿费用负担事宜，安排好相应时段的就餐。

预订会议饭店，要考虑好备用饭店，以备预订饭店发生特殊情况时使用。如遇到其他重要会议占用客房；饭店客房被重复预订；饭店突发水电使用故障，短时无法修复；会议参会代表突然大量增加或减少等。

备用饭店方案有两种，一种是直接替代，就是放弃原接待饭店，完全将会议转移到备用饭店，这对备用饭店的住宿接待能力要求较高；另一种是作为补充，就是原预订饭店房间继续使用，房间不足部分由备用饭店接待，这要求备用饭店与原预订饭店距离不能太远，最好步行 5 至 10 分钟即可到达，或者安排好会场和饭店间的摆渡车辆。

第二节 会议餐饮服务

会议餐饮服务主要是为参会领导和代表提供一日三餐的保障服务，也包括为报到误餐和有特殊就餐需求的代表保障用餐。这里主要介绍就餐计划、菜品质量、就餐服务、就餐礼仪四方面内容。

一、就餐计划

制定完整和详细的就餐计划是完成会议餐饮服务的前提。就餐计划中，至少应包括就餐时间、地点、方式、标准和环境要求等方面信息，具体情况如下。

1. 就餐时间。

一是就餐起止时间要与会议起止时间衔接好，例如，早餐最好在上午会议开始前 15 至 20 分钟结束，以免代表因吃早餐而不能准时参会。

二是就餐时长要根据就餐方式设置，例如，自助餐时间一般为 40 分钟至 60 分钟，桌餐要求代表集中在一个时间点到达餐厅。

三是报到日就餐时间要适当延长，参会代表报到时间很难集中在就餐时间，如果延误了就餐，应尽量为参会代表提供简餐或套餐。

四是就餐时间要符合日常生活习惯，如午餐 11：30 至 12：30，太早或太晚都不太合适。

2. 就餐地点。就餐地点要尽量离会场和客房近一点，如果参会人员过多，应考虑分餐厅就餐；清真餐要安排专门房间或区域。餐厅大小要适中，不应过于拥挤。

3. 就餐方式。就餐方式有自助餐、半自助餐、分餐、套餐或桌餐等。一般会议使用自助餐居多；就餐人数较少时可使用半自助餐，即主菜一人一份，辅菜和主食等自助；报到日就餐人数可能特别少，这种情况下提供套餐较为经济；重要外事会议多采用分餐；桌餐容易造成浪费，准备工作复杂，不利于灵活时间错峰就餐，现在较少使用；党政机关会议用餐应安排自助餐或工作餐，会议期间不得安排宴请。

4. 就餐标准。就餐标准要严格按照有关政策文件设定，不超标、不浪费、不上高档菜肴。党政机关召开的会议餐费标准要按照每人每天确定或明细到单餐。按照规定，中央和国家机关一类和二类会议餐费标准原则上应不超过每人每天 150 元，三类和四类会议不超过每人每天 130 元。

5. 就餐环境。良好的就餐环境是提升参会代表参会满意度的重要基础。会议就餐区应保持温度湿度适宜，环境卫生整洁，可播放轻松的背景音乐或电视新闻节目，餐桌摆放不宜过密，餐台摆放应便于取餐，菜品前应清晰标注菜名。

二、菜品质量

菜品质量与搭配是就餐服务的基础。一是确保质量，要保证食材、食用油和调味品的品质，严把进货渠道关，厨房要卫生整洁，厨师和服务员健康证齐全，菜品 24 小时内留样。二是搭配合理，包括荤素搭配、冷热搭配、口味搭配、营养搭配、地域搭配、中西搭配，体现当地特色，满足清真餐等特殊用餐需求。党政机关会议就餐严禁饮酒或含酒精饮料。

三、就餐服务

就餐服务主要包括餐厅的设施布局和服务员的服务引导两方面。

1. 设施布局。餐厅的必备设施包括桌椅、取餐台、回收台、餐具等，视听设备和适当的装饰更能营造良好的就餐环境。合理布局是保持就餐顺畅的前提，具体提示有：

- 餐桌摆放不宜过于密集，以免行走不便；
- 取餐台应置于近门处两侧墙边，减少取餐对就餐的影响；
- 回收台应置于角落，远离取餐和就餐区，标志显著；
- 餐具置于取餐台前端，或置于消毒柜内；
- 餐桌上应放置调味品、纸巾、牙签和节约用餐提示牌。

2. 服务引导。会议结束后就餐时容易出现集中排队取餐的情况，加强服务引导，快速收取餐券，代客人取餐具，增加餐台设置，分餐厅就餐，或者错时就餐等，都有利于缓解排队问题。就餐服务中还要注意适时添加菜品，保持菜品温度，及时清理餐桌，清扫湿滑地面等。

此外，会议主办方应在会前认真检查餐厅和厨房卫生状况，试吃菜品，会中应要求餐厅每日适当调换菜单。

四、就餐礼仪

文明就餐、避免浪费是就餐的基本礼仪。办会人员应在餐前及时与餐厅核对人数，减少因多报人数导致菜品浪费。参会人员取餐时应按照多次少取的原则，不应一次取餐过多，以免因口味不合或吃不了导致浪费，要落实"光盘行动"要求。此外，参会人员在取餐和就餐时，还要注意做到：

- 取餐时应主动出示餐券，排队取餐，耐心等候；
- 礼让女士、外宾和帮扶老弱病残人士；
- 不要在一个菜品前长时间停留；
- 就餐时不要大声喧哗，禁止吸烟；
- 不要长时间接打或玩手机；
- 用餐后自行将餐具送至回收台。

【小链接】

如何使用西餐的刀和叉

西餐餐具主要是刀和叉，使用时应注意以下几点：

- 右手用刀，左手用叉；
- 只使用叉时，可用右手拿；
- 吃面条时，需要用叉卷起来吃，不要挑；
- 放下刀叉时，应将刀叉呈"八"字形分别放在盘子上；
- 刀叉并拢放置，表示用餐完毕。

来源：刘玉瑛. 公务员上岗培训［M］. 北京：中共中央党校出版社，2010.

采用桌餐就餐时，主桌的位置和座次礼仪是我们最关注的。主桌的位置一般应远离餐厅门口（如图10—2所示）或在餐厅内居中（如图10—1所示）。

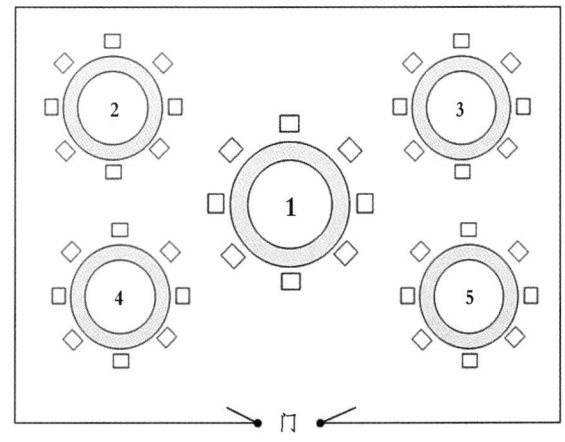

图10—1　主桌居中的桌次示意图

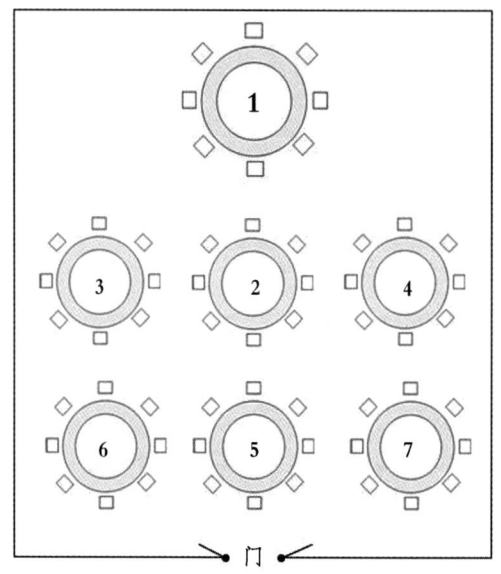

图 10—2　主桌居内的桌次示意图

桌餐座次与会议座次不同，会议主席台座次以左为上，桌餐座次以右为上。主位式、主陪式和外事宴请这几种常见的桌餐座次如图 10—3、图 10—4、图 10—5 所示。选用主位式或主陪式座次，关键在于主人和来宾的地位关系。如果来宾是上级单位领导，则适宜采用主位式，请最重要的来宾坐主位。其他情况下，则适宜采用主陪式座次。

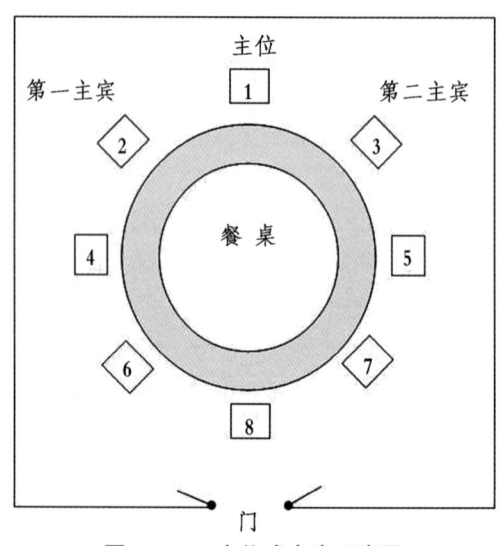

图 10—3　主位式桌次示意图

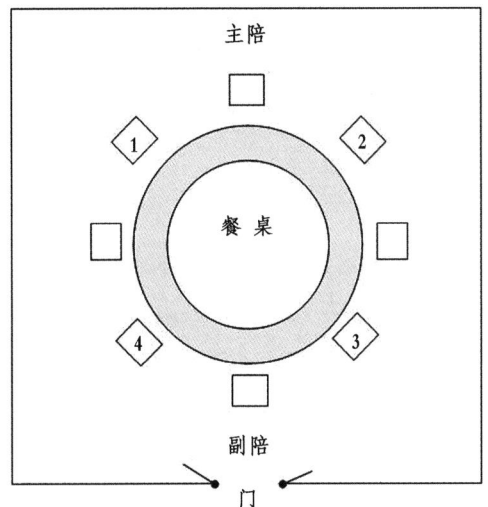

图 10—4 主陪式桌次示意图

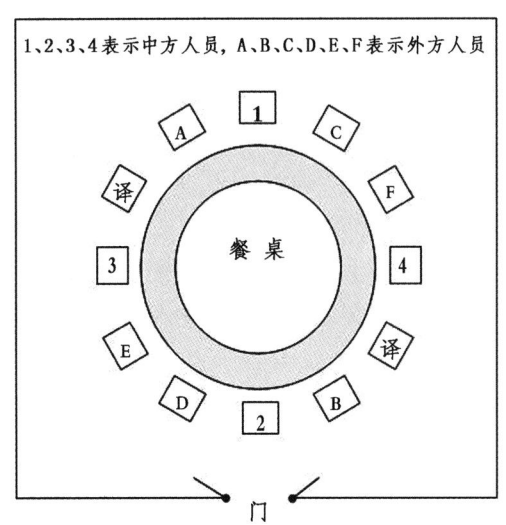

图 10—5 外事宴请圆桌餐席次示意图

第三节 会议交通服务

会议交通服务主要是为参会领导、嘉宾和代表提供接站、送站、会场摆渡和外出考察的用车保障服务，这里主要介绍会议用车计划、人员分工、租车安排、公共交通、乘车礼仪五个方面内容。

一、用车计划

科学合理的用车计划是保证会议交通调度和服务万无一失的重要前提。用车计划中至少应包括接送时间、接送对象个人信息、车型及数量、车牌号、行车路线等内容。

1. 接送时间。一是接送站人员要提前了解航班车次的预计到达时间，估算前往机场车站路上的行驶时间，留出一定的机动时间，倒推接送站车辆的出发时间。及时与机场车站的客服联系，了解是否存在延误和晚点情况。二是接送领导和嘉宾至少提前一天与其电话确认接人时间和地点，司机应比预定时间提前 10~15 分钟到达指定地点，以示礼貌。三是会场摆渡车一般应定点发车，要将发车时间表印制在会议手册中，并通知参会代表。四是会议外出考察要提前确定出发时间、集合时间和地点，集合时间应比出发时间提前 10~15 分钟，以保证准时出发。

2. 接送对象。要明确接送对象的姓名、职务职称、手机号码、人数等信息，了解是否有伤病、年迈和残疾等特殊人员需要接送。

3. 车型及数量。要根据接送对象的职务、人数、行李数量和身体状况等，确定接送的车型和数量。

4. 车牌号。逐一登记车牌号，及时告知调度人员、接送对象，方便接送对象准确地找到接送车辆，以及接送车辆获准进入机关单位院内，也方便遇到突发情况时，准确定位车辆位置。

5. 行车路线。要对路线有清晰地描述，以便司机行车需要，也便于准确测算行车时间。设计路线要注意单行道、临时限行情况和经常拥堵路段的情况，尽量选择距离较短、路况较熟、交通顺畅的路线。

二、人员分工

与会议交通服务相关的工作人员包括调度员、司机、跟车人员、检修人员、引导人员等。调度员负责按照车辆使用计划，调配会议车辆、司机、跟车人员及引导人员，以及在突发情况下紧急调度车辆。

调度员应提前掌握会议车辆相关服务部门和人员联系方式，以便联系调度；司机和检修人员会前要对车辆进行全面检查，确保性能良好；司机要驾驶技术精湛，熟悉行车线路，体力充沛，服务热情；跟车人员要根据接送对象的职务职称，做好相应安排，带好接送站信息和接站牌，及时掌握航班车次延误信息，定时向调度员报告车辆位置，行前手机保持满电；跟车人员要帮助司机指路、停车，为车上人员做好服务；停车引导人员要熟悉停车场布局，驾驶和停车技术娴熟。

【小链接】

跟车人员如何选择聊天话题

接送站时跟车人员常常需要与来宾交谈，应该选择什么样的话题更为妥当呢？建议如下。

安全的话题：天气、交通、体育、无争议的新闻、旅游、环境问题、对会议城市的介绍和赞美、共同的经历和爱好、书籍、文学艺术等。

应回避的话题：健康状况、物品的价格和收入、有争议的新闻、低俗的兴趣爱好、低级笑话、小道消息、宗教话题、私生活的细节、涉及公事的玩笑等。

三、租车安排

随着全国党政机关公务用车制度改革的推进，租车将成为会议交通服务新的重要方式。寻找信誉度高、诚信经营的租车公司租用车辆，城市公交公司和国有大型出租车公司都是可行的选择。

与租车公司合作，要提前考察公司实力，多选几家，比服务、比技术、比规模、比实力。事先签好租车协议。租车协议应明确以下内容：（1）会议名称、时间与地点；（2）租车车型、行车路线、价格及趟次；（3）行车出发地点及时间；（4）租车费用、付款方式及时间；（5）对司机的驾驶技术及服务态度的要求；（6）对车辆性能的要求；（7）违约责任。

会议主办方应加强对租用车辆及司机的管理，安排能力强、经验丰富的工作人员跟车指导和服务乘车人员。

四、公共交通

为了更好地控制会议成本，减少会务工作压力，保护环境，会议主办方应积极倡导参会人员乘坐公共交通工具，提倡绿色出行。

主办方在会议报到通知中可倡议参会人员乘坐公共交通工具，不安排接站，附上出租、地铁、公交车等公共交通工具乘车路线和询问电话。会议地点离最近的地铁站和公交车站距离较远时，应安排好饭店与车站间的摆渡车辆，在车站安排好引导接待人员和标识。参会人员下车后需步行一段才能到达会议饭店时，主办方要在沿途做好引导标识。

五、乘车礼仪

乘车礼仪中座次礼仪最为重要，领导和陪同人员如何安排乘车座次也有一定之规。这里主要介绍以下两类常见的乘车座次。

1. 如图10—6所示，5座小轿车乘车座次。一号位置是来宾或职位最高的领导，便于上下车。二号位置仅次于一号位置，陪同人员坐前排副驾驶位置。

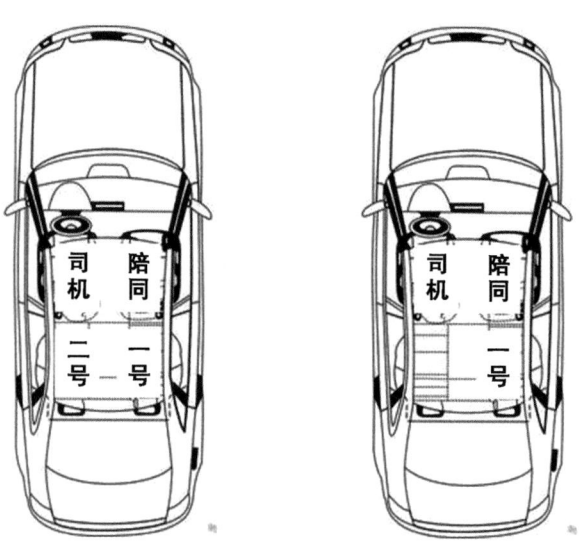

图10—6　5座小轿车座次示意图

2. 如图10—7所示，7座和11座商务车乘车座次。7座和11座商务车的座次顺序与5座不同，主要是考虑主宾的乘坐舒适度和上下车方便。

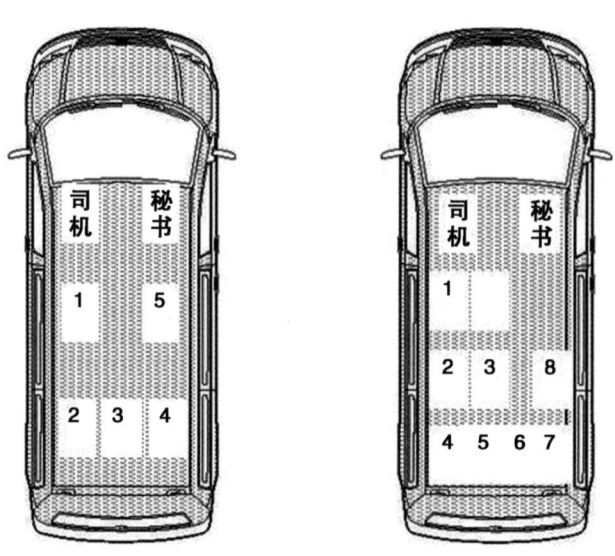

图10—7　7座和11座商务车座次示意图

座次礼仪之外，陪同人员还要注意上车时先帮宾客打开右侧车门，挡住车门上沿，以免宾客上车时磕碰头部，待宾客上车落座后，帮助其关好门，自己再上车；下车时，尽快下车，帮宾客打开车门，主动帮助其拿行李；行车过程中要主动和适度地与宾客聊天，介绍会议有关情况，以及会议所在城市的风土人情。

第四节　会议其他服务

会议服务工作除了住宿、就餐和交通之外，还有安保服务、医疗服务、文体活动、代订车票、行李寄存等，这里我们对安保服务和医疗服务进行简要介绍。

一、安保服务

会议安保工作，首先要制定安保方案，建立工作机构，配备人员，明确分工和职责，对可能发生的突发情况做好应对预案。具体工作包括人员培训、排查隐患、安全提示、进场安检、维持会场秩序、会场信息安全、安保巡查等。

1. 人员培训。加强安保人员技能培训，增强工作责任感，明确工作流程，熟悉会场环境，可开展模拟演练，丰富实操经验。

2. 排查隐患。会前对会场内外环境等进行全面的安全隐患排查，重点是排查消防和防盗隐患，调试消防设施和安保监控系统，掌握会议饭店水电图纸和楼层平面图，检查安全逃生通道。

3. 安全提示。在会议须知、大厅水牌、客房内台签上提示安保要点，特别是用水安全、用电安全、网络安全、防盗、防骗、防泄密和防人身伤害。

4. 进场安检。对进入会场的人员要严格检查，仔细核对代表身份和代表证，按规定流程检查携带的物品，特别是易燃易爆物品和刀具等，对自带饮水做必要的检查或禁止带入。

5. 维持会场秩序。对影响会议正常召开的人员，如私自拍照、大声喧哗、行为极端者，第一时间给予警示，进行批评教育，影响严重且不听劝阻者，应及时将其带离会场，需要时可请警方协助。

6. 会场信息安全。根据会议保密需要，对会场网络和通信信号进行屏蔽，或禁止将手机、相机、录音笔等电子设备带入会场，禁止私自在会场内录音、照相和摄像。

7. 安保巡查。检查各岗位安保人员在岗和履职情况，检查安保设施是否运转良好，建立和按时填写安保巡查日志。

二、医疗服务

会议医疗服务首先要建立医疗服务方案，包括明确工作机构与职责、可用医疗资源清单、常用药品清单、常见急救方法、特殊人群名单及其健康状况、会场内外医疗卫生巡查制度、应急救护设施及位置、医疗卫生突发事件应急措施等。

1. 会议医疗服务机构。由办会人员、饭店医务人员和医院专业医护人员组成，应分工明确，联系通畅。办会人员负责协调和调配资源，饭店医务人员负责巡查和现场急救，医院医护人员负责在需要时，到达现场开展专业救护和医疗服务。

2. 准确掌握可用医疗资源，包括：饭店具备急救医护能力的医务人员，饭店附近医院的医疗急救资源、联系方式和行车路线，饭店自有的常用急救设施，如轮椅、担架、医用吸氧设备等。

3. 常用急救药品和急救手册。会议主办方应备好常用急救药品和急救手册。指定专人掌握常用急救药品的使用，以及常见突发病状的急救方法。

4. 跟踪特殊人群健康状况。会议主办方应高度关注到会领导和嘉宾的身体状况，以及参会人员中的伤病残疾和年迈老人。掌握相关人员的病史和目前健康状况，以便重点跟踪和服务。

5. 定期巡查会场内外环境卫生。巡查的重点是环境卫生情况、食品饮水卫生、隐藏的危险设施物品、违规吸烟和体征异常的参会人员。

【小链接】

常见急救情况

1. 猝死：多因冠心病、急性心肌梗死和心律失常造成，立即实施心肺复苏术，不要随意搬动；
2. 溺水：清理口腔内异物，立即实施人工呼吸至专业医护人员到达；
3. 触电：即刻关闭或切断电源，用绝缘物品将触电者与带电物品分离；
4. 呼吸道异物阻塞：应立即抢救，并拨打急救电话；
5. 眼灼伤：立即就地取清水冲洗，分秒必争；
6. 严重的胸、腹外伤：刺入胸、腹部利器须由专业医务人员处理；
7. 烫伤和烧伤：第一时间冷水清洗伤口10分钟以上；
8. 骨折：一定注意救护动作，不要加重伤者损伤。

来源：北京市民防灾应急手册，网址：http://ggaq.beijing.cn/aqzsscjjcs/

第十一章

会议善后事项

会议主持人宣布会议顺利闭幕之时,并不意味着会议管理工作全部结束。会议主办方还要及时清理撤离会场,汇编会议文件,报销会议费用,评估总结会议,督办会议决定事项;参会代表也还要及时在本单位或本系统传达会议精神和落实会议决定事项。

第一节　清理撤离会场

会议结束后，办会人员应第一时间清理会场布置，清退会议文件，安排好领导、嘉宾和参会代表的离场与返程。

一、清理会场布置

会场清理主要包括物品清理和设备回收。重点需要清理的物品包括横幅、旗帜、桌签、代表证、水牌等，这些物品随意丢弃，会影响参会人员和公众对会议严肃性和组织工作规范性的评价，其中一些物品可以回收二次使用，也符合厉行节约的要求。需要回收的设备包括笔记本电脑、照相机、录音笔等，这些设备较为贵重，又存储了重要的会议信息，及时回收才能确保会议信息和资产的安全。

清理和回收会议物品要注意以下几点：

🖉 可二次使用的旗帜、桌签架、代表证外壳，以及会议代表遗弃在会场的会议包、本、笔等学习用品，应及时回收，退回相关管理部门，签字交接，厉行节约；

🖉 电子设备要指定专人使用和维护，租用的设备会后应及时归还，当面确认设备完好，交接时书面签字确认；

🖉 电子设备中的数据要及时备份，租用的电子设备归还前要将数据导出并清空设备内与会议相关的数据；

🖉 委托第三方为会议提供录像、录音、照相和翻译等服务的，应签订委托协议，明确保密要求，并及时获取会议数据光盘；

🖉 饭店服务人员应在会议结束后及时关闭会场电源，减少浪费；

🖉 如果使用的是内部会议室，会议结束后应主动将会议室桌椅归位，打扫干净，断电关门。

【小链接】

会场清理：隔板回收使用条幅将制成环保袋

2009年11月，亚太经合组织会议在新加坡圆满落幕，会场清理工作中，新加坡负责布置场地的公司告诉记者，会场的20面条幅将捐给慈善组织，用来制作环保袋，而且用来搭建工作间的活动门和隔板也将回收循环使用。

来源：新加坡教育联盟网站，地址：http://www.studysg.com/detail_4278.html

二、清退会议文件

会议结束后需要严格清退的文件主要有两类，一类是明确标明密级的文件，另一类是会议主办方明确要求清退的重要文件，如重要领导讲话稿、文件讨论稿和其他内部文件等，清退的目的在于防止遗失泄密。办会人员在会前发放资料时就要明确必须清退的文件目录和要求，参会人员在会议结束离场时要按目录逐一清退文件。文件清退的时间节点根据主办方的要求确定，有的文件讨论稿可能要求在讨论结束后即刻清退。会议文件清退还应注意以下几点：

- 专人负责文件的回收、保管和销毁；
- 保密文件清退须本人退还，当面签收；
- 保密文件应逐一编号，发放与清退时应登记编号，以便文件与人一一对应；
- 清退文件目录与发放目录要一致；
- 清退文件时，要注意检查是否有缺页或损坏；
- 会议期间，主持人应反复强调文件保密的要求和注意事项；
- 对擅自将保密文件带离会场的人要及时追回文件，严肃处理；
- 对丢失会议保密文件的人员要依法追究其责任。

除了必须清退的会议文件外，办会人员还要在清理会场和房间时，将参会代表遗弃的其他会议资料及时收回和销毁。

三、会议代表撤离

会议代表撤离包括了一系列相关工作，如领导、嘉宾和参会代表离场、退房、告别、送站、延住等。

（一）代表离场。离场关键在于秩序和安全，特别是有重要领导出席，或者参会人数规模较大的会议，有序离场是对办会人员的重要考验。需要注意的是，一要安排专人引导参会领导和嘉宾先于会议代表离场，最好预留有专用通道；二要事先告知参会代表可用的离场通道，并在会议结束时及时打开，可安排参会代表按座位区域分区错时离场，让老弱病残等特殊人群优先离场；三要在离场路线沿途安排引导人员，提醒参会代表迅速离场，注意安全。

（二）代表退房。退房关键在于准确核算费用，确保房间设施和物品没有丢失和损坏。房卡丢失、房间物品损坏、超时退房等情况都可能导致退房过程中发生争执。遇到这类情况，一是可以按照饭店规定，在住房押金范围内，实事求是，明确责任，承担费用；二是可以在会议经费允许的情况下，由主办方适当给予补贴；三是可以与饭店协商，对少量的赔偿或额外费用给予减免。

（三）安排送别。送别的关键在于礼仪，送别领导时应安排主办方级别对等或略高的领导。送别普通参会人员，可安排办会人员于饭店门厅处统一送别。礼仪内容包括握手、挥手、送上车、目送等。例如，目送应当等车辆离开自己的视线后再离开，以示尊敬。

（四）安排送站。送站关键在于提前掌握送站信息，合理安排送站车辆，科学计算送站所需时间，必要时还应安排专人跟车送站。在代表报到的同时即要登记送站信息，提醒参会代表及时购买返程票。在会议结束前一天就应张贴送站安排，鼓励代表乘坐公共交通工具前往车站。送站车辆的出发时间要根据航班车次出发时间、送站路线长短、路上交通状况等综合考虑，留出一定的富余时间。

（五）安排延住。有些会议代表由于各种原因，在会议结束后需要在会议饭店延长住宿时间。作为办会人员，遇到这种情况，一是要确认延长住宿的时间段，并请妥善解决好资金支付问题；二是要与会议饭店沟通，争取房间价格按照会议价不变；三是及时掌握客人返程安排，给予其他必要的帮助。

第二节　汇编会议文件

做好会议文件汇编，关键在于收集和整理好会议文件和资料，明确汇编的要求。

一、收集与整理

会议文件的收集与整理是制作文件汇编的前提和基础。收集文件关键在于及时和完整。具体而言，一是及时。要及时收集需要汇编的文件和材料，会前形成的文件会前收集，会中形成的文件随时收集，会后形成的文件限期收集。二是完整。特别是需要后期整理的文件，在收集时要注意相关资料的充分性，例如，领导讲话既要收集会前确定的讲稿，也要收集现场专人记录的笔记，还要收集讲话录音录像资料，以便在会后整理讲话内容时保持原汁原味。

【小链接】

关于精简会议文件改进会风文风的意见

中共中央办公厅、国务院办公厅 2007 年 12 月 31 日发出关于进一步精简会议和文件的意见，要求各地区、各部门进一步精简文件、改进文风。（一）控制文件规格；（二）减少文件数量；（三）压缩文件篇幅；（四）提高文件质量；（五）精简简报；（六）提高公文传输效率。

意见强调，要坚持少而精的原则，切实精简各类文件简报。可发可不发的公文坚决不发，可长可短的公文一定要短。凡是法律法规已有明确规定的，一律不再发文，已全文公开播发见报的不再印发文件。

2013年11月12日中国共产党第十八届中央委员会第三次全体会议通过的《中共中央关于全面深化改革若干重大问题的决定》中也提出，要改革会议公文制度，从中央做起，带头减少会议、文件，着力改进会风文风。

会后需要整理才能汇编的文件，主要有领导讲话、工作报告、会议纪要等。这里的整理是指不能简单直接地按照会前定稿或会中记录稿进行汇编的文件，要通过整理、补充、更正、综合、审定之后，方可汇编。整理会前定稿，关键是要把领导脱稿讲的内容准确地补充进去。在整理会议记录时，还需要注意以下几点：

- 谁记录，谁整理，最能保证原汁原味，完整准确；
- 记录和整理人应熟悉会议主题所涉及的专业领域；
- 既要保持发言讲话的原汁原味，又要注意不能过于口语化；
- 讲话中遣词造句不合语法、言辞啰唆或语义重复之处要更正；
- 整理讲话时，注意合理使用标点，避免表达歧义和标点错用；
- 截取或删除讲话录音时要谨慎，做好备份，以免文件丢失；
- 整理过的讲话稿需经领导本人审定同意，才能正式印发。

二、汇编的要求

会议文件汇编主要用于传达和贯彻会议精神，汇编的文件主要有领导讲话、工作报告、会议纪要、人员名单、决议公告、相关法规等。汇编文件必须履行审批手续，不能乱编、滥发。汇编会议文件应注意抓住重点，及时印发，注意保密，编排合理。

- 汇编的领导讲话必须经本人审定，文件汇编中涉及上级机关文件的，应请示上级机关同意；
- 文件汇编发放的范围要严格限定，注意保密；
- 汇编中涉及保密文件的，文件汇编也应设定密级，且不低于保密文件密级；
- 选取与传达和贯彻会议精神相关的文件进行汇编，对业务工作没有指导意义的文件，尽量不编；

✏ 文件汇编的编排，须遵循一定的逻辑，形成有机整体，可以考虑根据文件的重要性或形成的时间先后进行排序；

✏ 文件汇编中除了汇编的文件，还应设计目录，撰写汇编说明，以便相关人员更好地了解背景和查阅文件。

【小链接】

《中国共产党第十八次全国代表大会文件汇编》目录[①]

✏ 坚定不移沿着中国特色社会主义道路前进为全面建成小康社会而奋斗——在中国共产党第十八次全国代表大会上的报告

✏ 中国共产党第十八次全国代表大会关于十七届中央委员会报告的决议

✏ 中国共产党章程（中国共产党第十八次全国代表大会部分修改，2012年11月14日通过）

✏ 中国共产党第十八次全国代表大会关于《中国共产党章程（修正案）》的决议

✏ 中国共产党第十八次全国代表大会秘书处负责人就十八大通过的《中国共产党章程（修正案）》答新华社记者问

✏ 中共中央纪律检查委员会向党的第十八次全国代表大会的工作报告

✏ 中国共产党第十八次全国代表大会关于中央纪律检查委员会工作报告的决议

✏ 中国共产党第十八届中央委员会委员名单

✏ 中国共产党第十八届中央委员会候补委员名单

✏ 中国共产党第十八届中央纪律检查委员会委员名单

✏ 附录一（大会议程、主席团名单、主席团常务委员会名单、秘书长名单、副秘书长名单、代表资格审查委员会名单）

✏ 附录二（十八届一次全体会议公报、十八届纪委一次全体会议公报）

✏ 附录三（十七届七次全体会议公报、十七届纪委八次全体会议公报）

第三节 报销会议费用

会议费用报销应坚持依据明确、项目规范、严守标准、实事求是的原则，

[①] 十八大报告文件起草组编. 中国共产党第十八次全国代表大会文件汇编［M］. 北京：人民出版社，2012.

按照结算、报销、决算三个步骤分步进行。

一、报销的原则

会议结束后及时结算和报销会议费用，遵守以下基本原则。

（一）**费用依据明确**。要严格遵守会议经费管理相关法规，遵守双方签订的会议服务协议，遵守经审批同意的经费预算，还要遵守饭店行业惯例。

【小链接】

2007年7月　财政部　中国人民银行印发
《中央预算单位公务卡管理暂行办法》（节选）

第三条　中央预算单位财政授权支付业务中原使用现金结算的公用经费支出，包括差旅费、会议费、招待费和5万元（人民币）以下的零星购买支出等，一般应当使用公务卡结算。中央预算单位应根据银行卡受理环境等情况，积极扩大公务卡使用范围，尽量减少现金支出。

第二十二条　持卡人办理公务卡消费支出报销业务时，应当按照所在单位财务部门要求填写报销审批单，并附有关财务报销凭证及公务卡消费凭证，按照单位规定的财务报销程序报请审批。

（二）**报销项目规范**。特别是党政机关会议费用支出项目有明确规定，主要包括住宿费、伙食费、会议室租金、交通费、文件印制费、医药费等。购置固定资产的费用、与会议无关的参观考察费用，以及消费娱乐费用等都不符合规定，不在报销范围之内。

（三）**严守支出标准**。会议的综合定额标准是会议费开支的上限，应在综合定额标准内安排支出和报销，不同层次和规模的会议上限标准有所不同。此外，各项具体费用之间可适当调剂使用。

（四）**坚持实事求是**。确保报销票据真实和完整，不得虚报人数、天数，或报销会议无关费用。严禁借会议名义会餐或宴请，套取会议费设立"小金库"，或在会议费中列支公务接待费。

二、报销的步骤

具体而言，报销费用主要包括三个步骤，如图11—1所示。

（一）与会议饭店及时结算。

一是结算项目。主要是会议场租费、住宿费、伙食费、交通费四项，有时也会发生文件印制费和医药费等。

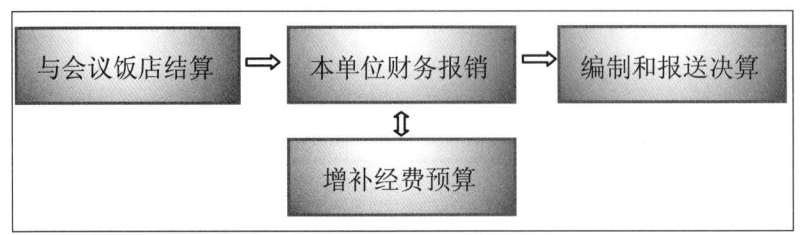

图 11—1　会议费用结算报销流程

二是核对费用。严格按照会前双方签订的会议服务协议结算，注意核对各项费用中的人数、天数、次数、费用标准和计算公式等信息，避免漏项、错项和重复计算。

三是额外支出。房间物品损坏、房卡丢失、长途话费等额外产生的费用，应先了解情况，一般由参会代表自行负担；如确需会议主办方负担的，可列入其他不可预见费用。

四是结算要求。会议饭店要提供正式发票、费用汇总清单、单项费用明细和住房流水单等相关票据，如有需要还应提供政府采购单；应采用支票、转账或公务卡支付方式结算，不得使用现金结算。

(二) 回本单位财务部门报销。

一是报销项目。主要是与会议饭店结算的会议费，与其他单位发生的印制费、租车费、药费等，办会人员差旅费，支付给专家或临时聘用人员的劳务费，以及其他不可预见的零星费用。

二是报销流程。经办人员需在报销票据反面逐一签名和注明需要说明的情况，附上报销所需的协议、清单、流水单、小票、刷卡单等原始单据，送财务审核票据，报相关领导审批。

三是报销要求。尽量在会议结束后一周内完成报销；妥善保管原始票据，票据遗失或财务提出疑问的应书面说明情况；报销额度应严格按照预算执行，若实际支出超出预算的，应事先书面申请增补预算后再报销。

(三) 编制和报送决算表。

编制和报送决算表是与预算相对应的环节。会议决算要以预算为依据，坚持全面、准确、及时的原则，决算项目要与预算项目一致，决算的总支出要在预算总额度范围内。对决算费用低于预算较多的情况要及时总结经验，在以后的办会中继续坚持；对决算超出预算的情况要认真查找原因，总结教训，避免超预算情况再次发生。编制好的决算表要先送财务部门审核，报相关领导审批后，与预算一同存档备查。

第四节 评估总结会议

评估与总结会议是会议绩效管理的两个阶段，评估是对会议绩效的评价与分析，总结是对会议绩效不佳进行进一步研究和制定改进措施的过程。评估和总结会议的目的都是为了会议绩效的改进。

一、评估会议工作

评估会议的意义，一是评估会议目标和任务的实现程度，需要做的决策做了没有，需要解决的问题解决了没有；二是分析会议管理成功的经验和存在的不足，为下一步客观总结会议和改进会议绩效奠定基础。评估的依据主观上就是参会领导和代表对会议工作的满意度，客观上就是会议的实际成果与预期情况之间的差距。

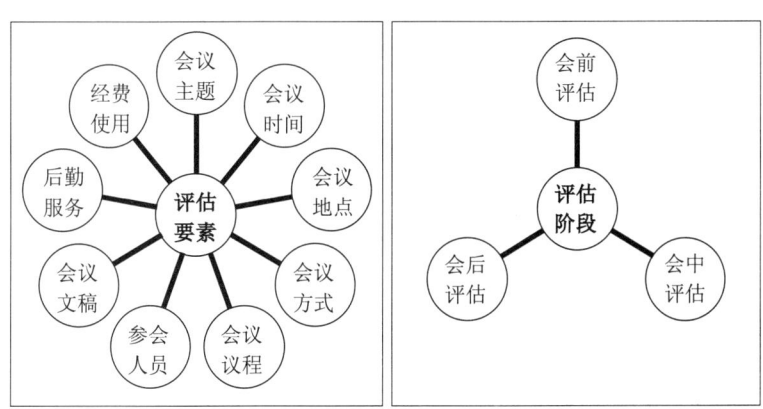

图 11—2 会议评估的要素和阶段

评估会议的内容，一方面是对会议要素的评估，另一方面是按照时间顺序，对会前筹备、会议组织和会后工作的评估。如图 11—2 所示。

如评价会议地点，可以考虑以下几点：

🖉 会议地点与会议性质和主题是否匹配；

🖉 会议城市的交通、气候等环境是否能满足会议需要；

🖉 饭店接待能力是否能满足会议需求；

🖉 会场设施条件和服务是否能满足开会的需要；

🖉 参会代表对会议地点的满意度。

常用会议评估方法，包括问卷调查、座谈会、个别访谈、电话调查、网络调查等。其中，最常用的方法是问卷调查，可以在短时间内收集较大规模的数据，同时反馈客观的评价和主观的建议，简便易行。问卷调查最好能在会议结束时同步完成，以便及时为总结会议提供依据。问卷设计要围绕会议任务，突出关键指标，兼顾全面调查，不要过于复杂，以便各类参会代表准确理解问卷，给予客观的评价。

会议评估流程主要有四步，如图11—3所示。其中，较为困难的是构建科学的评估指标体系，应特别注意的是，指标之间要逻辑关系清晰、体系完整，指标本身应含义明确、标准清楚。单个指标有几个评价等次，每个评价等次的依据是什么都要翔实合理，评估依据最好能既有抽象表述，又有数据和举例说明。

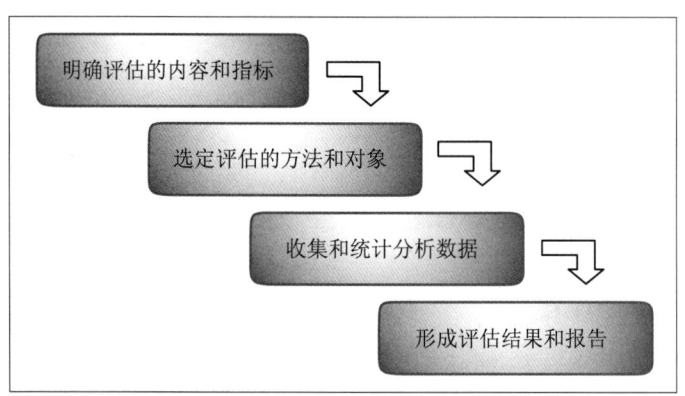

图11—3　会议评估四步流程图

二、总结会议工作

总结与评估会议是会议绩效管理的两个不同阶段，容易混淆，主要有三方面区别，详见表11—1。

表11—1　　　　　　　　评估会议与总结会议的区别

	评估会议	总结会议
定量与定性	评估多用定量分析，通过统计分析，获取对会议成效的评价。	总结多用定性分析，通过归纳提炼，梳理办会的经验和教训。
静态与动态	评估的内容、指标、等次、依据和流程等都是相对固定的。	总结的思路、语言，以及归纳出的经验和教训每次都有不同。
微观与宏观	评估的关键是一个一个的指标，单个指标相对微观，需要基于成体系的指标来做评估。	总结的关键是一条一条的经验和教训，相对宏观，每一条都可以用于直接指导实际工作。

总结会议的作用主要有两方面。一是总结经验和教训。通过总结、归纳和反思，才有可能提炼并发扬经验，发现并改正问题，在今后不断提升办会质量。二是完成上级交办的工作。每个会议都有其特定的目的和任务，包含上级的要求和意图。总结好会议的基本情况、主要特点、基本经验、存在的不足，以及对下一步工作的考虑，形成文稿向上级汇报。这样做既展现了工作业绩，也完成了上级交办的任务。

从内容来讲，会议总结要注意四个方面：一是总结经验，经验是反复实践和探索的产物，来之不易，要及时总结，传承发扬；二是总结不足，不足是一种特殊形态的经验，明确了未来努力的方向，要深刻剖析，逐一解决；三是总结创新，每一次办会都可能面对新任务、新情况，需要坚持创新思维和做法，评估其效果，以期发现新的办会经验和规律；四是总结思路，明确改进会议管理工作的方向，只有搞清了思路，才能制定出切实可行的改进措施。

第五节　传达会议精神

传达会议精神以准确全面地学习、领会会议精神为基础，是贯彻落实会议精神的重要前提。传达会议精神要坚持速度、准度、效度和力度相统一。

一、传达要讲求速度

这就是要及时传达，会后第一时间传达。传达会议精神的目的是为了贯彻和落实，传达得越快，就能为贯彻落实争取更多的时间和资源，占得先机。这就要求在组织会议的过程中，时刻绷紧这根弦，及时收集和整理好会议文件，提前吃透会议的精神和要求。边开会，边形成传达的思路和要点。有的时候，会议尚未开始，就可以借助参与会议文件起草的机会，提前酝酿传达的基本思路，做好传达会议的筹备。

二、传达要讲求准度

这就是要准确和全面地学习领会会议精神，坚持原原本本、原汁原味地传达会议精神。特别要注意以下几点：

一是不要添油加醋。领导在会上怎么说的就怎么传达，会议文件怎么写的就怎么传达，重要的内容要用原话和原文传达。既不能添油加醋，也不能丢三落四。

二是不要断章取义。要准确领会领导讲话和会议文件精神，坚持整体思维和全局思维，突破局部思维和部门利益的局限。不能孤立地理解会议文件中的某个数据、某块内容，不能片面地传达会议文件中的某些要求、某些任务。

三是不要趋利避害。话不能只拣好听的说，事不能只捡容易的做，要实事求是。对工作成绩的肯定和存在问题的剖析都要传达，对工作面临的机遇和困难都要传达，对本单位有利或不利的事情和要求都要传达，这样才能全面掌握情况，对工作形势、任务和可能遇到的问题做出客观的判断。

三、传达要讲求效度

这是指会议精神传达的有效性，影响效度的因素主要有传达对象的范围和内容传达的程度。

所谓范围，就是要根据会议所涉及工作任务的相关性，将会议精神传达给一定层次和范围的人员。特别是涉密文件的传达，要特别注意保密要求，不可轻易扩大文件精神的知晓范围，以免泄密。

所谓程度，就是会议文件的内容是全面传达，还是要点传达。听取传达的人员，如果主要是单位高层管理人员，需要根据会议精神做出二次决策，创造性地开展工作，全面传达会议精神；如果主要是单位基层和一线人员，仅需要按照会议文件要求，执行会议决定，就可以抓住重点，传达主要精神即可。

会议精神的传达要能真正对实际工作的推进产生效果，还要结合本单位实际，领会会议精神。既要遵循会议精神，又要结合实际有所创新；既要按照统一要求部署工作，又要抓住重点明确抓手，以点带面，点面结合。

四、传达要讲求力度

会议精神传达是否能有力地推进会议精神的贯彻落实，谁来传达，用什么方式传达也很重要。重要的会议精神最好由单位一把手传达，这样更能从单位全局出发，统筹考虑；同时，也体现了对会议精神和要求的重视，引起普通员工对会议精神的高度关注。一般性会议精神可由单位分管相关工作的领导传达。

传达重要的会议精神最好采取专题会议的形式，单位领导班子和全体员工都参加，更显得郑重其事。此外，一般性会议精神也可以通过书面、口头等方式传达。

第六节　会后跟进工作

会后跟进工作主要是为了更好地贯彻落实会议精神，执行会议决定事项。

会后，下级单位要制定可行的落实方案并组织实施，及时报告事项落实情况，上级单位要及时督办。

一、制定落实方案

制定科学可行的会议决定事项落实方案，要在准确和全面领会会议精神的基础上，充分认识落实工作的重要性，明确工作依据，精心组织力量，科学责任分工，合理设计进度，建立科学的沟通协调机制、考核评价机制和情况报告机制。方案中至少应包括指导思想、目标任务、工作原则、主要措施、组织保障和组织领导等要素。

落实会议决定事项要突出重点。重点事项的落实影响广泛、复杂程度高、领导关注度高，对其他事项的落实还起到示范和引领的作用。抓住重点，往往就能以点带面。

落实会议决定事项要创新方法。面对新形势，适应新常态，落实工作时要不断创新工作方法和思维方式，不因循守旧，不墨守成规，坚持创新政策、措施和流程，敢于冒风险和担责任，创造性地落实。

落实会议决定事项要依法落实。要依法遵规，遇到问题既要灵活处理，也要坚持原则；既要敢于创新，也要稳中求进。依法办事，既是一种基本的工作方法，也是落实工作不偏离正途的保障。

二、报告落实情况

及时报告落实情况，是上级领导了解会议精神贯彻落实情况，协调解决存在的问题，推动各项落实工作的主要前提。报告落实情况至少应包括以下几个方面：工作的进展情况、取得的主要成绩、急需解决的问题及其成因分析、进一步推进落实工作的思路和措施。报告可采用书面报告，召开专题汇报会，或由下级单位领导前往上级单位面对面口头汇报等方式。

报告工作落实情况，一是坚持及时全面和实事求是的原则，多用数据和实例说话，数字要准，实例要清。二是坚持全面与重点报告相结合，情况、成绩、问题、措施都要报，还要突出存在的问题，寻求上级单位支持，不可一味讲成绩。三是坚持定期与不定期报告相结合，进展情况定期报，遇到的重要问题不定期地第一时间上报，以免事态发展，造成严重后果。四是坚持务实与务虚相结合，情况要实、问题要实、措施要实，同时要明确指导思想、改进思路等务虚的内容，虚实结合。

三、督办落实工作

督办是为了确保会议决定事项全面高效落实完成。督办的目的在于督促和指导下级单位加快工作落实进度，解决问题和困难，总结经验和教训。督办落实要坚持实事求是、务求结果、注重时限等原则。

督办落实的类型可以是专项督办、联合督办等，督办落实的方式可以是书面督办、电话督办、现场督办等。督办工作一般由上级单位综合行政管理部门具体负责，专业性较强的督办工作应交由相关的专业部门负责，或相关部门联合督办。

督办部门应根据督办事项的完成时限，及时向下级单位发送催办函或电话催办，讲明催办的具体事项、工作要求和完成时限，并要求下级单位及时上报催办事项工作进展；电话催办相对于书面催办更为便捷，有利于双向沟通；人对人督办，有利于及时掌握催办进展和问题。重要事项的督办还可派督查组前往下级单位现场办公，面对面督办，掌握第一手情况，第一时间发现问题。

【小链接】

2014年9月国务院办公厅印发《关于进一步加强政府督促检查工作的意见》，明确提出：

1. 督促检查工作是政府工作的重要组成部分，是政府全面履行职责的重要环节，是落实党和政府重大决策部署的重要保障。

2. 要抓好政府会议决定事项贯彻落实情况的督促检查；抓好政府领导同志批示和交办事项贯彻落实情况的督促检查。

3. 不断完善统筹协调机制、分级负责机制、协同配合机制、动态管理机制。

4. 建立健全限期报告制度、调查复核制度、情况通报制度、责任追究制度、督查调研制度。

来源：中国政府网，地址：http://www.gov.cn/zhengce/content/2014-09/05/content_9068.htm.

第十二章

常规会议的管理

所谓常规会议,就是工作中经常遇到,作为机关工作人员和行政文秘人员经常需要参与和组织的会议。本章列举七种常规会议,分别介绍。

第一节　办公会

办公会属于单位内部领导会议,主要是为了传达、学习上级会议及文件精神,研究贯彻落实意见,总结前一阶段工作,部署下一阶段工作,讨论需要集体研究决定的重大事项。办公会一般定期召开,常为每周一次,所以又称"周例会",如遇重大事件或紧急情况可临时召开会议。参会人员主要是本单位领导班子成员,办公室人员和会议议题相关部门人员列席。办公会一般由本单位主要负责人召集和主持,如主要负责人因故不能参加,可委托班子其他成员召集和主持。

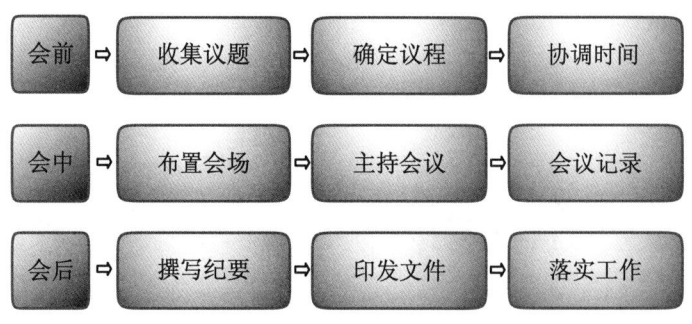

图 12—1　办公会组织流程

办公会组织流程如图 12—1 所示。其中需要特别说明的是收集议题、确定议程、协调时间三个环节。

一、收集议题

收集议题是开好办公会的第一步。要注意以下几点。

一是充分收集。这是指要在会前充分收集议题,向每一位领导班子成员收集议题,不要有遗漏。

二是抓住重点。这是指议题所涉及的应是确需领导班子集体研究决定的重要事项,分管领导个人无权决定该事项。此外,还可向各部门负责人和下级单位主要领导征集议题。

三是权衡利弊。充分考虑议题所涉及的部门和利益关系,判断是否适合在办公会上研究决定,例如,条件是否成熟、公开讨论是否合适、是否会产生负面影响等。

二、确定议程

科学确定议程是开好办公会的重要前提。不是所有的议题都需要在办公会上研究，也不是全部议题都要在一次办公会上商议。确定办公会的议题，需要坚持以下几个原则：

一是该不该上会，分管领导有权决定的事项不要上会。

二是急不急于上会，议题众多时，要区分轻重缓急，紧急议题先上会。

三是议题是否成熟，有的议题涉及多位领导分管的工作，各方意见分歧较大，即使上会也难达成共识，则暂时不宜上会。

四是议题的数量，要根据办公会的时长和上会议题所需研究的时间长度，确定上会议题数量，留出机动时间。

五是上会议题的顺序，坚持先急后缓，先重后轻，先易后难的原则，合理安排每个议题的时间，以确保充分研究，科学决策。

三、协调时间

协调时间是召开办公会的重要一步。单位领导班子成员工作繁忙，要确保每次会议全体领导班子成员都能参加，协调时间就是最大的问题。协调好班子成员的参会时间，要做好以下几点：

一是领导班子成员充分认识办公会的重要性。

二是办公室或者综合部门要提前统筹安排好领导工作日程。

三是办会人员要及时动态掌握领导班子成员工作日程变化，以便应对突发情况。

四是确定议程后，要及早通知相关部门和人员，确保都能参会。

遇到单位主要负责人因故不能出席和主持办公会时，应按照主要负责人的意见，以及办公会议程规则，明确会议的主持人。如遇多位领导班子成员不能出席时，应及时报告单位主要负责人，是调整办公会时间，还是采取电话会议或网络视频会议的方式召开。

四、注意事项

参加办公会的都是单位领导班子成员，时间有限，议题众多，要特别注意提高会议召开的效率。

会前注意事项如下：

- 所议重要事项提前征求班子成员意见，以便上会顺利通过；
- 会议地点尽量安排在单位内部会议室，布置简洁；

✏ 严格控制列席会议人数，且只应参加相关议题讨论。如果议题时间未到，列席人员应在会议室外等候；

✏ 及早告知与会领导会议议程，送达会议材料，以便准备意见；

✏ 会前一天向与会领导和相关部门人员确认参会时间地点。

会中注意事项如下：

✏ 会议议程应于会前按参会人数打印并摆放在会议室；

✏ 主持人应提醒与会领导发言需紧扣议题，避免过多闲谈；

✏ 主持人可根据与会领导意见，酌情增加临时议题；

✏ 参会人员应实事求是、畅所欲言，主持人应积极引导，及时就所议事项达成共识。

会后注意事项如下：

✏ 会议记录要全面准确，不清楚的要向本人确认，可双人记录；

✏ 根据会议记录，当日形成会议纪要，并请参会领导签字确认；

✏ 会上形成的重要决定和决议，会后安排专人督办落实；

✏ 参会人员应严格遵守会议保密要求。

第二节　现场会

现场会是在特定现场召开的具有示范或警示意义的会议，一般在有典型经验的单位、重大工程、重大事故和重大历史事件的现场召开。召开现场会的目的主要有：推广典型经验、总结重要教训、处理突发事故、解决技术难题、慰问一线职工、鼓舞工作斗志等。现场会是以点带面，推动全局工作的重要方法之一。

现场会具有直观、高效的特点。开好现场会的关键在于把握好"现场"，围绕现场组织会议。现场会成本较高，所以在组织现场会之前，要充分评估召开现场会的必要性，会议主要目标和任务是否确实需要通过现场会的形式来实现。

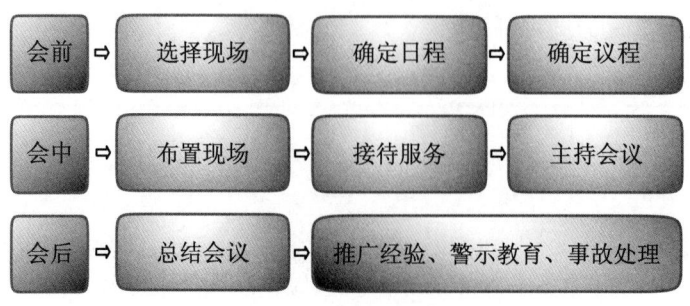

图12—2　现场会组织流程

现场会组织流程如图12—2所示。其中需要说明的是选择现场、确定日程、接待服务三个环节。

一、选择现场

选好现场是开好现场会的第一步，核心是要围绕实现会议主要目标和任务选择现场。例如，推广典型经验的会议现场，经验要有典型性和可推广性，现场观摩和演示要对经验的推广发挥直接的重要作用；总结重要教训的会议现场，问题要有典型性和普遍性，现场考察和分析能使与会者深受教育和反思；处理突发事故的会议现场，事故要有一定的严重性，以及现场处理的可行性，现场不会危害人身安全。

二、确定日程

召开现场会，并不意味着仅在特定的现场进行观摩和考察等，常常还需要同期召开座谈会，以便深入地分析和总结，提出处理方案。日程安排主要有两种，一是先现场开会，再进入会议室座谈，即先获取感性认识，后形成理性认识，符合人的思维习惯。二是先座谈，再现场开会，即先获取对经验和问题的理性认识，在现场观摩和考察中，能更深入地总结经验和思考问题的成因，形成科学的处置方案，指导工作实践。两种模式，各有所长，可以相机而用。

三、接待服务

现场会形式生动，对接待服务提出了更高的要求。除了会场布置、交通食宿等常规接待任务以外，考察路线、现场讲解、安全保卫都是需要特别注意的环节。

考察路线设计要符合现场会需要，突出重点，环环相扣，不安排无关的和没有典型意义的考察内容和活动，合理安排考察时间，包括每个现场的时间和途中停留时间，留出一定的富余量。

【小链接】

流动车辆上的现场会

××××年×月××日早晨天刚蒙蒙亮，几辆车从××农村干部学院出发，向××××自治州××县××乡行进。"大家好，我们的会议从现在开始。"车辆启动不久，主持人的声音通过车载电台在每辆车内响起，全省扶贫开发与基层党建整乡"双推进"现场推进会以这一新颖的形式拉开了序幕。

边行进、边开会，随机点名参会人员发言。一位干部发微信说："把车厢变成会场，把瞌睡变成交流，把聊天变成观看专题片，一路走一路收获不断。"一路上，参会人员下车看点参观，上车交流体会，全程井然有序，充分利用时间。车载电台和新媒体把会内会外紧密相连。

从早晨7时到下午6时，从××出发又返回××，行程近500公里，先后观摩5个点，聆听来自各部门、各州市县乡30多名干部交流发言。"这是移动会场，也是移动课堂，俭朴、务实、高效、开放，让我感触良多，收获满满。"一名基层干部道出了大家共同的心声。

来源：新华网云南频道，地址：http://news.xinhuanet.com/politics/2015-04/14/c_127687300.htm。

现场讲解要精心准备，抓住重点，言简意赅，语言生动。讲解人员要熟悉情况，讲解人员建议由综合文秘部门或者接待单位的领导以及业务骨干担任。

安全保卫的关键在于维护现场秩序和保卫参会人员的安全。现场会多在室外开放环境中举行，无关人员容易混淆其中，特别是在突发事故处理现场，事故本身的安全隐患可能尚未完全排除，保卫人身安全更显重要。

四、注意事项

现场会成本较高，组织工作任务较重，每一次现场会的召开，都要精心设计，周密组织，做好会后工作的落实。

会前注意事项如下：

- 现场会内容丰富，活动多样，要合理预算经费，确保经费充足；
- 及时掌握天气情况，如遇极端天气，做好应急预案；
- 会前对考察现场进行踩点，形成专项方案，包括线路、起始时间点、车辆、陪同、讲解、人员分工、联络方式、媒体宣传等；
- 合理安排参会人员，包括上级主管部门、相关单位、专家学者、新闻媒体和本单位人员等，合理控制会议现场人员规模。

会中注意事项如下：

- 提供考察现场书面介绍材料，现场布置必要的图文展板；
- 主持人积极引导现场会进程，灵活应变处理突发情况；
- 事故现场要排查安全隐患，划定危险区域，制定应急预案。

会后注意事项如下：

- 现场会召开之后尽快形成会议纪要，督办会议决定事项；

- 新闻宣传要及时跟进，引导公众舆论，推动工作落实；
- 会上形成的经验教训和事故处理方案应科学论证，确保可行。

第三节 座谈会

座谈会是就特定的某一项工作、一个问题、一个事件、一个人物、一个时点，邀请相关人员进行咨询、研讨、交流的会议。座谈会要求主题明确，人员范围及规模适合。建议正式参会代表为 7~15 人，一般不超过 20 人。座谈发言可采用自由发言，特邀发言加自由发言，或顺序发言加自由发言的模式。

座谈会组织流程如图 12—3 所示。其中需要说明的是确定类型、确定议程、布置会场和主持座谈四个环节。

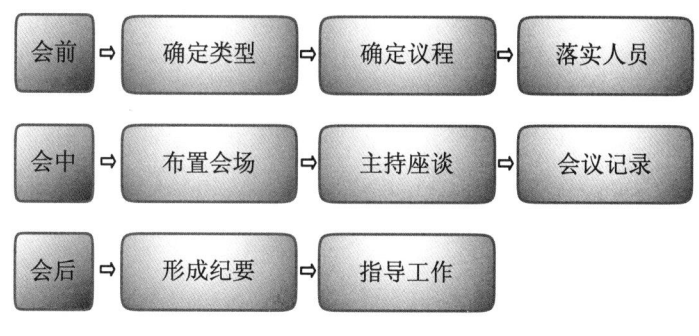

图 12—3　座谈会组织流程

一、确定类型

座谈会适用广泛，类型众多，合理地选择和确定座谈会的类型，对会议的筹备和召开至关重要。

常见的座谈会类型主要有五种，一是调研类，主要是调研工作情况、典型经验、突出问题，以及交流经验；二是咨询类，主要是就某项工作、某个问题咨询专家意见，进行专家论证；三是事件类，主要是纪念或庆祝某个重要事件；四是人物类，主要是纪念知名人士，学习先进事迹；五是联谊类，主要是特定人群在特定时间点举行的联谊和庆祝会。

有的座谈会同时兼有几种座谈类型的特点。

二、确定议程

座谈会议程一般分为三个部分，分别是主持人介绍座谈的背景与主题，与会领导发言与致辞，与会代表座谈与交流。情况介绍与领导致辞应尽量简明扼要，控制时间，主要时间留给与会代表。在座谈开始阶段，与会领导一般仅做致辞，不发表具体意见，让与会代表先发言交流。以免领导的意见束缚了代表发言，会议结束前与会领导可做总结发言。

三、会场布置

座谈会会场布置应注意结合主题，营造适合的氛围，一般采用研讨式布局，常使用长条桌或圆形桌，重点安排好主要领导或嘉宾的位置。会场可适当准备茶水和背景音乐，联谊会可适当准备水果和茶点，以烘托会场气氛。话筒应准备充足，以保证每个与会人员能方便发言。

四、主持座谈

主持人对座谈会进程的控制，特别是对与会代表发言和交流过程的引导至关重要。建议不事先安排发言顺序，采用自由发言。主持人要确保每个代表都有平等的发言机会，不排斥发言中插话提问，不评论发言观点和内容。如遇冷场，主持人可视情况点名发言，或给予必要的启示与引导，不强制与会人员发言。如遇发言交流过于激烈，或偏离主题，主持人应礼貌制止，保护发言者不受人身攻击，回归正题，确保会议效率。

五、注意事项

座谈会要注意确保参会人员提前了解会议安排，重点围绕参会议题做好会议筹备和组织工作。

会前注意事项如下：
- 书面或口头通知参会人员座谈会提纲与日程安排；
- 会前一天同参会人员再次确认能否到会，以免缺席过多；
- 参会人员不宜过多，确保每个人都有足够的发言时间；
- 座次不宜过于主次分明，以免影响参会人员发言开放性。

会中注意事项如下：
- 领导发言时间不宜过长，建议安排在会议的最后阶段；
- 对窃窃私语、心不在焉、频繁进出的人员要礼貌提醒；
- 对发言时间过长、偏离主题、言辞激进的人员要礼貌制止；
- 会议记录要全面客观，原汁原味，注明发言人姓名。

会后注意事项如下：
- 及时、客观、全面地整理会议记录，不轻易删减发言内容；

- 可致电或致信向与会代表的参会和发言表示感谢；
- 对专家的发言和意见与本人进行核实，以便准确指导工作。

第四节　新闻发布会

新闻发布会指政府机关、企事业单位向社会各界，特别是新闻机构的记者宣布或介绍有关信息并回答相关人员提问的一种特殊形式的会议①。新闻发布会主要目的在于公开信息、宣传政策、发表声明、引导舆论、化解危机、推介产品与服务等。发布会与其他新闻传递途径相比，有信息集中、传播迅速、广泛告知、双向交流等方面的特点。

召开新闻发布会应当进行必要性论证，考虑要点有：待发布信息的新闻价值是否值得召开发布会，是否可用其他形式发布信息以替代发布会，是否有足够的发布会举办经验及合适的发言人选，以及是否有充足的经费预算等。

【小链接】

全国"两会"新闻发布会回顾

全国人大和全国政协每年在召开全体会议之前，都要由"两会"发言人分别举行新闻发布会，发布关于召开人大、政协会议的有关新闻，并回答中外记者提出的问题。这已经成为"两会"对外开放的显著标志之一。"两会"首次举行新闻发布会，始于1983年6月召开的第六届全国人民代表大会第一次会议和中国人民政治协商会议第六届全国委员会第一次会议。自那时起，"两会"举办新闻发布会就一直延续至今。1989年4月4日第七届全国人民代表大会第二次会议通过《全国人民代表大会议事规则》明确规定："全国人民代表大会会议举行新闻发布会、记者招待会。"至此全国人大会议期间举行新闻发布会被正式赋予法律效力。

来源：全国"两会"首次新闻发布会回顾，《新长征》2015第3期。

新闻发布会有例行发布和非例行发布之分，广义的新闻发布会除了一般意义上的新闻发布会之外，还包括记者招待会和信息发布会等，它们之间的主要区别见表12—1。

---

① 段淳林. 公共关系学［M］. 广东：华南理工大学出版社，2001：266.

表 12—1　　新闻发布会、记者招待会、信息发布会的区别

	新闻发布会	记者招待会	信息发布会
主要人员	媒体记者、相关部门领导、专家、公众	媒体记者	媒体记者、相关部门领导、客户、公众
主要目的	发布新闻	提问和答疑	发布信息
办会主体	党政机关、企事业单位	党政机关、企事业单位	企事业单位
审批程序	须经政府新闻主管部门审批	须经政府新闻主管部门审批	一般无须政府部门审批

此外，对一些与新闻发布会容易混淆的会议形式，例如，记者见面会、媒体恳谈会、媒体通气会等，也要做必要的了解，与新闻发布会区别开来。

新闻发布会组织流程如图 12—4 所示。其中重点需要说明的是邀请媒体与公众、选定主持人与发言人、回答提问三个环节。

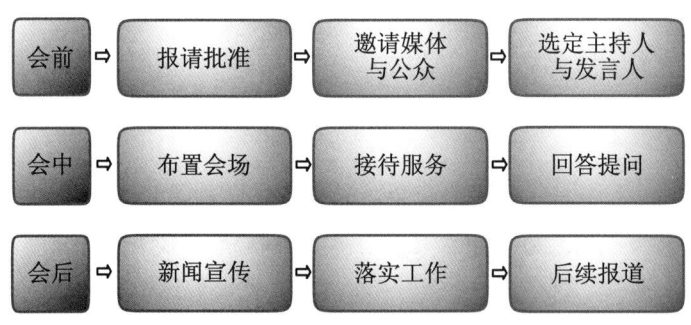

图 12—4　新闻发布会组织流程

一、邀请媒体与公众

合理邀请媒体与公众参与，是新闻发布会取得成功的重要基础。随着全媒体和新媒体时代的到来，在重点邀请权威媒体的同时，还要注意做到三个结合，即专业媒体与社会媒体、纸质媒体与网络媒体、国内媒体与国际媒体的结合。邀请的公众应包括机构和个人，要注意其相关性、专业性、代表性和影响力。对报名参会的媒体和公众，要求其提交书面申请表，做必要的资格审查。对因故未能允许参加发布会的媒体和公众要婉言说明情况，并表示诚挚歉意。

二、选定主持人与发言人

新闻发布会的主持人与发言人可以由一人兼任，也可由多人分任。发言人即可以是一人，也可是多人。

主持人关键在于能有效地控制发布会的进程和秩序，一般应选择会议控制

力强、发布会主持经验丰富、善于处理突发情况的人担任，还应与发言人的职务级别相匹配，一般比发言人职务略低。

发言人关键在于能准确发布信息和机智应对媒体和公众提问，一般应选择职务职位较高、熟悉政策和业务、口头和语言表达能力强、原则性和灵活性相得益彰、新闻发言经验丰富、心态和外形良好、善于调解会场气氛的人担任。

【小链接】

《国务院办公厅关于进一步加强政府信息公开回应社会关切提升政府公信力的意见》（摘录）

国务院新闻办公室要围绕国务院常务会议等重要会议内容、国务院重点工作、公众关注热点问题，及时组织新闻发布会，把国务院新闻办公室新闻发布厅建设成中央政府重要信息发布的主要场所。

与宏观经济和民生关系密切以及社会关注事项较多的相关职能部门，主要负责同志原则上每年应出席一次国务院新闻办公室新闻发布会，新闻发言人或相关负责人至少每季度出席一次。

与宏观经济和民生关系密切以及社会关注事项较多的相关职能部门，要进一步增加发布的频次，原则上每季度至少举办一次新闻发布会。

三、回答提问

回答媒体和公众提问是新闻发布的重要环节。会前应全面收集媒体和公众关心的主要问题，做好应答准备。会前可召开媒体见面会或通气会，更加准确地了解媒体和公众关心的问题。

回答问题时，首先要对提问者表示感谢，对合理的问题做出正面和明确地回答；对无理的问题要机智回应，可转移话题，顾左右而言他，但不能用"无可奉告"之类的言辞生硬回绝，或只字不答；对不掌握情况的问题，不可贸然作答，可表明待与有关方面了解情况后另行答复，并表示关注。重要的新闻发布会可设置多名发言人，既可有所分工，又可互为补充。回答问题时，要注意观点明确、条理清晰、口径统一、情绪平和，多用数据和案例。

四、注意事项

新闻发布会关键在于及时、准确地发布信息、表明态度、回应质疑，选择合适的发言人，控制会议进程和秩序。当然，做好会后跟踪报道等工作也很重要。

会前注意事项如下：

🖉 对媒体和公众关心的相关热点问题，要做好必要的收集和准备，可在会前先召开媒体通气会；

- 发言人事先准备好书面发言提纲、主要问题的回答要点；
- 提前准备好新闻通稿和背景资料，以便提供给参会媒体；
- 党政机关发布会要庄重一些，企事业单位发布会可轻松一些。

会中注意事项如下：

- 会场电源、插线板要充足，灯光明亮，以便媒体摄像拍照；
- 报到时，对媒体和公众要一视同仁，不可厚此薄彼；
- 可请工作联系紧密的主流媒体先提问，特别是首问；
- 发言人回答提问时，可先重复问题，争取思考作答的时间；

会后注意事项如下：

- 对发布会中未能正面回应的问题，要认真研究，尽快通过合适的渠道给予必要的回应；
- 会后跟踪报道媒体和公众关注的事件进展，及时通报情况。

新闻发布会前期具体准备事项、现场操作要点及危机处理发言人的任务、应有的知识和技能，详见表12—2、12—3、12—4。

表12—2　　　　　　　　新闻发布会前期准备事项一览表

操作流程	操作要领
1. 跟踪信源	一是列席重要会议，见证重大决策的早期讨论和产生过程；二是每日追踪媒体报道，了解舆论热点和焦点问题；三是到事发现场调查获取信息；四是与其他人和部门协商问题和回答口径
2. 分析舆情	对收集到的信息加以分析，为信息发布、答记者问、猜测记者的问题和准备回答口径提供参考。
3. 确定时机	除定点、定时召开发布会外，也可随机召开，以掌握舆论主动权为原则，可在重要会议、重大决策或重要事件发生之际发布；突发事件利用首因效应在第一时间发布。
4. 确定人选	有新闻发言人的单位由发言人独立主持发布会。重要信息的发布一般邀请有关部门的负责人出席，尽量邀请级别高、形象好、善于沟通的负责人出席。
5. 准确押题	事先猜测记者的提问。新闻是贬值最快的商品，时效性很强，一般来说，记者的兴趣和注意力主要放在临近新闻发布会的一两天内发生的事情上。
6. 准备口径	敏感问题的口径需要请示上级领导。跨部门问题的答问口径一般需要与有关部门协商确定。
7. 准备文稿	发布会之前准备的文稿包括新闻通稿、背景材料、发言提纲、开场白等。需要散发给记者的主要是新闻通稿和背景材料，背景材料应该包括更多的细节。
8. 邀请记者	一是制作请柬，注明发布会主题、举办时间、举办地点，以及简易地图、发言者身份。二是提前一周送达请柬，联系较多的媒体记者可以直接电话邀请。三是周二至周四合适召开发布会。四是发布会一般在上午10点开始，持续时间一般为1~2小时，方便在当天晚报或者晚间电视新闻中报道。五是发布会召开前夕通过电话再次确认有关信息。
9. 模拟彩排	如果发布会十分重要，或者发言人觉得没有经验和把握，或者出席发布会的领导专家缺乏与媒体沟通的经验，可以事先进行模拟彩排，掌握有关情况。

表12—3　　　　　　　　　新闻发布会现场操作要点

操作流程	操作要领
1. 设计形象	形象包括仪容、仪表和仪态三方面。仪容指身材外貌，仪表指穿着打扮，仪态指言谈举止。三者都要符合发言人的职业要求并与发布会的主题和气氛和谐一致。一般着正装。
2. 自我介绍	主持人或发言人介绍发布会的主题、背景。多人集体发言，主持人要介绍其他发言人的身份，台上的发言人被介绍时面对记者颔首示意即可，没有必要站起来鞠躬。
3. 开场发布	开场白应该尽快结束，把时间留给记者提问。开场白文稿事先准备好，现场为每位记者提供，作为新闻素材。
4. 点请记者	在主要负责人做完开场发言后，主持人应该马上宣布下面请记者提问。如果很多记者举手示意，主持人要明确点请记者提问，并注意公平分配提问机会。
5. 记者提问	记者提问需要举手，获得主持人点请后站起来提问，提问前应该先通报自己的来路，声明是哪家媒体的记者，同时声明要向台上哪位负责人提问。
6. 答记者问	应该言简意赅，不兜圈子，也不穿靴戴帽或者说官话。要根据记者的来路和提问方式识别记者提问中是否有"圈套"。
7. 守住底线	发言人为上级和记者两方面服务。不能发表未经过上级同意的言论，不能用"无可奉告"来回复记者的提问，不能回答自己未掌握准确信息的问题，不能超越自己的权限回答自己职责范围以外的问题。
8. 设置议程	媒体设置的议程会影响受众对某一问题的看法和重视程度。发言人也可以在发布会上设置议程，影响记者对某一问题的看法和重视程度。官员在接受采访时，也可以引导记者将报道的重点放在自己预设的话题上，掌握主动权。
9. 控制现场	控制场面和时间，稳妥地开始和结束发布会。控制每一个记者提问的数量；控制发布会的总时间。在发布会即将结束前，提醒记者还可以问最后一个或者两个问题。

表12—4　　　　危机处理发言人的任务、应有的知识和技能表①

任务	知识	技能
在镜头前表现自然	理解准确传递信息的重要性	信息传递技能强
有效回答问题	理解长时间停顿的危险性 理解有效倾听的步骤 理解"无可奉告"的危险性 理解和记者争论的危险性	快速思考 有效倾听 替代"无可奉告" 在压力下保持冷静
清晰表述信息	理解与专业术语有关的问题 理解回应的必要性	能避免使用专业术语 组织回应
能处理复杂问题	理解复杂问题的特性	能确认复杂问题 能要求对方重复问题 有技巧地处理复杂问题 质疑不准确信息 解释有些问题不能回答 评价复合性问题回答的正确性 应对复合性问题

---

① 薛澜，张强，钟开斌. 危机管理 [M]. 北京：清华大学出版社，2003：126.

第五节　动员会

动员会是发动和鼓励人们参与重要的专项工作或活动的会议。动员会主要是传达精神、鼓舞士气、部署工作、明确要求。具有三个显著特点，一是重要性，只有组织重大活动或开展重要工作前才会召开动员会；二是全员性，会议一般要求本单位全体在职人员参加，有些情况下离退休人员、待岗人员和临时聘用人员也要参加；三是时效性，动员会在专项工作或活动启动之前召开，有严格的时间节点，不可拖延。

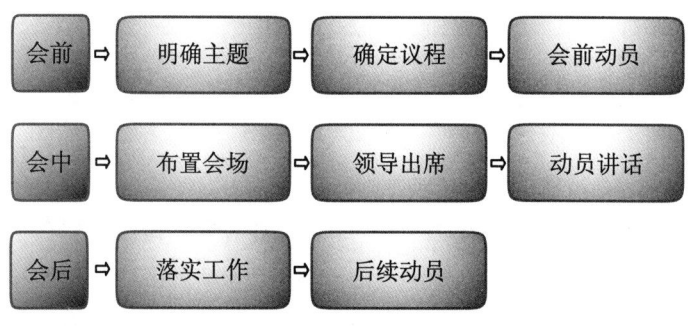

图12—5　动员会组织流程

动员会组织流程如图12—5所示。其中需要说明的是会前动员、领导出席、动员讲话、后续动员四个环节。

一、会前动员

会前动员主要是让参会者提前掌握动员会的目的和意义，了解相关工作或活动的实施方案和要求，对动员会的重要性和必要性有初步的认同，提升参与动员会的积极性和会议效果。会前动员可通过逐级传达的方式，确保传达到全体人员，还可结合展板、内部OA办公系统等多种方式加强会前动员效果。

二、领导出席

领导出席是动员会取得预期效果的重要一环，工作重要不重要，关键看领导重视不重视。领导出席动员会并做讲话，体现了领导对动员会以及工作本身的高度重视。除了本单位领导班子成员应全体出席之外，还可邀请上级主管部门和业务相关单位领导出席。本单位领导做动员，上级部门领导做指示，相关单位领导谈经验。

三、动员讲话

动员会上最核心的环节就是动员讲话，讲话要介绍工作或活动的方案，包括背景、意义、目标、任务、指导思想、主要内容、实施步骤、工作机制、保障措施、组织领导等。会上要传达上级主管部门的精神和部署，介绍兄弟单位开展相关工作的经验和启示，并对全体人员如何参加提出明确的要求和希望。动员讲话要立意深远、主题鲜明、语言生动，要能鼓舞士气、增强斗志，真正达到动员的效果。

四、后续动员

动员会的目的是为了发动大家参与工作或活动的开展。可以说工作和活动不结束，动员也不能停止。在动员会之后，还要反复开展各种形式的动员活动，不断强化动员的效果。动员会之后，在专项工作和活动的开展过程中，可以通过展板宣传、征文活动、先进表彰、新闻报道，或再次召开动员会等形式开展持续的动员。

五、注意事项

会前注意事项如下：
- 动员会站位要高，立意要远，工作要实，要求要严；
- 选好会议时间，以便全体人员参会，且不影响工作；
- 精心设计会议议程，特别是领导发言顺序、时间等。

会中注意事项如下：
- 会场布置时，要根据不同的动员类型，注意烘托气氛；
- 注意协调各方领导讲话内容，不要发生重叠和冲突；
- 参会领导较多时，注意做好各方领导的接待服务。

会后注意事项如下：
- 做好动员会与后续工作的衔接；
- 会后要持续开展形式多样的动员活动，持续推动工作。

第六节　董事会

董事会属于企业内设的决策和执行机构，主要是为了实现对企业经营活动的指挥与管理，其组成与运行主要依据为《中华人民共和国公司法》（以下简称《公司法》），以及企业制定的章程和董事会议事规则。与其他会议类型不同，董事会最大的特点在于法定性，即依法召集、依法议事、依法决议。《公司法》对召开董事会的提议、召集、主持、出席、议事规则、决议方式等都做出了明确规定。

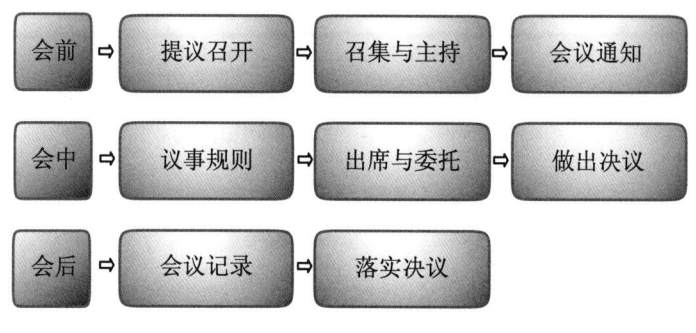

图 12—6　董事会组织流程

董事会组织流程如图 12—6 所示。其中需要说明的是提议召开、召集与主持、议事规则、出席与委托、做出决议五个环节。

一、提议召开

《公司法》规定，董事会每年度至少召开两次会议，每次会议应当于会议召开 10 日前通知全体董事和监事。代表 1/10 以上表决权的股东、1/3 以上董事或者监事会成员，可以提议召开董事会临时会议。董事长应当自接到提议后 10 日内，召集和主持董事会会议。

二、召集与主持

《公司法》规定，应由董事长召集和主持董事会会议，当董事长不能履行职务或者不履行职务时，由副董事长履行职务；当副董事长不能履行职务或者不履行职务时，由半数以上董事共同推举一名董事履行职务。

三、议事规则

议事规则是指董事会开会期间必须遵守的各类程序性规定，以确保董事会落实股东大会决议，提高工作效率，保证科学决策。企业章程中对董事会议事规则做出了明确规定。议事规则一般包括董事的任职资格、行为规范、董事长的权利和义务、董事会的工作程序、工作费用以及其他事项。

四、出席与委托

《公司法》规定，董事会会议应有过半数的董事出席方可举行，董事会会议，应由董事本人出席。董事因故不能出席，可以书面委托其他董事代为出席，委托书中应载明授权范围。不出席也不委托他人参加会议的董事，视为放弃投票权。

五、做出决议

《公司法》规定，董事会做出决议，必须经全体董事的过半数通过。董事会决议的表决，实行一人一票，董事会应当对会议所议事项的决定做成会议记录，出席会议的董事应当在会议记录上签名。董事应当对董事会的决议承担责任，但经证明在表决时曾表明异议并记载于会议记录的，该董事可以免除责任。

第七节　网络视频会

网络视频会是借助多媒体计算机和互联网技术，实现文字、图片、语音和视频信息的远程、多点和交互传递的会议。网络视频会是电子会议技术发展的新阶段，电话会议、广播会议、电视电话会议都是电子会议技术发展的不同形式。

表 12—5　　　　网络视频会议与电视电话会议的主要区别

	网络视频会议	电视电话会议
会议规模	规模不受场地和带宽的限制	规模受场地和带宽的限制
设备条件	多媒体计算机 宽带网络 网络视频会议软件 会议系统建设成本低廉	数字信号处理系统（含嵌入式音视频处理软件） 通信专网 会议管理软件 会议系统的建设成本高
会议环境	音视频稳定性、保密性较弱	音视频稳定性、保密性较强
适用范围	适合一般的会议	适合高层次的、重要的会议

网络视频会具有鲜明特点，一是信息传递扁平化，打破了传统的逐级开会、逐级传达的局限；二是信息载体多样化，文字、图片、语音和视频各种载体都可使用；三是信息内容的完整性，因为传递层级的减少和载体的多样性，能有效避免信息传递中的内容丢失；四是时空的跨越性，打破了时间和空间的界限。基于这些特点，网络视频会议能有效地降低会议差旅、食宿、场地、交通、印制、人工和时间成本，大幅提升会议的效率。网络视频会议与电视电话会议的主要区别如图 12—5 所示。

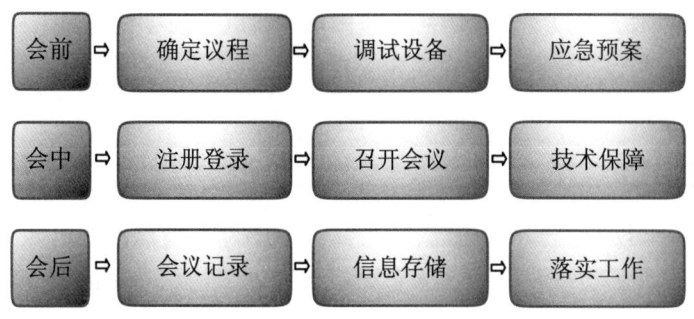

图 12—7　网络视频会组织流程

网络视频会组织流程如图 12—7 所示。其中需要说明的是调试设备、应急预案、注册登录、技术保障、信息存储五个环节。

一、调试设备

主要是调试多媒体计算机、视频会议系统和宽带网络，包括电脑硬件配置是否符合要求，音视频输入输出是否顺畅，网络视频会议系统运行是否良好，参会人员是否能熟练和便捷地使用会议系统，网络带宽是否能够支持会议规模。

二、应急预案

由于网络视频会议需要较多的设备和专业的技术，对电力设施、计算机、网络宽带及会议系统软件的依赖性较强，为了预防软硬件设备突发故障对会议的影响，做好相应的预案十分重要。预案中要重点预防的突发情况包括主会场电力中断、计算机操作系统瘫痪、网络信号中断、会议系统软件故障等。

三、注册登录

为了确保掌握参会人员的情况，控制参会人员范围，网络视频会议一般都设计有注册登录环节，注册登录流程和要求在发送会议通知时需一并说明，可要求参会人员会前一周注册个人基本信息，会前一天试登录会议系统熟悉操作，会前一小时登录会议系统，确认参会。

四、技术保障

在会前做好设备调试，参会人员熟悉会议系统，做好技术应急预案。会议过程中，办会部门要高度重视技术保障工作，安排专门技术人员解决参会人员遇到的技术问题，处理突发的技术故障，准备好备用的计算机及其他会议设备。

五、信息存储

网络视频会议过程中，会生成大量电子的文字、图片、音视频资料，可以直接或经整理后形成电子会议记录。这些重要的数据需要及时从会议系统中拷贝和存储，以便存档和后续使用。

需要注意的事项有，一是在清空或删除会议系统时，要确认数据是否已经拷贝，拷贝的数据是否可用、完整；二是重要的会议数据至少要拷贝两份，以免数据存储设备损坏或丢失，导致数据无法恢复；三是拷贝保密会议数据时要遵守国家和有关部门的保密规定和要求。

第十三章

办事的类型程序与方法

办事是个古老的话题,始终与人类社会相伴随。我们每个人每天都要面对由人和事交织而成的缤纷世界,办事既是人类社会存在的一般形式,又是每个人生活的真实而具体的存在形态。社会越发展,办事活动的形式和内容也就越多样化和具体化。

办公室文秘人员作为机关单位综合部门的工作人员,日常大量的工作,除了办文、办会以外,主要的工作就是办事。本书从这一章起,介绍办公室文秘人员办事的基本知识和工作技巧。

第一节　办事的概念及要素

一、办事的概念

"办事"的概念经过了漫长的历史演变，在不同时代有不同的内涵。我国古代文献中，事和吏原为一个字，"事"的最初含义是指职务、公务、侍奉，如《尚书·商书·盘庚》中有"各恭尔事"（盘庚告谕诸侯："你们要履行好各自的职务"）。后来随着社会的发展，"事"才衍生出事情、事物、事业等多种含义。人们的办事观念也是随着生产方式的发展变化而逐步形成和加深的。随着社会分工和人们活动形式的多样化、复杂化，需要处理和解决的事务日益繁多，于是开始有了明确的办事观念，并出现了专门的办事机构。所以，"办事"可以定义为：主体有目的地运用某种手段来影响、改造或控制事物，以取得一定效果的活动。

办事是一种规定着人的本质特征的活动，具有如下特点：（1）社会性。人的活动有自然和社会双重属性，但其本质规定在于社会属性，人所要办的一切事情都是在社会关系中进行的，受着社会关系的影响和制约。（2）指向性。人要办事就必然与客观事物发生相互作用，依靠某种工具或手段来改造对象、影响对象，使之产生能满足某种需要的一定效果的产品或服务，指向明确具体。（3）自觉性。人办事都有目的，办事是主体自身主动发起的活动。办事是自觉自为的活动，不是简单的机械反应或者条件反射。[①]

二、办事的主体

根据一般理解，办事的主体就是人。办事主体是指与办事对象或客体发生直接联系和作用的个人、组织或群体，即办事活动及其过程的实际承担者。

（一）办事主体的特点。 一是自主性。无论谁办事，必须要有开展办事的自主权。能按照自己的意志行事，自主地支配办事行为，并能全部或部分地行使办事过程中的决策权、执行权、管理权和监督权等。二是多样性。办事主体的形式也是多种多样的，可以是个人，也可以是组织、群体，还可以是地方政

[①] 白益进，刘锦荣. 中华办事绝学［M］. 北京：中华工商联合出版社，2003.

府、中央部门或者联合国组织。三是层次性。受社会分工的影响，人类的社会活动具有一种从现实条件出发逐级分化、依次展开的特点，一些活动是原生的、主要的活动，另一些活动是次生的、从属的活动。反映在办事上，则区分为原生主体（办事行为人）、派生主体（办事执行人）和参加主体（办事中介人）。他们共同承担着现实的办事过程中各阶段的任务。

（二）办事主体的类别。（1）办事行为人。这是指办事的发动者、策划者。办事行为人享有财产权、继承权、著作权等社会权利，并能运用这些权益去办理事情、开展活动、达成目标。有权决定一项活动的发起、展开、变更或终止；有权对自己所拥有的权益进行使用、转移、转让、放弃，同时，承担自己行为的后果。（2）办事执行人。很多情况下，行为主体所策划、发动的事情，不一定由他亲自去办理，而是交给别的人或组织去具体执行，这种由原生主体派生出的办事人，称作"办事执行人"。在办事过程中，原生主体与派生主体之间形成一定的权利和义务关系，主要有"主办—承办"关系、"委托—代理"关系、"出租—承租"关系等。（3）办事中介人。中介人说明的是"帮谁办事"，主要表现为以下几种，例如，受理人、公证人、仲裁人、担保人或保证人、监测人、保护人等。

三、办事的客体

办事客体，是指在办事过程中被主体认识、利用、改造的事物，或者说是办事主体及其活动所指向的对象。这些客体可以划分为：

（一）自然物。自然物既是人的生命活动的直接对象（呼吸空气、饮水、晒太阳等），又是以保障生命活动为目的的物质生产的对象（种田、养殖、采矿、建房等）。

（二）物化自然。这是指经过劳动加工和改造的自然物，包括材料、技术设备以及人们创造的一切物品。这些产品既是人的活动能力对象化的结果，又是重新成为人们活动的对象而进入办事过程，这类物体是人们办事活动指向的主要物质对象。

（三）思想观念。人不但创造出物质产品，而且创造出精神产品。抽象的思想观念、知识、符号，如书籍、电影、剧目等，也是人们办事的对象。

（四）人及其活动。当一定主体为实现某种利益而将自己的活动指向别的人或群体、组织时，后者就成为办事对象或客体，如社会管理、信访维稳、征地拆迁等。

（五）社会关系。社会关系包括人与物的关系、人与人的关系和物与物的关系。但物与物的关系背后实质上还是人与人的关系，例如，朋友之间互赠礼品"借物言情"，表面上是物与物的关系，实际上是人与人的友好交往关系。

第二节　办事的类型和程序

办事活动的分类是一个十分复杂的问题，按照不同的标准，有多种划分方法。

（一）按活动的性质来划分。 办事可分为大事和小事、办公事和办私事、为自己办事和为他人办事。从活动的时间界限上划分，可分为往事、今事和来事。从效果（或事功）上划分，可分为成事和废事、好事和坏事、对事和错事等。

（二）按活动的内容来划分。 办事可分为认知性办事活动、实践性办事活动和日常生活性办事活动。认知性办事是指办事主体利用经验、知识、科技成果等，通过大脑思维以及信息技术的加工处理，认识、感知或把握客观对象。例如，科研、调研、统计、教育、培训等。实践性办事更多地强调"行动"，通常理解为主体改造自然和改造社会活动的总和，包括发展经济、社会管理、环境保护等。日常生活性办事主要指个人、家庭或群体对生活问题的解决、处理及其日常活动，包括办理家务事、婚事、丧事、旅游、娱乐、健身、购物等。[①]

（三）按活动的职责界限来划分。 机关工作中有职能范围的事、领导交办的事、上级转办的事、部门呈办的事、群众企办的事、督促查办的事、特殊要求的事、合作办理的事、秘密独办的事、应急突发的事、特事特办的事等分类。

（四）按活动范畴和功能来划分。 机关办事可以分成两类，一类是政务运行的事，例如，公文运转、文电起草、调查研究、制度建设、档案管理、统计工作、信息管理、信访维稳、印信管理、电子政务等。另一类是事务管理的事，办公用房、公务用车、机关用地、政府采购、机关节能、会务服务、接待管理、物业管理、餐饮服务、医疗服务、保洁服务、安全管理等。

办事程序是机关办事的根本法则。无论何种性质的单位，办事讲究程序是工作的基本要求。

常言道："万物有理，四时有序"。序，就是事物发生发展、运动变化的过程和步骤，是客观规律的体现，反映到实际工作中，要求办事必须讲程序。

办事讲究程序关键要做到：一是围绕目标。办事要围绕总目标，抓住要领，抓住主要矛盾。制定程序时首先要围绕决策目标，权衡办事对决策目标的作用。二要抓住要害。在办事过程中，某些环节可能出现人们不愿意看到的问题，甚至会造成危及全局的后果。这些问题被列为要害问题或关键问题，制定程序必须围绕这些问题来展开。三是区分缓急。程序并非越多越好，过多的程序容易

[①] 白益进，刘锦荣. 中华办事绝学 [M]. 北京：中华工商联合出版社，2003.

使人陷入繁文缛节，进而影响办事的进程。所以办事应该在保留和强化必要程序的前提下，尽量压缩、精简各种次要的程序，力求办事简单化。

【小链接】

办事程序小窍门

重要的事——优先办；限时的事——计时办；琐碎的事——抽空办；个人的事——下班办；重大的事——清楚办；别人的事——努力办；困难的事——想法办；着急的事——细心办；今天的事——今天办；开心的事——开心办；能办的事——马上办；讨厌的事——耐心办；所有的事——认真办。

第三节　办事的原则和禁忌

办事原则是对办事活动的实质及其规律性的表述。日常办事原则主要有：忠于决策、讲求实效、灵活变通、进取创新、诚实守信、安全保密等方面。

办事除了遵循一定原则外，还要克服心理的、物理的、内在的、外在的障碍，这些障碍，往往成为办事活动中需要特别关注的禁忌问题。这些问题主要包括以下几方面。

（一）**自卑**。自卑感很强的人，往往感到自己处处不如人，内心空虚而底气不足，失去办事的勇气和信心；或者厌恶自己、贬低自己，在别人面前低三下四，显得羞怯、懦弱，这种人办事自然是成不了气候的。

（二）**嫉妒**。嫉妒他人的才华、权力、地位、名誉、财富，导致心理失衡，不仅影响自己的身心健康，而且对工作、对办事会造成致命伤害。培根说，嫉妒是最卑劣最堕落的情欲。嫉妒会导致两种结果：一是对人不对事，即不管别人的事办得再漂亮，都是自己前进的障碍，必欲去之而后快；二是损人不利己，为了求得双方均势，便有意给对方制造劣势，不惜造谣中伤、落井下石。

（三）**虚荣**。虚荣来自盲目攀比，比穿着、比长相、比收入、比名誉、比阔气，往往以外在条件作为自我评价的标准。这种人为了争得领导的重视，常常在办事过程中费尽心思地伪装自己，掩盖自己的缺陷，隐瞒办事中的失误，甚至搞浮夸、捏造成绩、编织谎言，不择手段地去猎取利益，最终对办事毫无所益。

（四）**猜疑**。猜疑心强的人总是戴着有色眼镜观察世界，看谁都不顺眼，疑神疑鬼，时刻提防别人，生怕伤害自己。办事中的猜疑是一种唯恐被伤害的恐惧心理，大多来自自卑感，由于自卑而在办事的过程中处处设防。有时过于自尊也导致猜疑，因为自尊者表面上看清高不凡，但内心却很虚弱，唯恐撑不起面子，处于自我封闭状态。

（五）**自私**。自私来自强烈的占有欲，包括物质、名誉和权力的占有欲。占有欲人人都有，如果作为一名寻常百姓，财迷吝啬，拔一毛利天下而不为，倒也无所谓。但作为一名机关干部，办事情舍不得本钱，舍不得投入，只能沾光不能吃亏，常为眼前小利而耽误了大事，这种人最终将一事无成。

（六）**看人下菜**。看人下菜一般具有极强的功利主义色彩，表现为：敬将如宾，视卒如草；一看用得着，赶紧巴结奉承，用不着则倨傲无礼；对有钱有势者烧香叩头，对一时落魄者冷若冰霜。

（七）**过河拆桥**。这种人办事一般都很急功近利，与任何人共事都表现为一种互相利用关系，毫无真诚可言，用得着时好话说尽，用不着时一脚踢开；对方在台上一味讨好，一旦下台便落井下石。这种人只关心自己的利益和处境，从长远来看，自然不能取得事业上的长期成功。

除以上表现外，办事中的禁忌还有感情用事、见利忘义、工于心计、侥幸投机等方面，这些都是需要克服的个性心理障碍。

【小链接】

办事的工作技巧

（一）锁定目标——大胆而详细，切实可行。建立目标金字塔，确定目标实现的时间，设定实现目标的阶段性任务。

（二）充分准备——思想准备，信息准备，能力准备，人脉准备。

（三）注重形象——注意穿着打扮，重在提升气质，举止得当。

（四）提前做功课——收集信息资料，知己知彼，预料可能发生的情况，制定相关措施（换位思考）。做事前诸葛亮，不做事后司马懿。

（五）把握全面情况——深入细节、了解情况；制定计划、对症下药；随时准备、及时补救。

（六）选准工作时机——了解对方情绪（高兴与低落等），了解对方工作的繁忙程度，看准具体时间（吃饭、休息、休假等），选好场合（办公室、住处、隐秘处等），对事情的发展要有预见性，学会忍耐和等待（欲速则不达），不断反省自己（不莽撞、不怯弱等）。

（七）摸清对方性格——看衣着打扮（暖色调、冷色调衣服等），观言行举止（说话时做手势、拨弄身边小东西、摊手耸肩等不同肢体语言），听他人评价（父母、朋友、领导、同事等），看工作类型（IT行业的、搞艺术的、从事学术研究的、不同行业从政的），等等。

第十四章

机关运行事务管理

为保证机关单位正常运转,办公室文秘人员通常要处理大量的日常事务。包括电话事务,印信事务,值班事务,陪同出差,公务接待,等等。学习和掌握处理这些事务的程序、方法和技巧,是对文秘人员的基本要求。

第一节　电话事务管理

接打电话是机关单位工作的重要内容。学会礼貌、准确、高效地管理电话事务，是办公室文秘人员的必修课。

一、拨打电话的程序与技巧

（一）拨打电话的程序。 拨打电话包括通话前应做好相关准备，拨打时注意相关方法，结束后注意处理有关问题等环节。详见表14—1。

表14—1　　　　　　　　　　拨打电话的程序

程序	方法和技巧
梳理通话内容	明确四件事情：给谁打、何时打、为何事、如何说。并根据事情的重要程度，准备腹稿或书面提纲，避免遗漏重要事项。
准备记录工具	电话旁要常备电话记录单、记录笔等工具，避免记录时找不到工具。
查询并确认对方号码	办公电话区域内常备组织机构通讯录、名片本、内部电话表等信息登记册，随时查阅和提取信息。
准确拨号	仔细核对对方号码。对于国内、国际长途，注意加拨区号和国家代码，提高拨号准确性。
恰当介绍	电话接通后自报家门，主动做自我介绍。如果对方是需要找的人，要及时亲切称呼对方。如果对方不是，应该向接电话的人表示感谢或礼貌地请对方转达。
陈述通话内容	准确、清晰地表达通话内容。对于重要信息，如时间、地点等，应重点陈述、重复强调，确保对方记住。如因表述不清致对方把握不当，应耐心解答并表歉意。
礼貌道别和挂断电话	通话内容陈述清楚后，礼貌和对方告别并表示感谢。并确保电话已经挂断，避免因未挂实而影响后续的拨打。
整理电话记录	电话挂断后，要及时整理电话记录，对通话中临时增减的信息进行整理，及时更新。

（二）拨打电话的注意事项。

1. 端正通话态度。拨打电话的过程是声音面对面的过程，饮食、喝水、伸懒腰等动作都可能影响声音传递的效果，让对方感到不受尊重。因此，拨打电话必须将对方视作面对面交流，自觉做到坐姿优美、言语礼貌、音量适中、态度诚恳。

2. 选择通话时间。每天上下午工作刚开始或者即将结束的时段，是人们不太愿意被打扰的时段，这个时候通话往往达不到预期的效果。晚上十点半以后和早上七点半之前尽量不要打电话，如确有急事需要占用对方休息时间，应事先表达歉意并说明原因。

3. 礼貌结束错拨电话。错拨电话要及时向对方道歉并主动核对拨打号码，请求对方辨认。切不可要求对方自报电话号码，更不可强行抢先挂断。

4. 巧用拨打记录单。拨打记录单是拨打电话时对陈述内容的提示。应按照事先的准备将所列事项一一陈述并逐项标注，避免因对方询问打断而导致通话漏项。对于临时增减的通话内容，要及时对应记录。

【小链接】

通话时长和挂断电话顺序

通话三分钟原则。公务通话要简短明确，长话短说，废话不说，没话别说，通话尽量不超过三分钟。

挂断电话顺序。一般是谁打电话谁先挂，但如果对方是长辈、领导或女士，应当请对方先挂断。

二、接听电话的程序和技巧

（一）**接听电话的程序。**电话铃响，立即放下手头工作，集中精力处理电话事务。要及时接听、耐心倾听、准确记录、及时代转。详见表14—2。

表14—2　　　　　　　　　接听电话的程序

程序	要求及技巧
常备电话记录单	可快速记录通话信息，特别是重要信息，如时间、地点等，有效避免因记忆模糊导致的错误。
及时接听	电话铃响后，应及时迅速摘机应答问好，在工作强度允许的范围内，最好不超过三声铃响摘机，以示尊重。接听时先自报家门，使用标准礼貌用语。如确实因工作原因不能及时在五声之内接听，一定要向对方表示歉意并说明原因。
准确辨别	电话接通后，及时辨别对方身份。对于找领导的电话，切忌在未弄清对方身份的情况下，将电话转给领导。
耐心倾听	对于接听过程中模糊、难懂的内容，要求对方重复。对方表达不满或提出意见的通话，要态度诚恳，不急不躁，同时适当回应。

续表

程序	要求及技巧
用语温和	委婉、温和的语调，会给对方亲和、舒适的感受，容易提升通话的质量和效率。对于建议或反映问题类的电话，温和的用语能够及时地缓解矛盾和争议的发生。
准确记录	遵循对方真实意图，不随意夸张或美化。按照时间、对象、事件、要求、任务等要素随时记录。对于没有听清或听明白的内容，要求对方重复或解释。同时主动复述通话内容，确保信息准确无误。
礼貌结束	通话结束后，礼貌向对方告别，一般请主叫方先挂机。
整理电话记录	通话结束后，及时整理通话信息，梳理归纳逐条记录。
及时代转	对于需要代转的电话，要及时转达。避免因工作忙碌忘记或滞后转达。转达要原汁原味，不加修饰，注意保密。

（二）接听电话的注意事项。

1. 自报家门。接电话应该有代表单位形象的意识。尽量做到吐字清脆，音量适度，给对方留下好的印象。

2. 间歇性通话。如要查阅与通话内容有关的资料，动作应当迅速、快捷，并礼貌地告知对方或等候或再行通话。

如果同时要接另一部电话，要请通话对方稍候，同时告之新打进电话的一方正在接听电话。

如遇客人来访，原则上应先招待客人，告知通话对方并挂断电话，如果电话讨论的事情不能中断，应告知来访客人，然后继续通话。

若电话掉线，应先重拨以视尊重。

3. 多人共用。如果办公室电话几人共用，不能因为可能不是自己的电话而不接。要杜绝嫌电话多、电话烦而有意造成电话不通的情况。

4. 挂断电话。结束电话交谈，一般应当由打电话的一方提出，然后彼此客气地道别，说再见，再挂电话，不可自己讲完就挂断电话。

【小链接】

电话记录"5W1H"技巧

所谓"5W1H"是指①When 何时，②Who 何人，③Where 何地，④What 何事，⑤Why 为什么，⑥How 如何进行。在通话中，这些资料都是十分重要的，要随时记录。

三、分类对待受话

（一）**与业务相关通话**。第一，建议、反映问题类通话。一般与业务相关，直接反映相关领域各类问题，对方提出的问题较有针对性，情绪也较激动。对待这类电话，要心平气和、耐心倾听和解释原因，不能爱答不理，更不可冲动回应。第二，纠缠、抱怨类通话。通常是就特定的问题重复抱怨和骚扰纠缠，既耽误时间，又难在短时间内解决，无休止的通话很容易让人心烦意乱。对待这类通话，要不急不躁，使用恰当的托词礼貌回绝。第三，匿名威胁类通话。通常与主叫方组织利益相关，接电话人员一定沉着冷静。对于不愿自报家门，也不愿意说明动机，强硬要求领导接电话的，一定要警惕而冷静。必要时保留文字、语音记录，巧妙周旋，及时汇报。

（二）**与业务无关通话**。一是错拨类通话。通常由于对方记错或拨错号码导致。应该以礼相待，告知对方打错号码，切不可态度强硬，强挂电话。二是推销类通话。一般是通过互联网、媒体等渠道获得号码拨打过来的，有的电话还存在反复拨打、长期纠缠的情况。对于这类电话，应该直接拒绝对方，切不可委婉模糊，给对方商量的余地。对于恶意、骚扰电话，及时向公安部门报告。

（三）**其他特殊类通话**。其他紧急、突发事件导致的特殊通话，虽然发生的几率较小，但情况紧急、后果严重，必须高度重视。对于这类通话，要冷静对待，及时判断问题的严重程度，果断反应，迅速处理，绝对不可因为和自身没有直接关系而拖延或暂缓办理。

四、正确处理找领导的电话

（一）**准确辨别对方身份**。对于找领导的电话，通常对方会主动自我介绍，如果能直接辨别对方声音，也可主动确认。但如果对方不表明身份，工作人员应该主动礼貌地了解对方身份和来电意图。在未弄清对方身份和来意的情况下，不可轻易将电话转给领导或提及相关话题。

（二）**直接转接领导电话**。对于准确识别对方身份的电话，应及时与领导确认是否立即接听。对于熟悉的人找领导且领导在场并且方便，可让领导接听电话，并简洁、迅速地传话或附上简短手写记录，以及可能提及的相关资料，为领导提示相关内容。如领导表示不便接听，则委婉回复对方，请对方留下代转信息或按领导要求建议下次通话时间。对于领导不愿接听的电话，则应灵活应付，恰当把握讲话分寸，按领导意图巧妙处理，避免给领导增添麻烦。

（三）**间接转接领导电话**。间接转接领导的电话，通常是反映问题、请示工作或布置任务。对于该类电话,要认真详细地记录通话内容,对其中的要点仔细核对和确认。通话结束后整理记录单,以文字形式及时上报领导,同时注意保密通话信息。对方有留言,必须记录留言内容,何时何人何事,是否需要回话,回话的对象与称呼,对方电话号码等,记完后复述一遍。

五、机关电话的禁忌

（一）**避免使用不规范用语**。机关工作人员应使用普通话进行工作交流。工作中尽可能称呼对方职务或头衔,在不确定对方职务的前提下,可以称呼为"老师""同志",避免使用"哥""姐"等词汇。

（二）**避免使用不文明用语**。如果给上级和领导打电话毕恭毕敬,给下级打电话盛气凌人、拖腔拉调,这样既不利于工作交流,又不利于情感交流,应使用文明用语。

（三）**避免混淆通话信息**。对来自直接首长和上下级以及地方有关部门的电话,首先要问清单位、姓名和职务,连同电话内容一一记清。重要内容记完后应主动要求对方复述,进行校对,防止错传漏办。如果因对方口音重、讲话快、声音小,内容听不清楚,要不厌其问,不要因为是上级和首长不好意思问、不敢问,以免造成工作失误。

（四）**避免拖延占用办公电话**。工作时间不宜占用办公电话闲聊私事。交谈也必须有时间观念,通话应紧扣主题,内容表达要简洁紧凑,做到时间、效率优先。

（五）**避免电话处理不及时到位**。处理电话内容,要以对工作高度负责的态度,认真严肃对待,不能马虎行事。要按照程序及时办理,该传到哪级的就传到哪级,该呈报哪级领导处理的就呈报哪级处理,切不可自作主张、擅自处理,或疏漏遗忘、压而不报。

（六）**严禁泄露涉密通话信息**。对于涉密电话,必须严格遵守保密规定。不在普通电话里谈论保密事项,也不能将与通话有关的涉密内容告知无关人员。尤其对于未知或匿名电话,更要慎重对待,严防泄密。

第二节　印信事务管理

印信是国家行政机关和企事业单位、社会团体权威性标识和职责权限的象征,也是机关单位行使职权的重要凭证,具有标志、权威、凭证、辨伪、法律和信任等方面的作用。

一、管理印章

严格按照规定使用和管理印章,是办公室文秘人员的重要职责,在日常工作中,要确保正确使用印章,杜绝印章管理中的漏洞。

(一)印章的种类。公务印章主要有单位公章、套印章、钢印、领导签名章、专用章、办事章、收发章、校对章和其他戳记等。一般分为三类,详见表14—3。

表 14—3　　　　　　　　　　印章的种类

单位章	单位公章	即正式公章,代表一个单位正式署名,具有法定的权威性和现实的证明效力。
	套印章	按正式公章的原样制版而成,用于印制大批量文件时代替手工盖印,与正式公章具有同等法律效力。
	钢印	一般用于加盖在证明性公文或证件上,盖印位置在持证人照片的右下角,起证明身份的作用。
主要领导人章	个人签名章	为单位领导行使职权而刻制的个人姓名章,作用是代替领导人的亲笔签字,与领导人的亲笔签字具有同样效力。领导人个人签名章一般用指定字体刻制,有外框的长方形,多用于一般文件审批使用。对于重要凭证的签字,通常会按照领导亲笔书写姓名字样刻制,无外框。
	电子签名章	通过密码技术对电子文件的电子形式签名,作用与手工签名或私人印章相同,目前适用于电子办公系统或电子商务领域。
工作专用章	办公室印章	为开展日常事务或具体某一专门性业务而刻制的公务印章,印文除刻有单位名称外,还刻有表明专门部门或用途的如"办公室"字样,代表办公室行使某种权利。
	收发章	单位收发室在收发文件过程中使用的专门印章,分为收文章和发文章两类。
	办事章	为办理日常事务而刻制的一种公务印章,作用是减少正式印章的使用频率,但不能用于正式文件,印文除刻有单位名称外,还刻有"办事章"字样。
	校对章	为改正文件印制的个别差错,并证明改正有效的印章,印文除刻有单位名称外,还刻有"校对章"字样。校对章的使用要严格控制。
	其他戳记	指为标志特定信息而使用的事务性印章,如保密章、急件注销章等。

(二)印章的作用。

1. 权威作用。各级机关单位由于特定地位和职权,在一定层次和范围内具有权威性,印章是这种权威性的重要体现。例如,一切文件只有加盖了印章才产生效力,没有印章,该文件的权威性就无法证实,也不能遵照执行。

2. 标志作用。任何一个社会组织必须有区别于其他组织的标志,通常使用法定名称来加以区别，而这个法定名称又是通过印章来做标志的。在制发文件、接洽业务、签订合同、开具证明等过程中，印章可以明确表明该组织的合法身份。

3. 凭证作用。印章是证明某个机关或单位合法存在的象征，在机关单位各项工作中具有重要证明作用。例如，各种证明信、介绍信、身份证、工作证等，都必须加盖公章才能发生效力，获得对方的信任与合作，体现了印章在社会交往活动中所具有的凭证作用。

4. 法律作用。各级各类组织所刻制的印章经过依法审批才能合法启用，启用后的印章受法律保护；同时，印章使用者对使用印章又承担法律责任，对加盖印章的公务文书产生的一切后果负法律责任。

（三）印章的规格。

《国家行政机关和企业事业单位社会团体印章管理的规定》对印章的规格规定如下。

1. 印章的形状规格。现代机关、单位的公章为正圆形，用于其他公务如收发、校对、财务等的印章也有长方形、三角形或椭圆形的。领导人和法人代表的印章一般为方形。

2. 印章的印文规格。公章印文应该使用国务院公布的规范简化汉字，字形为宋体，自左而右环行排列。领导人签名章则由个人书写习惯而定，民族自治机关的公章可以并列刊有汉字和当地民族文字。

3. 印章的图案规格。县以上政府机关、法院、检察院、驻外使馆的公章的中心部分刊有国徽图案，党的各级机关印章刊有党徽图案，其他机关和企事业单位公章则刊有五角星图案。

4. 印章的尺寸规格。按国务院规定，国务院的公章直径为6厘米，省、部级政府机关为5厘米，地、市、州、县机关为4.5厘米，其他机关、部门、企事业单位一律为4.2厘米（包括边框）。国务院的钢印直径为4.2厘米，其他单位使用的钢印直径最大不得超过4.2厘米，不得小于3.5厘米。

（四）印章的保管和使用。

1. 专人负责。对办公室文秘人员保管和使用印章的人员必须严格审查和挑选，选择政治可靠、工作负责、坚持原则的人员来管理印章。做到专人掌管，不能"齐抓共管"。掌管印章的人员出差、休假需要交给其他人员临时掌管时，要做好交接工作。

2. 妥善保管。印章应该存放在安全保险的地方，平时必须放置在办公室的保险柜或铁柜中，并且养成随用随开、用完及时锁好的习惯。节假日在放印章的地方应该加锁或加封条。如有值班，应该做好值班交接工作。印章一旦发生异常情况，应该迅速查明，及时处理。

3. 严格审批。用印前办理相应手续并经主管领导审批同意，审批以文字批准手续为凭。所有盖章，都要填写用印申请表，由部门负责人审查签字，再由单位领导人批准后方可用印。工作人员盖印前重点要检查有无领导批准用印的签字。同时建立用印登记制度，使用专门的用印登记表，登记内容填写清楚，以备发生意外时核查。

4. 谨慎使用。平时使用印章要注意轻取轻放，避免破损。定期擦洗和清洁，保证用印时文字清晰、图面清洁、印泥合格、垫底软硬适中。用印一律在办公室内，一般情况下，不得将印章携带外出使用。非法用印者，根据情节要受到行政处分或者法律惩处。

【小链接】

接印和用印手续

新制发印章，管印人员接到印章后应做好接印登记，内容包括印章名称、领发印章单位、领取人姓名、收到日期、收到枚数、启用时间、主管领导签名、管印人签名等。

印模的使用，在印刷部门套印有机关正式印章的文件时，管印人员应当在现场监印。对复印件加盖与原件相符章时，务必核查原件。

用印申请表需要登记的主要内容：用印部门、时间、用印事由、用印类别、审批人、用印人等。

用印登记表的主要内容：用印编号、用印时间、用印单位、用印部门、用印内容、经办人姓名、用印份数、批准人、盖章人等。

5. 加强监督。管印人员对印章使用有监督权。用印前，管印人员必须对用印内容予以审阅，协助领导把关，如发现问题，应当在纠正后或报请领导同意后再盖章。一般情况下，除非有领导的特别批准，否则管印人员不能在空白凭证上盖印。

6. 正确加盖。对所盖印章的文字内容要认真审阅，盖出的各种印章，要保证位置恰当、文字端正、图形清晰。（1）准确识别印章。管印人员保管多枚印章，盖章时要仔细辨认，保证准确使用印章，避免用错印章。（2）保证位置正确。要在规定位置盖章，一般来说，文件用印时有两种方式，一种是下套盖印，即印章应当压住成文日期，并且要骑年盖月；另一种是中套方式，即印章加盖在制文单位中间。（3）保证印迹清晰。按印时要轻重得当，用力均匀，使印色浓淡合适。同时要避免歪斜、颠倒、模糊、残缺现象，以增加印章的严肃性和美感。

【小链接】

骑缝章和钢印的使用

骑缝章的使用。带有存根的文件材料,如介绍信等用印,除在规定处用印外,还应当加盖"骑缝章",以备查考。对于多页码的材料,应将同一文件的每一页均匀错开,骑各页加盖公章。

钢印的使用。注意加盖在照片人的脖子和衣领以下与证件交接部位,不得将钢印加盖在照片人的头部或脸部,以免影响辨认效果,因为钢印的凹凸作用会使面部发生细微的变化。加盖钢印后,照片须印有字迹或图案,不能仅有钢印外圆印迹,以免被仿造或自行更换照片。

二、管理介绍信

介绍信有两联式和便函式两种。两联式介绍信使用较为普遍,一般由持出联和存根联组成,是事先印制好的固定格式。便函式介绍信,有手写和打印两种,使用带有单位名称的信笺纸。载有接洽单位、被介绍人姓名及身份、人数、接洽事宜、填写日期等项目内容。

1. 领用和登记。领用介绍信要严格履行审批手续,经批准后到办公室开具。领用人还要履行签字手续。两联式介绍信在存根上签字,便函式介绍信在专用登记簿上签字。

2. 填写和盖章。填写介绍信应该真实、清楚、工整,使用钢笔或毛笔书写。两联式介绍信持出联和存根联的内容必须一致,不得出现存根空白或漏填现象。便函式介绍信因无存根,应当建立专用登记簿,逐项登记,项目和内容应当与介绍信完全一致。

不管是哪一种介绍信,填写后都必须加盖单位公章或介绍信专用章。两联式介绍信除了持出联的落款处盖章外,还要在两联接缝处加盖骑缝章,且上压存根联的年月日;便函式介绍信只盖落款章即可。

【小链接】

介绍信注意事项

介绍信内容应当写明事项名称,介绍谁去、联系什么工作,商量什么问题,不要笼统地写"开会""联系工作"等。工作人员要注意检查信文与存根记载是否一致。

介绍信不得随意涂改,如果必须修改要加盖更正章,或在修改处加盖公章,如有重大错误必须作废后另外填写。

严禁文秘人员给他人开具空白介绍信，如确系工作需要，并经领导同意，也尽可能在介绍信上填上事前能够填写的项目，将空白介绍信的使用限制在一定范围内。

3. 保管和存档。介绍信应该由办公室工作人员专门保管，并存放在带锁的抽屉里，随用随取，用后放回锁好，防止丢失或被盗。文秘人员休假或出差时，由办公室负责人指定他人临时保管。介绍信存根、作废介绍信、未用的空白介绍信等要粘在一起，妥善归档一定时间，以备查考。如介绍信遗失，应当及时报告，涉及重要事项的应当及时通知前往办事单位，防止冒名顶替。同时，介绍信管理人要在介绍信存根或介绍信领用登记表上注明丢失情况。

第三节　值班事务管理

值班工作是确保各级机关单位掌握情况、处理事务、顺畅联络的重要工作。值班事务管理的水平，主要表现在上下沟通、内外联系、左右协调等方面。准确了解和把握值班工作的任务、制度、技巧和方法是办公室文秘人员的必修课。

一、值班工作的主要任务

值班工作是办公室的常规工作，被人们称为面向群众、接受咨询的"服务总台"，接报要情、快速反应的"应急平台"，沟通上下、联系内外的"工作前台"。其主要任务如下。

（一）**及时传递信息。**这是指通过接听电话、处理信访来电来函等，及时传递或处理来自各方面的信息，做到上传下达、沟通内外，使信息随时都保持畅通状态。如上级的紧急通知、指示传达，下级最新问题的请示报告等，都能迅速向有关方面或人员通报，保证工作及时有效开展。

（二）**报送紧急情况。**值班人员接获管辖范围内的紧急信息，要迅速分析性质和态势，向值班主任或者带班领导通气后选择适当方法处理。原则上，重大的紧急信息，编发《值班专报》供领导批办；一般情况下，编发《值班接转件》供有关部门办理。特别紧急的信息，可先电话报告，后提供文字材料。值班人员还要每月统计、分析信息采用和报送情况，对迟报、漏报、借故缓报或隐瞒不报的单位与个人，要准确记录相关情况，供领导掌握。

(三) 做好安全防范。 值班工作的重要职责之一就是安全保卫。一般单位如无警卫岗哨，值班室兼有门卫的责任。机关单位的值班室，特别是总值班室，承担着保卫组织机构安全的责任。因此，对于值班期间出入的人和物要严加审核，履行有关手续，做好登记和管理。如有异常情况发生，要及时报告有关部门及人员，以保证安全。

(四) 做好来访接待。 值班人员必须以良好的形象迎候来访者，无论是有约来访，还是无约来访，包括外单位来联系工作和基层干部职工来反映情况，都要根据来访者的意图做出合理的安排或灵活应对。接待来访的同时，要有安全意识、保密意识和纪律意识，做到认真问清来意，礼貌查明身份，积极协助处理，严格遵守纪律。

(五) 处理应急事项。 值班人员接到突发应急事件的报告，先要沉着冷静，迅速记录事件发生的单位、时间、地点、规模、人员伤害情况、初步损失程度等基本要素，在第一时间报告带班领导，按照领导的指示协助联系公安、消防、食品卫生和防疫等部门，开展多层面的应急救助工作。在处置过程中，要时刻收集相关信息，保持与前方和应急工作组织的联络通畅；在处置的最后阶段，要做好相关资料的整理工作，发挥值班室的作用。

(六) 做好值班记录。 一是做好值班电话记录，主要包括来电时间、来电单位、来电人员姓名、来电内容、来电号码、是否需要回电等。二是做好值班接待记录，主要记录来访人员的姓名、单位、来访事由、联系方法、来访时间等内容。三是做好值班日记，主要记录外来信函、电报、传真、电话及来客和员工反映的情况、值班巡视情况等，使接班人员了解情况，保持工作的连续性。

二、值班工作的基本要求

(一) 严守岗位。 保证人员到位，是做好值班工作的第一要求。值班人员必须按照值班时间的要求，准时到岗，只能提前、不能迟到；在岗期间，要严守岗位，不得擅自离岗脱岗，特别不能在值班期间离开值班室处理私事、走亲访友。

(二) 有事请示报告。 对没有把握或自己处理不了的问题，要及时汇报，按领导指示办理；对于重要事项，先请示、后办理，不得自作主张；对于重大事项，不得迟报、漏报、误报。

(三) 严守秘密、确保安全。 要增强窗口意识、责任意识和保密意识，不在值班室接待亲朋好友，不与外来人员谈论秘密事项，不使用普通电话传递秘密信息，不随意使用保密电话，不泄露领导的活动安排等。

(四) 编写值班材料。 材料包括值班日志、值班报告、接待记录、值班动态等。按照基本要素记录情况，妥善保管记录文本，秘密传送的信息一定要加密处理或亲自送达。常见的值班材料有《值班日记》《值班电话记录》《值班接待记录》《值班专报》《值班接转件》《值班快报》等。

（五）按程序交接班。 接班人员须提前到岗，与前班人员办理交接事宜。接班人员没有到岗，前班人员要坚守岗位、不得脱岗。值班员要尽力办结本班事务，详细做好值班记录。本班未结、需移交下班续办的事项，要在值班日记上注明，移交时向接班人员说明办理情况和续办注意事项。重要材料、物品要当面清点并由接班人员签收。

三、编制值班安排表

值班安排表是提醒有关人员，按照预先安排的时间执行工作计划，以保证值班期间机关单位工作的连续性和完整性。值班安排表一般由办公室编制，与相关部门协商并报领导审定后执行。

（一）值班安排表的种类。 根据值班任务的不同和管辖范围的差异，通常可以把值班安排表分为以下三类。一是节假日部门值班安排表。通常用于单位的某一个部门，如财务部、营销部、生产部等，值班时段相当于非节假日的上班时段。二是节假日总值班安排表。通常用于一个单位的所有部门，统筹安排各部门的值班事宜，值班时段与节假日部门值班安排表相同。三是夜间值班安排表。仅用于文秘部门或特殊工作部门，是机关单位为了保证自身的不间断运转和应对夜间的突发事件安排的值班制度，值班人员通常为该机关单位办公室的文秘人员，值班时间为前一天下班时间至第二天的上班时间。

（二）值班安排表的内容。 值班安排表通常包括以下项目：值班时间和值班期限，值班人姓名，值班地点，负责人或带班人姓名，值班的工作内容和相关要求，替班人姓名和交接方法。

（三）填写值班日志。 值班日志是值班期间有关情况的简要记录，对于值班期间处理的每一件事，包括接听电话、来人接待、突发事件处理等都要记录在案。这有利于下一班值班人员了解情况，保持上下班工作的连续性，有利于领导了解、检查、考核值班工作，也方便编写情况反映、工作简报、大事记等。

四、加强值班制度建设

要坚持把值班工作制度落到实处，用制度去规范行为、促进工作，进一步提高值班工作的规范化和科学化水平。

（一）要坚持领导带班制。 各级领导要坚持指导值班工作，一旦出现紧急情况、重大突发事件，值班人员要根据要求及时向带班领导请示汇报，确保及时处理各类紧急事件。

（二）**要坚持 24 小时值班制度。**值班室具体负责各类事件的接报、处理及反馈工作。在值班过程中，值班人员要认真填写值班工作日志、来文登记表等，并严格执行交接班手续，确保各类事件处理不断档、不遗漏。

（三）**要推行首办责任制。**值班人员接到领导工作指令或接报紧急突发事件后即为第一责任人，从接报登记、情况核实、跟踪查询、情况反馈几个环节全程落实，一包到底，做到件件有着落、事事有回音。

（四）**要落实责任追究制。**按照"谁值班、谁在岗、谁出事、谁负责"的原则，对值班环节出现的工作失误或问题，严格分清责任，落实责任追究。对于因工作疏忽致使事件处理不及时、工作出现被动局面的，对值班人员予以批评教育；情节严重造成恶劣影响的，给予组织或纪律处分，并调离工作岗位。

（五）**要实行督导检查制度。**一级抓一级，一级查一级，使全系统值班工作协调联动、上下畅通。总值班室要不定期对各单位值班情况进行检查，特别是对重大活动及敏感时期、节假日等，要加大督促检查力度，随时通报检查结果。

（六）**要严格考核制度。**定期对单位、各部门值班信息报送情况进行考核，实行一票否决制，杜绝迟报、漏报、压报、瞒报、谎报等情况的发生。

第四节　接待事务管理

接待是为加强与来访者的及时联络、充分交流而对其到来给予热情迎送、精心安排的工作过程。从某种角度讲，接待工作是机关单位形象的缩影、工作作风的体现，关系到组织形象，关系到事业发展。做好接待工作，是办公室文秘人员的重要任务。

一、接待的类型、规格与要求

（一）**接待的类型。**详见表 14—4。

表 14—4　　　　　　　　　　接待的类型

划分标准		特点/要求
有约与否	有约来访接待	比较正规，在程序上周密布置，在人力、财力、物力上有充分准备。
	无约来访接待	易打乱日常安排，要随机应变，灵活妥善处理，既不失礼貌风度，又不能耽误领导和自己的正常工作。

续表

划分标准		特点/要求
来访规模	个体来访接待	单个来访者的接待。规模小，易接待。
	团体来访接待	以团队形式来访，如考察、参观等。这种来访一般事关重大，而且多为事先有约，需要精心做好接待准备。
对象国别	内宾接待	对国内来宾的接待，如兄弟省市单位、上下级单位等来访的接待。
	外宾接待	对某个国家、地区或国际组织的代表来访的涉外接待。
工作性质	会议接待	来访者受邀参加会议，接待方提供会议服务。
	视察检查接待	上级领导到本单位检查工作，通常接待方领导需要亲自接见。需要高度重视、认真筹备。
	技术考察接待	上级或行业单位技术部门来访学习，以交流业务为主。
	参观接待	来访者为在某个特定领域学习和交流，由接待方安排专人做情况介绍。
组织关系	上级来访接待	上级单位领导到下级单位考察、检查工作。要特别重视，充分准备。
	平级来访接待	同级单位领导、上下级单位同级别领导来访。
	下级来访接待	下级单位同志因工作需要来访，如请示汇报等。
	群众来访接待	人民群众反映问题、提出意见建议的来访。

（二）**接待的规格**。接待规格本质上是接待方对来宾的礼遇程度，是从主要陪同者的角度而言的，在有约团体接待中十分重要。接待规格决定了接待工作中其他环节工作的做法。接待规格过高，影响领导的正常工作；接待规格过低，影响双方的正常交往。所以确定接待规格要慎重、全面考虑。接待规格分为高规格接待、对等规格接待和低规格接待三种形式，详见表14—5。

表 14—5

类型	特点	适用情况
高规格接待	陪客比来客职务高的接待方式	上级领导派一般工作人员向下级领导口授意见或要求。
		兄弟单位或协作单位的领导派员到本单位商议重要事项。
		下级同志上访，有重要事项向领导同志汇报。
对等规格接待	陪客与来者职务、级别大体相当的接待方式	重要的来访者，负责接待的领导自始至终地陪同。
		初到和临别时对等接待，中间可安排适当人员陪同。
低规格接待	陪客比来客职务低的接待方式	上级主要领导或主管部门领导来本地了解情况、调查研究。
		外地来的参观学习或考察团。
		老干部故地重游或上级领导路过本地。

【小链接】

影响接待规格的主要因素

（1）双方的关系。双方关系密切且事关重大或我方非常希望发展与对方的关系。

（2）对方的要求。对方主动提出会见某领导人的要求，如无特别原因，应当尽量满足要求，如不能满足应当做好解释工作。

（3）突然的变化。一些突然的变化会影响到既定的接待规格，如领导生病或临时出差，需要让他人代替，这时必须向客人解释并致歉。

（4）以前的惯例。对以前接待过的客人，接待规格最好参照上一次的标准。另外，如果是对方的回访，可以参照当初对方接待己方的规格。

（三）接待的要求。

1. 思想上高度重视。有的人认为接待工作是管理部门的事，即使受领了任务，也抱着应付的态度去做，缺乏主动性，工作不细、标准不高。还有的人认为接待工作是侍候人的工作，低人一等，认识不到接待的过程也是学习交流、促进工作、增进感情的过程。接待不是简单的迎来送往，是工作作风的体现。

2. 服务上周到细致。接待工作无小事，办公室文秘人员在接待中必须具备细致、周到的作风，才能圆满完成工作。热情是接待工作的基本前提。不管接待对象从哪里来、来干什么、职务大小、有无权势，都要一视同仁，笑脸相迎，诚挚欢迎，以礼相待，欢颜相送。使客人心情愉快，有宾至如归之感。切忌"门难进、脸难看、事难办、话难听"，更不能分出三六九等，看人下菜。

3. 过程中规范谨慎。树立安全意识，无论什么规模的接待，都要增强保密意识，不泄露单位接待活动安排，不泄露来宾信息。同时确保来宾的安全，如交通、食宿安全等。遵守财务规定，本着"少花钱、多办事"的原则，厉行节约，反对浪费，精打细算，勤俭务实，倡导和树立文明接待的新风。

二、常规接待工作程序

（一）日常接待。 日常接待是面对面沟通、交流业务的工作形式。区别于团体接待，日常接待通常来访人数较少，接待人或接待部门比较明确，访期也较短。日常接待包括接待前准备、接待中服务和接待工作结束三个环节。

1. 接待前准备。提醒相关领导或部门，接待当日有哪些安排，包括来访时间、单位、姓名、身份、人数、来意、大体停留时间等。对于重要来宾的接待，一般要拟订书面的接待安排方案，经领导确认后向来宾发放。

2. 接待中服务。客人如约到访后，迎接人员应当礼貌地引导客人到指定的地点。并及时通知被访者，使其尽快停止或处理完手中的事务，接待来访的客人。同时，要注意接待区域的环境和卫生状况。引导途中，与客人适当地寒暄、交谈。

【小链接】

接待中的注意事项

迎接、招待客人要把握"3S"原则，即见到客人要做到 stand up（站起来）、see（注视对方）、smile（微笑）。

引导客人，要先向客人指示前行的方向，在客人左前方一步左右的位置引导，并在行进过程中注意调节气氛。

上楼梯，应当请客人先行，自己走在客人左后方。

乘电梯，如果无司乘人员，文秘人员应当先进后出，在电梯中按住开关请客人进入和走出；如果有司乘人员，文秘人员要后进后出。

走旋转门，文秘人员不要与客人走同一扇门。

进入会客室，首先注意进入前应当敲门，确认无人后再领客人进入。如会客室的门向外开，文秘人员应当拉开门，请客人先进；如门是向里开的，则文秘人员应当推开门先进，用手扶住门，请客人进入。

如直接引导客人到领导（或其他被访者）办公室门前，一定要先敲门，经允许后方可进入。

介绍双方，文秘人员要为初次来访的客人和领导作介绍，先介绍职务高的，再介绍职务低的。介绍时要注意说清双方的姓名和职务。

上茶水，领导与客人谈话时，文秘人员端茶进门要轻轻敲门。先给客人上茶，后给主人上，从职位最高者上起。

3. 接待工作结束。来访客人离开时，文秘人员要主动提醒和帮助对方拿好随身物品，如为客人取拿衣帽等物品，为客人开门等。送客可以根据客人身份的尊贵程度，将客人送至电梯间、单位大门口或直至将客人送上车。

【小链接】

送客要领

送客人下楼梯，要走在客人的前面。

和领导一起送客，要在领导稍后一步。

送客人到电梯,要为客人按住电梯按钮,在电梯门关上之前与客人道别。

送客人到大门口,要等客人所乘坐汽车开出自己的视野后再转身回去。

送客人到机场、火车站、轮船码头,客人驶离要面向对方挥手致意,在对方离开自己的视线之后方可离开。

(二)团体接待。团体接待的对象一般人数比较多,事情重要,规格高,访期长。在接待过程中需要多个部门协作与配合,甚至组建专门接待机构。团体接待的环节与日常接待基本相同,但因团体接待属于有约接待,人数较多,需要制定详尽的接待方案和日程安排,必须精心准备,周密实施。

1. 制定接待方案。制定团体接待方案的基本流程,详见表14—6。

表14—6　　　　　　　制定团体接待方案的基本流程

步骤		所包含要素	把握原则
熟悉背景	掌握对方基本情况	如来宾的具体人数、个人简况,抵离时间和乘坐交通工具,来访目的、任务和行程等。	基础环节 心中有数
接待规格	1. 高规格 2. 对等规格 3. 低规格	规格直接影响接待规模,通常采用对等规格接待。	核心环节 对等接待
接待安排	1. 日程安排	如迎接、会谈、参观、送行等每一项接待活动的时间、地点、内容、出面人员等(以表格形式列出)。	周全、合意、弹性、紧凑
	2. 形式确定	日程安排中各项活动的进行形式。	
接待责任	明确各项接待活动的责任人及其具体职责	如大型会议接待多设立专门的报到组、票务组、车辆组、餐饮组、设备组等。	专人管理 项目负责
接待经费	经费项目的确定	如会议经费、住宿费、餐饮费、劳务费、交通费、印制费、数据采集费及其他费用等。	从简务实
其他事宜	不可预见	如安排住宿、交通、医疗、票务及新闻报道、安全保卫等。	周到细致

为确保落实接待方案,要通知各有关方面做好准备,如落实食宿地点,落实交通工具,通知有关部门准备相关材料,落实参观单位等。制作接待日程安排表,根据接待方案制订出合理可行的接待日程。经领导认可后,发给对方征求意见,协商修改再定稿。编制接待工作筹备表,在拟订好接待日程表的基础上,结合接待工作要求,可以编制接待工作筹备表,将每项工作细化,落实到具体负责人员。接待筹备表经领导审核后,要在工作组内召开协调会,明确分工与责任。

2. 团体接待的工作环节。

（1）迎候及引导工作。迎宾人员提前15分钟左右到达预定迎候地点，恭候客人到来，不能准点到达，更不能迟到或不到。通常情况下，来宾在出发前或到达前会通知接待方，接待方也可以主动电话确认。如果到机场、火车站、汽车站和码头迎接初次来访的客人，应使用醒目标识，如接站牌、欢迎横幅、统一职业服装等，方便对方确认。必要时可以通过电话联络，确认时应主动自报家门。接到来宾后应进行必要的寒暄，同时引导对方乘车。一般情况下，引导者多为接待方专门负责人员。如果来宾较为重要，可以由接待方领导出面引导。离开迎宾地点时，工作人员要视情况，主动为来宾拎拿行李，跟随接待方领导或陪同来宾前往乘车。

【小链接】

迎接来宾工作要点

接站牌和欢迎横幅要正规、整洁，字迹要大方、清晰，同时在色彩上避免使用白底黑字，欢迎横幅可以选择红底白字或红底黄字。

将领导介绍给来宾时只说明职务、姓名即可，并依据地位高低依次介绍。

引导中如果宾主并排行进，引导者应当主动在外侧行走，请来宾走在内侧；如三人并行，通常中间的位置最高，内侧次之，外侧最低；如果宾主单独行走，引导者应当行走在前，请来宾走在后面，方便带路，间隔1~1.5米之间。

引导过程中，引导者应介绍或提醒来宾所去或所到之处。引导来宾上下楼梯、出入电梯、进出房间等，应当做出如"请这边走"等提示。

（2）安置与协调工作。按照接待工作日程、接待工作筹备安排方案，逐项落实来宾住宿、就餐、约见活动及其他公务活动。

（3）送别与收尾工作。根据来宾的重要程度，考虑送行的时间、地点和送别形式。通常包括道别、话别、饯别和送行四种类别，详见表14—7。

表14—7　　　　　　送别与收尾工作的类别

类别	形式	相关事项
道别	指宾主双方临别互相打招呼。在公务接待中，通常是与登门拜访的宾方道别。	道别应当由宾方率先提出来，主方不可主动提出。
话别	指主方的领导专程前往与宾方话别。在高规格接待中普遍使用。参加人员应当为宾主双方身份、职位大体相当者。	话别地点最好是宾方所住之处，也可以在主方的会客室、贵宾室内。

续表

类别	形式	相关事项
饯别	指在宾方离别之前，主方专门为其举行的宴会，郑重其事地为其送别。	形式上热烈而隆重，使宾方产生备受重视之感。
送行	指宾方离开时，主方特地委派专人前往启程处与对方告别，目送对方离开。	形式上隆重，有时主方会为宾方安排送行仪式。

三、非常规接待工作程序

非常规接待，主要指无约接待。无约接待通常会干扰正常工作，扰乱工作计划。对待这类来访人员，必须辨别来意，并根据事情的轻重缓急，分流处理。对无约接待的处理，应遵循明确来意、分流处理、礼貌送客的原则。在分流处理的环节中，要注意把握保密原则。同时对那些不能成功约见的访客，要注意巧妙回绝和妥善应对。详见表14—8。

表14—8　　　　　　　　非常规接待工作程序

步骤	来访者	领导	工作人员处理办法
明确来意	了解来客的姓名、身份、目的等信息，善意来访者很少拒绝说出来意。	—	如果对方不说明来意，一定要让对方明白，这是工作的需要，而不是刁难他。但说话一定面带微笑，谨慎耐心。
分流处理	1. 反映问题但不明确找何人办理	—	记录客人姓名、要求、联系方式，为其预约相关部门。
分流处理	2. 要求见某部门负责人	同意马上见	安排接待。
分流处理	2. 要求见某部门负责人	同意晚些见	安排客人等候或做预约。
分流处理	2. 要求见某部门负责人	让他人代理	向客人解释情况，安排代理人接待。
分流处理	2. 要求见某部门负责人	不愿接见	建议代理人接待或巧妙回绝。
分流处理	2. 要求见某部门负责人	暂时联系不上	记录客人姓名、要求、联系方式，日后答复。
分流处理	3. 无理取闹的	汇报领导	以礼相待，保持涵养，经领导同意联系有关部门处理。
礼貌送客	1. 问题得到解决	—	常规礼仪，微笑送客。
礼貌送客	2. 问题未解决	—	以礼相送，维护组织形象，缓解客人因不能如愿产生的消极情绪。

四、涉外接待

涉外接待与国内接待的内容与程序大体一致，但要严格遵守和把握基本原则和礼仪要求，避免在具体工作中出差错、犯错误。

（一）基本原则和礼仪。

1. 维护形象。在国际交往之中，人们普遍对交往对象的个人形象倍加关注，十分重视对自身形象的塑造和维护。因此，在涉外接待中，要时刻注意维护自身形象，特别是维护自己给外国友人的第一印象。

2. 不卑不亢。要求参与接待的个人言行从容得体。不论外宾来自哪个国家，不论其所代表的组织规模如何，都应该以礼相待，互相尊重，平等互利。对强者不献媚，服务周到；对弱者不歧视，关怀备至。

3. 求同存异。尊重接待对象所在国的礼仪与习俗，不妄加评论，不鉴定优劣。在接待过程中，有三种处理方法：一是"以我为主"，即在涉外接待中，基本采用本国礼仪。二是"兼及他方"，即在基本采用本国礼仪的同时，适当采用一些接待对象所在国现行礼仪。三是"求同存异"，既对接待对象所在国的礼仪与习俗有所了解并予尊重，又对国际通行的礼仪惯例认真地加以遵守。

4. 入乡随俗。在涉外接待中，要真正做到尊重接待对象，首先必须尊重对方所独有的风俗习惯，其原因：一是每个国家有其特有的宗教、语言、文化、风俗和习惯。这种"十里不同风，百里不同俗"的局面，是不以人的主观意志为转移的，也是任何人都难以强求一致的。二是在涉外接待中，尊重外国友人所特有的习俗，容易增进双方之间的理解和沟通，有助于更好地沟通和解决问题。

5. 信守约定。这是指认真而严格地遵守自己的承诺，说话务必算数，许诺一定兑现，约会如期而至。这就要求做到，一是在涉外接待中许诺必须谨慎。二是对于已经做出的约定，务必认真加以遵守。三是如果遇到不可抗拒因素，必须尽早通报对方，如实解释，郑重致歉，并主动承担由此给对方所造成的损失。

6. 热情有度。其含意是接待外国人，既要热情友好，也要把握好分寸，否则事与愿违，过犹不及。具体来讲，一是要"关心有度"，二是要"批评有度"，三是要"距离有度"，四是要"举止有度"。

7. 不必过谦。这是指在国际交往中涉及自我评价时，不应自吹自擂，自我标榜，一味地抬高自己，但也绝对没有必要妄自菲薄，自我贬低，自轻自贱，过度地对外国人谦虚、客套、恭维。

8. 不宜先为，也被称作"不为先"原则。基本要求是，在涉外接待中，面对自己一时难以应付、举棋不定，或者不知如何应付的情况，最明智的做法，就是尽量不急于采取行动，抢先冒昧行事。这样做，一是不出丑露怯，二是冷静观察，争取主动。

9. 尊重隐私。一般而言，在涉外接待中，以下八个方面的私人问题，均被视为个人隐私问题：收入支出、年龄大小、恋爱婚姻、身体健康、家庭住址、个人经历、信仰政见以及所忙何事,亦可简称为"个人隐私八不问"。

10. 女士优先。其含意是在一切社交场合,每一名成年男子都有义务主动自觉地以自己实际行动,尊重妇女、照顾妇女、体谅妇女、关心妇女、保护妇女,并且还要想方设法、尽心竭力地去为妇女排忧解难。"女士优先"原则还要求,男士对所有妇女都必须一视同仁。

11. 爱护环境。在国际舞台上,爱护环境已经成为舆论倍加关注的焦点问题。在涉外接待中要注意:不毁损自然环境、不虐待动物、不损坏公物、不乱堆乱挂私人物品、不乱扔乱丢废弃物品、不随地吐痰、不到处随意吸烟、不任意制造噪声。

12. 以右为尊。依照国际惯例,将多人进行并排排列时,最基本的规则是右高左低,即以右为上,以左为下;以右为尊,以左为卑。大到政治磋商、商务往来、文化交流,小到私人接触、社交应酬,但凡有必要确定并排列主次尊卑,"以右为尊"是普遍适用原则。

【小链接】

人与人交往的最佳距离

人与人之间交往的正常距离大致可以划分为四种:一是私人距离。小于0.5米之内,仅适用于家人、恋人与至交,有人称其为"亲密距离"。二是社交距离。大于0.5米,小于1.5米,适合于一般性交际应酬,亦称"常规距离"。三是礼仪距离,大于1.5米,小于3米,适用于会议、演讲、庆典、仪式以及接见。意在向交往对象表示敬意,又称"敬人距离"。四是公共距离,在3米开外,适用于在公共场合同陌生人相处,也被称作"有距离的距离"。

(二) 礼宾次序问题。

1. 按来宾的身份与职务的高低顺序排列。在国际交往中,一般按来宾的身份与职务的高低顺序安排礼宾次序。这也是礼宾次序排列的主要依据。如按国家元首、副元首、政府总理(首相)、副总理(副首相)、部长、副部长等顺序排列。各国提供的正式名单或正式通知是确定职务的依据。在多边活动中,有时按其他方法排列,但无论按何种方法排列,都必须考虑身份与职务高低问题。

2. 按参加国名字母顺序排列。在多边活动中,如国际性会议、多边谈判、国际体育比赛等,有时按参加国国名字母顺序排列礼宾次序。一般以英文字母排列居多,少数情况也有按其他语种的字母顺序排列。联合国大会的席位次序,也按英文字母排列,但为了避免一些国家总是占据前排席位,因此每年抽签一次,决定本年度大会的席位以哪个字母打头,以便让各国都有机会排在前列。

在国际体育比赛中，体育代表团名称的排列，开幕式出场的顺序，一般都按国名字母顺序排列，但东道国一般排在最后。在按字母顺序排列时，每次只能选择一种语种的字母顺序排列，不能在中间穿插其他语种的字母顺序。第一个字母相同时，则依第二个字母的先后顺序排列；当第二个字母相同时，则依第三个字母的先后顺序排列，以此类推。

3. 按通知代表团组成的日期先后排列。一些国家举行的多边活动中，按通知代表团组成的日期先后排列礼宾次序是经常采用的方法之一。东道国对同等身份的国外代表团，按派遣国通知代表团组成的日期先后顺序，或按代表团抵达活动地点的时间先后排列，或按派遣国决定应邀派遣代表团参加活动的答复时间先后排列。采用何种排列方法，东道国在致各国邀请书中应当注明。在实际工作中，由于情况复杂，有时很难按照一种方法进行绝对化排列，也可能交叉使用，并考虑其他因素，如国与国的关系、活动性质与内容、人员的威望与资历等。总之，不能在礼宾次序上引发对方的不满。

第五节　差旅事务管理

参加调研、参观访问、出席会议、签订合同、实地考察、处理公务、办理事情等，经常需要到异地或境外出差旅行。如何妥善安排好差旅相关事宜，是办公室文秘人员的重要事务。

一、境内差旅事务

因工作需要到异地出差，办公室文秘人员应当及时做好出发前、出差中以及出差后的准备工作。

（一）出发前的准备工作。

出发前准备工作的步骤，见表 14—9。

表 14—9　　　　　　　　出发前准备工作的步骤

步骤	要素
获取相关信息	（1）为何出差，（2）到哪出差，（3）何时出差，（4）随行人员。
预算差旅费用	（1）交通费，（2）住宿费，（3）餐费，（4）其他可能发生的经费。
预订票务	（1）选择交通工具，（2）订票，（3）取票。
预订宾馆	（1）确定宾馆档次，（2）获取宾馆信息，（3）进行预订，（4）确认预订。
准备出差物品	（1）文件资料，（2）旅行资料，（3）办公用品，（4）个人物品。

续表

步骤	要素
拟订出差计划及日程安排	（1）出差的时间、启程及返回日期，接站安排。 （2）出差的路线、终点及途经地点和住宿安排。 （3）会晤计划（人员、地点、日期和时间）。 （4）交通工具的选择：飞机、动车、大巴或轿车。要列明飞机客舱种类及停留地的交通安排。 （5）需要携带的文件、合同、样品及其他资料，如谈判合同、协议书、产品资料、演讲稿等。 （6）领导或接待人的特别要求。 （7）旅行区域的天气状况。

1. 了解基本情况。办公室文秘人员在为领导做差旅准备前，必须了解详细信息，有针对性地做好各项准备工作。

2. 预算差旅费用。《中央和国家机关差旅费管理办法》以及各省区市有关管理办法就出差审批管理、差旅费开支标准、财务报销和监督问责等内容做出了详细规定。差旅费是指工作人员临时到常驻地以外地区公务出差所发生的城市间交通费、住宿费、伙食补助费和市内交通费。按照《中央预算单位公务卡管理暂行办法》要求，其中住宿费、机票支出等按规定用公务卡结算。

（1）城市间交通费。根据财政部《关于加强公务机票购买管理有关事项的通知》（财库〔2014〕33号）要求，购票人可直接使用公务卡在政府采购机票管理网站购买机票，也可通过具备中国民航机票销售资质的各航空公司直销机构或机票销售代理机构，使用公务卡或银行转账方式购买机票。中央预算单位从2014年6月1日起实施公务机票购买管理改革。各省级财政部门要统筹安排本地区改革工作，省级预算单位在2014年年底前实施，地市级及以下级预算单位在2015年年底前全部实施。

人员乘坐交通工具的等级见表14—10。

表14—10　　　　　　　人员乘坐交通工具的等级

交通工具 级别	火车（含高铁、动车、全列软席列车）	轮船（不包括旅游船）	飞机	其他交通工具（不包括出租小汽车）
部级及相当职务人员	火车软席（软座、软卧）、高铁/动车商务座、全列软席列车一等软座。	一等舱	头等舱	凭据报销
司局级及相当职务人员	火车软席（软座、软卧）、高铁/动车一等座、全列软席列车一等软座。	二等舱	经济舱	凭据报销
其余人员	火车硬席（硬座、硬卧）、高铁/动车二等座、全列软席列车二等软座。	三等舱	经济舱	凭据报销

（2）住宿费。出差人员应当在职务级别对应的住宿费标准限额内，选择安全、经济、便捷的宾馆住宿。具体执行办法，按照国家有关规定执行。

（3）伙食补助费。这是指对工作人员因公出差期间给予的伙食补助费用。中央单位工作人员到相关地区出差的伙食补助费标准：除西藏、青海和新疆每人每天120元以外，其他省份每人每天100元。

（4）市内交通费。这是指工作人员因公出差期间发生的市内交通费用。市内交通费按出差自然（日历）天数计算，每人每天80元包干使用。出差人员由接待单位或其他单位提供交通工具的，应向接待单位或其他单位交纳相关费用。

3. 准备出差用品。出差用品包括必备的文件资料及随身携带的物品，工作人员可以按类列出清单，请领导过目，以免遗漏。需要准备的出差用品一般包括文件资料、旅行资料、办公用品、个人物品等。详见表14—11。

表14—11　　　　　　　　准备出差用品的类别及内容

类别	所包含内容
文件资料	如出差提纲、合同草案、协议书、演讲稿、有关讨论问题的信件、备忘录、单位简介、对方相关资料等。
旅行资料	如车（船、机）票、目的地交通图、旅行指南、介绍信、通讯录（地址、电话、传真）、对方的向导信函、日历表以及现金、支票等。
办公用品	如笔记本电脑、U盘、照相机、录音笔、文件夹、笔、笔记本、单位信封及信纸等。
个人物品	如身份证、信用卡（公务卡）、手机、名片、替换衣物、洗漱用品、急救药品、旅行箱等。

4. 拟订日程安排。日程安排表的制订，一般是出访与接待方共同商议，由接待方拟订，出访方认可确定。出访方工作人员可以据此制订日程表，并添加具体的时间点。日程安排表一般以表格形式表现，详见表14—12。

表14—12　　　　　　　　日程安排表的项目及内容

项目	所包含事项
时间	指某月、某日、星期几。出发及返回的时间，包括目的地抵离时间和中转时间，开展各项活动的时间，就餐、休息的时间等。
地点	领导本次出差的目的地（包括中转地点），旅行过程中开展各项活动的地点，食宿地点等。
交通工具	出发、返回时使用的交通工具，停留地的交通安排等。
具体事项	如访问、洽谈、会议、宴请活动以及私人事务等。
备注	记载提醒领导注意的事项，如抵达目的地需要中转的中转站或中转机场，休息时间、飞机起飞时间等。

（二）做好其他相关工作。

1. 做好领导出发时的工作。领导出发前，工作人员应当安排好送站（机）车辆，明确领导是从家里出发还是从单位出发，以便做好时间调整并通知司机。还要及时掌握出发地的交通信息和目的地的天气情况。提醒领导不要遗漏应带的物品。如果必要，工作人员可以陪同送领导到车站或机场。

2. 做好领导离开后的工作。领导出差离开单位后，工作人员除要认真做好本职工作外，属于应当由领导亲自处理的事项要分好类别留待领导回来后处理。对领导不在单位期间发生的事情要做好记录；如遇紧急情况，应随时与领导者取得联系。

3. 做好领导回来时的工作。确知领导出差返程的具体时间后，要与领导联系确认所乘坐的火车车次或航班班次等，安排好接站（机）车辆，如有必要，工作人员可亲自到车站或机场迎接领导。领导回来后要汇报其出差期间单位的情况，重要问题立即请领导决定。同时，做好领导差旅费用报销等事宜。

二、境外差旅事务

随着经济和社会的发展，对外交往日益增多，境外差旅事务也越来越频繁。国外差旅活动与国内差旅活动安排基本一致，主要不同是办理出国境手续等问题。详见表14—13。

表14—13　　　　　　　境外差旅事务相关内容

步骤	类型	涉及部门	所需材料	注意事项
选择性办理双跨函	跨地区、跨部门的出国、出境团体外事交流	具有外事审批权的部门或各地政府外事部门。	派出单位请示、组团通知、外专局或有出国任务审批权部门出具的"预审组团任务意见函"、身份证、因公出国人员备案表等。	确保所需材料齐备。
办理护照	1. 外交护照 2. 公务护照 3. 因公普通护照	到外交部或其授权的机关办理（包括拍照及指纹录入）。	主管部门的出国任务批件、出国人员政审批件、所去国有关组织或单位的邀请书、户口本、身份证、2寸正面免冠半身相片等。	取得护照后，要认真核对姓名、出生年月等信息。
	4. 因私普通护照	由公安部授权的机关办理。		
办理签证	1. 外交签证 2. 公务签证 3. 普通签证	到所去国驻我国大使馆或领事馆申办签证，或委托可靠的签证代办机构代办等。	需面签国家由出国人员本人亲自持护照、对方邀请函和其他申请证的材料办理，交上护照并填写签证表。无须面签国家可由外事部门工作人员代办。	取得签证后，要检查签证的有效期及签字盖章。

续表

步骤	类型	涉及部门	所需材料	注意事项
选择性办理《国际预防接种证书》	部分国家要求入境者提供健康证明书，也称"黄皮书"	根据所去国的要求，到所在地的卫生检疫部门进行卫生检疫和预防接种。	持单位介绍信。	拿到黄皮书后，应认真查验姓名等是否与护照一致，检疫机关是否盖章，医生是否签字，接种是否记录等。
预订机票	单程票	国内外各航空公司及其售票代理点。	出示护照。	取得机票后查验票面，看机票上的内容如乘机人姓名及拼音、航班班次、机场名称等是否准确清晰。
	往返票			
办理保险	交通意外险	通过代理人与保险公司联系办理。	护照号码及人员基本信息、目的地国别和抵离时间。	注意保险的有限期，被保险人的身份信息。
	航班延误险			
	行李遗失险			
兑换外币	因私	中国银行或各国机场外币兑换窗口。	出示身份证件，登记证件信息。	根据国家规定的数额兑换，同时兑换零钱。
	因公			根据各银行对因公购汇要求兑换。
办理入境登记卡	目的地国家	根据目的地国家要求在入境前填写。	出国人员的护照、签证等。	姓名、性别、国籍、护照种类和号码、有效期限等。
核销工作	经费核销	各单位外事工作指定的财务部门。	在境外消费的票据，如刷卡单、其他经费使用明细等。	注意票据的完整、清晰，预借现金应及时归还未使用经费。
归还护照	因公护照	所在单位外事部门。	护照原件。	及时归还。
	因私护照	所在单位人事部门。	护照原件。	

三、陪同出差

有人说，想了解一个恋人，就跟他一起出游；想考察一个员工，就跟他一起出差。工作人员跟随领导出差，是领导对自己的信任。因此一定要做好与领导同行的每个阶段工作。

（一）出发前要"心中有数"。 要明确领导要求陪同出差的用意，努力做到"五清"，即领导活动的时间清、地点清、方式清、日程清、任务清。确保领导所询问题能回答上来，有疑问的能解释清楚，拿不准的能提出建议。

1. 准备相关文件资料。如果是会议，应准备会议相关资料，要先学习有关内容，协助领导提供所需信息；如果是走访或谈判，应先做好对走访或谈判对象的调查和了解，特别是陪同刚到本单位工作的领导。同时将活动计划及时报告领导，让领导对活动安排也"心中有数"。

2. 预订食宿、交通。安排好领导的食宿、交通等，提前了解目的地的天气、交通、风土人情，安排车辆或订购机、车票，准备生活用品等。同时，及时了解必要的工作条件，保证领导临时办公的需要，如住宿地点有无网络、商务中心等，确保"不误时、不误事"。

（二）出差中注意各项活动的衔接。 照顾好领导的生活和工作，注意接待、住宿、座谈、讨论、参观、考察、研究等环节的衔接，协同领导落实交办的任务，随时准备处理各种突发事件。

1. 想在领导前，谋在领导先。对领导即将做哪项工作、参加哪项活动、哪些场合需要领导讲话、讲什么内容等，要清晰明确，提前做好准备，及时提醒领导。如需要领导讲话时，要为领导带好讲话稿，并认真检查有无错页、漏页，并按时请领导入场。

2. 掌握活动筹备进展情况。例如，领导所参加的活动，都有哪些人物参加，是否有人员变动或调整。安排领导在主席台就座，应先到现场查看，熟悉路线和环境，检查座次是否正确。陪领导到达活动地点后，是进入休息室休息还是直接入场，应如何向对方领导或有关人员介绍领导等。

（三）及时巧妙拾遗补阙。 古人说"屋漏在上，知之在下。"再高明的领导也难免有失误的时候，再精密的思考也难免有疏漏的地方。一旦发现失误或遗漏，应积极巧妙地加以弥补。不能唯唯诺诺、谨小慎微、前怕狼后怕虎。"无私才能无畏，不讳方敢直言"，只要出于公心，抱着对工作、对领导高度负责的态度，就不要有任何顾虑和担心。

（四）其他注意事项。 要端正姿态，陪领导活动忌"一人之下，众人之上"。（1）要摆正位置，注意细节，注意礼节，树立组织良好形象。严守纪律，不能胡乱许愿，胡乱表态，更不能泄露机密。严格执行中央八项规定及其实施细则，严格落实中央六项禁令。（2）时间观念要强，乘车时要等领导，不要让领导等自己。（3）程序先后不乱。用餐时要等领导坐好，再按照主人的安排入座，做到领导不到不能到，领导不坐不能坐，领导不吃不能吃，领导不起身不能起身。（4）保持密切联系。在外出活动中，会有很多突发变化。陪同领导外出时，一定要与领导及同行人员时刻保持联系。如入住宾馆后，要让同行者之间互相知晓对方所住的房间，内部电话，移动电话号码等，以便及时联络。

（五）出差结束及时完成后续工作。例如，撰写报告、分析问题、报销费用、电话答谢对方、完成委托的善后事宜、总结出差的得失等。

【小链接】

跟领导出差的九大金句

（1）领导和别人交谈时，不要多话；
（2）不要抢占领导的风头，例如自己讲的笑话比领导讲的更有"笑果"；
（3）身上不要有异味，毕竟和领导出差是和领导的"一次亲密接触"；
（4）走路时别和领导勾肩搭背，但也别离得太远；
（5）别趁机和领导打听过多的上层机密；
（6）也别趁机向领导吐苦水、进谗言；
（7）注意保证领导和自己的人身安全；
（8）保证完成好任务，出发前尽量多准备几个备案；
（9）协助对方做好沟通、接待等工作。

第十五章

公共关系事务管理

公共关系事务,即机关单位为推动业务建设、适应事业发展、满足公众需求、抓好内部建设等需要而开展的各项事务。本书所涉及的公共关系事务管理,主要包括媒体公关管理、应急管理、调研工作管理、协调工作和处理关系等。

第一节　媒体公关管理

当今时代，舆论形势和格局已经发生巨大变化，媒体的种类和形式越来越多，人们获取信息的渠道也越来越及时、便捷、多样。快速提高机关单位办公室文秘人员同媒体打交道的能力，正确有效地引导舆论，是对办公室工作的新要求。

一、认识和了解媒体

媒体是信息传播大众的工具，只有很好地认识和了解媒体，才能有效地利用好媒体，树立组织形象。

（一）**媒体的类型**。媒体分为传统媒体和新媒体，详见表15—1。

表15—1　　　　　　　　　　媒体的类型

类型		优点	缺点
传统媒体	①报刊	左右公众舆论的主要工具，有即时性、经济性等特点，便于保存。	栏目多，不易引起读者的注意，重要信息可能被忽略过去。
	②户外	空间上灵活，时间上持久，表现形式多样。	受众数量被限制，传达信息量有限。
	③广播	覆盖面较大，适合于运动着的听众，相对经济，且不受地点限制。	栏目较少，内容不够丰富多样。
	④电视	将语言、文字、图像、声音融为一体，内容丰富、效果突出，受众人数多。	发布信息价格比较昂贵，发布时间比较短暂，竞争也更为激烈。
新媒体	⑤互联网	具备报纸、广播、电视等媒体的所有功能，具有经济性。	选择性过多，有时鱼龙混杂。
	⑥移动互联网	将所有媒体功能集于一身，及时、灵活、便携。具有一定交互性与即时性、海量性与共享性、个性化与社群化。	信息的真实性需要求证。

（二）**沟通媒体的途径**。与媒体沟通，可通过新闻发布、记者招待会、制造新闻等方式进行。详见表15—2。

表 15—2　　　　　　　　　　沟通媒体的途径

途径	形式	特点
新闻发布	将某一新闻事件送往新闻媒体，由其发布，扩散给公众。	以新闻事件的形式传递给公众，告知公众相关事项的态势与发展动向。报道内容丰富、翔实、信息发布权威，帮助不断树立组织形象和强化公众形象。
记者招待会	邀请媒体朋友，并向受邀请出席的新闻媒体发表其预先计划的讯息。	让记者们直接看到、听到他们想知道的东西，并可以当面向重要人物询问，获得有效信息。消除可能存在的误解，建立与新闻的良好关系。
制造新闻	故意通过一定事件来引起公众注意，从而在公众中提高知名度的做法。如举办宣传活动等。	利用反面事例、法律纠纷等引起公众注意的事件，引起公众和媒体的关注，可以宣传相关政策、法律法规。

（三）**提高与媒体沟通的能力**。与媒体沟通，不要求做到滴水不漏，而是让公众更好地了解机关单位的工作，是政务公开的重要形式。详见表 15—3。

表 15—3　　　　　　　　　　与媒体沟通的原则

原则	具体做法
积极主动	积极主动与媒体建立经常性的联系，让媒体了解组织发布的相关政策，对政策持积极态度，使媒体能及时公正、客观地采访和报道。做到有所准备与计划，不能过于被动。
以礼相待	对待各类新闻媒体机构，态度热情友好，尊重新闻人员职业尊严，为其采访和调查提供帮助和必要服务，促使记者积极客观地报道。
迅速及时	新闻的价值与传播速度成正比。要有计划、有安排、有步骤、有准备地为媒体准备必要的文字材料和服务，保证时效性。
实事求是	以事实为依据，为新闻媒体提供真实严谨的信息和材料，实事求是地对待宣传材料。对突发性事件，既不能夸大，也不能掩盖，更不能违反职业道德，随意杜撰和制造假新闻。
前后统一	信息要保持前后一致性，不能自相矛盾。
注重效果	信息发布要达到良好的社会价值，以公众利益优先。
流程合规	信息流程要符合法律规定，不能走不正当的途径。
披露适度	正反信息的披露要把握尺度，不能有失偏颇。
平等相待	对不同新闻机构和记者一视同仁，对曾经报道过组织问题和荣誉的新闻机构和记者一视同仁。

（四）**提高有效应对媒体采访和舆情的能力**。办公室文秘人员应对媒体把握三个"度"，即态度、速度、尺度。对于记者采访和舆情，要协助领导引导

网络舆情、关注民声、多主动少被动、直面网络、勇于担责。在具体工作中，要把握舆论传播的阶段特征，精准发力，有效地工作。具体来讲：

一是在潜伏期，要讲究一个"准"字，即在内部隐患、地方媒体少量报道、网上局部流传的阶段，要抓住时机，有所选择，反映事实。不该说的时候，挺住了坚决不说；不得不说的时候，要注意辨明说什么和不说什么；该说的时候，要注意重点说什么。

二是在爆发期，要讲究一个"快"字，即在权威媒体报道、网上大面积流传的时候，不在于说什么，而在于怎么说，此时，要预测舆情趋势、统一答问口径、掌握记者动向、做好服务工作、汇总内部信息、确保上传下达。

三是在发展期，要讲究一个"转"字，即在媒体挖掘深层次原因，抓"坏人"的阶段，要随机采取策略，把大事化小，小事化了，把坏事变好事。

四是在回落期，讲究一个"防"字，即在公布结果、经济赔偿、处罚责任人、当事人被问、公众泄愤的时候，要协助领导做好本职工作，做好和完善应急预案，避免次生新闻发生。

二、组织和实施新闻发布会

新闻发布是机关单位主动引导舆情，创造良好工作和事业发展环境的重要一环，也是现代社会组织必须高度重视的一项重要工作。

（一）做好新闻发布活动的准备工作。 一般可从以下几方面着手。

1. 确定新闻发布活动的主题。主题应当清晰明了，便于记者报道。主题一般有说明性主题、宣传性主题和解释性主题三类。

2. 确定拟邀请的记者并发出邀请。根据活动主题，有针对性地邀请媒体记者参加，根据消息发布的范围来确定记者的覆盖面和级别。请柬或邀请函上一般应当说明召开新闻发布会的主题，注明具体的日期、时间、地点、组织名称、联系电话等信息。在发布会召开之前，用电话等方式适当提醒和落实，但一般不使用电话方式邀请（请柬或邀请函最好不注明会议联系人的个人全名和个人电话，避免记者提前采访或得到相关细节）。

3. 确定新闻发布活动的地点。可以选择单位所在地，也可以选择活动或事件的所在地；可以酌情选择单位的会议厅、多功能厅等，也可以酌情选择租用大宾馆、大饭店等。如果希望扩大影响面，还可以考虑选择首都或有影响的大城市，也可以在不同地点召开内容相同或相似的新闻发布会。

发布会现场的选择要考虑以下因素：（1）交通是否便利。如到达会场的道路是否能够保障畅通，停车是否方便等。（2）设备是否好用。如摄像、视听、灯光、幻灯、电视播放设备等通信联络是否正常。（3）会场是否舒适。如大小是否适中,场内的座位设施是否有利于记者提问和记录,会场是否安全、安静等。

4. 确定新闻发布活动的时间。新闻发布最佳举办时间通常是在周二至周四的上午10：00—12：00、下午3：00—5：00,也有的选择在晚上。一般不安排在周一和周五。一般情况下,活动时间控制在1小时以内,最多不超过2小时。新闻发布活动日期应当尽量避开节假日和重大社会活动的日子。另外在不同的地区,还应当注意避开有特别民风民俗的日子。

5. 确定新闻发布活动的相关人员。(1)选定主持人。主持人一般由主办方的宣传、公关、文秘等部门的负责人担任,如宣传部部长、公关部部长、办公室主任等。主持人应该仪表堂堂、富有风度、见识广博、反应机敏、语言流畅、风趣幽默、处变不惊、年富力强,而且要具备丰富的会议主持经验,善于把握大局,长于引导提问,能积极控制会场。(2)选择发言人。发言人一般由主办方的主要负责人担任,如总经理、厂长、主要部门负责人等,因为只有他们才能够准确地回答有关的方针、政策、生产、经营等重大问题,具有权威性。发言人应该有良好的口碑,与新闻媒体的关系较为融洽,并且有良好修养、渊博学识、熟悉业务、思维敏捷、记忆力强、善解人意、能言善辩、彬彬有礼。(3)安排其他工作人员。新闻发布活动对与会的工作人员要严格挑选。其中负责发布会现场的礼仪接待,一般由年轻女性担任,要求品行良好,相貌端正,语言标准,举止优雅,工作负责,善于交际。

6. 准备新闻发布活动的辅助资料。提前为主持人、发言人,与会记者准备好辅助的宣传材料。材料形式应该多样化,而且要围绕主题,尽量做到准确、全面、详细、具体和形象。辅助宣传资料可以分为四类:(1)发言提纲,即发言人在发布活动现场正式发言时的发言提要,应该全面、准确、生动、真实、扣题。同时还可以对有可能被提问的主要问题在预测的基础上做出相应的回答,供发言人现场参考,这样可以做到心中有数,表现自如。(2)报道提纲,即主办方事先精心准备的以有关数据、图片等资料为主的报道提纲,打印好后在发布现场提供给新闻记者,使其报道时能够抓住重点,必要时甚至完全可以事先拟好新闻通稿。(3)背景材料。一般应当包括新闻发布活动涉及的新闻事件要点、组织发展简史、技术手册、发言人介绍、通讯录、名片等,方便记者挖掘新闻事件和日后联系。(4)视听材料。为增强发布活动的效果,可以根据条件准备一些如图片、模型、音像、实物等能够强化活动效果的形象化视听材料,加深与会者对活动主题的认识和理解。

7. 布置新闻发布活动现场。新闻发布会场不仅要求整洁庄重,还应该摆放适量的绿化盆景,气氛以高雅大方为好。主持人、发言人、记者、嘉宾、特邀人士等各区域与席位应当安排合理,书写并按照席位顺序摆放席位名牌,准备好的文件材料袋和文书用具应当放于每个席位上,并适量放置简单饮料。最后检查进出通道与上下主席台的路线是否安全畅通,所有电路是否有效等。

8. 编制新闻发布活动预算。提前根据新闻发布活动的规格和规模预算活动费用,并留有余地,以备急用。开支项目一般有场地租金、音响器材租用费、会场布置费、电话通信费、交通费、印刷费、文具用品费、礼品茶点费、聚餐费等,会议经费应当在策划之后尽快做出预算。

新闻发布会前期准备事项,见表15—4。

表15—4　　　　　　　新闻发布会前期准备事项一览表

操作流程	操作要领
1. 跟踪信源	一是列席重要会议,见证重大决策的早期讨论和产生过程;二是每日追踪媒体报道了解舆论热点和焦点问题;三是到事发现场调查获取信息;四是与其他人和部门协商问题和回答口径。
2. 分析舆情	对收集到的信息加以分析,为信息发布、答记者问、猜测记者的问题和准备回答口径提供参考。
3. 确定时机	除定点、定时召开发布会外,也可随机召开,以掌握舆论主动权为原则,可在重要会议、重大决策或重要事件发生之际发布;突发事件利用首因效应在第一时间发布。
4. 确定人选	有新闻发言人的单位由发言人独立主持发布会。重要信息的发布一般邀请有关部门的负责人出席,尽量邀请级别高、形象好、善于沟通的负责人出席。
5. 准确押题	事先猜测记者的提问。新闻是贬值最快的商品,时效性很强,一般来说,记者的兴趣和注意力主要放在临近新闻发布会的一两天内发生的事情上。
6. 准备口径	敏感问题的口径需要请示上级领导。跨部门问题的答问口径一般需要与有关部门协商确定。
7. 准备文稿	发布会之前准备的文稿包括新闻通稿、背景材料、发言提纲、开场白等。需要散发给记者的主要是新闻通稿和背景材料,背景材料应该包括更多的细节。
8. 邀请记者	一是制作请柬,注明发布会主题、举办的时间、地点以及简易地图、发言者身份。二是提前一周送达请柬,联系较多的媒体记者可以直接电话邀请。三是周二至周四召开发布会合适。四是发布会一般在上午10点开始,持续时间一般为1—2小时,方便在当天晚报或者晚间电视新闻中报道。五是发布会召开前夕通过电话再次确认有关信息。
9. 模拟彩排	如果发布会十分重要,或者发言人觉得没有经验和把握,或者出席发布会的领导专家缺乏与媒体沟通的经验,可以事先进行模拟彩排,掌握有关情况。

(二)组织实施新闻发布活动。组织实施新闻发布活动一般要完成以下事项:组织来宾签到、发放有关资料、介绍会议内容、发布新闻信息、回答记者提问、宣布活动结束、安排其他活动。新闻发布会现场操作要点,详见表15—5。

表 15—5　　　　　　　　　新闻发布会现场操作要点

操作流程	操作要领
1. 设计形象	形象包括仪容、仪表和仪态三方面。仪容指身材外貌，仪表指穿着打扮，仪态指言谈举止。三者都要符合发布人的职业要求并与发布会的主题和气氛和谐一致。一般着正装。
2. 自我介绍	主持人或发布人介绍发布会的主题、背景。多人集体发布，主持人要介绍其他发布人的身份，台上的发布人被介绍时面对记者颔首示意即可，没有必要站起来鞠躬。
3. 开场发布	开场白应该尽快结束，把时间留给记者提问。开场白文稿事先准备好，现场为每位记者提供，作为新闻素材。
4. 点请记者	在主要负责人做完开场发布后，主持人应该马上宣布下面请记者提问。如果很多记者举手示意，主持人要明确点请记者提问，并注意公平分配提问机会。
5. 记者提问	记者提问需要举手，获得主持人点请后站起来提问，提问前应该先通报自己的来路，声明是哪家媒体的记者，同时声明要向台上哪位负责人提问。
6. 答记者问	应该言简意赅，不兜圈子，也不穿靴戴帽或者说官话。要根据记者的来路和提问方式识别记者提问中是否有"陷阱"。
7. 守住底线	发言人为上级和记者两方面服务。不能发表未经过上级同意的言论，不能用无可奉告来封记者的口，不能回答自己未掌握准确信息的问题，不能超越自己的权限回答自己职责范围以外的问题。
8. 设置议程	媒体设置的议程会影响受众对某一问题的看法和重视程度。发言人也可以在发布会上设置议程，影响记者对某一问题的看法和重视程度。官员在接受采访时，也可以引导记者将报道的重点放在自己预设的话题上，掌握主动权。
9. 控制现场	控制场面和时间，稳妥地开始和结束发布会。控制每一个记者提问的数量；控制发布会的总时间。在发布会即将结束前，提醒记者还可以问最后一个或者两个问题。

（三）做好新闻发布的善后工作。 发布会结束后，要做好相关的善后工作，一般包括以下事项：整理新闻发布活动的记录材料、收集新闻媒体的相关报道、评估新闻发布活动的实际效果、应对可能出现的不利报道、保存新闻发布活动的有关资料。

第二节　应急管理

突发事件是指一个单位内外环境中突然发生的不良事件或恶性事件。突发事件，是对突然发生的危及公共安全、社会秩序和人民生产生活的各种紧急情况的总称。突发事件不仅给社会生产和公共利益造成巨大损失，对生存环境产生破坏，同时也威胁生命财产安全，往往需要办公室文秘人员快速而正确地处理或协助处理。

一、突发事件的常见类型

（一）**根据突发事件引发因素的属性**。可以分为自然性突发事件和人为性突发事件。前者是指由于自然原因，如洪水、地震等自然灾害引发的突发事件，后者是指由于人为原因，如产品质量不好等引发的突发事件。

（二）**根据突发事件引发因素的范围**。可以分为内因性突发事件和外因性突发事件。如竞争者的不正当竞争或其他原因引发的突发事件。

（三）**根据突发事件的危害程度**。可以分为一般突发事件和严重突发事件。前者是对组织、公众或外部环境只造成局部危害或某方面危害的突发事件，后者是指对组织、公众或对外部环境造成全面危害的突发事件。

（四）**根据突发事件的涉及范围**。可以分为内部突发事件和外部突发事件。前者是指直接涉及组织与内部公众之间的突发事件，如内部各部门的摩擦与对立等；后者是指涉及组织与外部公众或社会环境之间的突发事件，如企业与消费者之间的纠纷等。

二、突发事件的主要特征

（一）**突发性和紧急性**。这是突发事件在其显现或发生时表现出来的重要特征。突发事件往往是在意想不到、没有准备的情况下突然爆发的。但根本上说，突发性只是一种表象和结果，它的爆发往往有一个从量变到质变的过程，酿成公共危机的因素有一个逐渐积累的发展变化过程。

（二）**不确定性和易变性**。由于突发事件起因不清楚，既可能是某一原因引起的，也可能是多种原因引起的，其发展、变化的方向是多变的，具有高度的不确定性和易变性。

（三）**社会性和扩散性**。这是突发事件在其发展过程中表现出来的重要特征，即突发事件所形成的危机会由某个局部逐步扩展开来，甚至扩展为全局性的危机，如果不能尽快采取有效措施防止其蔓延，将会给组织信誉和形象带来重创。由于突发事件的发生和发展具有动态易变的特点，因而其影响和危害也具有不断扩散的特点。

（四）**危害性和破坏性**。这是突发事件的本质特征。这种危害和破坏既有有形的，也有无形的；既有短期的，也有长期的。有形的危害和破坏包括物质财富受损、人的生命财产受到损害。无形的危害和破坏是指突发事件造成人们心理、精神的痛苦和伤害，造成事件发生单位或地区形象的破坏，社会基本价值观受到威胁和挑战。

三、预防和处置突发事件

预防和处置突发事件，一般要把握以下几个方面：

（一）做好预案和演练。一是以书面形式制定应对各种突发事件的应急方案，要有详尽的可操作性的处理程序做指导，使突发事件的处理有据可依。二是根据制定的应急预案对所有工作人员进行培训，使之熟悉各种情况下的应急处理，并通过多种形式加强有关的宣传和提示。三是定期进行应对突发事件的模拟演练，如消防演习、紧急状态疏散演习，一方面检验应急预案是否科学可行；另一方面训练实践应对能力。还要落实相关保障，如明确各级管理人员在紧急情况下的任务和职责，配备好相关的设备和资源，定期进行检查等。

（二）把握处理突发事件的原则。一是快速反应。即及早发现问题，及时处理问题，使事态发展得以有效、快速地控制，化解事件带来的危机，减少事件造成的消极影响，降低处理问题的成本。二是以人为本。即在自然灾害面前，保护人的生命安全是最高利益、最大原则，不能造成更大的和无谓的人员伤害。在人为事件发生时，最大限度地保护公众利益，取得理解和信任。三是公开透明。一旦发生突发事件，应该以积极、正确的态度面对媒体和公众，及时披露事实真相和组织采取的应对措施，争取公众的理解和支持。四是重塑形象。发生突发事件、出现管理危机并不可怕，关键是以积极的姿态和有力的措施去面对和应对，使事态朝着良好的方向发展，使组织形象得以再造。

（三）处理突发事件的方法。一是及时报告。一旦发生突发事件，要立即了解案情，及时向领导或相关部门报告，获得指示。二是统一指挥。酌情成立临时指挥中心，明确责任，统一指挥，分工负责，忙而不乱。三是处置现场。一旦发生突发事件，要立即对现场进行处置，如组织人员撤离危险地带、保护事故现场等。四是展开调查。对突发事件展开深入全面的调查，查明原因，查准真相，妥善解决。五是说明真相。酌情设立新闻发言人，统一口径，向社会和公众坦诚说明情况，赢得理解。

四、提高突发事件应急管理能力

应对突发事件能力，是对突发事件中需要具备的各种能力和技能的综合要求，主要包括以下几方面。

（一）危机预警和识别能力。任何危机事件都有预兆，如何及时准确地捕捉到这些信息并及早采取修正措施，力争使其不会演变成危机和灾难，是公共危机管理的关键环节。办公室文秘人员能否在危机尚未全面爆发时预先识别出潜在危机，及时报告给领导并协助采取相关措施，将潜在危机"化解"于萌芽状态，是危机管理的最高境界。突发事件在其潜伏酝酿、发生、发展的过程中总会表现出诸多迹象，办公室文秘人员要善于捕捉这些信息，善于发现倾向性、苗头性、全局性的因素，锻炼见微知著的能力，增强苗头识别能力，真正做到未雨绸缪，及时预防。

（二）**科学判断与协助决策能力**。应对突发事件的决策是一种风险决策，决策的结果具有不可预知性，这就增加了决策的风险和难度。要增强领导决策的科学性，办公室文秘人员必须坚持把损失降低到最低限度的原则，在科学判断和协助领导决策的过程中，一是尽可能及时全面地掌握相关信息，摸清事件的全貌和各种原因，描述危机的主要现状，在有针对性的措施尚未出台之前要先建立"防火墙"，必要时对有关人员和危机源本身进行隔离。二是善于集思广益，博采众长，听取和综合不同意见，从不同的角度分析问题，判断其发生发展的可能性和结果。三是尽可能地把突发事件的危害想得严重一些，把预案的不足想得多一些，把应对措施想得更周全一些。

（三）**快速反应能力**。由于突发事件具有紧急性、不确定性和连锁性，其发展变化不以人的意志为转移。也就是说，事件发生后，稍有不慎或懈怠，甚至侥幸，危机的发展就会失控，导致难以挽回的局面。所以培养快速应变能力是办公室文秘人员应对突发事件的一项重要能力建设内容。面对突发事件，第一要务就是控制事态，防止其进一步扩大和升级。办公室文秘人员要做到处变不惊、审时度势、随机应变、雷厉风行、速战速决，协助领导把握应对突发事件的主动权，将突发事件及其产生的危害控制在最小范围内。

（四）**资源协调配置能力**。面对瞬息万变的公共危机事件，办公室文秘人员要具备在有限的时间内迅速动员机关和社会力量投入现场处置的能力。配合领导协调各部门之间的密切合作，及时动员各种社会团体、工会、社区组织、群众组织、村民自治组织、企业、事业单位等力量进行危机救援和危机恢复，科学地协调、组织、配置人力、物力、财力，在最短的时间内达到社会资源的最优整合，快速、高效地实现公共危机管理目标。

（五）**社会动员能力**。社会动员还是部门、单位与社会公众在危机中加强情感联络的过程，通过社会动员，可以有效地安抚公众，获得理解和支持，将危机带来的秩序混乱降到最低限度，也可以为危机处理创造一个相对平稳的环境。当前，随着危机出现的频度加快、复杂化程度增强，办公室文秘人员必须转变思想观念，打破关门搞应急、各扫门前雪的心态，坚定地走群众路线，与全社会一道筑牢抵御危机和风险的牢固防线。

（六）信息沟通和公关能力。 办公室文秘人员必须具备优异的信息沟通和危机公关能力，能够协助领导主动与新闻媒体、上下级领导和人民群众进行信息沟通，安抚社会公众情绪，创造平和安宁的环境。平时工作中，要有效掌握相关信息，及时捕捉带有倾向性、潜在性的问题，制定预案，力争把问题解决在萌芽状态。

（七）综合心理素质能力。 由于特殊的角色和地位，在应急管理中，办公室文秘人员承受的心理压力非常大。由于领导者科学决策的水平、危机管理能力的发挥在很大程度上受到办公室文秘人员参谋作用的影响，受到其心理素质的影响。在这种情况下，特别需要办公室文秘人员具备冷静、果断和审慎的心理素质。强化个体心理素质的训练，增强心理稳定性、心理适应能力和承受能力，形成勇敢、坚定、顽强、冷静等良好的心理素质。这样才能在各种危机和突发事件面前，做到心理上沉着冷静，行动上干脆利索，临危不惧，积极主动，献计献策，从容应对。

第三节　调研工作管理

调查研究是机关单位文秘人员的常规工作。调研工作管理是对调研工作有计划地组织、指挥、协调和控制的全过程，彰显了机关单位的办事能力，也在一定程度上展示了该单位的综合治理水平。

一、调研工作概述

调查研究是人们认识、了解、分析社会问题和社会现象，解释与预测社会发展变化的重要手段，也是办公室文秘人员重要的业务工作。

（一）调研的主要内容。 从内容上看，调研一般重点围绕下列工作来开展。

1. 政策性调查。了解调查对象对有关法律、法规、制度等的制定和贯彻落实情况，对有关方针和政策等的贯彻实施情况，以及存在的问题和矛盾等，将了解清楚的情况反馈给领导或有关部门，使之能够及时调控、指导工作。

2. 基本情况调查。通过对本地区、本机关、本单位、基层单位等的基本情况进行调查，掌握全面确凿的资料，以增强工作的针对性、主动性，减少盲目性和被动性。这种调研可以采用实地观察、个别访问、查阅资料等方式。

3. 专题性调查。这是指对上级机关交办的或本单位领导指定的，或配合中心工作进行的针对某个专题的调查，如对职工住房状况的调查，对失海失地农民就业情况的调查等。专题性调查一般要求在短时间内完成，可以采用召开座谈会、个别访谈、书面问卷等方式。

4. 经验性调查。这是指对某个先进单位、部门、班组、个人的工作或生产中比较成熟、具有一定代表性的经验进行深入的调查和总结，以便在更大的范围内宣传和推广。要求选准调查对象，可以采用访问单位或部门负责人、听取当事人情况介绍等方式。

5. 突发事件调查。这是指对地区、单位内突然发生的政治性、经济性、生产性等群体或个人事件或事故进行迅速调查，查明事实真相、原因及后果，分清责任并尽可能提出处理办法，便于领导决策、解决。可以采用现场察看、访问当事人和知情人、查阅资料等方式。

6. 社会热点调查。这是指针对基层群众关心的社会舆论热点或焦点问题，以及带有倾向性、苗头性的问题进行调查，弄清事实，把握动向，为领导提供启示性信息，提出合理化建议。

（二）调研的基本原则。

1. 客观性原则。要求做到：摈弃主观主义，对问题不先入为主，不主观臆断；摈弃官僚主义，不高高在上，不装腔作势；摈弃个人主义，不为了个人利益而绕开矛盾，避重就轻；克服唯上心理，有喜报喜，有忧报忧，不隐瞒事实。

2. 辩证原则。用矛盾的观点看问题，防止眉毛胡子一把抓，善于抓关键矛盾；用全面的眼光看问题，防止孤立片面，只见树木不见森林；用发展的眼光看问题，防止僵化保守，形而上学；避免用静止不动的观点看问题，几十年一贯制。

3. 群众性原则。眼睛向下，放下架子，充分相信和依靠群众，和群众打成一片。如果在调研中态度傲慢，不可一世，就不可能听到群众的真话、实话，调研也就失败了。

（三）调研的常见类型。

1. 普遍调查。这是指对所有调查对象进行的没有遗漏的全方位的调查，以达到了解总体情况的目的，简称普查。普遍调查适用于重大的基本情况调查，需要全面了解情况而其他调查方法又不能解决的事项，如住房普查。这种调查获得的材料全面、广泛、详尽，有利于系统地掌握各个方面的情况，但耗费的人力、物力、财力大，时间长。普遍调查常常采用书面问卷和统计数据的方式进行，由调查主体向被调查对象发放调查表，让调查对象在统一的标准时间内进行填报，再由主管部门统一加工整理。

2. 典型调查。这是指在对全体调查对象进行分析研究的基础上，选择若干具有代表性的对象，有针对性地、深入细致地进行调查，又称个案调查。典型调查的关键是要选择有代表性的对象，即所谓"典型"，无论是先进典型还是落后典型，都要保证具有典型意义。典型调查的优点是，由于调查范围小，容易使调查人员集中精力深入调查；缺点是，在选择典型时，容易受调查者主观因素的影响。

3. 抽样调查。这是指从全体调查对象中抽取一定数目的单位样本进行调查研究，再用此结论推断总体的情况。抽样调查适用于调查对象数目庞大，无法一一调查，或只需要了解一般情况而不需要普遍调查的情况。典型调查的对象是预定的，抽样调查的对象是非预定的；典型调查的对象是依靠主观判断选择的，抽样调查的对象是靠概率选择的。抽样调查是公认的较科学的调查方法，具体又有简单抽样、分层抽样、等距抽样、阶段抽样、整群抽样等。

4. 个案调查。这是指从事物或现象的全体中认定单一个体作为调查对象，对其作深入的调查分析，以求解释现象，探明原因，给出明确的诊断和解决办法。典型调查是选择具有代表性的调查对象，通过解剖麻雀来认识共性，把握全局；个案调查则是就事论事，不要求调查对象一定具有代表性，只对具体情况作具体分析，不需要从调查结论中推断全体和一般情况。

5. 直接调查。这是指调查者与调查对象面对面接触、交谈，直接了解有关情况。可以根据实际需要采用听取汇报、个别访谈、召开座谈会、现场观察等方法。直接调查有利于调查者与调查对象之间交流思想和感情，但也受到人际关系的限制，调查时要注意解除被调查对象的思想疑虑，让其畅所欲言。

6. 间接调查。这是相对直接调查而言的，指调查者采用非面对面的方式获取调查对象的有关材料。可以采用查阅资料、问卷调查等方法，前者如查阅书籍、报刊、文件和档案等，后者主要采用书面问卷方式。间接调查是直接调查的辅助手段。[①]

二、组织调查研究

调研过程一般可以分为准备阶段、实施阶段和完成阶段。下面主要讲前两个阶段。

(一) 精心准备。

第一，确定调研课题。调研课题即调研的具体项目。合理确定调研课题，主要是根据和围绕工作意图，紧扣实际工作和领导活动的需要，搞清调研的中心目的和具体任务。调研课题的质量直接决定该调研活动能否取得相应绩效。

---

① 金常德. 秘书日常事务管理 [M]. 北京：北京大学出版社，2010.

第二，收集有关资料。调研课题确定后，正式调查开始前，文秘人员要针对调研课题的性质、对象、范围等，了解调查对象，熟悉有关情况，并特别注意搜集有关的方针政策、上级指示精神以及相关的理论、经验、专业知识，为开展调研做好知识和材料的准备。

第三，制订调研计划。调研计划也称调研方案、调研实施方案等，即根据调研任务、对象、方法、人员等内容，制订科学的行动方案，保证调查能够按计划顺利进行。调研计划可以形成文字材料，也可以制成图表。调研计划一般包括调研的目的与要求、对象与范围、时间与步骤、方式与方法、组织与分工、手段和经费等。

第四，组织调研力量。一是要根据调研的性质、任务，考虑组成人员，确定调研人选，人员编组尽量做到取长补短，合理搭配；二是进行合理分工，将调研人员分成若干个组，便于分头开展工作。

（二）**认真实施**。实施阶段是调研工作的中心环节，主要任务如下。

第一，精心收集材料。以科学的态度和实事求是的精神，做深入细致的调查工作，力求全面系统地收集材料，掌握情况。同时注意边调查边研究，去粗取精，去伪存真。材料的收集不是漫无边际，而是有目的、有范围自觉地进行。

第二，选用合适方法。常用的有：个别访谈法、开会座谈法、问卷调查法、查阅资料法、现场观察法、实验调查法。

第三，把握基本要求。一是全面。要了解调查对象的全貌、全过程，不能片面零碎，残缺不全。二是新颖。调查中要善于发现和挖掘新材料，抓住新问题、新情况、新矛盾，以求得出新的认识结果。三是可靠。调查获取的材料必须真实可靠，不夸大，不缩小，经得起查问。调查中必须做好记录，采取笔录、录音和录像等方式。如果调查项目多，应当采取当场记录的方法。记录中要注意突出重点，抓住要害，避免笔误。

第四，认真开展研究。研究要符合以下基本要求：一是要认真鉴别。要对材料的全面性、新颖性、可靠性等进行严格审核，去伪存真，去粗取精，如果有需要补充调查的要及时进行调查，以丰富材料。二是要做好分类。对材料按问题的性质摘要归类，通过逐项分析寻找事物的内在联系和规律，这是调查是否获得成果的重要一步。对于分类的材料要逐一编号，便于查阅。三是要综合研究。要紧紧围绕调查目的，运用归纳、演绎、对比、分析、综合等方法，对经过分类的材料进行概括、抽象、思索，得出正确的调查结论。

第五，得出科学结论。对收集来的材料首先要及时整理，用科学的方法将所得材料按调查大纲的要求分门别类，使之系统化和条理化。材料整理后，按照由表及里、由此及彼的方法进行分析综合，说明事物的前因后果，提示事物的内在本质，预测事物的发展趋势，做出理论说明，并在此基础上提出解决问题的办法和对实际工作的具体建议。

三、撰写调查报告

从内容性质分，调查报告一般有以下六种。

一是专题型调查报告。这是侧重某个问题进行较深入的调查后形成的报告，这类报告一般常常在标题上反映出来，能及时揭露现实生活中的矛盾，反映群众的意见和要求，研究急需解决的具体的实际问题，并根据调查的结果出处理意见，或者对策建议。

二是综合型调查报告。这是以综合调查众多的对象及其基本情况为内容，作全面系统的调查和反映的报告。具有全面、系统、深入和篇幅较长的特点。与专题调查报告主要区别点就在于它的综合性上。读者可以从报告中看到事物的相对完整的"鸟瞰图"。

三是理论研究型调查报告。这是以学术研究为目的而撰写的报告，它以收集、分类、整理资料并提出问题、报告结论为特点，大多发表在学术刊物上，或载于学术著作中。

四是实际建议型调查报告。这是由于实际工作需要而写的调查报告，其主要内容是为预测、决策、制定政策、处理问题等进行调查所获得的材料及有关的建议。

五是历史情况型调查报告。这是根据需要以历史情况为对象进行调查而形成的调查报告，供人们了解某事物或问题的历史资料和历史真相。

六是现实情况型调查报告。这是以正在发生、发展的一些现实生活为对象进行调查后所形成的调查报告。人们可以通过它了解和认识某些事物和问题的客观现实情况，作为其认识活动的依据或参考。另外，有些调查报告可以是以上几种类型的结合形式。

四、做好工作总结

调查研究工作的完成阶段是在对调查研究作整体分析的基础上撰写调研报告，并对调研工作进行总结，实现调研成果的转化。调研成果的转化一般有两种方式，一种是把调研报告压缩萃取，形成重要而简短的报告，向领导机关和领导同志报送，或者在重要刊物上发表。另一种是将调研报告直接转化为法规制度或者政策文件，形成指导日常工作的制度办法，上升为各种管理规定或者工作方案。

撰写调研报告的目的，是以书面形式向领导机关和有关部门报告调研的基本情况、实施过程和得出的结论，使领导机关和有关部门对所调查的实际情况有一个全面而准确的了解，便于做出决策，解决问题。对调研工作进行总结，主要是通过总结得出成功的经验和失败的教训，以便于今后开展工作，取长补短，推动事业向前发展。

第四节 协调工作

协调工作是理顺关系、化解矛盾、改进方法、提高管理效率的有效途径。在机关单位，工作协调涉及上下协调、内外协调、内容协调、形式协调等多方面，作为办公室文秘人员，必须练就协调工作的真本领，这样才能顺利实现行政管理和服务群众的目的。

一、协调工作的概念

现代管理需要有效的协调，严格意义上的工作协调是指工作人员在职权范围内，根据工作需要或经领导授意，调整和改善不同组织或同一组织的不同部门以及不同个体之间的关系，促使与工作有关的各项活动趋向同步化与和谐化，以实现工作目标的过程。工作协调是一种复杂的管理活动，包含以下组成要素。

（一）协调的主体。 即协调者。根据工作对象的不同，协调的主体可能是单个的个体，也可能是群体，重大的协调活动，往往由机关或部门领导出面，形成协调团体，参与或决断重要的公务协调活动。

（二）协调的客体。 即协调的对象。协调对象一般在两个以上。协调对象的多少，取决于管理内容的大小和工作的难易程度。概括地说，工作难度越大，协调内容越复杂，协调对象也就越多。

（三）协调的意图。 即协调工作的主观依据，包括意见、要求和用意等，意图是协调工作的出发点和归宿点，也是协调工作能否成功的保证。

（四）协调的目标。 即协调要达到的目的和结果，协调目标能否实现，实现的程度如何，是评价协调质量和效率的主要依据。从表面上看，协调工作主要是统一认识、消除误解、化解矛盾、联络关系的功夫，实际上是想方设法统一思想、步调一致、统一行动、实实在在达到目标的过程。因此，协调目标的确立是协调工作的指导方向，是协调工作的根本指针。

（五）协调的环境与方法。 协调的主客观环境是协调工作的基本条件，协调环境在一定程度上影响和制约了协调工作的开展。协调方法是协调工作的基本手段，是协调得以进行的技术基础，也是协调目标得以实现的前提条件。

二、协调工作的范围与程序

（一）协调工作的范围。 主要包括三个方面：一是内部协调，指同一组织机构中部门与部门之间的关系协调，这种协调属平行协调关系，是办公室文秘人员工作协调的重点。二是纵向协调，指同一组织系统中不同层次之间各种关系的协调。这种协调分为上行与下行两个不同方向。办公室文秘人员面对的是大量下行协调的任务，特别是国家行业主管机关，其工作关系的协调大多属于这一类，如国务院农业农村主管部门对各省、自治区、直辖市农业农村部门工作的协调等。三是横向协调，又称外部协调，是同级组织或不相隶属的组织之间，因为工作关系而开展的各类协调活动。如县政府不同委办局之间的工作关系协调等。

（二）协调工作的程序。 按程序协调是协调工作的基本原则。按时间顺序，协调工作包含以下几个阶段：一是确定协调任务。协调任务的确定有两种情况，一种是办公室文秘人员在实际工作中遇到困难，发觉需要通过协调的方式解决问题；另一种是领导认为工作的进展需要通过协调的方式加以推动，委托下属或亲自协调。二是准备协调工作。主要任务是对需要协调的事项进行调查、核实和研究，以统一认识和行动，拟订协调计划。三是实施协调行为。这就是将处理问题的方案同协调各方见面，通过共同商量取得一致意见。协商可以采取个别协商、集体协商、当面协商、私下协商、正式协商、非正式协商，直接协商、委托协商等不同方式。无论采取何种方式，协商必须在平等、互利、互惠、公开、公平、公正的前提下进行。四是做好协调善后工作。即在充分协商的基础上，对协调各方接受的意见、达成的共识、做出的决定付诸实施，以推动问题的解决和工作的开展。该环节是协调工作的最后阶段，也是检验和评价协调活动的判断标准。为使处理的决定变成工作现实，防止意外事件的发生，工作协调必须随时做好记录，供协调各方执行，执行完后，要及时立卷和存档。

三、协调工作的主要内容

根据不同的性质，协调工作的内容和范围有所变化，概括地说，协调工作主要包括决策规划协调、政策法规协调、事务工作协调和人际关系协调等方面。

（一）决策规划协调。 这是协调工作的经常性项目。决策和规划，往往涉及不同的机构、组织和人员，特别是重大项目和对本单位、本部门有重大影响的决策和规划，按照工作程序，行为主体必须征求各部门意见，反复进行不同层次的协调。协调主体经常包括决策机关、咨询机关、执行机关、指挥机关等不同层面。实践证明，只有将各种机构、各种力量和各种活动有机地结合在一起，发挥集体的力量，才能取得满意的决策规划协调效果。

（二）政策法规协调。政策法规是法定组织为实现一定组织目标而制定和颁发的行为准则，由于政策法规的制定涉及方方面面，关系到集体、个人和社会的利益，经常产生各种矛盾和冲突，这就需要政策法规制定部门和有关责任主体协调政策对象、政策目标和政策手段的关系；根据各地区、各部门的实际，协调好总政策、基本政策和具体政策的关系；把握政策法规效力性标准，协调政策法规的执行环境，只有这样，才能维护和增强政策法规的权威性、完整性和实效性。行政机关、审判机关以及检察机关大量的协调任务就属于这一类。

　　（三）事务工作协调。事务工作是办公室文秘人员的常规性工作，广义上讲，机关办文、办会、办事的所有工作都可以列为事务工作的范围。因此，事务工作的协调，在办文方面，要正确处理联合行文、联合承办、联合催办、联合会签等事项；在办会方面，要重点协调好会议的主题、会议议程、会议文件、会议安排、会议报道等事项；在办事方面，要针对不同事项采取不同的协调办法，如上级检查指导、处理突发事件、平级机关之间学习观摩、参观考察、下级汇报工作、报告情况等，都要妥善处理各方面的关系，推动事务工作顺利进行。

　　（四）人际关系协调。人际关系协调主要是协调公务活动中人与人之间的各种关系。详细情况请参考本书后面的内容。

四、协调工作的原则与方法

　　协调工作要遵循信息公开、整体优化、平等协商、利益均衡的原则，但关键是两条：一是要坚持原则性与灵活性相结合。协调工作必须坚持原则，立足全局，平等公正，这样才能达到预期的目的。对于有些单位和个人从自身利益出发，强调自己的困难，维护小部门利益的情况，协调工作要在维护大局的前提下，采取灵活机动的办法，换位思考，求同存异，以诚待人，晓以利弊，灵活多变，敢于创新，把原则性和灵活性有机地结合起来。二是要坚持协调内容与协调方法的结合。协调内容纷繁复杂，有会务协调、办文协调、计划协调、政策协调、方案协调等，工作中必须结合实际，根据不同的内容和情况采取不同的协调方法。

　　协调工作有多种方法，办公室文秘人员在工作协调中，要把握以下重点：一是要摆正位置，明确责任。做协调工作，除了严格遵守协调原则、严格协调程序外，还必须努力学习，钻研业务，总结经验，讲究艺术。二是积极争取领导的支持和信任。协调要依靠领导，协调员本身只是一种辅助力量。要使交流渠道变得通畅，首先要树立良好形象，让人产生信赖和敬佩感。三是立场要坚定。协调者在听取各方面意见的同时，要始终把握自己的立场，不可在多种意见之间摇摆不定，迷失方向。四是语言要简练。有了好的出发点，还要有好的表达工具。语言表达能力有时是成败的关键。协调的语言要做到简洁、准确、动听。五是要善于抓住时机。协调工作中能否捕捉有利时机非常重要。时机掌握得好，协调起来就势如破竹；反之，往往事倍功半。六是要重视发挥组织协调的作用。搞好组织协调，是协调工作的重点。要根据协调工作的目的、任务和具体情况，采取灵活机动的办法，把组织协调工作落到实处。

【小链接】

协调工作要把握的艺术

一是平衡艺术。以调节组织结构的失衡、利益关系的失衡以及社会心态的失衡为重点，处理好眼前与长远、局部与全局、公平与效率以及原则性与灵活性的关系。

二是权变艺术。坚持做到将心比心、换位思考。设身处地为别人着想。

三是适度艺术。"适度"就是把握好冷与热、快与慢、动与静、争与让、刚与柔、收与放、过与不及等一系列矛盾和关系，做到辩证思考，综合观察，理性分析和从容行动。

四是倾听艺术。态度上保持诚心、虚心、耐心，方法上要做到静心、专心、留心。

五是语言艺术。根据讲话的场合和听众选择适宜的话题，使用清晰明确、统一规范、通俗易懂的语言，控制语速、语气和语调，讲话时不失时机地配以合适的肢体语言，运用生动、幽默的语言吸引听众的注意力。

六是自信的艺术。工作协调效果不理想的因素很多，主观方面的障碍有：当事人的性格、情绪、态度等的差别。客观方面的障碍包括：信息渠道的不畅，承载信息的载体出现故障，组织结构过于庞大等。

第五节　处理关系

世界级成功学大师拿破仑·希尔曾经说过，一个人事业上的成功，只有15%是由于他的专业技术，其余85%归于人际关系和处世技巧。就此而论，会处理关系对于任何人来讲，都是十分重要的能力和素质。人际关系是一个部门和单位凝聚力的基础，而凝聚力又是战斗力的前提。良好的人际关系能激活干部职工的积极性，促进各项事业顺利开展。上下协调，人人心情舒畅，大家的工作热情就高，主动性就强。反之，互不信任，互相拆台，明争暗斗，争权夺利，势必销蚀了工作的积极性和主动性，阻碍工作的开展和事业的发展。

【小链接】

机关单位不良人际关系的表现形式

一、思想陈旧保守，观念更新滞后。把正常的、健康的视为不正常的，把落后的、陈腐的视为正常的。窒息了人的活力，窒息了单位的活力。

二、语言尖酸刻薄，作风漂浮散漫。说话不注意场合、分寸和语气。信口开河、缺乏修养，以讽刺挖苦他人为能事。

三、工作主观武断，方法简单粗暴。刚愎自用，独断专行，听不进别人的意见和建议，把民主集中制原则置于一旁。

四、缺乏群众观点，不走群众路线。夜郎自大，故步自封，主观偏激，心胸狭隘，缺乏包容之心。

五、飞短流长，评头论足，会上不说，会下乱说，当面不说，背后乱说。总盯着别人"找碴儿"，不负责任地传播小道消息，管不住自己的嘴巴，给他人造成无形压力和伤害。

六、把自己当"老板"，把下属当"马仔"。颐指气使，专横跋扈，凌驾于众人之上。

七、无计划，欠安排，朝令夕改，政无定型，工作随意性强。交代工作不明确，出了问题推一边，只愿当官拿钱，不肯担责干事。

八、不能正确地开展批评和自我批评。求全责备，盛气凌人；文过饰非，强词夺理；事不关己，高高挂起；或好人主义，一团和气。

一、处理与领导的关系

按照正常的管理层级和工作秩序，在机关单位工作，下级服从上级，接受上级的指示和命令，执行并完成上级交给的任务，实现上级的管理意图，是正确处理上下级关系的红线。而下级主动向上级反映情况，报告工作，提出建议，建立起有效的沟通渠道，取得上级的理解、信任和支持，则是正确处理上下级关系的前提。上下级之间相互理解，团结一致，密切合作，出于公心，坦诚相见，坚持原则，是正确处理上下级关系的根本目标。

（一）把握基本原则。办公室文秘人员在机关工作，随时都要与各级领导、特别是与直接领导打交道，处理好与领导的关系，是工作的头等大事。从理论的角度看，处理与领导的关系有诸多的方法，但关键是：对领导要努力做到尊敬和服从，积极主动，忠于职守，尽职尽责，不推不托，尽心尽力地完成好各项工作任务。在具体工作中注意把握好三个原则：一是随叫随到。领导交办的事情多数比自己正在干着的事情重要或紧急，因为若只是一般情况，领导不会随意点名找某个人。二是适当超前。承办领导交代的事情要有提前量，与其拖拖拉拉挨批评，不如保质保量提前完成受肯定。基本规律是，凡是领导交办的事情，不管是否有完成时限的要求，一定要打好提前量，以免被动受批评。三是多请示汇报。对领导要多请示，事情无论大小，都不能擅自越权；多汇报，不管情况复杂还是简单，让领导知晓和掌握一切，取得领导的理解和支持；多反馈，事情在办理过程中，无论是好是坏，是喜是忧，都要及时反馈，善始善终，让领导始终心中有数。

（二）**掌握方法和技巧**。处理与领导的关系有两项基础性工作必须做好，一是了解领导，重点了解领导的个性特点（内向还是外向）、生活习惯、工作职责（人财物方面的管理权限）、交往范围（朋友圈、家庭圈等）以及行为做派。二是要理解领导，理解领导的世界观、价值观、人生观；权力观、地位观、利益观；是非观、苦乐观以及羞恶观。在此基础上，要体谅领导的苦衷忧愁，理解领导的难言之隐。从方法上讲，操作要点是：摆正自身位置（辅助位置、不能越权），尊重领导职权（只服务、不决策），维护领导威信（不议论领导、不散布谣言），贯彻领导意图（不误读、不截留、不曲解），及时汇报请示，加强思想沟通（适时、适地、适人、适言），联络个人感情（争取领导信任），保持适当距离（不能亲密无间）。

【小链接】

和领导相处的技巧

①忠诚；②聪明、机灵、有头脑、有创造性；③谦逊，不锋芒毕露，咄咄逼人；④提建议，不急于否定和当面顶撞领导；⑤多赞扬、欣赏领导；⑥不抵触领导的批评；⑦角色换位，体谅领导的难处；⑧及时向领导汇报工作；⑨准确领会领导的意图；⑩把面子留给领导，不让领导下不了台。

（三）**工作中的注意事项**。办公室文秘人员在与领导相处的过程中还要注意：一是千万不要遗忘领导交代的事项。领导交办的事项再大，办好了都是应该的；领导交办的事项再小，遗忘了都会给领导留下不好的印象，甚至是恶劣、不值得信任和栽培的印象。二是千万不要主动与领导套近乎。领导有领导的尊严和隐私，距离太近容易忘乎所以。要始终明白领导与下属拍拍肩膀称兄道弟，那叫平易近人，接近群众。下属与领导拍肩膀套近乎，那叫不识大小，不懂规矩。《论语》里有一句话说："事君数，斯辱矣；朋友数，斯疏矣。""数"是"屡次"的意思。意思是说，如果你有事没事总是跟在国君（领导）旁边，虽然表示亲近，但离自己招致羞辱就不远了；你有事没事总是跟在朋友旁边，虽然看起来亲密，但离你们俩疏远也就不远了。三是千万不要在领导之间传闲话。领导各有各的特点和处世方式，不同的处世方式，没有好坏之分。所以，在领导之间传闲话，即使是传递工作上的意见，也要注意分寸，变换表述方式，互相补台。倘若故意搬弄是非，想取悦双方，两头落好，到头来吃亏的还是自己。四是赤诚善意地提醒领导。金无足赤，人无完人。领导也会有缺点和错误。如果领导在工作中出现差错，要善意地提出来。提意见要注意分寸、场合，态度要诚恳、语气要柔和，方法要得当，最好是在没有第三人在场时提，目的是帮助领导改进工作，切忌背后议论甚至发牢骚。五是要有绿叶意识。工作中取得的成绩要考虑到是领导的正确指导和同志们支持、配合的结果，工作中出现的差错要多反思是不是自己的失误造成的。时时处处注意摆正位置，自觉奉献在默默无闻之处。当然，下属与领导之间，在工作上是领导与被领导的关系，在人格上则是平等的，对领导应该尊敬而不奉承，服从而不盲从，服务而不驯服，落落大方，进退有度，这样才能有良好的心态、行为和结果。

【小链接】

下属与领导的几种不正常关系

在处理与领导的关系过程中，以下最常见的几种关系是一定要警惕的：一是对领导唯唯诺诺，甚至阿谀奉承，犹如"主仆"关系；二是对领导敬而远之，不敢直言相谏，好像"猫鼠"关系；三是认为是领导面前的"红人"，能让领导言听计从，自己看作是"哥们"关系；四是把分管的业务看得很重，不愿让领导插手，领导处事还得跟他商量，成了"协作"关系；五是对领导的指示执行不坚决，或者所提意见、建议得不到领导批准时，发牢骚，讲怪话，颠倒了上下级关系。

二、处理与同事的关系

《太公兵法》说："夫主将之法，务揽英雄之心。赏禄有功，通志于众。故与众同好，靡不成。与众同恶，靡不倾。"同事关系是办公室文秘人员需要处理的最重要的人际关系之一。同事关系是否和谐，对自己的工作、进步有很大影响。客观地说，人性都有弱点，如何看人看己容易出现片面性：看别人，容易求全责备；看自己，容易感觉良好。所谓求全，主要是盯着别人的缺点，求全是一种片面性。反过来，看自己，不少人又容易看优点多，不喜欢或忌讳别人对自己缺点提出批评或提醒。所以，公正客观地看待同事，就显得非常重要。

（一）**把握工作要点**。同事之间朝夕相处，又处在同一层次，职务晋升、年度评优、出国培训等利害关系最多。平时磕磕碰碰、是是非非也多。因此，同事之间的相互尊重、帮助和守信对营造和谐的机关环境就显得格外重要。一是在站位方面。要站在较高的境界上恰当地处理与同事的关系，努力实现"双赢"，不要计较一时一事一利，眼界要放得宽一些，标准要定得高一些，与其在小范围内与同事进行无谓的竞争，不如在个人追求卓越上下功夫，在更广阔的社会大舞台上演绎自己精彩的人生。二是在尊重方面。对同事的尊重要体现在多发现其闪光点上，体现在学习其长处和优点上，体现在尊重其人格上，甚至也体现在正确对待和容忍同事的一些缺点和不足上。三是在帮助方面。对同事的帮助要出于真诚，同事伸手求援之时，无论是工作上或者生活上，能帮的一定要帮，决不能袖手旁观；同事工作上虽有困难，但无求人帮助之意，是否给予帮助可视情而定，委婉示意，对方默认则给予适度帮助，对方婉拒则不要勉强，以免伤害对方自尊。四是在诚信方面。同事之间不论大小事项，一定要诚信为先、相互补台，这样双方才能真心愉快地共事。否则，一次失信十次难补，既伤感情也影响事业。在领导面前，除对同事的重大原则错误要如实反映外，一般问题可通过相互谈心沟通解决，不宜到领导那里告状甚至添油加醋，否则既有损于别人，也自觉不自觉地贬低了自己，会让领导在心里对自己的人品打个问号。

（二）**小心拿捏分寸**。在机关单位工作，有两种态度最容易损害同事关系：一是待人刻薄，二是算计别人。一个单位这样的人越多，人际关系就越复杂，"内耗"也就越严重，工作效率就越低。

一般来说，多琢磨事、少琢磨人，多向前看、少往后看，多当面说、少在后面议论，多换位思考、少本位至上，多补台、少拆台，多理解、少指责，多揽过、少争功是正确处理与同事关系的重要前提。

1. 在对待组织和团队上，要以大局为重。应多补台少拆台。对于同事的缺点最好能及时当面指出，不要背后议论，更不能与外单位人员品头论足、挑毛病，甚至恶意攻击，损害同事的外在形象。同事之间由于工作关系走到一起，要有集体意识，特别是与外单位人接触时，要形成"团队形象"的观念，互相支撑和支持。

2. 在对待分歧和意见上，要求大同存小异。同事之间由于经历、立场、受教育程度和知识水平等方面的差异，对同一问题，往往会产生不同的看法，引起一些争论，不小心就容易伤和气。因此，和同事有意见分歧时，一定不要过分争论。一个人接受新观点，客观上总要有一个过程，主观上往往还伴有"面子"心理，彼此之间谁也难服谁，此时如果过分争论，就容易激化矛盾而影响团结。面对分歧和意见，要努力寻找共同点。如果一时难以同意，不妨冷处理，暂时把意见保留下来，让争论淡化，待实践去验证。

3. 在对待名誉和功利上，要有一颗平常心。许多同事平时一团和气，但遇到名利之争，就容易当仁不让，或是在背后互进谗言说风凉话。嫉妒他人的才华、名誉和成功，不仅影响身心健康，而且对工作、对他人也会造成一定的伤害。每个人对待名利要时刻保持一颗平常心，淡泊静处，懂得与同事和谐相处，特别是与自己年龄相仿、学历相当、职务相近、级别一样的同事相处，见贤思齐，不能心生嫉妒，害怕别人超越自己。

4. 在对待人际交往上，要适当把握距离。在一个单位，如果几个人交往过于频繁，容易形成表面上的小圈子，容易让别的同事产生猜疑心理，让人产生"他们是一伙""原来他是他的人""是不是他们又在谈论别人是非"等想法。因此，同事之间的交往要注意保持适当距离，避免形成小圈子。古人云：君子之交淡如水。"淡"就是适度、中和与不偏不倚。"淡"容易分清是非，区别关系，建立健康向上的同事关系。

5. 在对待冲突与矛盾上，要冷静处理。同事之间经常磕磕碰碰，发生矛盾和摩擦。为此，要多做换位思考，为他人多想想，尽量避免激化矛盾。如果已经形成矛盾，自己明显做得不对，要敢于放下架子、舍弃面子、学会道歉，以诚感人，退一步海阔天空，让一寸天高云淡。如果有一方主动打破僵局，就会发现彼此之间并没有什么大不了的隔阂。俗话说，"人同此心、心同此理"就是这个意思。

【小链接】

处理同事关系的技巧

在处理同事关系时，以下做法值得借鉴：一是忌向对方采用指令性强的言辞和行为，多用建议性、协商性的言辞和行为。二是忌自作主张，替别人做决定，哪怕是针尖大的事。多让别人感到是他自己在决策，哪怕结果与自己预料的相同。三是古语云：礼多人不怪。只要别人出于好意，即使结果不如预期的那样，也要用"谢谢"代替责备。四是不要舍不得肯定别人，公开场合少发一点过激的指责。即使对方有过错或者方法欠佳，也可以用建议代替指责，使人保全自尊或"面子"。五是学会谢绝别人并宽容地对待别人的拒绝。先感谢或道歉，后婉言谢绝；被拒绝时，也应坦然。每个人都是自主和独立的，不可能完全"同步"。六是给予越多，获得越多。一般而言，主动地帮助他人，大都会在自己陷入困境时获得帮助。七是既有合作又有竞争，很多人往往在竞争面前损伤了过去的良好关系。设法营造公开竞争的氛围。公开化和透明度越高，就越能取得他人的信服、谅解和支持。八是作为润滑剂，善意的小玩笑和游戏以及轻松的闲聊能使同事之间的关系变得相对较融洽。

三、处理与下属的关系

在机关单位，工作成绩的取得、组织目标的实现、领导指示和意图的贯彻落实，最根本的要靠一线员工，离不开下级的努力与奉献。上级要取得下级的支持与合作，就必须放下架子，谦虚谨慎，克服官僚主义，有效地调动下属的积极性、主动性和创造性。不能以为下属无足轻重，可随意操纵于股掌之上，而要以平等的心态尊重下属，以恰当的方式处理好与下属的关系，激发下属的工作积极性，变要下属干为下属主动干。

一要关心下属。要经常过问下属的政治进步、生活待遇、家庭状况、情感生活以及喜怒哀乐等情况，该做的思想工作要及时做，该解决的问题要及时解决，暂时有困难的要创造条件解决，该向上反映的问题要向上反映，不能只让马儿跑，压担子交任务，不让马儿吃草，忽视甚至漠视下属的进步和困难。

二要爱护下属。下属多数会比自己年轻，资历较浅，工作经验不足，难免会出现一些差错。对此，不应一味求全责备，使下属无所适应，而要肯定其工作积极性和成绩，善意指出问题，并提出改进办法，使下属心悦诚服。

三要培养下属。对下属政治和品德上要严格要求，业务上要悉心指导，既要以身示范，常讲做人做事的道理，又要教会其开展工作的方式方法，着力提高下属的综合素质，为党和国家的事业和机关单位造就可用之材。

四要信任下属。下属在能力上有高低之分，业务上有强弱之别，但主观上都是想把工作干好，把事情办好，领导对此要给予充分信任，多肯定少批评，多压担子、少求全责备，以增强下属的自信心，大胆放手让下属开展工作。

五要激励下属。人都愿意听好话，都有一种自我实现的需求。作为领导要善于运用表扬这一手段调动下属的积极性，使下属经常有一种成就感和自豪感，能始终以昂扬向上的精神状态投入工作。总之，要以积极的心态辩证地看待下属，用下属之长，避下属之短，不能抱怨下属，求全责备下属，更不能打击报复下属。

四、处理与职能部门的关系

在机关单位工作，无论在哪种性质的部门、处室或者科室，都要与本机关或外机关相关职能部门发生这样或者那样的关系。友邻关系的发生虽然不如前三种关系那样频繁，但仍然需要我们注意协调与沟通，做到相互理解与支持，相互调整与适应。

在处理友邻关系时，要避免轻易许诺、以利相交、激化矛盾、被动消极。在工作过程中，要注意身份（是工作关系、不是纯粹的个人交往），注意目的（为了单位的利益），树立形象。特别要以大局为重，少讲条件，多讲协作，互相支持，争取外单位的理解和支持，以解决问题为第一要务，不求形式上的平等。要坚持互惠互利、平等协商，不能只求索取和接受服务，不求奉献和提供帮助。特别要在原则允许的前提下，以有利于工作为出发点，对于相互交叉的机关工作，要积极配合与合作，提供力所能及的帮助，为对方排忧解难，协助其较好地完成任务。

办公室文秘人员在处理这些关系的过程中，也要注意塑造自己在职能部门和同行心目中的形象，要认识、把握和设计好自己。工作着力点有：严于律己，宽以待人，培养良好的道德品质，发挥表率示范作用，赢得同行和同事的尊重、钦佩、信赖和支持。作风民主，大事讲原则，小事讲风格，广开言路，善于听取各方面的意见。既言之，则听之，再思之，择其善而从之。善于协调，依靠出色的协调才能，增进一班人的团结与合作，使大家各得其所，各司其职，各负其责，互相合作，充分发挥整体效能。宽容大度，明确自己的角色定位，胸怀坦荡、宽以待人、善与人和、处世豁达。不仅能容人之短，不求全责备，能容人之言，海纳百川；而且能容人之过，大度宽容，晓之以理，动之以情，道之以行，给人以信心和力量；特别能容人之怨，不计个人荣辱得失，虚怀若谷，"大肚能容，容天下难容之事"。

【小链接】

与职能部门同事相处之道

以友善的态度开始；诉诸更崇高的动机；多让别人说话；如果你错了，立即断然承认；同情他人的想法与愿望；尊重他人的意见；切勿直接对他说：你错了；先说自己错在哪里，然后再批评别人；真诚地试图以他人的角度去了解一切；让别人觉得，这主意是他自己想到的；承认给他人造成的不便，重申你的目的；用问问题来取代直接的要求；一定要顾及他人的面子；只要稍有改进即给予赞赏，"嘉勉要诚恳，赞美要大方"；给他一个愿意全力追求的美誉；多多鼓励，要让他觉得过错很容易改正；唯一能从争辩中获得好处的办法就是避免争辩；记住人们所说的和我们所理解的可能并无多大差别；如果双方发生了分歧，那么我们应该尝试着寻找一个共同点；记住，倾听意味着提出聪明的问题；有舍才有得，你满足了对方，对方才会满足你。

总之，在机关单位工作，处理好以上四种关系，不要刻意和刻求，而要注意努力提高自身能力和素养，坚持高能力低调子，多贡献少索取，重工作轻名利。在法律和制度的框架内调整人际关系，在道德和公认的范畴内调和矛盾，既不无原则地一味谦让，也不无分寸地无休止争斗。与人相处中，还要注意学会保护自己，最好的办法就是增强责任感，对事业忠诚，坚持原则，廉洁自律，按政策和规矩办事。

后 记

办公室（办公厅、行政部或者综合部）是承上启下、联系左右的综合办事机构或部门，是一级组织运转的枢纽和对外服务的窗口。长期以来，人们习惯用"办文、办会、办事"（即通常讲的"三办"）概括办公室工作的全部内容，用"坐下来能写、站起来能说、走出去能干"（即通常讲的"三能"）概括办公室文秘人员的基础素质要求。

为了提高机关企事业单位广大干部职工，特别是综合部门工作人员的办文办会办事能力，帮助机关单位进一步规范日常管理，改进服务质量，提高工作效率，推动事业发展和进步，王德同志结合自己在国务院机关综合部门工作几十年的经验和体会，会同中国高级公务员培训中心的李林、李征同志，组织编写了《办文办会办事——能力指导与训练（第二版）》一书。

该书辑合了长期以来机关一线工作的经验和体会，辑合了近年来中国高级公务员培训中心在全国各地举办"办文办会办事能力提升培训班"的内容和精华，也辑合了广大"三办"人员的智慧和睿见，是一本实用性、实操性很强的学习、工作参考用书。

本书"办文"部分由王德同志撰写，"办会"部分由李林同志撰写，"办事"部分由李征同志撰写，全书由王德同志统稿和修改完善。其中，参阅了大量国内外作者的有关文献和资料，在此深表感谢！

由于我们的水平有限，书中难免有不足之处，敬请读者提出宝贵意见。

作者邮箱：gpzxsc@126.com。

作 者
2019 年 2 月